陕西知行地方治理研究中心
"集体土地确权实务指南"书系

王周户 总主编

集体土地确权法律、法规与技术规范汇编

安子明 崔利平 王 静 / 编

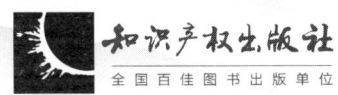

图书在版编目（CIP）数据

集体土地确权法律、法规与技术规范汇编/安子明，崔利平，王静编.—北京：知识产权出版社，2016.1

ISBN 978－7－5130－4041－9

Ⅰ.①集… Ⅱ.①安… ②崔… ③王… Ⅲ.①集体所有制—土地使用权—土地管理法—汇编—中国②集体所有制—土地管理—技术规范—汇编—中国 Ⅳ.①D922.309 ②F321.1－65

中国版本图书馆CIP数据核字（2016）第019316号

责任编辑：雷春丽　　　　　　　　　　　责任出版：刘译文
封面设计：SUN工作室　韩建文

集体土地确权实务指南

集体土地确权法律、法规与技术规范汇编

王周户　总主编

安子明　崔利平　王静　编

出版发行：知识产权出版社有限责任公司	网　　址：http://www.ipph.cn
社　　址：北京市海淀区马甸南村1号（邮编：100088）	天猫旗舰店：http://zscqcbs.tmall.com
责编电话：010－82000860转8004	责编邮箱：leichunli@cnipr.com
发行电话：010－82000860转8101/8102	发行传真：010－82000893/82005070/82000270
印　　刷：北京嘉恒彩色印刷有限责任公司	经　　销：各大网上书店、新华书店及相关专业书店
开　　本：787mm×1092mm　1/16	印　　张：36.75
版　　次：2016年1月第1版	印　　次：2016年1月第1次印刷
字　　数：563千字	定　　价：88.00元

ISBN 978－7－5130－4041－9

出版权专有　侵权必究
如有印装质量问题，本社负责调换。

前言

"集体土地确权实务指南"书系是陕西知行地方治理研究中心针对我国正在进行的第三轮集体土地确权工作的实际需要,组织编写的系列书籍。本套丛书由四部分构成,即《集体土地确权政策逻辑与工作规程》《集体土地确权规则与实务指引》《集体土地确权法律、法规与技术规范汇编》与《集体土地确权工作研究:以榆林市为例的个案分析》。本套丛书是在总结各地的具体做法和经验的基础上,由陕西知行地方治理研究中心具体组织,在西北政法大学地方政府法治建设研究中心、法治陕西建设协同创新中心、陕西省榆林市人民政府法制办公室与榆林市中级人民法院行政庭等相关单位与人员的大力支持下完成;在编写过程中,张向阳硕士、刘小龙硕士、殷博文法官、周敏博士等做了大量的基础性工作,雷春丽编辑在出版、审校等方面作出重要贡献,在此深表感谢。

自2011年国家全面部署"集体土地确权"工作以推动新一轮土地制度改革以来,各地做法五花八门,工作进展程度差别较大,这与实务上缺乏系统、明确的工作依据有关。本系列书籍从"集体土地确权"和本轮土地制度改革的国情背景出发,紧扣国家政策法律依据,秉持"单独一个方案总有缺陷,合并全部方案则可寻找到当前最完美方案"的原则,总结各地工作实践与经验,提炼形成本套实务性书籍,目的是为土地实务部门和相关公民、组织提供直接、全面、合理、有据的参考。

本轮土地制度改革的核心是土地流转问题,集体土地确权是土地流转的基础和前提,它的工作质量直接决定着土地流转的社会成本甚至改革的成败,影响深远。这是我们编撰该套书籍的认识前提和基础。

为更好地服务本轮土地制度改革，在本套书籍成书之后，我们将再投入于土地流转实务规范方面的研究与总结，形成"土地流转实务规范"系列丛书，以便与"集体土地确权实务指南"书系一起为土地实务工作提供较为全面的参考。

陕西知行地方治理研究中心是经陕西省民政厅登记注册，从事非营利性社会服务活动的科研机构。研究中心的宗旨是通过对地方治理的研究，面向社会、面向实践、面向地方，以专业针砭疑难，以行动服务社会，以理论透视未来，努力为社会主义建设服务。为实现该宗旨与目标，研究中心努力建设成为一个融科学研究、社会服务、学术交流、人才培训等为一体的高端专业实体和新型智库。

研究中心以地方治理的基本理论研究作为发展基础，主要从事下列研究活动：地方治理的基本理论和实践问题，出版或发表相关研究成果；积极参与相关地方立法的调研、决策、咨询、评估、起草、论证及修改等工作；积极参与政府地方治理方面重大决策的论证、理论研究和实际调研等工作；协助人大、政府、法院或其他社会组织解决、论证与地方治理有关的疑难问题；接受人大、政府、法院或其他社会组织的委托，就地方治理专项问题进行研究，或者合作研究；承担与地方治理相关的业务培训工作；积极从事治理文化传播工作；其他相关的理论与实践工作。

陕西知行地方治理研究中心

目录

第一部分 综合类

一、法律／3

中华人民共和国土地改革法／3
（1950.6.30 施行，1987.11.24 失效）

高级农业生产合作社示范章程／9
（1956.6.30 施行，1987.11.24 失效）

农村人民公社工作条例（修正草案）／25
（1962.9.27 施行，1987.1.1 失效）

中华人民共和国森林法／42
（2009.8.27 施行）

中华人民共和国草原法／51
（2013.6.29 施行）

中华人民共和国民法通则／63
（2009.8.27 施行）

中华人民共和国土地管理法／84
（2004.8.28 施行）

中华人民共和国行政诉讼法／100
（2015.5.1 施行）

中华人民共和国测绘法／117
（2002.12.1 施行）

中华人民共和国行政复议法 / 127

（2009.8.27 施行）

中华人民共和国物权法 / 136

（2007.10.1 施行）

二、行政法规及相关文件 / 166

中华人民共和国土地管理法实施条例 / 166

（2011.1.8 施行）

中华人民共和国测绘成果管理条例 / 176

（2006.9.1 施行）

土地调查条例 / 182

（2008.2.7 施行）

基础测绘条例 / 187

（2009.8.1 施行）

不动产登记暂行条例 / 193

（2015.3.1 施行）

国务院关于深化改革严格土地管理的决定 / 200

（2004.10.21 施行）

三、部门规章及相关文件 / 208

铁路用地管理办法 / 208

（1992.12.1 施行）

确定土地所有权和使用权的若干规定 / 213

（1995.5.1 施行）

土地违法案件查处办法 / 222

（1996.3.1 施行，2014.7.1 失效）

林木林地权属争议处理办法 / 229

（1996.10.14 施行）

关于认定收回土地使用权行政决定法律性质的意见 / 233

（1997.10.30 施行）

林木和林地权属登记管理办法 / 235

（2000.12.31 施行）

土地权属争议调查处理办法／237

（2003.3.1 施行）

华侨农场土地确权登记办证中央财政奖补资金实施办法／242

（2007.8.1 施行）

土地登记办法／244

（2008.2.1 施行）

土地调查条例实施办法／256

（2009.6.17 施行）

关于农村集体土地确权登记发证的若干意见／262

（2011.11.12 施行）

关于对虾岭头西南面争议的土地确权如何适用法律问题的复函／267

（1995.2.24 施行）

关于认真做好国家级自然保护区划界立标和土地确权等工作的
    通知／268

（1998.8.31 施行）

关于带地入社土地确权问题的复函／270

（2002.12.31 施行）

关于印发国有农场土地确权登记工作座谈会纪要的通知／270

（2003.6.20 印发）

关于自然保护区土地确权问题的复函／278

（2003.6.30 施行）

关于进一步规范土地登记工作的通知／279

（2003.11.14 施行）

关于依法规范人民法院执行和国土资源房地产管理部门协助执行若
    干问题的通知／281

（2004.3.1 施行）

对有关土地权属争议调查处理权限问题的复函／286

（2004.5.20 施行）

关于加快推进征地补偿安置争议协调裁决制度的通知／287

（2006.6.21 施行）

关于加强土地权属争议调处工作的通知／291

（2007.4.13 施行）

国土资源部关于贯彻实施《中华人民共和国物权法》的通知／294

（2007.5.8 施行）

关于依法加快华侨农场土地确权登记发证工作的通知／300

（2007.5.30 施行）

关于加快供销合作社土地确权登记工作的通知／302

（2009.12.7 施行）

关于进一步做好军用土地确权登记发证工作的通知／304

（2010.12.13 施行）

关于加快推进农村集体土地确权登记发证工作的通知／306

（2011.5.6 施行）

关于进一步加强林地确权登记发证工作的通知／310

（2012.3.12 施行）

关于加强农村土地整治权属管理的通知／313

（2012.6.12 施行）

关于进一步加快农村地籍调查推进集体土地确权登记发证工作的
  通知／317

（2013.9.3 施行）

四、政策及技术规范／321

中共中央关于推进农村改革发展若干重大问题的决定／321

（2008.10.12 通过）

中共中央、国务院关于加大统筹城乡发展力度　进一步夯实农业
  农村发展基础的若干意见（2010年中央一号文件）／339

（2010.1.31 发布）

关于农村集体土地确权登记发证的若干意见／352

（2011.11.2 施行）

关于加大改革创新力度加快农业现代化建设的若干意见／357

（2015.2.1 施行）

农村地籍和房屋调查技术方案（试行）／370

（2014.8.15 发布）

目 录

第二部分 集体土地所有权确权依据

一、部门规章及相关文件／379

确定土地所有权和使用权的若干规定／379

（1995.5.1 施行）

关于依法加快集体土地所有权登记发证工作的通知／388

（2001.11.9 施行）

关于供销合作社能否享有集体土地所有权问题的复函／391

（2002.1.24 施行）

关于对农民集体土地确权有关问题的复函／392

（2005.1.17 施行）

关于加快推进农村集体土地确权登记发证工作的通知／393

（2011.5.6 施行）

二、政策及技术规范／398

农村集体土地所有权确权登记发证成果检查验收办法／398

（2012.11.18 施行）

关于开展农村集体土地所有权确权登记发证国家级抽查工作的
　　通知／414

（2013.8.26 施行）

第三部分 集体土地承包经营权确权依据

一、法律／425

中华人民共和国农村土地承包法／425

（2009.8.27 施行）

中华人民共和国农村土地承包经营纠纷调解仲裁法／434

（2010.1.1 施行）

二、行政法规及相关文件 / 443

关于引导农村土地经营权有序流转发展农业适度规模经营的意见 / 443

(2014. 11. 20 施行)

三、部门规章及相关文件 / 451

中华人民共和国农村土地承包经营权证管理办法 / 451

(2004. 1. 1 施行)

农村土地承包经营权流转管理办法 / 455

(2005. 3. 1 施行)

农村土地承包经营纠纷仲裁规则 / 461

(2010. 1. 1 施行)

关于开展农村土地承包经营权登记试点工作的意见 / 471

(2011. 2. 26 施行)

农村土地承包经营权确权登记颁证档案管理办法 / 477

(2014. 11. 20 施行)

关于认真做好农村土地承包经营权确权登记颁证工作的意见 / 483

(2015. 2. 11 施行)

关于做好当前农村土地承包经营权流转管理和服务工作的通知 / 491

(2008. 12. 5 施行)

关于下达 2012 年农村土地承包经营权登记试点工作经费的通知 / 495

(2012. 7. 17 施行)

关于确定 2013 年全国农村土地承包经营权登记试点地区的通知 / 496

(2013. 3. 1 施行)

四、政策及技术规范 / 498

关于引导农村土地经营权有序流转发展农业适度规模经营的意见 / 498

(2014. 11. 20 施行)

关于认真做好农村土地承包经营权确权登记颁证工作的意见 / 505

(2015. 1. 27 施行)

农村土地承包经营权登记试点工作规程（试行）／513

（2012.6.27 施行）

农村承包土地调查技术规范／516

（2012.6.27 施行）

农村土地承包经营权证书（承包合同）和承包地块编码规则／520

（2014.3.1 施行）

农村土地承包经营权登记簿（样本）／521

测绘管理工作国家秘密范围的规定／527

（2003.12.23 施行）

农村土地承包经营权确权登记颁证档案管理办法／531

（2014.11.20 施行）

第四部分　宅基地使用权及建设用地使用权确权依据

一、行政法规及相关文件／539

国务院批转国家土地管理局关于加强农村宅基地管理工作请示的通知／539

（1990.1.3 施行）

关于严格执行有关农村集体建设用地法律和政策的通知／542

（2007.10.30 施行）

二、部门规章及相关文件／547

关于加强农村宅基地管理的意见／547

（2004.11.2 施行）

闲置土地处置办法／550

（2012.7.1 施行）

关于地下建筑物土地确权登记发证有关问题的复函／557

（2000.8.17 施行）

关于进一步加快宅基地使用权登记发证工作的通知／558

（2008.7.8 施行）

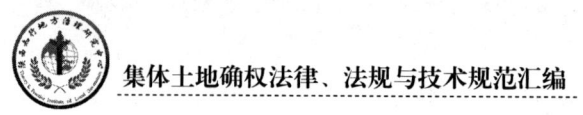

关于进一步完善农村宅基地管理制度切实维护农民权益的
　　通知／561

（2010.3.2 施行）

关于进一步加快推进宅基地和集体建设用地使用权确权登记发证
　　工作的通知／565

（2014.8.1 施行）

三、政策与技术规范／570

农村地籍和房屋调查技术方案（试行）／570

（2014.8.1 施行）

第一部分　综合类

一、法律
二、行政法规及相关文件
三、部门规章及相关文件
四、政策及技术规范

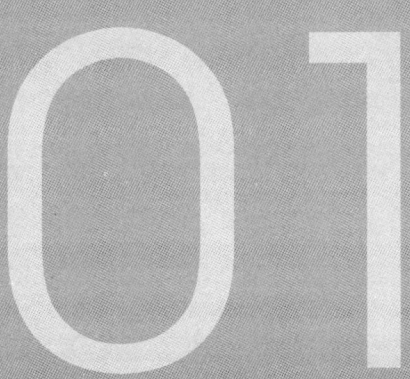

一、法律

中华人民共和国土地改革法

- 1950年6月28日中央人民政府委员会第八次会议通过
- 1950年6月30日公布施行
- 1987年11月24日失效

第一章 总 则

第一条 废除地主阶级封建剥削的土地所有制，实行农民的土地所有制，藉以解放农村生产力，发展农业生产，为新中国的工业化开辟道路。

第二章 土地的没收和征收

第二条 没收地主的土地、耕畜、农具、多余的粮食及其在农村中多余的房屋。但地主的其他财产不予没收。

第三条 征收祠堂、庙宇、寺院、教堂、学校和团体在农村中的土地及其他公地。但对依靠上述土地收入以为维持费用的学校、孤儿院、养老院、医院等事业，应由当地人民政府另筹解决经费的妥善办法。

清真寺所有的土地，在当地回民同意下，得酌予保留。

第四条 保护工商业，不得侵犯。

地主兼营的工商业及其直接用于经营工商业的土地和财产，不得没收。不得因没收封建的土地财产而侵犯工商业。

工商业家在农村中的土地和原由农民居住的房屋，应予征收。但其在农村中的其他财产和合法经营，应加保护，不得侵犯。

第五条 革命军人、烈士家属、工人、职员、自由职业者、小贩以及因从事其他职业或因缺乏劳动力而出租小量土地者，均不得以地主论。其每人平均所有土地数量不超过当地每人平均土地数百分之二百者（例如当地每人平均土地为二亩，本户每人平均土地不超过四亩者），均保留不动。超过此标准者，得征收其超过部分的土地。如该项土地确系以其本人劳动所得购买者，或系鳏、寡、孤、独、残废人等依靠该项土地为生者，其每人平均所有土地数量虽超过百分之二百，亦得酌情予以照顾。

第六条 保护富农所有自耕和雇人耕种的土地及其他财产，不得侵犯。

富农所有之出租的小量土地，亦予保留不动；但在某些特殊地区，经省以上人民政府的批准，得征收其出租土地的一部或全部。

半地主式的富农出租大量土地，超过其自耕和雇人耕种的土地数量者，应征收其出租的土地。

富农租入的土地应与其出租的土地相抵计算。

第七条 保护中农（包括富裕中农在内）的土地及其他财产，不得侵犯。

第八条 本法规定所有应加没收和征收的土地，在当地解放以后，如以出卖、出典、赠送或其他方式转移分散者，一律无效。此项土地，应计入分配土地的数目之内。但农民如因买地典地而蒙受较大损失时，应设法给以适当补偿。

第九条 地主、富农、中农、贫农、雇农及其他农村社会阶级成分的合法定义，另定之。

第三章 土地的分配

第十条 所有没收和征收得来的土地和其他生产资料，除本法规定收归国家所有者外，均由乡农民协会接收，统一地、公平合理地分配给无地少地及缺乏其他生产资料的贫苦农民所有。对地主亦分给同样的一份，使地主也能依靠自己的劳动维持生活，并在劳动中改造自己。

第十一条 分配土地，以乡或等于乡的行政村为单位，在原耕基础上，按土地数量、质量及其位置远近，用抽补调整方法按人口统一分配之。但区或县农民协会得在各乡或等于乡的各行政村之间，作某些必要的调剂。在地广人稀的地区，为便于耕种，亦得以乡以下的较小单位分配土地。乡与乡之间的交错土地，原属和乡农民耕种者，即划归该乡分配。

第十二条　在原耕基础上分配土地时，原耕农民自有的土地不得抽出分配。原耕农民租入的土地抽出分配时，应给原耕农民以适当的照顾。应使原耕农民分得的土地（自有土地者连同其自有土地在内），适当地稍多于当地无地少地农民在分得土地后所有的土地，以使原耕农民保持相当于当地每人平均土地数的土地为原则。

原耕农民租入土地之有田面权者，在抽动时，应给原耕者保留相当于当地田面权价格之土地。

第十三条　在分配土地时，对于无地少地人口中若干特殊问题的处理，如下：

一、只有一口人或两口人而有劳动力的贫苦农民，在本乡土地条件允许时，得分给多于一口人或两口人的土地。

二、农村中的手工业工人、小贩、自由职业者及其家属，应酌情分给部分土地和其他生产资料。但其职业收入足以经常维持其家庭生活者，得不分给。

三、家居农村的烈士家属（烈士本人得计算在家庭人口之内）、人民解放军的指挥员、战斗员、荣誉军人、复员军人、人民政府和人民团体的工作人员及其家属（包括随军家属在内），均应分给与农民同样的一份土地和其他生产资料。但人民政府和人民团体的工作人员，得视其薪资所得及其他收入的多少与其对于家庭生活所能维持的程度，而酌情少分或不分。

四、本人在外从事其他职业而家属居住农村者，其家属应酌情分给土地和其他生产资料。其职业收入足以经常维持其家属生活者，得不分给。

五、农村中的僧、尼、道士、教士及阿訇，有劳动力，愿意从事农业生产而无其他职业维持生活者，应分给与农民同样的一份土地和其他生产资料。

六、经城市人民政府或工会证明其失业的工人及其家属，回乡后要求分地而又能从事农业生产者，在当地土地情况允许的条件下，应分给与农民同样的一份土地和其他生产资料。

七、还乡的逃亡地主及曾经在敌方工作现已还乡的人员及其家属，有劳动力，愿意从事农业生产以维持生活者，应分给与农民同样的一份土地和其他生产资料。

八、家居乡村业经人民政府确定的汉奸、卖国贼、战争罪犯、罪大恶极的反革命分子及坚决破坏土地改革的犯罪分子，不得分给土地。其家属未参加犯罪行为，无其他职业维持生活，有劳动力并愿意从事农业生产者，应分给与农民同样的一份土地和其他生产资料。

第十四条 分配土地时，得以乡为单位，根据本乡的土地情况，酌量留出小量土地，以备本乡情况不明的外出户和逃亡户回乡耕种，或作本乡土地调剂之用。此项土地，暂由乡人民政府管理，租给农民耕种。但所留土地最多不得超过全乡土地的百分之一。

第十五条 分配土地时，县以上人民政府得根据当地土地情况，酌量划出一部分土地收归国有，作为一县或数县范围内的农事试验场或国营示范农场之用。此项土地，在未举办农场以前，可租给农民耕种。

第四章 特殊土地问题的处理

第十六条 没收和征收的山林、鱼塘、茶山、桐山、桑田、竹林、果园、芦苇地、荒地及其他可分土地，应按适当比例，折合普通土地统一分配之。为利于生产，应尽先分给原来从事此项生产的农民。分得此项土地者，可少分或不分普通耕地。其分配不利于经营者，得由当地人民政府根据原有习惯，予以民主管理，并合理经营之。

第十七条 没收和征收之堰、塘等水利，可分配者应随田分配。其不宜于分配者，得由当地人民政府根据原有习惯予以民主管理。

第十八条 大森林、大水利工程、大荒地、大荒山、大盐田和矿山及湖、沼、河、港等，均归国家所有，由人民政府管理经营之。其原由私人投资经营者，仍由原经营者按照人民政府颁布之法令继续经营之。

第十九条 使用机器耕种或有其他进步设备的农田、苗圃、农事试验场及有技术性的大竹园、大果园、大茶山、大桐山、大桑田、大牧场等,由原经营者继续经营,不得分散。但土地所有权原属于地主者,经省以上人民政府批准,得收归国有。

第二十条　没收和征收土地时,坟墓及坟场上的树木,一律不动。

第二十一条　名胜古迹,历史文物,应妥为保护。祠堂、庙宇、寺院、教堂及其他公共建筑和地主的房屋,均不得破坏。地主在农村中多余的房屋不合农民使用者,得由当地人民政府管理,充作公用。

第二十二条　解放后开垦的荒地,在分配土地时不得没收,仍归原垦者耕种,不计入应分土地数目之内。

第二十三条　为维持农村中的修桥、补路、茶亭、义渡等公益事业所必需的小量土地,得按原有习惯予以保留,不加分配。

第二十四条　华侨所有的土地和房屋,应本照顾侨胞利益的原则,由大行政区人民政府(军政委员会)或省人民政府依照本法的一般原则,另定适当办法处理之。

第二十五条　沙田、湖田之属于地主所有或为公共团体所有者,均收归国家所有,由省以上人民政府另定适当办法处理之。

第二十六条　铁路、公路、河道两旁的护路、护堤土地及飞机场、海港、要塞等占用的土地,不得分配。已划定线路并指定日期开辟的铁路、公路、河道及飞机场等应保留土地者,须经省以上人民政府批准。

第二十七条　国家所有的土地,由私人经营者,经营人不得以之出租、出卖或荒废。原经营人如不需用该项土地时,必须交还国家。

第五章　土地改革的执行机关和执行方法

第二十八条　为加强人民政府对土地改革工作的领导,在土地改革期间,县以上各级人民政府,经人民代表会议推选或上级人民政府委派适当数量的人员,组织土地改革委员会,负责指导和处理有关土地改革的各项事宜。

第二十九条　乡村农民大会,农民代表会及其选出的农民协会委员会,区、县、省各级农民代表大会及其选出的农民协会委员会,为改革土地制度的合法执行机关。

第三十条　土地改革完成后，由人民政府发给土地所有证，并承认一切土地所有者自由经营、买卖及出租其土地的权利。土地制度改革以前的土地契约，一律作废。

第三十一条　划定阶级成分时，应依据中央人民政府颁布的划分农村阶级成分的决定，按自报公议方法，由乡村农民大会，农民代表会，在乡村人民政府领导下民主评定之。其本人未参加农民协会者，亦应邀集到会参加评定，并允许其申辩。评定后，由乡村人民政府报请区人民政府批准。本人或其他人如有不同意见，得于批准后十五日内向县人民法庭提出申诉，经县人民法庭判决执行。

第三十二条　为保证土地改革的实行，在土地改革期间，各县应组织人民法庭，用巡回审判方法，对于罪大恶极为广大人民群众所痛恨并要求惩办的恶霸分子及一切违抗或破坏土地改革法令的罪犯，依法予以审判及处分。严禁乱捕、乱打、乱杀及各种肉刑和变相肉刑。

人民法庭的组织条例，另定之。

第三十三条　在土地改革完成以前，为保证土地改革的秩序及保护人民的财富，严禁一切非法的宰杀耕畜、斫伐树木，并严禁荒废土地，破坏农具、水利、建筑物、农作物或其他物品，违者应受人民法庭的审判及处分。

第三十四条　为保障土地改革一切措施符合于绝大多数人民的利益及意志，各级人民政府应负责切实保障人民的民主权利，农民及其代表有在各种会议上自由批评及弹劾各方各级的一切工作人员的权利。侵犯上述人民权利者，应受法律制裁。

第六章　附　　则

第三十五条　本法适用于一般农村，不适用于大城市的郊区。大城市郊区的土地改革办法，另定之。

本条所称的大城市，由各大行政区人民政府（军政委员会）按城市情况决定之。

第三十六条　本法不适用于少数民族地区。但在汉人占多数地区零散居住的少数民族住户，在当地土地改革时，应依本法与汉人同等待遇。

第三十七条　凡在本法公布后开始施行土地改革的地区。

第三十八条　除本法第三十五、第三十六及第三十七条所规定之地区外，均须按照本法施行。各地何时施行土地改革，由各大行政区人民政府（军政委员会）及省人民政府以命令规定并公布之。

第三十九条　本法公布后，各省人民政府应依本法所定原则及当地具体情况制定当地土地改革实施办法，提请大行政区人民政府（军政委员会）批准施行，并呈报中央人民政府政务院备案。

第四十条　本法经中央人民政府委员会通过后公布施行。

高级农业生产合作社示范章程

- 1956年6月30日第一届全国人民代表大会第三次会议通过
- 1956年6月30日公布施行
- 1987年11月24日失效

第一章　总　　则

第一条　农业生产合作社（本章程所说的农业生产合作社都是指的高级农业生产合作社）是劳动农民在共产党和人民政府的领导和帮助下，在自愿和互利的基础上组织起来的社会主义的集体经济组织。

第二条　农业生产合作社按照社会主义的原则，把社员私有的主要生产资料转为合作社集体所有，组织集体劳动，实行"各尽所能，按劳取酬"，不分男女老少，同工同酬。

第三条　农业生产合作社要根据当地条件，不断地改进农业技术，在国家的援助下逐步地实现农业的机械化和电气化，使农村经济不断地向前发展；同时要随着生产的发展，不断地增加社员的收入，提高社员的物质生活和文化生活的水平。

第四条　农业生产合作社要把集体利益和个人利益正确的结合起来。社员必须服从和保护全社的集体利益，合作社必须关心和照顾社员的个人利益。

第五条 农业生产合作社要把全社利益和国家利益正确地结合起来。合作社应该在国家经济计划的指导下独立地经营生产。合作社必须认真地对国家尽交纳公粮和交售农产品的义务。

第六条 农业生产合作社实行民主管理。合作社的领导人员由社员选举，合作社的重大事务由社员讨论决定。合作社的领导人员必须实行集体领导，密切联系群众，遇事和群众商量，团结全体社员办好合作社。

第二章 社　　员

第七条 年满十六岁的男女劳动农民和能够参加社内劳动的其他劳动者，都可以入社做社员。入社由本人自愿申请，经社员大会或者社员代表大会通过。

合作社要积极地吸收烈士家属、军人家属、国家机关工作人员家属、残废军人、复员军人（包括起义以后和和平解放以后复员回乡的军政工作人员）入社，也要吸收老、弱、孤、寡、残疾的人入社。

合作社也要吸收外来移民入社。

第八条 对于过去的地主分子和已经放弃剥削的富农分子，合作社根据他们的表现和参加劳动生产的情况，并且经过乡人民委员会的审查批准，可以分别吸收他们入社做社员或者候补社员。

农村中过去的反革命分子，如果是在历史上只有轻微罪行、现在已经悔改，或者罪行虽然比较重大，但是对于镇压反革命立有显著功劳的，以及刑满释放、表现良好的，合作社对于这些人，根据他们悔改的程度和立功的大小，并且经过乡人民委员会的审查批准，可以分别吸收他们入社做社员或者候补社员。

对于不够入社条件的过去的地主分子、富农分子和反革命分子，经过乡人民委员会的批准，合作社可以吸收他们参加社内的劳动，使他们获得改造成为新人。对于这些人，合作社应该同对待社员一样地按照他们的劳动付给报酬，并且同对待社员一样地处理他们的生产资料。这些人如果表现良好，经过乡人民委员会审查批准，可以做社员或者候补社员。

候补社员如果表现良好，经过乡人民委员会审查批准，可以做社员。

地主、富农的家属没有参加剥削的，反革命分子的家属没有参加反革命活动的，可以入社做社员。

第九条 每个社员同样地有以下的权利：

（一）参加社内的劳动，取得应得的报酬。

（二）提出有关社务的建议和批评，参加社务的讨论和表决，对社务进行监督。

（三）选举合作社的领导人员，被选举为合作社的领导人员。

（四）在不妨碍合作社生产的条件下，经营家庭副业。

（五）享受合作社举办的文化、福利事业的利益。

过去的地主分子、富农分子和反革命分子，在入社以后的一定时期内，没有被选举权，不能担任社内的任何重要职务；做候补社员的，并且没有表决权和选举权。

第十条 每个社员同样地有以下的义务：

（一）遵守社章，执行社员大会、社员代表大会和管理委员会的决议。

（二）积极地参加社内劳动，遵守劳动纪律。

（三）爱护国家的财产和合作社的财产。

（四）巩固全社的团结，同一切破坏合作社的活动作坚决的斗争。

第十一条 社员有退社的自由。

要求退社的社员一般地要到生产年度完结以后才能退社。社员退社的时候，可以带走他入社的土地或者同等数量和质量的土地，可以抽回他所交纳的股份基金和他的投资。

第十二条 社员如果严重地违反社章，经过多次教育和处分还不悔改，由社员大会或者社员代表大会讨论决定，可以取消他的社员资格。被取消社员资格的人如果不服，可以请求乡或者县人民委员会解决。

被取消社员资格的人可以留在社内参加劳动，合作社应该同对待社员一样地按照他的劳动付给报酬。如果被取消社员资格的人愿意离社生产，可以带走他入社的土地或者同等数量和质量的土地，可以抽回他所交纳的股份基金和他的投资。

被取消社员资格的人如果已经悔改，社员大会或者社员代表大会可以恢复他的社员资格。

第三章 土地和其他主要生产资料

第十三条 入社的农民必须把私有的土地和耕畜、大型农具等主要生产资料转为合作社集体所有。

社员私有的生活资料和零星的树木、家禽、家畜、小农具、经营家庭副业所需要的工具，仍属社员私有，都不入社。

社员土地上附属的私有的塘、井等水利建设，随着土地转为合作社集体所有。如果这些水利建设是新修的，本主还没有得到收益，合作社应该适当地偿付本主所费的工本。如果修建这些水利所欠的贷款没有还清，应该由合作社负责归还。

社员私有的藕塘、鱼塘、苇塘等转为合作社集体所有的时候，对于塘里的藕、鱼、苇子等，合作社应该付给本主以合理的代价。

第十四条 社员的土地转为合作社集体所有、取消土地报酬以后，对于不能担负主要劳动的社员，合作社应该适当地安排适合于他们的劳动，如果他们在生活上有困难，合作社应该给以适当的照顾；对于完全丧失劳动力、历来靠土地收入维持生活的社员，应该用公益金维持他们的生活，在必要的时候，也可以暂时给以适当的土地报酬。

对于军人家属、烈士家属和残废军人社员，合作社还应该按照国家规定的优待办法给以优待。

第十五条 从事城市的职业、全家居住在城市的人，或者家居乡村、劳动力外出、家中无人参加劳动的人，属于他私有的在农村中的土地，可以交给合作社使用。如果本主生活困难，历来依靠土地收入补助生活，合作社应该给以照顾，付给一定的土地报酬。如果本主移居乡村，或者外出的劳动力回到乡村，从事农业生产，合作社应该吸收他入社。如果他不愿意入社，合作社应该把原有的土地或者同等数量和质量的土地给他。

第十六条 农业生产合作社应该抽出一定数量的土地分配给社员种植蔬菜。分配给每户社员的这种土地的数量，按照每户社员人口的多少决定，每人使用的这种土地，一般地不能超过当地每人平均土地数的5%。

社员原有的坟地和房屋地基不必入社。社员新修房屋需用的地基和无坟地的社员需用的坟地，由合作社统筹解决，在必要的时候，合作社可以申请乡人民委员会协助解决。

第十七条 社员私有的耕畜、大型农具和社员经营家庭副业所不需要而为合作社所需要的副业工具转为合作社集体所有，要按照当地的正常的价格议定价款的数目，分期付给本主。付清的时间一般地是三年，至多不超过五年。没有付清的价款的利息问题，由合作社同本主协商解决。

生产中需用的小型农具，如镰刀、锄头等，由社员自备自修。

第十八条 社员私有的林木，应该根据以下的原则处理：

（一）少量的零星的树木，仍属社员私有。

（二）幼林和苗圃，由合作社偿付本主一定的工本费，转为合作社集体所有。

（三）大量的成片的果树、茶树、桑树、竹子、桐树、漆树和其他经济林，根据今后收益的大小、经营的难易、本主所费工本和所得收益的多少，作价归合作社集体所有，价款从林木的收益中分期付还。在合作社初建的时候，对于这种经济林，也可以暂时仍属社员私有，由合作社统一经营，从这些林木的收益中付给本主一定比例的报酬。

（四）大量的成片的用材林，应该根据当时的材积分等作价，转为合作社集体所有，价款从林木的收益中分期付还，在合作社初建的时候，对于这种用材林，也可以暂时仍属社员私有，由合作社统一经营，从这些林木的收益中付给本主一定比例的报酬。

第十九条 社员私有的成群的牧畜，一般地应该由合作社按照当地的正常的价格作价收买，转为合作社集体所有，价款在几年内分期付还。价款付清的期限和没有付清的价款的利息问题，由合作社同本主协商解决。

在合作社初建的时候，对于成群的牧畜，也可以暂时仍属社员私有，由合作社统一经营，按照当地的习惯议定本主应得的报酬。

第四章 资 金

第二十条 农业生产合作社为了筹集生产费和收买社员私有的生产资料，

可以按照生产的需要和社员的负担能力，向社员征集股份基金。

第二十一条　股份基金由全社的劳动力分摊。

在合作社的初级阶段，股份基金已经由社员按照土地或者按照土地和劳动力各占一定比例分摊交纳了的，不再重摊。

社员在交纳股份基金的时候，可以用合作社需要的各种生产资料抵交。如果不够，不够的部分由社员分期交给合作社；如果有多余，多余的部分由合作社按照第十七条、第十八条和第十九条的规定分期还给社员。贫苦的社员，在向银行申请到贫农合作基金贷款以后，仍然不能交清股份基金的，可以由社员大会或者社员代表大会决定缓交或者少交。分期交纳和缓交的股份基金都不计利息。

过去的地主分子和富农分子入社的全部生产资料的价款，在抵交应摊的一份股份基金以后，如果有多余，应该补交一份公积金、公益金，如果仍有多余，作为多交的股份基金。

股份基金分记在各人的名下，不计利息，除非退社，不能抽回。

第二十二条　农业生产合作社应该从每年的收入当中留出一定数量的公积金和公益金。公积金用作扩大生产所需要的生产费用、储备种籽、饲料和增添合作社固定财产的费用，不能挪作他用。公益金用来发展合作社的文化、福利事业，不能挪作他用。

合作社的公积金和公益金，社员退社的时候不能带走，新社员（除了生产资料比较多的过去的地主分子和富农分子）入社的时候不要补交。

第二十三条　农业生产合作社资金不够的时候，可以由社员在自愿原则下，按照自己的力量向社投资。但是，合作社不得强迫社员投资。

社员的投资由合作社负责偿还，还清的期限由合作社同社员协商决定。现金投资的利息，一般地要相当于信用合作社的存款利息。实物投资可以不给利息，也可以按照当地的习惯付给适当的利息。

第二十四条　在几个合作社合并的时候，股份基金一般地不再重摊。如果有的合作社因为某些生产资料没有转为集体所有，社员少摊了股份基金，应该在合并以前，把那些生产资料转为集体所有，补摊股份基金。

在几个合作社合并的时候，一切公共财产不能分掉。

用作增添合作社的固定财产的社员投资和社外贷款，在几个合作社合并的时候，随同固定财产转归合并后的新社，由新社负责偿还。

第五章 生产经营

第二十五条 农业生产合作社在组织和发展生产上，必须贯彻执行勤俭办社的方针，积极地扩大生产范围，发展同农业相结合的多部门经济；要厉行节约，降低生产成本。

第二十六条 农业生产合作社应该根据本身的经济条件和当地的自然条件，积极地采取以下的各种措施，提高农业生产的水平：

（一）兴修水利，保持水土。

（二）采用新式农具，逐步地实现农业机械化。

（三）积极地利用一切可能的条件开辟肥料来源，改进使用肥料的方法。

（四）采用优良品种。

（五）适当地和有计划地发展高产作物。

（六）改良土壤，修整耕地。

（七）合理地使用耕地，扩大复种面积。

（八）改进耕作方法，实行精耕细作。

（九）防治和消灭虫害、病害和其他灾害。

（十）保护和繁殖牲畜，改良牲畜品种。

（十一）在不妨碍水土保持的条件下，有计划地开垦荒地，扩大耕地面积。

合作社应该积极地学习先进的生产经验，努力找出本社增加生产的最关紧要的办法，并且用最大的力量贯彻实行。

第二十七条 农业生产合作社要根据国家的计划和当地的条件，努力增产粮食、棉花等主要作物，同时又要发展桑、茶、麻、油料、甘蔗、甜菜、烟叶、果类、药材、香料和其他经济作物。

第二十八条 农业生产合作社要根据需要和可能，积极地发展林业、畜牧业、水产业、手工业、运输业、养蚕业、养蜂业、家禽饲养业和其他副业生产。

在不妨碍合作社生产的条件下，合作社应该鼓励和适当地帮助社员经营家庭副业。

第二十九条　农业生产合作社应该制定全面的生产计划，有计划地进行生产。

合作社应该制定三年以上的长期计划，全面地规划这个时期内的各项生产和建设。

在每一个生产年度开始以前，合作社应该定出年度的生产计划。年度的生产计划包括以下的主要内容：1. 作物的种植计划、产量计划，保证完成计划的技术措施；2. 林业、畜牧业、水产业和其他副业生产计划；3. 基本建设计划；4. 劳动力和畜力的使用计划。

为了保证年度生产计划的完成，合作社应该按照农事季节或者耕作段落，定出一个季节的或者一个段落的生产计划，具体地规定生产任务和完成任务的期限。

第六章　劳动组织和劳动报酬

第三十条　农业生产合作社应该根据生产经营的范围、生产上分工分业的需要和社员的情况，把社员分编成若干个田间生产队和副业生产小组或者副业生产队，指定专人担负会计、技术管理、牲畜的喂养、公共财物的保管等专业工作，以便实行生产当中的责任制。

第三十一条　生产队是农业生产合作社的劳动组织的基本单位，生产队的成员应该是固定的。田间生产队负责经营固定的土地，使用固定的耕畜和农具。副业生产小组或者副业生产队负责经营固定的副业生产，使用固定的副业工具。

在给田间生产队配备成员和分配任务的时候，要照顾到耕作土地的数量、土地的分布状况、种植作物的种类和社员居住地点的远近，并且要使劳动力的多少、技术的高低和领导力量的强弱，同生产队所担负的生产任务相适应。在给副业生产小组或者副业生产队配备成员和分配任务的时候，也要作相应的照顾。

在必要的时候，管理委员会可以调动某一生产队的人员、耕畜、农具和工具，支援别的生产队，或者组成临时的生产队，完成一定的任务。

第三十二条 农业生产合作社要正确地规定各种工作的定额和报酬标准，实行按件计酬。

每一种工作定额，都应该是中等劳动力在同等条件下积极劳动一天所能够做到的数量和应该达到的质量，不能偏高偏低。

每一种工作定额的报酬标准，用劳动日作计算单位。完成每一种工作定额所应得的劳动日，根据这种工作的技术高低、辛苦程度和在生产中的重要性来规定。各种工作定额的报酬标准的差别，应该定得适当，不能偏高偏低。

在工作条件有了变化的时候，管理委员会可以适当地调整工作定额。

第三十三条 农业生产合作社可以实行包产和超产奖励。各个田间生产队和副业生产小组或者副业生产队，必须保证完成规定的产量计划，还必须保证某些副业产品达到一定的质量。对于超额完成了生产计划的，应该斟酌情形多给劳动日，作为奖励。对于经营不好，产量或者产品质量达不到计划的，应该斟酌情形扣减劳动日，作为处罚。如果遇到不可抗拒的灾害，应该适当地修改产量计划。

全社的生产因为领导得好，超额完成了生产计划，对于有功的管理人员，应该多给劳动日，作为奖励。

社员在生产技术上有创造发明的，对保护公共财产和节约开支有特殊贡献的，应该多给劳动日，作为奖励。

第三十四条 农业生产合作社要制定劳动计划。在规定各个生产队全年的、一个季节的或者一个段落的生产计划的时候，要同时计算出完成生产计划所需要支付的劳动日的数量。合作社可以实行包工，按照所计算的劳动日数量，把生产任务包给生产队。

合作社根据生产的需要和社员的自报，规定每个社员在全年和每个季节或者每个段落应该做到多少个劳动日。合作社在规定每个社员应该做多少劳动日的时候，要注意社员的身体条件，照顾女社员的生理特点和参加家务劳动的实际需要。

社员在做够了规定的劳动日以后，其余的时间由社员自由支配。

第三十五条 农业生产合作社的管理人员，经常不能直接参加生产劳动的，合作社应该根据各人所担负的任务的多少和工作的繁简，由社员大会或者社员代表大会议定一定数量的劳动日，作为报酬。用一部分时间参加社务工作的管理人员和参加临时性社务工作的社员，合作社应该按照他所参加的工作的多少和占去生产劳动时间的多少，给以适当数量的劳动日，作为补贴。

合作社主任全年所得的劳动日，一般地应该高于一个中等劳动力一年所得的劳动日。

合作社的管理人员不能过多。全部管理人员参加社务工作所得的劳动日的数量，加上补贴给参加临时性社务工作的社员的劳动日的数量，至多不能超过全社劳动日总数的2%。

第三十六条 农业生产合作社要组织劳动竞赛。通过劳动竞赛，动员社员积极地提高劳动效率和生产技术，克服生产当中所发生的各种困难，完成和超额完成生产计划。

对于在劳动竞赛当中的先进单位或者个人，合作社应该给以奖励。

第三十七条 农业生产合作社在劳动管理上要建立检查和验收的制度。管理委员会和各个生产队队长要及时地和深入地检查各队和各人是不是按照规定的数量、质量和时间完成任务。对于没有按照规定完成任务的生产队或者个人，可以要求重做或者斟酌情形扣减劳动日。

第三十八条 农业生产合作社社员必须遵守以下的劳动纪律：

（一）不无故旷工。

（二）劳动的时候听指挥。

（三）保证工作的质量。

（四）爱护公共财产。

对于违反劳动纪律的社员要进行教育和批评。如果情节严重，可以分别情况，给以扣减劳动日、赔偿损失、撤销职务以至取消社员资格的处分。

第七章 财务管理和收入分配

第三十九条 农业生产合作社管理委员会应该在制定年度生产计划的同时，制定年度的财务收支预算，提交社员大会或者社员代表大会通过以后实行。

合作社的预算应该包括：资金（包括实物和现金）的来源和本年度使用资金的计划，本年度生产总值的概算和分配的概算。

第四十条 农业生产合作社使用资金，必须严格地注意节约，避免浪费，在财务管理上贯彻执行勤俭办社的方针。每年预算的生产费的各个项目（包括种籽、肥料、草料的开支，购买农药、修理农具、医治耕畜的费用，付给拖拉机站、畜力农具站的代耕费用和抽水机站的灌溉费用，副业生产周转的费用，生产管理费等），都应该定出开支的限额。合作社的生产管理费的限额（不包括社务工作的报酬和补贴），至多不能超过全年生产总值的千分之五。

第四十一条 农业生产合作社必须建立必要的财务制度和手续。

合作社的一切开支都要经过一定的审查和批准手续。预算以内的一般开支，要经过管理委员会主任批准。预算以内的较大开支，要经过管理委员会通过。追加预算，要经过社员大会或者社员代表大会讨论通过。对于一切不合制度和手续的开支，会计员和出纳员有权拒绝。

合作社的一切收支必须有单据证明，会计员凭单据记帐。

合作社的会计工作和出纳工作要分人负责。

合作社的帐目必须日清月结，按季、按生产年度公布收支结果。每个社员所得的劳动日的帐目，必须按月公布。

合作社的公共财产必须有专人保管。公共财产的清单，在年度结帐的时候公布。

第四十二条 农业生产合作社的公共财产必须受到保护，任何社员都不得侵犯。对于贪污、盗窃、破坏公共财产的，或者由于不负责任造成公共财产的重大损失的，合作社应该分别情况给以应得的处分，并且要他退回原物或者赔偿；对于情节严重的，应该请司法机关处理。

第四十三条 农业生产合作社全年收入的实物和现金，在依照国家的规定纳税以后，应该根据既能使社员的个人收入逐年有所增加、又能增加合作社的公共积累的原则，按以下的项目进行分配：

（一）把本年度消耗的生产费扣除出来，留作下年度的生产费和归还本年度生产周转的贷款和投资。

（二）从扣除消耗以后所留下的收入当中，留出一定比例的公积金和公益金。公积金一般地不超过8%，包括归还到期的基本建设的贷款和投资在内。公益金不超过2%。经营经济作物的合作社，公积金可以增加到12%。

（三）其余的全部实物和现金，按照全部劳动日（包括农业生产、副业生产、社务工作的劳动日和奖励给生产队或者个人的劳动日），进行分配。

如果合作社的生产增加不很多，为了增加社员的个人收入，公积金可以少留。遇到荒年，公积金可以少留或者不留。遇到丰年，在保证社员个人收入增加的条件下，公积金也可以酌量多留。收入分配的方案应该由社员大会或者社员代表大会讨论通过。

第四十四条　春季和夏季收获的农产品，农业生产合作社在留下所需要的部分以后，应该按照社员已经得到的劳动日的多少，预先分配给社员，到生产年度终了的时候再行结算。

合作社的现金收入和国家对农产品的预购定金，在留下所需要的部分以后，应该根据社员已经得到的劳动日和实际需要，分期预支给社员，到生产年度终了的时候再行结算。

第八章　政治工作

第四十五条　农业生产合作社要在共产党和人民政府的领导下，在青年团和妇女联合会的协助下，进行政治工作。

政治工作的目的，是保证完成生产计划，保证执行勤俭办社的方针，反对铺张浪费，保证按劳取酬和男女老少同工同酬，保证合作社的集体利益、国家利益和社员的个人利益得到正确的结合，从思想上和组织上巩固农业生产合作社。

第四十六条　农业生产合作社要利用业余时间，向社员讲解和宣传国内外的时事、共产党的主张和人民政府的政策法令，并且要通过社内的各种实际活动，向社员进行爱国主义和集体主义的教育，加强工农联盟的思想，不断地提高社员的社会主义觉悟，克服资本主义思想残余。

第四十七条　农业生产合作社要采取组织劳动竞赛、组织参观、交流经验、提倡改进生产技术、奖励合理化建议、表扬先进生产者等办法，鼓励社员在劳动中发扬积极性和创造性。

第四十八条 农业生产合作社要充分发扬社内民主，反对强迫命令和官僚主义，开展批评和自我批评，加强领导人员同社员之间、社员同社员之间、生产队同生产队之间的团结。

合作社要加强同其他农业生产合作社、手工业生产合作社、供销合作社、信用合作社之间的团结，要注意团结社外农民。

第四十九条 在多民族的地区，农业生产合作社要特别注意民族间的团结互助，尊重各民族的风俗习惯。在两个以上民族的农民联合组成的合作社里，要发扬多数照顾少数、先进帮助后进的精神，团结各民族的社员办好合作社。

在有归国华侨和侨眷的地区，合作社要特别注意团结归国华侨和侨眷办好合作社。

第五十条 农业生产合作社要不断地提高社员的革命警惕性，加强合作社的保卫工作。

第九章　文化福利事业

第五十一条 农业生产合作社必须注意社员在劳动中的安全，不使孕妇、老年和少年担负过重和过多的体力劳动，并且特别注意使女社员在产前产后得到适当的休息。

合作社对于因公负伤或者因公致病的社员要负责医治，并且酌量给以劳动日作为补助；对于因公死亡的社员的家属要给以抚恤。

第五十二条 农业生产合作社应该在生产发展的基础上，随着合作社收入和社员个人收入的增加，根据社员的需要，逐步地举办以下各种文化、福利事业：

（一）组织社员在业余时间学习文化和科学知识，在若干年内分批扫除文盲。

（二）利用业余时间和农闲季节，开展文化、娱乐和体育活动。

（三）开展公共卫生工作和社员家庭卫生保健工作。

（四）提倡家庭分工、邻里互助、成立托儿组织，来解决女社员参加劳动的困难，保护儿童的安全。

（五）女社员生孩子的时候，酌量给以物质的帮助。

（六）在可能的条件下，帮助社员改善居住条件。

第五十三条 农业生产合作社对于缺乏劳动力或者完全丧失劳动力、生活没有依靠的老、弱、孤、寡、残疾的社员，在生产上和生活上给以适当的安排和照顾，保证他们的吃、穿和柴火的供应，保证年幼的受到教育和年老的死后安葬，使他们生养死葬都有依靠。

对于遭到不幸事故、生活发生严重困难的社员，合作社要酌量给以补助。

第五十四条 农业生产合作社应该在若干年内，组织社员逐步地做到储备一年到两年的粮食，以备紧急时候的需要。

第十章　管理机构

第五十五条 农业生产合作社的最高管理机关是社员大会或者社员代表大会。

社员大会或者社员代表大会选出管理委员会管理社务；选出合作社主任领导日常工作，对外代表合作社；选出一个到几个副主任协助主任进行工作。合作社主任、副主任兼管理委员会主任、副主任。

社员大会或者社员代表大会选出监察委员会监察社务。

第五十六条 社员大会行使以下的职权：

（一）通过和修改社章。

（二）选举和罢免合作社主任、副主任和管理委员会的委员，监察委员会的主任和委员。

（三）通过转为合作社集体所有的耕畜、农具、林木等的作价和股份基金的征集方案。

（四）审查和批准管理委员会提出的生产计划和预算。

（五）通过社务工作的报酬和补贴的方案。

（六）审查和通过管理委员会提出的全年收入分配和预分、预支的方案。

（七）审查和批准管理委员会和监察委员会的工作报告。

（八）通过新社员入社。

（九）通过对社员的重大奖励和重大处分；决定取消和恢复社员资格。

（十）其他重大事项。

第五十七条　社员大会或者社员代表大会由管理委员会召开，每年至少开会两次。

社员大会必须有过半数的社员出席，才能行使职权。在行使第五十六条第（一）、（二）、（三）、（四）、（五）、（六）、（九）项规定的职权的时候，必须有出席社员的三分之二的多数通过，才能作出决议；行使其他各项职权，必须有出席社员的过半数通过，才能作出决议。

第五十八条　农业生产合作社在社员人数过多，或者社员的居住地点过于分散，召开社员大会确有困难的情况下，可以召开社员代表大会，行使社员大会的各项职权。

社员代表大会的代表，一般地由各个生产单位选举。除了有社员一千人以上的大社以外，社员代表大会代表的名额不能少于全体社员的十分之一。担任专业工作的社员、女社员、青年社员，应该在代表的名额里面占有适当的比例。在多民族的地区和有归国华侨、侨眷的地区，少数民族社员和归国华侨、侨眷社员，也应该在代表名额里面占有适当的比例。

社员代表大会必须有全体代表的三分之二的多数通过，才能作出决议。

在社员代表大会召开以前，必须以生产队为单位召开或者按地区分片召开社员会议，充分地征求社员的意见，由代表把这些意见带到社员代表大会去讨论；在社员代表大会闭会以后，必须召开同样的会议，由代表负责把代表大会的决议向社员报告。

第五十九条　农业生产合作社管理委员会根据社章和社员大会或者社员代表大会的决议管理社务。

管理委员会由主任、副主任和委员组成。按照合作社的大小，管理委员会一般地可以设九个到十九个委员。管理委员会的委员可以按照社内的事务进行分工。

管理委员会的决定，必须经过管理委员会委员的多数通过，管理委员会在工作中必须发扬民主作风，不许滥用职权。

管理委员会可以按照需要，任命合作社的工作人员。管理委员会任命生产队长或者直属的生产组长，事前要征求队员或者组员的同意。

第六十条 监察委员会监督合作社主任、副主任和管理委员会的委员是不是遵守社章和社员大会或者社员代表大会的决议，检查合作社的财务收支是不是正确，检查合作社内对公共财产有没有贪污、偷盗、破坏等情形。监察委员会要按期向社员大会或者社员代表大会报告工作，并且可以随时向管理委员会提出意见。

监察委员会一般地由五个到十一个委员组成。在需要的时候，监察委员会可以推选一个到两个副主任，协助主任进行工作。

合作社的主任、副主任和管理委员会的委员、会计员、出纳员、保管员，都不能兼任监察委员会的职务。

第六十一条 农业生产合作社的主任、副主任和管理委员会的委员、监察委员会的主任和委员，每年改选一次，可以连选连任。

在合作社的领导人员和工作人员里面，女社员要占有一定的名额。在合作社主任、副主任里面，至少要有妇女一人。

如果合作社社员有不同的民族成分，各民族的社员在领导人员和工作人员里面要占有适当的比例。如果合作社内有相当数量的归国华侨和侨眷，他们在领导人员和工作人员里面也要占有适当的名额。

第十一章 附 则

第六十二条 供初级农业生产合作社采用的农业生产合作社示范章程的规定，如果同本章程不相抵触、又为高级合作社所需要的，高级合作社可以采用。

第六十三条 各省、市依照当地的情况和需要，可以对于本章程没有规定或者没有具体规定的事情，作出补充规定。

第六十四条 民族自治地方依照当地民族的特点和实际的需要，可以对于本章程没有规定或者没有具体规定的事情，作出补充规定，也可以根据本章程的基本原则，制定适用于当地的合作社示范章程。

农村人民公社工作条例（修正草案）

- 1962年9月27日中国共产党第八届中央委员会第十次全体会议通过
- 1962年9月27日公布施行
- 1987年1月1日失效

第一章 农村人民公社在现阶段的性质、组织和规模

一、农村人民公社是政社合一的组织，是我国社会主义社会在农村中的基层单位，又是我国社会主义政权在农村中的基层单位。

农村人民公社是适应生产发展的需要，在高级农业生产合作社的基础上联合组成的。它在一个很长的历史时期内，是社会主义的集体经济组织，实行各尽所能、按劳分配、多劳多得、不劳动者不得食的原则。

二、农村人民公社一般地分为公社、生产大队和生产队三级。以生产大队的集体所有制为基础的三级集体所有制，是现阶段人民公社的根本制度。

公社在经济上，是各生产大队的联合组织。生产大队是基本核算单位。生产队是直接组织生产和组织集体福利事业的单位。

三、人民公社的各级组织，都必须执行国家的政策和法令，在国家计划指导下，因地制宜地合理地组织生产。

中国共产党在人民公社各级组织中，必须起领导作用和核心作用。

四、人民公社的组织原则是民主集中制。

人民公社的各级权力机关，是公社社员代表大会，生产大队社员代表大会或者社员大会，生产队社员大会。

人民公社的管理机关是各级管理委员会。

人民公社的监察机关是各级监察委员会。规模较小的生产队，可以只设一个监察员。

人民公社各级社员代表大会的代表和各级管理委员会、监察委员会的成员，都必须经过社员充分的酝酿，采取不记名投票的方式选举产生。

五、人民公社各级的规模，都应该利于生产，利于经营管理，利于团结，利于群众监督，不宜过大。特别是生产大队的规模不宜过大，避免在分配上把经济水平相差过大的生产队拉平，避免队和队之间的平均主义。

人民公社的规模，一般地应该相当于原来的乡或者大乡；生产大队的规模，一般地应该相当于原来的高级农业生产合作社。但是，也不要强求一律。公社、生产大队和生产队，都可以有大、中、小不同的规模，由社员根据具体情况，民主决定。

第二章 人民公社的社员代表大会和社员大会

六、人民公社各级的重大事情，例如生产计划、分配方案、财务预算和决算、基本建设等，都应该由各级的社员代表大会或者社员大会决定，不能由管理委员会少数人决定。

人民公社各级的管理委员会和监察委员会的成员，都由各级的社员代表大会或者社员大会选举，公社一级的任期两年，生产大队的和生产队的任期一年。各级的管理委员会和监察委员会的成员，都可以由原选举单位随时罢免。

人民公社各级社员代表大会或者社员大会，在选举管理机关和监察机关的成员的时候，应该注意使贫农和下中农占优势。

七、人民公社各级社员代表大会或者社员大会，都要定期开会。公社的社员代表大会，每年至少开会两次。生产大队的社员代表大会或者社员大会，每年至少开会四次。生产队的社员大会，每月至少开会一次。

八、公社社员代表大会的代表，每两年改选一次。生产大队社员代表大会的代表，每年改选一次。

社员代表大会的代表，要有广泛的代表性。从事各种业务的人员，有经验的老农，青年和妇女，少数民族的社员，侨眷和归侨，都要有适当数量的代表。

第三章 公社管理委员会

九、公社管理委员会，在行政上，相当于原来的乡政府，受县人民委员会的领导。在管理生产建设、财政贸易、民政、文教卫生、治安、民兵和调解民事纠纷等项工作方面，行使乡政府的职权。这些工作，都要有人经常管理，防止无人负责的现象。

十、公社管理委员会的主要任务是，充分调动社员群众的积极性，组织各方面的力量，发展农业、畜牧业和林业生产。在领导生产中，应该经过充分的调查研究，执行群众路线，对生产大队进行适合情况的正确的领导，不可管得太多太死。

（一）根据国家计划和各生产大队的具体情况，兼顾国家和集体的利益，向各生产大队提出关于生产计划的建议，并且可以对各生产大队拟定的计划，进行合理的调整。在调整的时候，只许采取协商的办法，不许采取强制的办法。

（二）对于各生产大队的生产，进行检查，经过同社员和干部商量，及时地帮助生产大队解决生产中存在的问题，改进经营管理。不许乱开电话会议和各种会议，不许乱发乱要统计表报，不许瞎指挥生产。

（三）推行经过反复试验确实有效的增产措施、改良工具和先进经验。推行的时候，必须因地制宜，并且只能典型示范和提出建议，不许强迫生产大队和生产队接受。

（四）在必要的时候，可以组织生产大队之间的生产协作。组织这种协作，必须按照自愿互利和等价交换的原则，不许无代价地调用劳动力、生产资料和其他物资。

（五）适时地调剂种子，供应农具、肥料和农药，管好用好大型农业机械，从各方面帮助生产大队实现生产计划。供应这些生产资料，必须注意保证质量，讲求实效。这些生产资料，应该由生产大队和生产队自由选购，不许硬性摊派。凡是硬性摊派的，生产大队和生产队都有权拒绝接受。

十一、公社管理委员会应该根据生产的需要，根据人力、物力和财力的可能，经过公社、有关生产大队和生产队的社员代表大会或者社员大会讨论决定，经过上级批准，兴办全公社范围的或者几个生产大队共同的水利建设和其他有利于农业生产的基本建设，兴办几个公社共同的水利建设。兴办这些基本建设，必须不妨碍当年生产的增长和当年社员收入的增加，不可办得过多。

公社管理委员会在兴办这些基本建设的时候，必须订立合同，规定各单位的权利和义务，并且按照各单位受益的多少，分摊劳动力和资金。对于不受益的单位付出的劳动，被占用的土地和土地上的附着物，都必须给以合理的报酬和补偿。

公社管理委员会，应该负责管理和维修全公社范围的或者几个大队共同举办的水利建设和其他基本建设。

十二、公社管理委员会根据需要和可能，可以有步骤地举办社办企业。社办企业，除了用国家贷款举办的以外，可以由公社单独投资举办，可以由公社和大队共同投资举办，也可以由几个公社联合投资举办。

社办企业，应该主要为农业生产服务，并且同国家计划适当结合。应该主要靠就地取材，不要影响国家统购物资的收购。

一切社办企业的举办，都应该量力而行。公社和大队的投资，只能从社办企业的利润和公积金内开支。

一切社办企业的举办，都不能妨碍农业生产。社办企业和其他事业，应该尽先使用城镇的非农业劳动力。占用生产大队的劳动力，一般地不得超过生产大队劳动力总数的百分之二，有的地方可以少一点，有的地方也可以稍多一点。

一切社办企业，都应该严格实行经济核算，努力降低生产成本，不断提高产品质量，防止人力和物力的浪费。

凡是社、队共同举办和公社联合举办的企业，都必须签订合同，保障双方享受合同规定的权益，按照合同规定共负盈亏。

十三、公社管理委员会应该促进农村手工业生产的迅速发展。

农村手工业可以有多种形式，有社、队直接经营的手工业企业，有手工业生产合作社或者合作小组，还有进行独立劳动的个体手工业。

社、队经营的手工业企业，必须严格实行经济核算。农村手工业生产合作社和合作小组，都实行独立核算，自负盈亏，都受公社管理委员会和手工业县联社的双重领导。

公社管理委员会应该督促生产大队和生产队，对于技术熟练的手工业劳动者，按照不同的标准，采用不同的办法，计算劳动报酬，不能同农业劳动一样；并且在口粮供应上给以适当的照顾。

十四、公社公共积累的来源，是社有企业的利润和从生产大队提取的公积金。

公社的公共积累，除了用于扩大再生产和举办集体福利事业以外，应该拿出一部分，扶助生产上有困难的生产大队和生产队。

为了巩固大队所有制和发展大队经济，在今后几年内，公社一般地应该少提或者不提生产大队的公积金；如果要提，提取的比例，一般地不能超过生产大队当年公积金的百分之二十，并且要经过县人民委员会的批准。

十五、公社管理委员会的财务工作，必须严格遵守勤俭办社的原则，建立财务管理制度。一切开支，都必须有预算和决算，都必须按照规定的批准手续办事。严格限制非生产性的开支。财务必须公开，要按期向社员代表大会报告财务工作。

公社管理委员会应该领导和监督各生产大队的财务工作。公社管理委员会的财务工作，接受县的财政部门的领导和监督。

第四章　生产大队管理委员会

十六、生产大队，是人民公社这个联合经济组织当中的独立经营单位。它实行独立核算，自负盈亏。它统一管理各生产队的生产事业，又承认生产队在生产管理上的一定的自主权。它在全大队范围内统一分配归大队所有的产品和收入，又承认各生产队在产品留量和收入水平上的差别。

十七、全大队范围内的土地，都归生产大队所有，固定给生产队使用。

生产大队对于全大队范围内的劳动力，除了公社和大队按规定调用的以外，都必须固定在生产队，不许随意抽调。

集体所有的耕畜、农具，可以归大队所有，固定给生产队使用；也可以归生产队所有；也可以有些归生产大队所有，有些归生产队所有。究竟实行哪种办法，由生产大队、生产队同社员群众，在有利于保护和繁殖牲畜、有利于保管和维修农具的前提下，根据不同情况，兼顾大队和各生产队发展农业、畜牧业和副业生产的需要，民主讨论决定。决定以后，登记造册，不再变动。

固定给生产队的土地、劳动力、耕畜和农具，如果在特殊情况下，必须调用或者在生产队之间组织协作的时候，一定要不妨碍生产队生产计划的完成，经过协商同意，实行变工换工，严格遵守互利等价的原则。

十八、生产大队的生产计划，应该建立在各生产队生产计划的基础上。生产大队根据国家计划任务和各生产队的实际情况，对各生产队提出初步要求；然后，由各生产队发动社员充分讨论，拟定本队的生产计划；然后，由大队把各生产队的生产计划和大队企业的生产计划，加以综合，经过必要的协商调整，订出全大队的生产计划。

生产大队在制定生产计划的时候，对于农业生产的各个方面（农、林、牧、副、渔），对于粮食作物和各种经济作物，都要根据当地生产习惯和可能，统筹兼顾，全面安排。

十九、生产大队有完成国家征购粮食任务的义务。国家在规定生产大队的粮食征购任务的时候，要保证他们多产多留。

生产大队的粮食征购任务，应该定下来。在目前情况下，可以一年一定。有条件的地方，也可以两年或者三年一定。粮食征购任务定下来以后，在正常年景，增产不增购，减产不减购。

要避免在社员留粮标准上的平均主义。按人口平均提供商品粮较多的生产大队，口粮标准应该高些。对于从事经济作物、蔬菜、林业、牧业、渔业等各种生产的缺粮大队，在他们完成国家的收购任务以后，应该在粮食定销中给以照顾。他们的口粮标准，一般地应该不低于邻近产粮区的口粮标准。

二十、生产大队对生产队必须认真实行包产、包工、包成本和超产奖励的三包一奖制。可以一年一包，有条件的地方也可以两年、三年一包。包产指标一定要经过社员充分讨论，一定要落实，一定要真正留有余地，使生产队经过努力有产可超。超产的大部或者全部，应该奖给生产队。对于超产粮食的生产队，可以把一部分、大部分或者全部超产的粮食，奖给他们。对于超产棉花、油料等经济作物的生产队，也可以适当地提高这些产品的留量。

在正常年景下，由于工作中的毛病，或者劳动不积极，没有完成包产任务的生产队，应该少得少分。

为了避免生产队之间的平均主义，生产大队对于原来收入水平较高、现在由于统一分配收入减少的生产队，可以从包产、包工、奖励或者发展副业等方面，加以照顾，使他们的收入也有增加。

二十一、原来高级农业生产合作社所有的山林和生产大队新植的林木，一般都归生产大队所有。国有山林和公社所有的山林，如果国家和公社不便于经营，也可以划给大队所有。大队可以把小片的零星的山林和路旁、村旁的林木，分别划给生产队和社员所有。

生产大队应该把大部分山林，固定包给生产队经营，使山林资源得到充分的利用和保护。少数不便于生产队经营的，可以由大队组织专业队负责经营。

生产大队和生产队应该根据山林资源条件、国家采伐计划和本大队的需要，同时，也根据负责经营的生产队的需要，确定每年林木采伐的数量、规格、时间和地点，对于不在计划之内和不合规格的采伐，生产大队和生产队都有权制止。

二十二、生产大队管理委员会，应该根据生产计划，经常督促检查各生产队的生产工作，帮助生产队及时总结生产经验、解决生产中的困难和问题，使他们能够超额完成包产计划。对于生产困难较多的生产队，生产大队应该更多地给以帮助。

生产大队管理委员会，应该推行先进经验和增产措施，在推行的时候，必须同生产队的干部和社员充分商量，由他们根据自己的情况决定，不能强迫他们接受。

二十三、生产大队为了发展多种经营，适应各生产队发展生产的需要，增加社会产品，增加社员收入，可以经营一定数量的大队企业。大队企业应该遵守农闲多办、农忙少办或者不办的原则。在农忙的时候，要尽可能使劳动力回到生产队，参加农业生产。

生产大队兴办的企业和事业，从生产队占用的劳动力，一般地不能超过生产队劳动力总数的百分之五，有的地方可以少一点，有的地方可以多一点。

二十四、各生产队按照包产计划上交大队的产品和收入，生产大队直接经营所得的产品和收入，都由生产大队在全大队范围内统一分配。生产大队在收益分配中，必须实行少扣多分，使社员增加收入。

生产大队必须努力降低生产成本，节约劳动时间，提高劳动效率，反对铺张浪费和滥用劳动力，严格控制非生产性开支，减少非生产人员，控制公共积累在收入分配中的比例，从各方面来提高劳动工分的分值。在生产队完成三包任务的前提下，要保证分配计划兑现。

二十五、生产大队扣留的公积金，在目前时期，一般地应该控制在大队可分配的总收入的百分之五以内。少数经济作物区、城市郊区等收入水平高的生产大队，扣留的公积金可以多些。

生产大队兴办基本建设和扩大再生产的投资，应该从公积金内开支。基本建设用工和生产用工，要分开计算。对于每一个有劳动能力的社员，经过生产大队社员代表大会或者社员大会通过，可以规定他每年做一定数目的生产性的基本建设工，作为集体经济的劳动积累。这种基本建设工，一般应该控制在每个社员全年基本劳动日数的百分之三左右，超过这个规定的基本建设用工，必须从公积金内发给应得的工资。

二十六、生产大队可以从大队可分配的总收入中，扣留百分之三到五的公益金，作为社会保险和集体福利事业的费用。

生产大队对于生活没有依靠的老、弱、孤、寡、残疾的社员，家庭人口多劳动力少的社员，和遭到不幸事故、生活发生困难的社员，实行供给或者给以补助。这个供给和补助的部分，从公益金内开支。

托儿所保育人员的劳动工分，主要由入托儿所儿童的家庭分摊，不够的部分，可以从公益金内给以补助。

二十七、生产大队必须严格执行财务计划，严格遵守财务制度，防止贪污舞弊。一切开支都要遵守规定的批准手续，对于一切不合制度和手续的开支，会计员和出纳员有权拒绝。一切收支帐目都要日清月结，按月向社员公布。会计员管帐不管钱，出纳员管钱不管帐。生产大队还必须经常督促、检查和帮助生产队作好财务工作和物资管理工作。

第五章 生产队管理委员会

二十八、为了提高社员和生产队干部的积极性，必须确定和保障生产队一级的所有制。归生产队所有的部分，有下列各项收入和资产：

第一部分　综合类

一、法　律

超产所得的奖励；

在完成包产任务的前提下，经营农、林、牧、副、渔各种生产所得的收入；

在完成包产任务的前提下，节约下来的资金；

划归生产队所有的果树、林木和水面等资源；

归生产队所有的农具；

用自有资金兴办的基本建设、购置的生产资料和其他设备；

包产任务以外利用空隙地和荒山种植的果树、林木和其他多年生作物；

归生产队所有的耕畜和它们繁殖的幼畜，固定给生产队使用的耕畜所繁殖的幼畜或者幼畜的分成部分。

所有这些资金、物资、农具、设备、林木、水面和牲畜，都归生产队全权支配，公社和生产大队都不能调用。在有必要进行适当调剂的时候，必须取得生产队的同意，实行等价交换。

二十九、生产队在管理本队生产上，有一定的自主权、在保证完成包产任务的前提下，它有权因地因时种植；有权安排农活；有权决定增产措施；有权选留和管理本队的种子；有权调整本队的劳动定额；在不妨碍水土保持，不破坏森林、草原和牧场的条件下，有权在本队范围内，开垦荒地、经营荒山和充分利用一切可能利用的土地；有权利用农闲时间经营各项副业生产。在决定这些事情的时候，生产队管理委员会，一定要充分同社员商量，特别要听取有经验的农民的意见，重要的事情，还要经过社员大会讨论通过，决不能由少数人任意决定。

三十、生产队在发展农业生产中，应该以发展粮食生产为主，同时，根据自然条件和历史习惯，积极发展棉花、油料和其他经济作物的生产；并且综合利用劳动力，充分利用自然资源和农作物的副产品，积极发展畜牧业、林业、渔业和其他副业生产。

在经济作物集中产区的生产队，应该以种植经济作物为主。

在山区和半山区的生产队，要切实培育好和保护好山林，防止破坏，并且积极地植树造林，因地制宜地发展用材林、经济林和薪炭林等项生产。

三十一、生产队必须认真保护和繁殖耕畜，特别要注意养好母畜、种畜和幼畜。

生产队应该采用民主推选的办法，严格选择饲养员。饲养的方式，可以集中喂养，可以小槽分散喂养，也可以个人包养。对于耕畜的喂养、繁殖和使用，应该建立严格的责任制，应该保证饲草饲料的供应，并且及时防治各种疫病。

对于保护、喂养、繁殖、使用耕畜和防治耕畜疫病成绩良好的单位和个人，都应该给以奖励。如果因为管理、饲养或者使用不善造成耕畜死亡，应该追究责任，给有关人员以适当的处分。

注意培养兽医，适当提高他们的劳动报酬。

三十二、生产队为了便于组织生产，可以划分固定的或者临时的作业小组，划分地段，实行小段的、季节的或者常年的包工，建立严格的生产责任制。畜牧业、林业、渔业和其他副业生产，耕畜、农具和其他公共财物的管理，也都要实行责任制。有的责任到组，有的责任到人。

对于劳动积极，管理负责，成绩显著，或者超额完成生产任务的小组和个人，不管本队是不是超产，都应该给以适当的奖励。由于劳动不积极，管理不负责，没有完成生产任务的小组和个人，本队超产不能受奖，本队减产应该多赔。

三十三、生产队应该组织一切有劳动能力的人，参加劳动。对于男女全劳动力和半劳动力，都要经过民主评议，根据各人的不同情况，规定每人应该完成的基本劳动日数。在规定女社员的基本劳动日数的时候，要照顾到她们从事家务劳动的实际需要。生产队还要组织一切能够从事辅助劳动的人，参加适合他们情况的劳动，并且按劳付酬。

三十四、生产队对于社员的劳动，应该按照劳动的数量和质量，付给合理的报酬，避免社员和社员之间在计算劳动报酬上的平均主义。

生产大队应该帮助生产队，制订各种工作的定额，实行定额管理。在制订工作定额的时候，要根据各种工作的技术高低、辛苦程度和在生产中的重要性，确定合理的劳动工分标准。农忙期间，农业劳动的报酬，应该高于平时。农业、畜牧业中有技术的劳动的报酬，应该高于普通劳动。手工业、林业、渔业、盐业等事业劳动的报酬，应该按照和农业劳动不同的标准计算。

第一部分　综合类

一、法　律

凡是有定额的工作，都必须实行按件记分。对于某些无法制订定额的工作，可以按照实际情况，评工记分。不论男女老少，不论干部和社员，一律同工同酬。

每个社员每天的劳动工分，都要记入他的工分手册。社员的工分账目，要定期公布。

三十五、生产队必须认真实行按劳分配，多劳多得，避免社员和社员之间在分配上的平均主义。

生产队必须争取超产，节约劳动力和生产费用，努力提高社员实作工分的分值，增加社员的收入。

生产队从包产中所得的收入，要全部分配给社员。包产以外经营其他各种生产的收入，扣除生产费用以后，可以全部分配给社员，或者大部分配给社员，扣留一小部分作为自己的积累。

生产队包产以外增产的粮食，超产奖励所得的粮食，出售经济作物所得的国家奖售的粮食，除了经过民主讨论决定可以留下少量作为本队的储备粮以外，应该按劳动工分进行分配。

不论是超产或者减产的生产队，都应该在分配给社员的总额中，提取一定的数量，奖给生产特别好的社员或者作业小组。

对于工作积极、办事公道、有显著成绩的生产大队和生产队的干部，可以从超产部分提出一定数量的现金和实物，进行奖励。奖励多少，由社员代表大会或者社员大会评议。

三十六、在生产队办不办食堂，完全由社员讨论决定。凡是要办食堂的，都办社员的合伙食堂，实行自愿参加、自由结合、自己管理、自负开销和自由退出的原则。这些食堂，都要单独核算，同生产队的财务分开。

生产队对于社员办的食堂，应该给予可能的支持和帮助，但是在经济上不应该有特殊的待遇。对于参加和不参加食堂的社员，生产队都应该同样看待，不能有任何的歧视。

社员的口粮，不论办不办食堂，都应该分配到户，由社员自己支配。口粮分配到户的办法，可以在收获后一次发，也可以分期发。

三十七、生产队必须建立和健全财务管理制度。一切财务必须公开，定期公布帐目。管钱、管帐、管物资，要有专人负责。属于生产队所有的或者由生产队负责保管的粮食和其他农副业产品，都要认真管好，防止贪污、盗窃和损失。应该有一个副队长分管财务工作。

第六章　社员家庭副业

三十八、人民公社社员的家庭副业，是社会主义经济的必要的补充部分。它附属于集体所有制经济和全民所有制经济，是它们的助手。在积极办好集体经济，不妨碍集体经济的发展，保证集体经济占绝对优势的条件下，人民公社应该允许和鼓励社员利用剩余时间和假日，发展家庭副业，增加社会产品，补助社员收入，活跃农村市场。

三十九、人民公社社员可以经营以下的家庭副业生产：

耕种由人民公社分配的自留地。自留地一般占生产大队耕地面积的百分之五到七，长期归社员家庭使用。在有柴山和荒坡的地方，还可以经营由人民公社分配的自留山。

经过生产大队批准，开垦零星荒地。开垦的荒地一般可以相当于自留地的数量，在人少地多的地方可以少一点，在人多地少的地方也可以略多一点。

饲养猪、羊、兔、鸡、鸭、鹅等家畜家禽，也可以饲养母猪。在条件许可的地方，还可以饲养一两头大牲畜。

进行编织、缝纫、刺绣等家庭手工业生产。

从事采集、渔猎、养蚕、养蜂等副业生产。

经营由人民公社分配的自留果树和竹木。在屋前屋后种植果树和竹木。这些作物永远归社员所有。

四十、社员家庭副业的产品和收入，都归社员所有，都归社员支配。除了由国家统购统销的农产品以外，其他的农副产品，在完成同国家订立的定购合同以后，都可以拿到集市上进行交易。

社员的自留地和开垦荒地生产的农产品，不算在集体分配的产量和口粮以内，国家不征收农业税，不计统购。

社员家庭积肥，按照规定交生产队或者生产大队使用的，应该按质论价，付给报酬；超过规定数量、质量又好的，还应该给以现金和实物的奖励。

四十一、人民公社各级管理委员会，对于社员经营家庭副业，应该给以必要的指导和帮助，不要乱加干涉。同时，又要教育社员兼顾国家、集体和个人的利益，积极参加和关心集体生产，不损害公共利益，不投机倒把。

对于生活困难的社员，生产队应该在家庭副业生产方面多给一些便利条件，帮助他们解决困难，增加收入。

人民公社各级的集体经济单位和国家指定的国营企业，可以根据社员自愿和公私两利的原则，分别采取加工、定货、代购原料、代销产品、收购产品和公有私养等适当的方式，帮助社员家庭副业生产的发展，并且使它和集体经济或者国营经济联系起来。

第七章 社　　员

四十二、人民公社社员，在社内享有政治、经济、文化、生活福利等方面一切应该享受的权利。人民公社的各级管理委员会，对于社员的一切权利，都必须尊重和保障。

要保障社员个人所有的一切生活资料，包括房屋、家俱、衣被、自行车、缝纫机等，和在银行、信用社的存款，永远归社员所有，任何人不得侵犯。

要保障社员自有自用的小农具和工具等生产资料，永远归社员所有，任何人不得侵犯。

要认真执行放假制度，实行劳逸结合。男社员每月放假四天，女社员每月放假六天。可以分批轮流放假；在农事大忙的时候，也可以把放假的日子挪前挪后。

要关心社员的身体健康，保护社员劳动中的安全。对于因公负伤的社员，应该给予适当的补贴。对于因公死亡的社员的家属，应该给予适当的抚恤。对于女社员的生理特点，要加以照顾。女社员在产假期间，应该酌量给以补贴。

要保障社员对社、队的生产、分配、生活福利、财务开支等方面提出建议、参加讨论和表决、进行批评和监督的权利，对干部违法乱纪行为进行控告的权利，任何人都不许刁难、阻碍和打击报复。

四十三、社员的房屋，永远归社员所有。

社员有买卖或者租赁房屋的权利。社员出租或者出卖房屋，可以经过中间人评议公平合理的租金或者房价，由买卖或者租赁的双方订立契约。

任何组织、任何人，都不得强迫社员搬家。任何机关、组织、团体和单位，都不得占用社员的房屋。如果因为建设的需要，必须征用社员的房屋，应该严格执行国务院有关征用民房的规定，给以补偿，并且对迁移户作妥善的安置。

鼓励社员修建住宅，国家、公社、生产大队和生产队应该在人力、物力等方面，给以可能的帮助。

四十四、人民公社社员，在公社内必须履行自己一切应尽的义务。每一个社员都要遵守国家的政策、法令，执行社员代表大会和社员大会的决议。每一个社员都应该自觉地遵守劳动纪律，必须完成应该做的基本劳动日。每一个社员都要爱护国家和社、队的公共财产，积极地保护这些财产不受损害。

人民公社社员，都要提高革命警惕性，防止封建势力复辟分子的破坏活动。

第八章　干　部

四十五、人民公社各级组织，都必须保持精干。公社一级干部的人数，应该按照编制配备，只许少不许多。生产大队和生产队干部的人数，根据大队和生产队规模的大小，由社员讨论决定，数目也不可过多。

四十六、人民公社各级的干部，都要树立为人民服务的思想，作人民的勤务员。

要正确地理解国家利益和群众利益的一致性，把对上级负责和对群众负责正确地结合起来。在执行上级指示的时候，如果确实有困难，可以提出自己的意见，报请上级处理。

要关心群众生活，处处为群众打算。

要和群众同甘共苦，反对特殊化。

四十七、人民公社各级的干部，都必须认真执行"党政干部三大纪律、八项注意"。

三大纪律是：（一）如实反映情况。（二）正确执行党的政策。（三）实行民主集中制。

八项注意是：（一）参加劳动。（二）以平等的态度对人。（三）办事公道。（四）不特殊化。（五）工作要同群众商量。（六）没有调查没有发言权。（七）按照实际情况办事。（八）提高政治水平。

四十八、人民公社各级的干部，都必须坚持民主作风，反对强迫命令。不许压制民主，不许打击报复。要平等地和群众讨论问题，使有各种不同意见的人都能畅所欲言；对于持有不同意见的社员，只许采用商量的办法、不许采用强制的办法对待。不许乱扣帽子。严禁打人骂人和变相体罚，严禁用"不发口粮"和乱扣工分的办法处罚社员。

四十九、人民公社各级的干部，都必须同社员一起参加劳动。

公社一级的干部，应该按照不同的工作情况，分别参加一定天数的劳动，最少的全年不能少于六十天。

生产大队和生产队的干部，都要以普通社员的身份参加劳动，同社员一样评工记分。每一个生产大队的干部，一般地都要固定在一个生产队参加劳动。为了不使生产大队和生产队的干部因公误工减少收入，应该根据各人担负工作的繁重程度，分别给以定额补贴或者误工补贴。生产大队和生产队干部的补贴工分，合计起来一般地应该控制在大队工分总数的百分之二左右。

县和县以上各部门召集生产大队和生产队的干部开会，除了负担伙食费和旅费以外，还应该发给他们适当的津贴。

五十、人民公社各级工作人员的任免和奖惩，都必须按照规定的手续办事，不许任用私人，徇私舞弊。凡是不合规定手续的，一律无效。

第九章　人民公社各级监察委员会

五十一、生产队监察委员会或者监察员，受生产大队监察委员会的领导。生产大队监察委员会，受公社监察委员会的领导。公社监察委员会，受县人民委员会的领导。

五十二、人民公社各级监察委员会的职责是：

检查管理委员会的干部是不是违反国家的政策、法令，是不是违反本条例的规定和社员代表大会、社员大会的决议；

检查干部有没有侵犯社员的公民权利和社员权利，以及其他违法乱纪的行为；

检查财务收支是不是正当，是不是违反财务制度；

检查徇私舞弊、铺张浪费、贪污盗窃和破坏公共财产的行为。

对于性质严重的问题，监察委员会应该向县人民委员会或者县司法机关提出控告和检举。

五十三、人民公社各级监察委员会有下列权力：

受理社员的控告、检举和申诉；

审查本级和下级管理委员会的和一切企业、集体福利事业的现金和实物的收支帐目；

参加本级和下级的管理委员会的会议；

向本级和下级的管理委员会或者别的组织和人员提出质问，受质问的单位和人员必须负责及时答复；

在必要的时候，组织专人进行检查和调查，一切有关的单位和人员都有义务提供材料。

监察委员会，在工作中遇到阻碍和抗拒的时候，有权报请上级处理。

五十四、人民公社各级管理委员会的干部，担任会计、出纳、保管的人员和社、队的企业和事业的管理人员，都不能担任监察委员会的职务。

第十章　人民公社中的党组织

五十五、公社党委员会和它下面的总支部、支部，是中国共产党在农村中的基层组织，是农村工作的领导核心。

五十六、人民公社中的党组织，必须根据党的方针政策，加强对人民公社各级和各部门工作的领导，但是，不应该包办代替各级管理委员会的工作。社、队的业务工作，应该由管理委员会处理。

人民公社中的党组织，应该定期讨论和检查各级社员代表大会或者社员大会、管理委员会和监察委员会的工作。对于生产、群众生活、执行国家政策法令、执行国家计划和其他方面的重要问题，一般地应该在党内进行充分酝酿，并且同社员和非党干部共同研究，然后再把党组织的意见提交社员代表大会、社员大会、管理委员会或者监察委员会讨论，通过以后，保证执行。

五十七、人民公社中的党组织，必须作好思想政治工作。

要通过各种形式，分别向党员、团员和群众宣传马克思列宁主义和毛主席思想，宣传党的社会主义建设总路线，进行社会主义、爱国主义的教育，进行时事政策的教育，从思想上和政治上巩固人民公社。

要教育党员、团员和干部，经常关心群众生产中和生活中的困难问题，反映群众的意见。

要教育党员、团员和干部，正确地执行党在农村中的阶级路线，依靠贫农和下中农，巩固地联合其他中农。要加强各族劳动人民之间的团结。

五十八、人民公社中的党组织，必须领导好共产主义青年团和妇女代表会议的工作，使它们真正发挥党联系群众的纽带作用。

人民公社中的党组织，必须加强对民兵工作的领导，切实保证民兵武装掌握在正直可靠的贫农、下中农积极分子手中。

五十九、人民公社中的党组织，应该健全党的组织生活，加强党的组织性和纪律性，克服党的工作无人负责和组织生活涣散的现象，充分发挥党支部的堡垒作用和党员的模范作用。

要定期召开党的小组会和支部大会，加强党员对党的政策的学习和党章的学习，检查党员在群众中间的工作，进行批评和自我批评。

公社党委员会和它下面的总支部委员会、支部委员会，都要按照党章的规定定期进行选举。在选举中，要充分发扬党内民主，还要注意听取非党群众的意见。

吸收党员和处分党员，都必须严格遵守党章规定的手续。

公社党委员会要做好党员的审查工作，严密和纯洁党的组织，严防坏分子和阶级异己分子混入党内。

六十、人民公社中的党组织，必须严格遵守民主集中制，实行集体领导和分工负责相结合的原则。一切重大问题，都必须开会讨论，不能由书记个人决定。在讨论中间，要使到会的人都能够充分发表意见；在决定问题的时候，要认真遵守少数服从多数的原则，集体决定。党委集体决定以后，各有关党组织和人员必须认真负责，分头去办。

中华人民共和国森林法

- 1984 年 9 月 20 日第六届全国人民代表大会常务委员会第七次会议通过
- 1998 年 4 月 29 日第九届全国人民代表大会常务委员会第二次会议第一次修订
- 2009 年 8 月 27 日第十一届全国人民代表大会常务委员会第十次会议第二次修订
- 第二次修订后 2009 年 8 月 27 日公布施行

第一章 总 则

第一条 为了保护、培育和合理利用森林资源，加快国土绿化，发挥森林蓄水保土、调节气候、改善环境和提供林产品的作用，适应社会主义建设和人民生活的需要，特制定本法。

第二条 在中华人民共和国领域内从事森林、林木的培育种植、采伐利用和森林、林木、林地的经营管理活动，都必须遵守本法。

第三条 森林资源属于国家所有，由法律规定属于集体所有的除外。

国家所有的和集体所有的森林、林木和林地，个人所有的林木和使用的林地，由县级以上地方人民政府登记造册，发放证书，确认所有权或者使用权。国务院可以授权国务院林业主管部门，对国务院确定的国家所有的重点林区的森林、林木和林地登记造册，发放证书，并通知有关地方人民政府。

森林、林木、林地的所有者和使用者的合法权益，受法律保护，任何单位和个人不得侵犯。

第四条 森林分为以下五类：

（一）防护林：以防护为主要目的的森林、林木和灌木丛，包括水源涵养林，水土保持林，防风固沙林，农田、牧场防护林，护岸林，护路林；

（二）用材林：以生产木材为主要目的的森林和林木，包括以生产竹材为主要目的的竹林；

（三）经济林：以生产果品，食用油料、饮料、调料，工业原料和药材等为主要目的的林木；

（四）薪炭林：以生产燃料为主要目的的林木；

（五）特种用途林：以国防、环境保护、科学实验等为主要目的的森林和林木，包括国防林、实验林、母树林、环境保护林、风景林，名胜古迹和革命纪念地的林木，自然保护区的森林。

第五条 林业建设实行以营林为基础，普遍护林，大力造林，采育结合，永续利用的方针。

第六条 国家鼓励林业科学研究，推广林业先进技术，提高林业科学技术水平。

第七条 国家保护林农的合法权益，依法减轻林农的负担，禁止向林农违法收费、罚款，禁止向林农进行摊派和强制集资。

国家保护承包造林的集体和个人的合法权益，任何单位和个人不得侵犯承包造林的集体和个人依法享有的林木所有权和其他合法权益。

第八条 国家对森林资源实行以下保护性措施：

（一）对森林实行限额采伐，鼓励植树造林、封山育林，扩大森林覆盖面积；

（二）根据国家和地方人民政府有关规定，对集体和个人造林、育林给予经济扶持或者长期贷款；

（三）提倡木材综合利用和节约使用木材，鼓励开发、利用木材代用品；

（四）征收育林费，专门用于造林育林；

（五）煤炭、造纸等部门，按照煤炭和木浆纸张等产品的产量提取一定数额的资金，专门用于营造坑木、造纸等用材林；

（六）建立林业基金制度。

国家设立森林生态效益补偿基金，用于提供生态效益的防护林和特种用途林的森林资源、林木的营造、抚育、保护和管理。森林生态效益补偿基金必须专款专用，不得挪作他用。具体办法由国务院规定。

第九条 国家和省、自治区人民政府，对民族自治地方的林业生产建设，依照国家对民族自治地方自治权的规定，在森林开发、木材分配和林业基金使用方面，给予比一般地区更多的自主权和经济利益。

第十条　国务院林业主管部门主管全国林业工作。县级以上地方人民政府林业主管部门，主管本地区的林业工作。乡级人民政府设专职或者兼职人员负责林业工作。

第十一条　植树造林、保护森林，是公民应尽的义务。各级人民政府应当组织全民义务植树，开展植树造林活动。

第十二条　在植树造林、保护森林、森林管理以及林业科学研究等方面成绩显著的单位或者个人，由各级人民政府给予奖励。

第二章　森林经营管理

第十三条　各级林业主管部门依照本法规定，对森林资源的保护、利用、更新，实行管理和监督。

第十四条　各级林业主管部门负责组织森林资源清查，建立资源档案制度，掌握资源变化情况。

第十五条　下列森林、林木、林地使用权可以依法转让，也可以依法作价入股或者作为合资、合作造林、经营林木的出资、合作条件，但不得将林地改为非林地：

（一）用材林、经济林、薪炭林；

（二）用材林、经济林、薪炭林的林地使用权；

（三）用材林、经济林、薪炭林的采伐迹地、火烧迹地的林地使用权；

（四）国务院规定的其他森林、林木和其他林地使用权。

依照前款规定转让、作价入股或者作为合资、合作造林、经营林木的出资、合作条件的，已经取得的林木采伐许可证可以同时转让，同时转让双方都必须遵守本法关于森林、林木采伐和更新造林的规定。

除本条第一款规定的情形外，其他森林、林木和其他林地使用权不得转让。

具体办法由国务院规定。

第十六条　各级人民政府应当制定林业长远规划。国有林业企业事业单位和自然保护区，应当根据林业长远规划，编制森林经营方案，报上级主管部门批准后实行。

林业主管部门应当指导农村集体经济组织和国有的农场、牧场、工矿企业等单位编制森林经营方案。

第十七条 单位之间发生的林木、林地所有权和使用权争议,由县级以上人民政府依法处理。

个人之间、个人与单位之间发生的林木所有权和林地使用权争议,由当地县级或者乡级人民政府依法处理。

当事人对人民政府的处理决定不服的,可以在接到通知之日起一个月内,向人民法院起诉。

在林木、林地权属争议解决以前,任何一方不得砍伐有争议的林木。

第十八条 进行勘查、开采矿藏和各项建设工程,应当不占或者少占林地;必须占用或者征收、征用林地的,经县级以上人民政府林业主管部门审核同意后,依照有关土地管理的法律、行政法规办理建设用地审批手续,并由用地单位依照国务院有关规定缴纳森林植被恢复费。森林植被恢复费专款专用,由林业主管部门依照有关规定统一安排植树造林,恢复森林植被,植树造林面积不得少于因占用、征收、征用林地而减少的森林植被面积。上级林业主管部门应当定期督促、检查下级林业主管部门组织植树造林、恢复森林植被的情况。

任何单位和个人不得挪用森林植被恢复费。县级以上人民政府审计机关应当加强对森林植被恢复费使用情况的监督。

第三章 森林保护

第十九条 地方各级人民政府应当组织有关部门建立护林组织,负责护林工作;根据实际需要在大面积林区增加护林设施,加强森林保护;督促有林的和林区的基层单位,订立护林公约,组织群众护林,划定护林责任区,配备专职或者兼职护林员。

护林员可以由县级或者乡级人民政府委任。护林员的主要职责是:巡护森林,制止破坏森林资源的行为。对造成森林资源破坏的,护林员有权要求当地有关部门处理。

第二十条 依照国家有关规定在林区设立的森林公安机关,负责维护辖区社会治安秩序,保护辖区内的森林资源,并可以依照本法规定,在国务院林业主管部门授权的范围内，代行本法第三十九条、第四十二条、第四十三条、第四十四条规定的行政处罚权。

武装森林警察部队执行国家赋予的预防和扑救森林火灾的任务。

第二十一条 地方各级人民政府应当切实做好森林火灾的预防和扑救工作：

（一）规定森林防火期，在森林防火期内，禁止在林区野外用火；因特殊情况需要用火的，必须经过县级人民政府或者县级人民政府授权的机关批准；

（二）在林区设置防火设施；

（三）发生森林火灾，必须立即组织当地军民和有关部门扑救；

（四）因扑救森林火灾负伤、致残、牺牲的，国家职工由所在单位给予医疗、抚恤；非国家职工由起火单位按照国务院有关主管部门的规定给予医疗、抚恤，起火单位对起火没有责任或者确实无力负担的，由当地人民政府给予医疗、抚恤。

第二十二条 各级林业主管部门负责组织森林病虫害防治工作。

林业主管部门负责规定林木种苗的检疫对象，划定疫区和保护区，对林木种苗进行检疫。

第二十三条 禁止毁林开垦和毁林采石、采砂、采土以及其他毁林行为。

禁止在幼林地和特种用途林内砍柴、放牧。

进入森林和森林边缘地区的人员，不得擅自移动或者损坏为林业服务的标志。

第二十四条 国务院林业主管部门和省、自治区、直辖市人民政府，应当在不同自然地带的典型森林生态地区、珍贵动物和植物生长繁殖的林区、天然热带雨林区和具有特殊保护价值的其他天然林区，划定自然保护区，加强保护管理。

自然保护区的管理办法，由国务院林业主管部门制定，报国务院批准施行。

对自然保护区以外的珍贵树木和林区内具有特殊价值的植物资源，应当认真保护；未经省、自治区、直辖市林业主管部门批准，不得采伐和采集。

第二十五条 林区内列为国家保护的野生动物，禁止猎捕；因特殊需要猎捕的，按照国家有关法规办理。

第四章　植树造林

第二十六条　各级人民政府应当制定植树造林规划，因地制宜地确定本地区提高森林覆盖率的奋斗目标。

各级人民政府应当组织各行各业和城乡居民完成植树造林规划确定的任务。

宜林荒山荒地，属于国家所有的，由林业主管部门和其他主管部门组织造林；属于集体所有的，由集体经济组织组织造林。

铁路公路两旁、江河两侧、湖泊水库周围，由各有关主管单位因地制宜地组织造林；工矿区，机关、学校用地，部队营区以及农场、牧场、渔场经营地区，由各该单位负责造林。

国家所有和集体所有的宜林荒山荒地可以由集体或者个人承包造林。

第二十七条　国有企业事业单位、机关、团体、部队营造的林木，由营造单位经营并按照国家规定支配林木收益。

集体所有制单位营造的林木，归该单位所有。

农村居民在房前屋后、自留地、自留山种植的林木，归个人所有。城镇居民和职工在自有房屋的庭院内种植的林木，归个人所有。

集体或者个人承包国家所有和集体所有的宜林荒山荒地造林的，承包后种植的林木归承包的集体或者个人所有；承包合同另有规定的，按照承包合同的规定执行。

第二十八条　新造幼林地和其他必须封山育林的地方，由当地人民政府组织封山育林。

第五章　森林采伐

第二十九条　国家根据用材林的消耗量低于生长量的原则，严格控制森林年采伐量。国家所有的森林和林木以国有林业企业事业单位、农场、厂矿为单位，集体所有的森林和林木、个人所有的林木以县为单位，制定年采伐限额，由省、自治区、直辖市林业主管部门汇总，经同级人民政府审核后，报国务院批准。

第三十条　国家制定统一的年度木材生产计划。年度木材生产计划不得超过批准的年采伐限额。计划管理的范围由国务院规定。

第三十一条 采伐森林和林木必须遵守下列规定：

（一）成熟的用材林应当根据不同情况，分别采取择伐、皆伐和渐伐方式，皆伐应当严格控制，并在采伐的当年或者次年内完成更新造林；

（二）防护林和特种用途林中的国防林、母树林、环境保护林、风景林，只准进行抚育和更新性质的采伐；

（三）特种用途林中的名胜古迹和革命纪念地的林木、自然保护区的森林，严禁采伐。

第三十二条 采伐林木必须申请采伐许可证，按许可证的规定进行采伐；农村居民采伐自留地和房前屋后个人所有的零星林木除外。

国有林业企业事业单位、机关、团体、部队、学校和其他国有企业事业单位采伐林木，由所在地县级以上林业主管部门依照有关规定审核发放采伐许可证。

铁路、公路的护路林和城镇林木的更新采伐，由有关主管部门依照有关规定审核发放采伐许可证。

农村集体经济组织采伐林木，由县级林业主管部门依照有关规定审核发放采伐许可证。

农村居民采伐自留山和个人承包集体的林木，由县级林业主管部门或者其委托的乡、镇人民政府依照有关规定审核发放采伐许可证。

采伐以生产竹材为主要目的的竹林，适用以上各款规定。

第三十三条 审核发放采伐许可证的部门，不得超过批准的年采伐限额发放采伐许可证。

第三十四条 国有林业企业事业单位申请采伐许可证时，必须提出伐区调查设计文件。其他单位申请采伐许可证时，必须提出有关采伐的目的、地点、林种、林况、面积、蓄积、方式和更新措施等内容的文件。

对伐区作业不符合规定的单位，发放采伐许可证的部门有权收缴采伐许可证，中止其采伐，直到纠正为止。

第三十五条 采伐林木的单位或者个人，必须按照采伐许可证规定的面积、株数、树种、期限完成更新造林任务，更新造林的面积和株数不得少于采伐的面积和株数。

第三十六条 林区木材的经营和监督管理办法，由国务院另行规定。

第三十七条 从林区运出木材，必须持有林业主管部门发给的运输证件，国家统一调拨的木材除外。

依法取得采伐许可证后，按照许可证的规定采伐的木材，从林区运出时，林业主管部门应当发给运输证件。

经省、自治区、直辖市人民政府批准，可以在林区设立木材检查站，负责检查木材运输。对未取得运输证件或者物资主管部门发给的调拨通知书运输木材的，木材检查站有权制止。

第三十八条 国家禁止、限制出口珍贵树木及其制品、衍生物。禁止、限制出口的珍贵树木及其制品、衍生物的名录和年度限制出口总量，由国务院林业主管部门会同国务院有关部门制定，报国务院批准。

出口前款规定限制出口的珍贵树木或者其制品、衍生物的，必须经出口人所在地省、自治区、直辖市人民政府林业主管部门审核，报国务院林业主管部门批准，海关凭国务院林业主管部门的批准文件放行。进出口的树木或者其制品、衍生物属于中国参加的国际公约限制进出口的濒危物种的，并必须向国家濒危物种进出口管理机构申请办理允许进出口证明书，海关并凭允许进出口证明书放行。

第六章　法律责任

第三十九条 盗伐森林或者其他林木的，依法赔偿损失；由林业主管部门责令补种盗伐株数十倍的树木，没收盗伐的林木或者变卖所得，并处盗伐林木价值三倍以上十倍以下的罚款。

滥伐森林或者其他林木，由林业主管部门责令补种滥伐株数五倍的树木，并处滥伐林木价值二倍以上五倍以下的罚款。

拒不补种树木或者补种不符合国家有关规定的，由林业主管部门代为补种，所需费用由违法者支付。

盗伐、滥伐森林或者其他林木，构成犯罪的，依法追究刑事责任。

第四十条 违反本法规定，非法采伐、毁坏珍贵树木的，依法追究刑事责任。

第四十一条 违反本法规定，超过批准的年采伐限额发放林木采伐许可证或者超越职权发放林木采伐许可证、木材运输证件、批准出口文件、允许进出口证明书的，由上一级人民政府林业主管部门责令纠正，对直接负责的主管人员和其他直接责任人员依法给予行政处分；有关人民政府林业主管部门未予纠正的，国务院林业主管部门可以直接处理；构成犯罪的，依法追究刑事责任。

第四十二条 违反本法规定，买卖林木采伐许可证、木材运输证件、批准出口文件、允许进出口证明书的，由林业主管部门没收违法买卖的证件、文件和违法所得，并处违法买卖证件、文件的价款一倍以上三倍以下的罚款；构成犯罪的，依法追究刑事责任。

伪造林木采伐许可证、木材运输证件、批准出口文件、允许进出口证明书的，依法追究刑事责任。

第四十三条 在林区非法收购明知是盗伐、滥伐的林木的，由林业主管部门责令停止违法行为，没收违法收购的盗伐、滥伐的林木或者变卖所得，可以并处违法收购林木的价款一倍以上三倍以下的罚款；构成犯罪的，依法追究刑事责任。

第四十四条 违反本法规定，进行开垦、采石、采砂、采土、采种、采脂和其他活动，致使森林、林木受到毁坏的，依法赔偿损失；由林业主管部门责令停止违法行为，补种毁坏株数一倍以上三倍以下的树木，可以处毁坏林木价值一倍以上五倍以下的罚款。

违反本法规定，在幼林地和特种用途林内砍柴、放牧致使森林、林木受到毁坏的，依法赔偿损失；由林业主管部门责令停止违法行为，补种毁坏株数一倍以上三倍以下的树木。

拒不补种树木或者补种不符合国家有关规定的，由林业主管部门代为补种，所需费用由违法者支付。

第四十五条 采伐林木的单位或者个人没有按照规定完成更新造林任务的，发放采伐许可证的部门有权不再发给采伐许可证，直到完成更新造林任务为止；情节严重的，可以由林业主管部门处以罚款，对直接责任人员由所在单位或者上级主管机关给予行政处分。

第四十六条 从事森林资源保护、林业监督管理工作的林业主管部门的工作人员和其他国家机关的有关工作人员滥用职权、玩忽职守、徇私舞弊，构成犯罪的，依法追究刑事责任；尚不构成犯罪的，依法给予行政处分。

第七章 附　则

第四十七条 国务院林业主管部门根据本法制定实施办法，报国务院批准施行。

第四十八条 民族自治地方不能全部适用本法规定的，自治机关可以根据本法的原则，结合民族自治地方的特点，制定变通或者补充规定，依照法定程序报省、自治区或者全国人民代表大会常务委员会批准施行。

第四十九条 本法自1985年1月1日起施行。

中华人民共和国草原法

- 1985年6月18日第六届全国人民代表大会常务委员会第十一次会议通过
- 2002年12月28日第九届全国人民代表大会常务委员会第三十一次会议第一次修订
- 2013年6月29日第十二届全国人民代表大会常务委员会第三次会议第二次修订
- 第二次修订后2013年6月29日公布施行

第一章 总　则

第一条 为了保护、建设和合理利用草原，改善生态环境，维护生物多样性，发展现代畜牧业，促进经济和社会的可持续发展，制定本法。

第二条 在中华人民共和国领域内从事草原规划、保护、建设、利用和管理活动，适用本法。

本法所称草原，是指天然草原和人工草地。

第三条 国家对草原实行科学规划、全面保护、重点建设、合理利用的方针，促进草原的可持续利用和生态、经济、社会的协调发展。

第四条 各级人民政府应当加强对草原保护、建设和利用的管理，将草原的保护、建设和利用纳入国民经济和社会发展计划。

各级人民政府应当加强保护、建设和合理利用草原的宣传教育。

第五条 任何单位和个人都有遵守草原法律法规、保护草原的义务，同时享有对违反草原法律法规、破坏草原的行为进行监督、检举和控告的权利。

第六条 国家鼓励与支持开展草原保护、建设、利用和监测方面的科学研究，推广先进技术和先进成果，培养科学技术人才。

第七条 国家对在草原管理、保护、建设、合理利用和科学研究等工作中做出显著成绩的单位和个人，给予奖励。

第八条 国务院草原行政主管部门主管全国草原监督管理工作。

县级以上地方人民政府草原行政主管部门主管本行政区域内草原监督管理工作。

乡（镇）人民政府应当加强对本行政区域内草原保护、建设和利用情况的监督检查，根据需要可以设专职或者兼职人员负责具体监督检查工作。

第二章 草原权属

第九条 草原属于国家所有，由法律规定属于集体所有的除外。国家所有的草原，由国务院代表国家行使所有权。

任何单位或者个人不得侵占、买卖或者以其他形式非法转让草原。

第十条 国家所有的草原，可以依法确定给全民所有制单位、集体经济组织等使用。

使用草原的单位，应当履行保护、建设和合理利用草原的义务。

第十一条 依法确定给全民所有制单位、集体经济组织等使用的国家所有的草原，由县级以上人民政府登记，核发使用权证，确认草原使用权。

未确定使用权的国家所有的草原，由县级以上人民政府登记造册，并负责保护管理。

集体所有的草原，由县级人民政府登记，核发所有权证，确认草原所有权。

依法改变草原权属的，应当办理草原权属变更登记手续。

第十二条 依法登记的草原所有权和使用权受法律保护，任何单位或者个人不得侵犯。

第十三条 集体所有的草原或者依法确定给集体经济组织使用的国家所有的草原，可以由本集体经济组织内的家庭或者联户承包经营。

在草原承包经营期内，不得对承包经营者使用的草原进行调整；个别确需适当调整的，必须经本集体经济组织成员的村（牧）民会议三分之二以上成员或者三分之二以上村（牧）民代表的同意，并报乡（镇）人民政府和县级人民政府草原行政主管部门批准。

集体所有的草原或者依法确定给集体经济组织使用的国家所有的草原由本集体经济组织以外的单位或者个人承包经营的，必须经本集体经济组织成员的村（牧）民会议三分之二以上成员或者三分之二以上村（牧）民代表的同意，并报乡（镇）人民政府批准。

第十四条 承包经营草原，发包方和承包方应当签订书面合同。草原承包合同的内容应当包括双方的权利和义务、承包草原四至界限、面积和等级、承包期和起止日期、承包草原用途和违约责任等。承包期届满，原承包经营者在同等条件下享有优先承包权。

承包经营草原的单位和个人，应当履行保护、建设和按照承包合同约定的用途合理利用草原的义务。

第十五条 草原承包经营权受法律保护，可以按照自愿、有偿的原则依法转让。

草原承包经营权转让的受让方必须具有从事畜牧业生产的能力，并应当履行保护、建设和按照承包合同约定的用途合理利用草原的义务。

草原承包经营权转让应当经发包方同意。承包方与受让方在转让合同中约定的转让期限，不得超过原承包合同剩余的期限。

第十六条 草原所有权、使用权的争议，由当事人协商解决；协商不成的，由有关人民政府处理。

单位之间的争议，由县级以上人民政府处理；个人之间、个人与单位之间的争议，由乡（镇）人民政府或者县级以上人民政府处理。

当事人对有关人民政府的处理决定不服的，可以依法向人民法院起诉。

在草原权属争议解决前，任何一方不得改变草原利用现状，不得破坏草原和草原上的设施。

第三章 规　　划

第十七条 国家对草原保护、建设、利用实行统一规划制度。国务院草原行政主管部门会同国务院有关部门编制全国草原保护、建设、利用规划，报国务院批准后实施。

县级以上地方人民政府草原行政主管部门会同同级有关部门依据上一级草原保护、建设、利用规划编制本行政区域的草原保护、建设、利用规划，报本级人民政府批准后实施。

经批准的草原保护、建设、利用规划确需调整或者修改时，须经原批准机关批准。

第十八条 编制草原保护、建设、利用规划，应当依据国民经济和社会发展规划并遵循下列原则：

（一）改善生态环境，维护生物多样性，促进草原的可持续利用；

（二）以现有草原为基础，因地制宜，统筹规划，分类指导；

（三）保护为主、加强建设、分批改良、合理利用；

（四）生态效益、经济效益、社会效益相结合。

第十九条 草原保护、建设、利用规划应当包括：草原保护、建设、利用的目标和措施，草原功能分区和各项建设的总体部署，各项专业规划等。

第二十条 草原保护、建设、利用规划应当与土地利用总体规划相衔接，与环境保护规划、水土保持规划、防沙治沙规划、水资源规划、林业长远规划、城市总体规划、村庄和集镇规划以及其他有关规划相协调。

第二十一条 草原保护、建设、利用规划一经批准，必须严格执行。

第二十二条 国家建立草原调查制度。

县级以上人民政府草原行政主管部门会同同级有关部门定期进行草原调查；草原所有者或者使用者应当支持、配合调查，并提供有关资料。

第二十三条 国务院草原行政主管部门会同国务院有关部门制定全国草原等级评定标准。

县级以上人民政府草原行政主管部门根据草原调查结果、草原的质量，依据草原等级评定标准，对草原进行评等定级。

第二十四条 国家建立草原统计制度。

县级以上人民政府草原行政主管部门和同级统计部门共同制定草原统计调查办法，依法对草原的面积、等级、产草量、载畜量等进行统计，定期发布草原统计资料。

草原统计资料是各级人民政府编制草原保护、建设、利用规划的依据。

第二十五条 国家建立草原生产、生态监测预警系统。

县级以上人民政府草原行政主管部门对草原的面积、等级、植被构成、生产能力、自然灾害、生物灾害等草原基本状况实行动态监测，及时为本级政府和有关部门提供动态监测和预警信息服务。

第四章 建 设

第二十六条 县级以上人民政府应当增加草原建设的投入，支持草原建设。

国家鼓励单位和个人投资建设草原，按照谁投资、谁受益的原则保护草原投资建设者的合法权益。

第二十七条 国家鼓励与支持人工草地建设、天然草原改良和饲草饲料基地建设，稳定和提高草原生产能力。

第二十八条 县级以上人民政府应当支持、鼓励和引导农牧民开展草原围栏、饲草饲料储备、牲畜圈舍、牧民定居点等生产生活设施的建设。

县级以上地方人民政府应当支持草原水利设施建设，发展草原节水灌溉，改善人畜饮水条件。

第二十九条 县级以上人民政府应当按照草原保护、建设、利用规划加强草种基地建设，鼓励选育、引进、推广优良草品种。

新草品种必须经全国草品种审定委员会审定，由国务院草原行政主管部门公告后方可推广。从境外引进草种必须依法进行审批。

县级以上人民政府草原行政主管部门应当依法加强对草种生产、加工、检疫、检验的监督管理，保证草种质量。

第三十条 县级以上人民政府应当有计划地进行火情监测、防火物资储备、防火隔离带等草原防火设施的建设，确保防火需要。

第三十一条 对退化、沙化、盐碱化、石漠化和水土流失的草原，地方各级人民政府应当按照草原保护、建设、利用规划，划定治理区，组织专项治理。

大规模的草原综合治理，列入国家国土整治计划。

第三十二条 县级以上人民政府应当根据草原保护、建设、利用规划，在本级国民经济和社会发展计划中安排资金用于草原改良、人工种草和草种生产，任何单位或者个人不得截留、挪用；县级以上人民政府财政部门和审计部门应当加强监督管理。

第五章 利　　用

第三十三条 草原承包经营者应当合理利用草原，不得超过草原行政主管部门核定的载畜量；草原承包经营者应当采取种植和储备饲草饲料、增加饲草饲料供应量、调剂处理牲畜、优化畜群结构、提高出栏率等措施，保持草畜平衡。

草原载畜量标准和草畜平衡管理办法由国务院草原行政主管部门规定。

第三十四条 牧区的草原承包经营者应当实行划区轮牧，合理配置畜群，均衡利用草原。

第三十五条 国家提倡在农区、半农半牧区和有条件的牧区实行牲畜圈养。草原承包经营者应当按照饲养牲畜的种类和数量，调剂、储备饲草饲料，采用青贮和饲草饲料加工等新技术，逐步改变依赖天然草地放牧的生产方式。

在草原禁牧、休牧、轮牧区，国家对实行舍饲圈养的给予粮食和资金补助，具体办法由国务院或者国务院授权的有关部门规定。

第三十六条 县级以上地方人民政府草原行政主管部门对割草场和野生草种基地应当规定合理的割草期、采种期以及留茬高度和采割强度，实行轮割轮采。

第三十七条 遇到自然灾害等特殊情况，需要临时调剂使用草原的，按照自愿互利的原则，由双方协商解决；需要跨县临时调剂使用草原的，由有关县级人民政府或者共同的上级人民政府组织协商解决。

第三十八条 进行矿藏开采和工程建设，应当不占或者少占草原；确需征收、征用或者使用草原的，必须经省级以上人民政府草原行政主管部门审核同意后，依照有关土地管理的法律、行政法规办理建设用地审批手续。

第三十九条 因建设征收、征用集体所有的草原的，应当依照《中华人民共和国土地管理法》的规定给予补偿；因建设使用国家所有的草原的，应当依照国务院有关规定对草原承包经营者给予补偿。

因建设征收、征用或者使用草原的，应当交纳草原植被恢复费。草原植被恢复费专款专用，由草原行政主管部门按照规定用于恢复草原植被，任何单位和个人不得截留、挪用。草原植被恢复费的征收、使用和管理办法，由国务院价格主管部门和国务院财政部门会同国务院草原行政主管部门制定。

第四十条 需要临时占用草原的，应当经县级以上地方人民政府草原行政主管部门审核同意。

临时占用草原的期限不得超过二年，并不得在临时占用的草原上修建永久性建筑物、构筑物；占用期满，用地单位必须恢复草原植被并及时退还。

第四十一条 在草原上修建直接为草原保护和畜牧业生产服务的工程设施，需要使用草原的，由县级以上人民政府草原行政主管部门批准；修筑其他工程，需要将草原转为非畜牧业生产用地的，必须依法办理建设用地审批手续。

前款所称直接为草原保护和畜牧业生产服务的工程设施，是指：

（一）生产、贮存草种和饲草饲料的设施；

（二）牲畜圈舍、配种点、剪毛点、药浴池、人畜饮水设施；

（三）科研、试验、示范基地；

（四）草原防火和灌溉设施。

第六章 保 护

第四十二条 国家实行基本草原保护制度。下列草原应当划为基本草原，实施严格管理：

（一）重要放牧场；

（二）割草地；

（三）用于畜牧业生产的人工草地、退耕还草地以及改良草地、草种基地；

（四）对调节气候、涵养水源、保持水土、防风固沙具有特殊作用的草原；

（五）作为国家重点保护野生动植物生存环境的草原；

（六）草原科研、教学试验基地；

（七）国务院规定应当划为基本草原的其他草原。

基本草原的保护管理办法，由国务院制定。

第四十三条 国务院草原行政主管部门或者省、自治区、直辖市人民政府可以按照自然保护区管理的有关规定在下列地区建立草原自然保护区：

（一）具有代表性的草原类型；

（二）珍稀濒危野生动植物分布区；

（三）具有重要生态功能和经济科研价值的草原。

第四十四条 县级以上人民政府应当依法加强对草原珍稀濒危野生植物和种质资源的保护、管理。

第四十五条 国家对草原实行以草定畜、草畜平衡制度。县级以上地方人民政府草原行政主管部门应当按照国务院草原行政主管部门制定的草原载畜量标准，结合当地实际情况，定期核定草原载畜量。各级人民政府应当采取有效措施，防止超载过牧。

第四十六条 禁止开垦草原。对水土流失严重、有沙化趋势、需要改善生态环境的已垦草原，应当有计划、有步骤地退耕还草；已造成沙化、盐碱化、石漠化的，应当限期治理。

第四十七条 对严重退化、沙化、盐碱化、石漠化的草原和生态脆弱区的草原，实行禁牧、休牧制度。

第四十八条 国家支持依法实行退耕还草和禁牧、休牧。具体办法由国务院或者省、自治区、直辖市人民政府制定。

对在国务院批准规划范围内实施退耕还草的农牧民，按照国家规定给予粮食、现金、草种费补助。退耕还草完成后，由县级以上人民政府草原行政主管部门核实登记，依法履行土地用途变更手续，发放草原权属证书。

第四十九条 禁止在荒漠、半荒漠和严重退化、沙化、盐碱化、石漠化、水土流失的草原以及生态脆弱区的草原上采挖植物和从事破坏草原植被的其他活动。

第五十条 在草原上从事采土、采砂、采石等作业活动，应当报县级人民政府草原行政主管部门批准；开采矿产资源的，并应当依法办理有关手续。

经批准在草原上从事本条第一款所列活动的，应当在规定的时间、区域内，按照准许的采挖方式作业，并采取保护草原植被的措施。

在他人使用的草原上从事本条第一款所列活动的，还应当事先征得草原使用者的同意。

第五十一条 在草原上种植牧草或者饲料作物，应当符合草原保护、建设、利用规划；县级以上地方人民政府草原行政主管部门应当加强监督管理，防止草原沙化和水土流失。

第五十二条 在草原上开展经营性旅游活动，应当符合有关草原保护、建设、利用规划，并事先征得县级以上地方人民政府草原行政主管部门的同意，方可办理有关手续。

在草原上开展经营性旅游活动，不得侵犯草原所有者、使用者和承包经营者的合法权益，不得破坏草原植被。

第五十三条 草原防火工作贯彻预防为主、防消结合的方针。

各级人民政府应当建立草原防火责任制，规定草原防火期，制定草原防火扑火预案，切实做好草原火灾的预防和扑救工作。

第五十四条 县级以上地方人民政府应当做好草原鼠害、病虫害和毒害草防治的组织管理工作。县级以上地方人民政府草原行政主管部门应当采取措施，加强草原鼠害、病虫害和毒害草监测预警、调查以及防治工作，组织研究和推广综合防治的办法。

禁止在草原上使用剧毒、高残留以及可能导致二次中毒的农药。

第五十五条 除抢险救灾和牧民搬迁的机动车辆外，禁止机动车辆离开道路在草原上行驶，破坏草原植被；因从事地质勘探、科学考察等活动确需离开道路在草原上行驶的，应当事先向所在地县级人民政府草原行政主管部门报告行驶区域和行驶路线，并按照报告的行驶区域或行驶路线在草原上行驶。

第七章　监督检查

第五十六条　国务院草原行政主管部门和草原面积较大的省、自治区的县级以上地方人民政府草原行政主管部门设立草原监督管理机构，负责草原法律、法规执行情况的监督检查，对违反草原法律、法规的行为进行查处。

草原行政主管部门和草原监督管理机构应当加强执法队伍建设，提高草原监督检查人员的政治、业务素质。草原监督检查人员应当忠于职守，秉公执法。

第五十七条　草原监督检查人员履行监督检查职责时，有权采取下列措施：

（一）要求被检查单位或者个人提供有关草原权属的文件和资料，进行查阅或者复制；

（二）要求被检查单位或者个人对草原权属等问题作出说明；

（三）进入违法现场进行拍照、摄像和勘测；

（四）责令被检查单位或者个人停止违反草原法律、法规的行为，履行法定义务。

第五十八条　国务院草原行政主管部门和省、自治区、直辖市人民政府草原行政主管部门，应当加强对草原监督检查人员的培训和考核。

第五十九条　有关单位和个人对草原监督检查人员的监督检查工作应当给予支持、配合，不得拒绝或者阻碍草原监督检查人员依法执行职务。

草原监督检查人员在履行监督检查职责时，应当向被检查单位和个人出示执法证件。

第六十条　对违反草原法律、法规的行为，应当依法作出行政处理，有关草原行政主管部门不作出行政处理决定的，上级草原行政主管部门有权责令有关草原行政主管部门作出行政处理决定或者直接作出行政处理决定。

第八章　法律责任

第六十一条　草原行政主管部门工作人员及其他国家机关有关工作人员玩忽职守、滥用职权，不依法履行监督管理职责，或者发现违法行为不予查处，造成严重后果，构成犯罪的，依法追究刑事责任；尚不够刑事处罚的，依法给予行政处分。

第六十二条　截留、挪用草原改良、人工种草和草种生产资金或者草原植被恢复费，构成犯罪的，依法追究刑事责任；尚不够刑事处罚的，依法给予行政处分。

第六十三条　无权批准征收、征用、使用草原的单位或者个人非法批准征收、征用、使用草原的，超越批准权限非法批准征收、征用、使用草原的，或者违反法律规定的程序批准征收、征用、使用草原，构成犯罪的，依法追究刑事责任；尚不够刑事处罚的，依法给予行政处分。非法批准征收、征用、使用草原的文件无效。非法批准征收、征用、使用的草原应当收回，当事人拒不归还的，以非法使用草原论处。

非法批准征收、征用、使用草原，给当事人造成损失的，依法承担赔偿责任。

第六十四条　买卖或者以其他形式非法转让草原，构成犯罪的，依法追究刑事责任；尚不够刑事处罚的，由县级以上人民政府草原行政主管部门依据职权责令限期改正，没收违法所得，并处违法所得一倍以上五倍以下的罚款。

第六十五条　未经批准或者采取欺骗手段骗取批准，非法使用草原，构成犯罪的，依法追究刑事责任；尚不够刑事处罚的，由县级以上人民政府草原行政主管部门依据职权责令退还非法使用的草原，对违反草原保护、建设、利用规划擅自将草原改为建设用地的，限期拆除在非法使用的草原上新建的建筑物和其他设施，恢复草原植被，并处草原被非法使用前三年平均产值六倍以上十二倍以下的罚款。

第六十六条　非法开垦草原，构成犯罪的，依法追究刑事责任；尚不够刑事处罚的，由县级以上人民政府草原行政主管部门依据职权责令停止违法行为，限期恢复植被，没收非法财物和违法所得，并处违法所得一倍以上五倍以下的罚款；没有违法所得的，并处五万元以下的罚款；给草原所有者或者使用者造成损失的，依法承担赔偿责任。

第六十七条 在荒漠、半荒漠和严重退化、沙化、盐碱化、石漠化、水土流失的草原，以及生态脆弱区的草原上采挖植物或者从事破坏草原植被的其他活动的，由县级以上地方人民政府草原行政主管部门依据职权责令停止违法行为，没收非法财物和违法所得，可以并处违法所得一倍以上五倍以下的罚款；没有违法所得的，可以并处五万元以下的罚款；给草原所有者或者使用者造成损失的，依法承担赔偿责任。

第六十八条 未经批准或者未按照规定的时间、区域和采挖方式在草原上进行采土、采砂、采石等活动的，由县级人民政府草原行政主管部门责令停止违法行为，限期恢复植被，没收非法财物和违法所得，可以并处违法所得一倍以上二倍以下的罚款；没有违法所得的，可以并处二万元以下的罚款；给草原所有者或者使用者造成损失的，依法承担赔偿责任。

第六十九条 违反本法第五十二条规定，擅自在草原上开展经营性旅游活动，破坏草原植被的，由县级以上地方人民政府草原行政主管部门依据职权责令停止违法行为，限期恢复植被，没收违法所得，可以并处违法所得一倍以上二倍以下的罚款；没有违法所得的，可以并处草原被破坏前三年平均产值六倍以上十二倍以下的罚款；给草原所有者或者使用者造成损失的，依法承担赔偿责任。

第七十条 非抢险救灾和牧民搬迁的机动车辆离开道路在草原上行驶，或者从事地质勘探、科学考察等活动，未事先向所在地县级人民政府草原行政主管部门报告或者未按照报告的行驶区域和行驶路线在草原上行驶，破坏草原植被的，由县级人民政府草原行政主管部门责令停止违法行为，限期恢复植被，可以并处草原被破坏前三年平均产值三倍以上九倍以下的罚款；给草原所有者或者使用者造成损失的，依法承担赔偿责任。

第七十一条 在临时占用的草原上修建永久性建筑物、构筑物的，由县级以上地方人民政府草原行政主管部门依据职权责令限期拆除；逾期不拆除的，依法强制拆除，所需费用由违法者承担。

临时占用草原，占用期届满，用地单位不予恢复草原植被的，由县级以上地方人民政府草原行政主管部门依据职权责令限期恢复；逾期不恢复的，由县级以上地方人民政府草原行政主管部门代为恢复，所需费用由违法者承担。

第七十二条 未经批准，擅自改变草原保护、建设、利用规划的，由县级以上人民政府责令限期改正；对直接负责的主管人员和其他直接责任人员，依法给予行政处分。

第七十三条 对违反本法有关草畜平衡制度的规定，牲畜饲养量超过县级以上地方人民政府草原行政主管部门核定的草原载畜量标准的纠正或者处罚措施，由省、自治区、直辖市人民代表大会或者其常务委员会规定。

第九章 附 则

第七十四条 本法第二条第二款中所称的天然草原包括草地、草山和草坡，人工草地包括改良草地和退耕还草地，不包括城镇草地。

第七十五条 本法自2003年3月1日起施行。

中华人民共和国民法通则

- 1986年4月12日第六届全国人民代表大会第四次会议通过
- 2009年8月27日第十一届全国人民代表大会常务委员会第十次会议修订
- 修订后2009年8月27日公布施行

第一章 基本原则

第一条 为了保障公民、法人的合法的民事权益，正确调整民事关系，适应社会主义现代化建设事业发展的需要，根据宪法和我国实际情况，总结民事活动的实践经验，制定本法。

第二条 中华人民共和国民法调整平等主体的公民之间、法人之间、公民和法人之间的财产关系和人身关系。

第三条 当事人在民事活动中的地位平等。

第四条 民事活动应当遵循自愿、公平、等价有偿、诚实信用的原则。

第五条 公民、法人的合法的民事权益受法律保护,任何组织和个人不得侵犯。

第六条 民事活动必须遵守法律,法律没有规定的,应当遵守国家政策。

第七条 民事活动应当尊重社会公德,不得损害社会公共利益,扰乱社会经济秩序。

第八条 在中华人民共和国领域内的民事活动,适用中华人民共和国法律,法律另有规定的除外。

本法关于公民的规定,适用于在中华人民共和国领域内的外国人、无国籍人,法律另有规定的除外。

第二章 公民(自然人)

第一节 民事权利能力和民事行为能力

第九条 公民从出生时起到死亡时止,具有民事权利能力,依法享有民事权利,承担民事义务。

第十条 公民的民事权利能力一律平等。

第十一条 十八周岁以上的公民是成年人,具有完全民事行为能力,可以独立进行民事活动,是完全民事行为能力人。

十六周岁以上不满十八周岁的公民,以自己的劳动收入为主要生活来源的,视为完全民事行为能力人。

第十二条 十周岁以上的未成年人是限制民事行为能力人,可以进行与他的年龄、智力相适应的民事活动;其他民事活动由他的法定代理人代理,或者征得他的法定代理人的同意。

不满十周岁的未成年人是无民事行为能力人,由他的法定代理人代理民事活动。

第十三条 不能辨认自己行为的精神病人是无民事行为能力人,由他的法定代理人代理民事活动。

不能完全辨认自己行为的精神病人是限制民事行为能力人，可以进行与他的精神健康状况相适应的民事活动；其他民事活动由他的法定代理人代理，或者征得他的法定代理人的同意。

第十四条　无民事行为能力人、限制民事行为能力人的监护人是他的法定代理人。

第十五条　公民以他的户籍所在地的居住地为住所，经常居住地与住所不一致的，经常居住地视为住所。

第二节　监　护

第十六条　未成年人的父母是未成年人的监护人。

未成年人的父母已经死亡或者没有监护能力的，由下列人员中有监护能力的人担任监护人：

（一）祖父母、外祖父母；

（二）兄、姐；

（三）关系密切的其他亲属、朋友愿意承担监护责任，经未成年人的父、母的所在单位或者未成年人住所地的居民委员会、村民委员会同意的。

对担任监护人有争议的，由未成年人的父、母的所在单位或者未成年人住所地的居民委员会、村民委员会在近亲属中指定。对指定不服提起诉讼的，由人民法院裁决。

没有第一款、第二款规定的监护人的，由未成年人的父、母的所在单位或者未成年人住所地的居民委员会、村民委员会或者民政部门担任监护人。

第十七条　无民事行为能力或者限制民事行为能力的精神病人，由下列人员担任监护人：

（一）配偶；

（二）父母；

（三）成年子女；

（四）其他近亲属；

（五）关系密切的其他亲属、朋友愿意承担监护责任，经精神病人的所在单位或者住所地的居民委员会、村民委员会同意的。

对担任监护人有争议的，由精神病人的所在单位或者住所地的居民委员会、村民委员会在近亲属中指定。对指定不服提起诉讼的，由人民法院裁决。

没有第一款规定的监护人的，由精神病人的所在单位或者住所地的居民委员会、村民委员会或者民政部门担任监护人。

第十八条 监护人应当履行监护职责，保护被监护人的人身、财产及其他合法权益，除为被监护人的利益外，不得处理被监护人的财产。

监护人依法履行监护的权利，受法律保护。

监护人不履行监护职责或者侵害被监护人的合法权益的，应当承担责任；给被监护人造成财产损失的，应当赔偿损失。人民法院可以根据有关人员或者有关单位的申请，撤销监护人的资格。

第十九条 精神病人的利害关系人，可以向人民法院申请宣告精神病人为无民事行为能力人或者限制民事行为能力人。

被人民法院宣告为无民事行为能力人或者限制民事行为能力人的，根据他健康恢复的状况，经本人或者利害关系人申请，人民法院可以宣告他为限制民事行为能力人或者完全民事行为能力人。

第三节 宣告失踪和宣告死亡

第二十条 公民下落不明满二年的，利害关系人可以向人民法院申请宣告他为失踪人。

战争期间下落不明的，下落不明的时间从战争结束之日起计算。

第二十一条 失踪人的财产由他的配偶、父母、成年子女或者关系密切的其他亲属、朋友代管。代管有争议的，没有以上规定的人或者以上规定的人无能力代管的，由人民法院指定的人代管。

失踪人所欠税款、债务和应付的其他费用，由代管人从失踪人的财产中支付。

第二十二条 被宣告失踪的人重新出现或者确知他的下落，经本人或者利害关系人申请，人民法院应当撤销对他的失踪宣告。

第二十三条 公民有下列情形之一的，利害关系人可以向人民法院申请宣告他死亡：

(一) 下落不明满四年的;

(二) 因意外事故下落不明,从事故发生之日起满二年的。

战争期间下落不明的,下落不明的时间从战争结束之日起计算。

第二十四条 被宣告死亡的人重新出现或者确知他没有死亡,经本人或者利害关系人申请,人民法院应当撤销对他的死亡宣告。

有民事行为能力人在被宣告死亡期间实施的民事法律行为有效。

第二十五条 被撤销死亡宣告的人有权请求返还财产。依照继承法取得他的财产的公民或者组织,应当返还原物;原物不存在的,给予适当补偿。

第四节 个体工商户、农村承包经营户

第二十六条 公民在法律允许的范围内,依法经核准登记,从事工商业经营的,为个体工商户。个体工商户可以起字号。

第二十七条 农村集体经济组织的成员,在法律允许的范围内,按照承包合同规定从事商品经营的,为农村承包经营户。

第二十八条 个体工商户、农村承包经营户的合法权益,受法律保护。

第二十九条 个体工商户、农村承包经营户的债务,个人经营的,以个人财产承担;家庭经营的,以家庭财产承担。

第五节 个人合伙

第三十条 个人合伙是指两个以上公民按照协议,各自提供资金、实物、技术等,合伙经营、共同劳动。

第三十一条 合伙人应当对出资数额、盈余分配、债务承担、入伙、退伙、合伙终止等事项,订立书面协议。

第三十二条 合伙人投入的财产,由合伙人统一管理和使用。

合伙经营积累的财产,归合伙人共有。

第三十三条 个人合伙可以起字号,依法经核准登记,在核准登记的经营范围内从事经营。

第三十四条 个人合伙的经营活动,由合伙人共同决定,合伙人有执行和监督的权利。

合伙人可以推举负责人。合伙负责人和其他人员的经营活动,由全体合

伙人承担民事责任。

第三十五条 合伙的债务，由合伙人按照出资比例或者协议的约定，以各自的财产承担清偿责任。

合伙人对合伙的债务承担连带责任，法律另有规定的除外。偿还合伙债务超过自己应当承担数额的合伙人，有权向其他合伙人追偿。

第三章 法　　人

第一节　一般规定

第三十六条 法人是具有民事权利能力和民事行为能力，依法独立享有民事权利和承担民事义务的组织。

法人的民事权利能力和民事行为能力，从法人成立时产生，到法人终止时消灭。

第三十七条 法人应当具备下列条件：

（一）依法成立；

（二）有必要的财产或者经费；

（三）有自己的名称、组织机构和场所；

（四）能够独立承担民事责任。

第三十八条 依照法律或者法人组织章程规定，代表法人行使职权的负责人，是法人的法定代表人。

第三十九条 法人以它的主要办事机构所在地为住所。

第四十条 法人终止，应当依法进行清算，停止清算范围外的活动。

第二节　企业法人

第四十一条 全民所有制企业、集体所有制企业有符合国家规定的资金数额，有组织章程、组织机构和场所，能够独立承担民事责任，经主管机关核准登记，取得法人资格。

在中华人民共和国领域内设立的中外合资经营企业、中外合作经营企业和外资企业，具备法人条件的，依法经工商行政管理机关核准登记，取得中国法人资格。

第四十二条　企业法人应当在核准登记的经营范围内从事经营。

第四十三条　企业法人对它的法定代表人和其他工作人员的经营活动，承担民事责任。

第四十四条　企业法人分立、合并或者有其他重要事项变更，应当向登记机关办理登记并公告。

企业法人分立、合并，它的权利和义务由变更后的法人享有和承担。

第四十五条　企业法人由于下列原因之一终止：

（一）依法被撤销；

（二）解散；

（三）依法宣告破产；

（四）其他原因。

第四十六条　企业法人终止，应当向登记机关办理注销登记并公告。

第四十七条　企业法人解散，应当成立清算组织，进行清算。企业法人被撤销、被宣告破产的，应当由主管机关或者人民法院组织有关机关和有关人员成立清算组织，进行清算。

第四十八条　全民所有制企业法人以国家授予它经营管理的财产承担民事责任。集体所有制企业法人以企业所有的财产承担民事责任。中外合资经营企业法人、中外合作经营企业法人和外资企业法人以企业所有的财产承担民事责任，法律另有规定的除外。

第四十九条　企业法人有下列情形之一的，除法人承担责任外，对法定代表人可以给予行政处分、罚款，构成犯罪的，依法追究刑事责任：

（一）超出登记机关核准登记的经营范围从事非法经营的；

（二）向登记机关、税务机关隐瞒真实情况、弄虚作假的；

（三）抽逃资金、隐匿财产逃避债务的；

（四）解散、被撤销、被宣告破产后，擅自处理财产的；

（五）变更、终止时不及时申请办理登记和公告，使利害关系人遭受重大损失的；

（六）从事法律禁止的其他活动，损害国家利益或者社会公共利益的。

第三节 机关、事业单位和社会团体法人

第五十条 有独立经费的机关从成立之日起，具有法人资格。

具备法人条件的事业单位、社会团体，依法不需要办理法人登记的，从成立之日起，具有法人资格；依法需要办理法人登记的，经核准登记，取得法人资格。

第四节 联 营

第五十一条 企业之间或者企业、事业单位之间联营，组成新的经济实体，独立承担民事责任、具备法人条件的，经主管机关核准登记，取得法人资格。

第五十二条 企业之间或者企业、事业单位之间联营，共同经营、不具备法人条件的，由联营各方按照出资比例或者协议的约定，以各自所有的或者经营管理的财产承担民事责任。依照法律的规定或者协议的约定负连带责任的，承担连带责任。

第五十三条 企业之间或者企业、事业单位之间联营，按照合同的约定各自独立经营的，它的权利和义务由合同约定，各自承担民事责任。

第四章 民事法律行为和代理

第一节 民事法律行为

第五十四条 民事法律行为是公民或者法人设立、变更、终止民事权利和民事义务的合法行为。

第五十五条 民事法律行为应当具备下列条件：

（一）行为人具有相应的民事行为能力；

（二）意思表示真实；

（三）不违反法律或者社会公共利益。

第五十六条 民事法律行为可以采取书面形式、口头形式或者其他形式。法律规定是特定形式的，应当依照法律规定。

第五十七条 民事法律行为从成立时起具有法律约束力。行为人非依法律规定或者取得对方同意，不得擅自变更或者解除。

第五十八条 下列民事行为无效：

（一）无民事行为能力人实施的；

（二）限制民事行为能力人依法不能独立实施的；

（三）一方以欺诈、胁迫的手段或者乘人之危，使对方在违背真实意思的情况下所为的；

（四）恶意串通，损害国家、集体或者第三人利益的；

（五）违反法律或者社会公共利益的；

（六）以合法形式掩盖非法目的的。

无效的民事行为，从行为开始起就没有法律约束力。

第五十九条 下列民事行为，一方有权请求人民法院或者仲裁机关予以变更或者撤销：

（一）行为人对行为内容有重大误解的；

（二）显失公平的。

被撤销的民事行为从行为开始起无效。

第六十条 民事行为部分无效，不影响其他部分的效力的，其他部分仍然有效。

第六十一条 民事行为被确认为无效或者被撤销后，当事人因该行为取得的财产，应当返还给受损失的一方。有过错的一方应当赔偿对方因此所受的损失，双方都有过错的，应当各自承担相应的责任。

双方恶意串通，实施民事行为损害国家的、集体的或者第三人的利益的，应当追缴双方取得的财产，收归国家、集体所有或者返还第三人。

第六十二条 民事法律行为可以附条件，附条件的民事法律行为在符合所附条件时生效。

第二节 代 理

第六十三条 公民、法人可以通过代理人实施民事法律行为。

代理人在代理权限内，以被代理人的名义实施民事法律行为。被代理人对代理人的代理行为，承担民事责任。

依照法律规定或者按照双方当事人约定，应当由本人实施的民事法律行为，不得代理。

第六十四条 代理包括委托代理、法定代理和指定代理。

委托代理人按照被代理人的委托行使代理权，法定代理人依照法律的规定行使代理权，指定代理人按照人民法院或者指定单位的指定行使代理权。

第六十五条 民事法律行为的委托代理，可以用书面形式，也可以用口头形式。法律规定用书面形式的，应当用书面形式。

书面委托代理的授权委托书应当载明代理人的姓名或者名称、代理事项、权限和期间，并由委托人签名或者盖章。

委托书授权不明的，被代理人应当向第三人承担民事责任，代理人负连带责任。

第六十六条 没有代理权、超越代理权或者代理权终止后的行为，只有经过被代理人的追认，被代理人才承担民事责任。未经追认的行为，由行为人承担民事责任。本人知道他人以本人名义实施民事行为而不作否认表示的，视为同意。

代理人不履行职责而给被代理人造成损害的，应当承担民事责任。

代理人和第三人串通，损害被代理人的利益的，由代理人和第三人负连带责任。

第三人知道行为人没有代理权、超越代理权或者代理权已终止还与行为人实施民事行为给他人造成损害的，由第三人和行为人负连带责任。

第六十七条 代理人知道被委托代理的事项违法仍然进行代理活动的，或者被代理人知道代理人的代理行为违法不表示反对的，由被代理人和代理人负连带责任。

第六十八条 委托代理人为被代理人的利益需要转托他人代理的，应当事先取得被代理人的同意。事先没有取得被代理人同意的，应当在事后及时告诉被代理人，如果被代理人不同意，由代理人对自己所转托的人的行为负民事责任，但在紧急情况下，为了保护被代理人的利益而转托他人代理的除外。

第六十九条 有下列情形之一的，委托代理终止：

（一）代理期间届满或者代理事务完成；

（二）被代理人取消委托或者代理人辞去委托；

（三）代理人死亡；

（四）代理人丧失民事行为能力；

（五）作为被代理人或者代理人的法人终止。

第七十条 有下列情形之一的，法定代理或者指定代理终止：

（一）被代理人取得或者恢复民事行为能力；

（二）被代理人或者代理人死亡；

（三）代理人丧失民事行为能力；

（四）指定代理的人民法院或者指定单位取消指定；

（五）由其他原因引起的被代理人和代理人之间的监护关系消灭。

第五章　民事权利

第一节　财产所有权和与财产所有权有关的财产权

第七十一条 财产所有权是指所有人依法对自己的财产享有占有、使用、收益和处分的权利。

第七十二条 财产所有权的取得，不得违反法律规定。

按照合同或者其他合法方式取得财产的，财产所有权从财产交付时起转移，法律另有规定或者当事人另有约定的除外。

第七十三条 国家财产属于全民所有。

国家财产神圣不可侵犯，禁止任何组织或者个人侵占、哄抢、私分、截留、破坏。

第七十四条 劳动群众集体组织的财产属于劳动群众集体所有，包括：

（一）法律规定为集体所有的土地和森林、山岭、草原、荒地、滩涂等；

（二）集体经济组织的财产；

（三）集体所有的建筑物、水库、农田水利设施和教育、科学、文化、卫生、体育等设施；

（四）集体所有的其他财产。

集体所有的土地依照法律属于村农民集体所有，由村农业生产合作社等农业集体经济组织或者村民委员会经营、管理。已经属于乡（镇）农民集体经济组织所有的，可以属于乡（镇）农民集体所有。

集体所有的财产受法律保护，禁止任何组织或者个人侵占、哄抢、私分、破坏或者非法查封、扣押、冻结、没收。

第七十五条 公民的个人财产，包括公民的合法收入、房屋、储蓄、生活用品、文物、图书资料、林木、牲畜和法律允许公民所有的生产资料以及其他合法财产。

公民的合法财产受法律保护，禁止任何组织或者个人侵占、哄抢、破坏或者非法查封、扣押、冻结、没收。

第七十六条 公民依法享有财产继承权。

第七十七条 社会团体包括宗教团体的合法财产受法律保护。

第七十八条 财产可以由两个以上的公民、法人共有。

共有分为按份共有和共同共有。按份共有人按照各自的份额，对共有财产分享权利，分担义务。共同共有人对共有财产享有权利，承担义务。

按份共有财产的每个共有人有权要求将自己的份额分出或者转让。但在出售时，其他共有人在同等条件下，有优先购买的权利。

第七十九条 所有人不明的埋藏物、隐藏物，归国家所有。接收单位应当对上缴的单位或者个人，给予表扬或者物质奖励。

拾得遗失物、漂流物或者失散的饲养动物，应当归还失主，因此而支出的费用由失主偿还。

第八十条 国家所有的土地，可以依法由全民所有制单位使用，也可以依法确定由集体所有制单位使用，国家保护它的使用、收益的权利；使用单位有管理、保护、合理利用的义务。

公民、集体依法对集体所有的或者国家所有由集体使用的土地的承包经营权，受法律保护。承包双方的权利和义务，依照法律由承包合同规定。

土地不得买卖、出租、抵押或者以其他形式非法转让。

第八十一条 国家所有的森林、山岭、草原、荒地、滩涂、水面等自然资源，可以依法由全民所有制单位使用，也可以依法确定由集体所有制单位使用，国家保护它的使用、收益的权利；使用单位有管理、保护、合理利用的义务。

国家所有的矿藏，可以依法由全民所有制单位和集体所有制单位开采，也可以依法由公民采挖。国家保护合法的采矿权。

公民、集体依法对集体所有的或者国家所有由集体使用的森林、山岭、草原、荒地、滩涂、水面的承包经营权，受法律保护。承包双方的权利和义务，依照法律由承包合同规定。

国家所有的矿藏、水流，国家所有的和法律规定属于集体所有的林地、山岭、草原、荒地、滩涂不得买卖、出租、抵押或者以其他形式非法转让。

第八十二条　全民所有制企业对国家授予它经营管理的财产依法享有经营权，受法律保护。

第八十三条　不动产的相邻各方，应当按照有利生产、方便生活、团结互助、公平合理的精神，正确处理截水、排水、通行、通风、采光等方面的相邻关系。给相邻方造成妨碍或者损失的，应当停止侵害，排除妨碍，赔偿损失。

第二节　债　权

第八十四条　债是按照合同的约定或者依照法律的规定，在当事人之间产生的特定的权利和义务关系，享有权利的人是债权人，负有义务的人是债务人。

债权人有权要求债务人按照合同的约定或者依照法律的规定履行义务。

第八十五条　合同是当事人之间设立、变更、终止民事关系的协议。依法成立的合同，受法律保护。

第八十六条　债权人为二人以上的，按照确定的份额分享权利。债务人为二人以上的，按照确定的份额分担义务。

第八十七条　债权人或者债务人一方人数为二人以上的，依照法律的规定或者当事人的约定，享有连带权利的每个债权人，都有权要求债务人履行义务；负有连带义务的每个债务人，都负有清偿全部债务的义务，履行了义务的人，有权要求其他负有连带义务的人偿付他应当承担的份额。

第八十八条　合同的当事人应当按照合同的约定，全部履行自己的义务。

合同中有关质量、期限、地点或者价款约定不明确，按照合同有关条款内容不能确定，当事人又不能通过协商达成协议的，适用下列规定：

（一）质量要求不明确的，按照国家质量标准履行，没有国家质量标准的，按照通常标准履行。

（二）履行期限不明确的，债务人可以随时向债权人履行义务，债权人也可以随时要求债务人履行义务，但应当给对方必要的准备时间。

（三）履行地点不明确，给付货币的，在接受给付一方的所在地履行，其他标的在履行义务一方的所在地履行。

（四）价款约定不明确的，按照国家规定的价格履行；没有国家规定价格的，参照市场价格或者同类物品的价格或者同类劳务的报酬标准履行。

合同对专利申请权没有约定的，完成发明创造的当事人享有申请权。

合同对科技成果的使用权没有约定的，当事人都有使用的权利。

第八十九条　依照法律的规定或者按照当事人的约定，可以采用下列方式担保债务的履行：

（一）保证人向债权人保证债务人履行债务，债务人不履行债务的，按照约定由保证人履行或者承担连带责任；保证人履行债务后，有权向债务人追偿。

（二）债务人或者第三人可以提供一定的财产作为抵押物。债务人不履行债务的，债权人有权依照法律的规定以抵押物折价或者以变卖抵押物的价款优先得到偿还。

（三）当事人一方在法律规定的范围内可以向对方给付定金。债务人履行债务后，定金应当抵作价款或者收回。给付定金的一方不履行债务的，无权要求返还定金；接受定金的一方不履行债务的，应当双倍返还定金。

（四）按照合同约定一方占有对方的财产，对方不按照合同给付应付款项超过约定期限的，占有人有权留置该财产，依照法律的规定以留置财产折价或者以变卖该财产的价款优先得到偿还。

第九十条　合法的借贷关系受法律保护。

第九十一条　合同一方将合同的权利、义务全部或者部分转让给第三人的，应当取得合同另一方的同意，并不得牟利。依照法律规定应当由国家批准的合同，需经原批准机关批准。但是，法律另有规定或者原合同另有约定的除外。

第九十二条 没有合法根据，取得不当利益，造成他人损失的，应当将取得的不当利益返还受损失的人。

第九十三条 没有法定的或者约定的义务，为避免他人利益受损失进行管理或者服务的，有权要求受益人偿付由此而支付的必要费用。

第三节　知识产权

第九十四条 公民、法人享有著作权（版权），依法有署名、发表、出版、获得报酬等权利。

第九十五条 公民、法人依法取得的专利权受法律保护。

第九十六条 法人、个体工商户、个人合伙依法取得的商标专用权受法律保护。

第九十七条 公民对自己的发现享有发现权。发现人有权申请领取发现证书、奖金或者其他奖励。

公民对自己的发明或者其他科技成果，有权申请领取荣誉证书、奖金或者其他奖励。

第四节　人　身　权

第九十八条 公民享有生命健康权。

第九十九条 公民享有姓名权，有权决定、使用和依照规定改变自己的姓名，禁止他人干涉、盗用、假冒。

法人、个体工商户、个人合伙享有名称权。企业法人、个体工商户、个人合伙有权使用、依法转让自己的名称。

第一百条 公民享有肖像权，未经本人同意，不得以营利为目的使用公民的肖像。

第一百零一条 公民、法人享有名誉权，公民的人格尊严受法律保护，禁止用侮辱、诽谤等方式损害公民、法人的名誉。

第一百零二条 公民、法人享有荣誉权，禁止非法剥夺公民、法人的荣誉称号。

第一百零三条 公民享有婚姻自主权，禁止买卖、包办婚姻和其他干涉婚姻自由的行为。

第一百零四条 婚姻、家庭、老人、母亲和儿童受法律保护。

残疾人的合法权益受法律保护。

第一百零五条 妇女享有同男子平等的民事权利。

第六章 民事责任

第一节 一般规定

第一百零六条 公民、法人违反合同或者不履行其他义务的，应当承担民事责任。

公民、法人由于过错侵害国家的、集体的财产，侵害他人财产、人身的，应当承担民事责任。

没有过错，但法律规定应当承担民事责任的，应当承担民事责任。

第一百零七条 因不可抗力不能履行合同或者造成他人损害的，不承担民事责任，法律另有规定的除外。

第一百零八条 债务应当清偿。暂时无力偿还的，经债权人同意或者人民法院裁决，可以由债务人分期偿还。有能力偿还拒不偿还的，由人民法院判决强制偿还。

第一百零九条 因防止、制止国家的、集体的财产或者他人的财产、人身遭受侵害而使自己受到损害的，由侵害人承担赔偿责任，受益人也可以给予适当的补偿。

第一百一十条 对承担民事责任的公民、法人需要追究行政责任的，应当追究行政责任；构成犯罪的，对公民、法人的法定代表人应当依法追究刑事责任。

第二节 违反合同的民事责任

第一百一十一条 当事人一方不履行合同义务或者履行合同义务不符合约定条件的，另一方有权要求履行或者采取补救措施，并有权要求赔偿损失。

第一百一十二条 当事人一方违反合同的赔偿责任，应当相当于另一方因此所受到的损失。

当事人可以在合同中约定，一方违反合同时，向另一方支付一定数额的违约金；也可以在合同中约定对于违反合同而产生的损失赔偿额的计算方法。

第一百一十三条 当事人双方都违反合同的，应当分别承担各自应负的民事责任。

第一百一十四条 当事人一方因另一方违反合同受到损失的，应当及时采取措施防止损失的扩大；没有及时采取措施致使损失扩大的，无权就扩大的损失要求赔偿。

第一百一十五条 合同的变更或者解除，不影响当事人要求赔偿损失的权利。

第一百一十六条 当事人一方由于上级机关的原因，不能履行合同义务的，应当按照合同约定向另一方赔偿损失或者采取其他补救措施，再由上级机关对它因此受到的损失负责处理。

第三节　侵权的民事责任

第一百一十七条 侵占国家的、集体的财产或者他人财产的，应当返还财产，不能返还财产的，应当折价赔偿。

损坏国家的、集体的财产或者他人财产的，应当恢复原状或者折价赔偿。

受害人因此遭受其他重大损失的，侵害人并应当赔偿损失。

第一百一十八条 公民、法人的著作权（版权）、专利权、商标专用权、发现权、发明权和其他科技成果权受到剽窃、篡改、假冒等侵害的，有权要求停止侵害，消除影响，赔偿损失。

第一百一十九条 侵害公民身体造成伤害的，应当赔偿医疗费、因误工减少的收入、残废者生活补助费等费用；造成死亡的，并应当支付丧葬费、死者生前扶养的人必要的生活费等费用。

第一百二十条 公民的姓名权、肖像权、名誉权、荣誉权受到侵害的，有权要求停止侵害，恢复名誉，消除影响，赔礼道歉，并可以要求赔偿损失。

法人的名称权、名誉权、荣誉权受到侵害的，适用前款规定。

第一百二十一条 国家机关或者国家机关工作人员在执行职务中，侵犯公民、法人的合法权益造成损害的，应当承担民事责任。

第一百二十二条 因产品质量不合格造成他人财产、人身损害的，产品制造者、销售者应当依法承担民事责任。运输者、仓储者对此负有责任的，产品制造者、销售者有权要求赔偿损失。

第一百二十三条 从事高空、高压、易燃、易爆、剧毒、放射性、高速运输工具等对周围环境有高度危险的作业造成他人损害的，应当承担民事责任；如果能够证明损害是由受害人故意造成的，不承担民事责任。

第一百二十四条 违反国家保护环境防止污染的规定，污染环境造成他人损害的，应当依法承担民事责任。

第一百二十五条 在公共场所、道旁或者通道上挖坑、修缮安装地下设施等，没有设置明显标志和采取安全措施造成他人损害的，施工人应当承担民事责任。

第一百二十六条 建筑物或者其他设施以及建筑物上的搁置物、悬挂物发生倒塌、脱落、坠落造成他人损害的，它的所有人或者管理人应当承担民事责任，但能够证明自己没有过错的除外。

第一百二十七条 饲养的动物造成他人损害的，动物饲养人或者管理人应当承担民事责任；由于受害人的过错造成损害的，动物饲养人或者管理人不承担民事责任；由于第三人的过错造成损害的，第三人应当承担民事责任。

第一百二十八条 因正当防卫造成损害的，不承担民事责任。正当防卫超过必要的限度，造成不应有的损害的，应当承担适当的民事责任。

第一百二十九条 因紧急避险造成损害的，由引起险情发生的人承担民事责任。如果危险是由自然原因引起的，紧急避险人不承担民事责任或者承担适当的民事责任。因紧急避险采取措施不当或者超过必要的限度，造成不应有的损害的，紧急避险人应当承担适当的民事责任。

第一百三十条 二人以上共同侵权造成他人损害的，应当承担连带责任。

第一百三十一条 受害人对于损害的发生也有过错的，可以减轻侵害人的民事责任。

第一百三十二条 当事人对造成损害都没有过错的，可以根据实际情况，由当事人分担民事责任。

第一百三十三条 无民事行为能力人、限制民事行为能力人造成他人损害的,由监护人承担民事责任。监护人尽了监护责任的,可以适当减轻他的民事责任。

有财产的无民事行为能力人、限制民事行为能力人造成他人损害的,从本人财产中支付赔偿费用。不足部分,由监护人适当赔偿,但单位担任监护人的除外。

第四节 承担民事责任的方式

第一百三十四条 承担民事责任的方式主要有:

(一) 停止侵害;

(二) 排除妨碍;

(三) 消除危险;

(四) 返还财产;

(五) 恢复原状;

(六) 修理、重作、更换;

(七) 赔偿损失;

(八) 支付违约金;

(九) 消除影响、恢复名誉;

(十) 赔礼道歉。

以上承担民事责任的方式,可以单独适用,也可以合并适用。

人民法院审理民事案件,除适用上述规定外,还可以予以训诫、责令具结悔过、收缴进行非法活动的财物和非法所得,并可以依照法律规定处以罚款、拘留。

第七章 诉讼时效

第一百三十五条 向人民法院请求保护民事权利的诉讼时效期间为二年,法律另有规定的除外。

第一百三十六条 下列的诉讼时效期间为一年:

(一) 身体受到伤害要求赔偿的;

（二）出售质量不合格的商品未声明的；

（三）延付或者拒付租金的；

（四）寄存财物被丢失或者损毁的。

第一百三十七条　诉讼时效期间从知道或者应当知道权利被侵害时起计算。但是，从权利被侵害之日起超过二十年的，人民法院不予保护。有特殊情况的，人民法院可以延长诉讼时效期间。

第一百三十八条　超过诉讼时效期间，当事人自愿履行的，不受诉讼时效限制。

第一百三十九条　在诉讼时效期间的最后六个月内，因不可抗力或者其他障碍不能行使请求权的，诉讼时效中止。从中止时效的原因消除之日起，诉讼时效期间继续计算。

第一百四十条　诉讼时效因提起诉讼、当事人一方提出要求或者同意履行义务而中断。从中断时起，诉讼时效期间重新计算。

第一百四十一条　法律对诉讼时效另有规定的，依照法律规定。

第八章　涉外民事关系的法律适用

第一百四十二条　涉外民事关系的法律适用，依照本章的规定确定。

中华人民共和国缔结或者参加的国际条约同中华人民共和国的民事法律有不同规定的，适用国际条约的规定，但中华人民共和国声明保留的条款除外。

中华人民共和国法律和中华人民共和国缔结或者参加的国际条约没有规定的，可以适用国际惯例。

第一百四十三条　中华人民共和国公民定居国外的，他的民事行为能力可以适用定居国法律。

第一百四十四条　不动产的所有权，适用不动产所在地法律。

第一百四十五条　涉外合同的当事人可以选择处理合同争议所适用的法律，法律另有规定的除外。

涉外合同的当事人没有选择的，适用与合同有最密切联系的国家的法律。

第一百四十六条　侵权行为的损害赔偿，适用侵权行为地法律。当事人双方国籍相同或者在同一国家有住所的,也可以适用当事人本国法律或者住所地法律。

中华人民共和国法律不认为在中华人民共和国领域外发生的行为是侵权行为的,不作为侵权行为处理。

第一百四十七条 中华人民共和国公民和外国人结婚适用婚姻缔结地法律,离婚适用受理案件的法院所在地法律。

第一百四十八条 扶养适用与被扶养人有最密切联系的国家的法律。

第一百四十九条 遗产的法定继承,动产适用被继承人死亡时住所地法律,不动产适用不动产所在地法律。

第一百五十条 依照本章规定适用外国法律或者国际惯例的,不得违背中华人民共和国的社会公共利益。

第九章 附 则

第一百五十一条 民族自治地方的人民代表大会可以根据本法规定的原则,结合当地民族的特点,制定变通的或者补充的单行条例或者规定。自治区人民代表大会制定的,依照法律规定报全国人民代表大会常务委员会批准或者备案;自治州、自治县人民代表大会制定的,报省、自治区人民代表大会常务委员会批准。

第一百五十二条 本法生效以前,经省、自治区、直辖市以上主管机关批准开办的全民所有制企业,已经向工商行政管理机关登记的,可以不再办理法人登记,即具有法人资格。

第一百五十三条 本法所称的"不可抗力",是指不能预见、不能避免并不能克服的客观情况。

第一百五十四条 民法所称的期间按照公历年、月、日、小时计算。

规定按照小时计算期间的,从规定时开始计算。规定按照日、月、年计算期间的,开始的当天不算入,从下一天开始计算。

期间的最后一天是星期日或者其他法定休假日的,以休假日的次日为期间的最后一天。

期间的最后一天的截止时间为二十四点。有业务时间的,到停止业务活动的时间截止。

第一百五十五条　民法所称的"以上"、"以下"、"以内"、"届满"，包括本数；所称的"不满"、"以外"，不包括本数。

第一百五十六条　本法自一九八七年一月一日起施行。

中华人民共和国土地管理法

- 1986 年 6 月 25 日第六届全国人民代表大会常务委员会第十六次会议通过
- 根据 1988 年 12 月 29 日第七届全国人民代表大会常务委员会第五次会议第一次修订
- 1998 年 8 月 29 日第九届全国人民代表大会常务委员会第四次会议第二次修订
- 2004 年 8 月 28 日第十届全国人民代表大会常务委员会第十一次会议第三次修订
- 第三次修订后 2004 年 8 月 28 日公布施行

第一章　总　　则

第一条　为了加强土地管理，维护土地的社会主义公有制，保护、开发土地资源，合理利用土地，切实保护耕地，促进社会经济的可持续发展，根据宪法，制定本法。

第二条　中华人民共和国实行土地的社会主义公有制，即全民所有制和劳动群众集体所有制。

全民所有，即国家所有土地的所有权由国务院代表国家行使。

任何单位和个人不得侵占、买卖或者以其他形式非法转让土地。土地使用权可以依法转让。

国家为了公共利益的需要，可以依法对土地实行征收或者征用并给予补偿。

国家依法实行国有土地有偿使用制度。但是，国家在法律规定的范围内划拨国有土地使用权的除外。

第三条 十分珍惜、合理利用土地和切实保护耕地是我国的基本国策。各级人民政府应当采取措施，全面规划，严格管理，保护、开发土地资源，制止非法占用土地的行为。

第四条 国家实行土地用途管制制度。

国家编制土地利用总体规划，规定土地用途，将土地分为农用地、建设用地和未利用地。严格限制农用地转为建设用地，控制建设用地总量，对耕地实行特殊保护。

前款所称农用地是指直接用于农业生产的土地，包括耕地、林地、草地、农田水利用地、养殖水面等；建设用地是指建造建筑物、构筑物的土地，包括城乡住宅和公共设施用地、工矿用地、交通水利设施用地、旅游用地、军事设施用地等；未利用地是指农用地和建设用地以外的土地。

使用土地的单位和个人必须严格按照土地利用总体规划确定的用途使用土地。

第五条 国务院土地行政主管部门统一负责全国土地的管理和监督工作。

县级以上地方人民政府土地行政主管部门的设置及其职责，由省、自治区、直辖市人民政府根据国务院有关规定确定。

第六条 任何单位和个人都有遵守土地管理法律、法规的义务，并有权对违反土地管理法律、法规的行为提出检举和控告。

第七条 在保护和开发土地资源、合理利用土地以及进行有关的科学研究等方面成绩显著的单位和个人，由人民政府给予奖励。

第二章 土地的所有权和使用权

第八条 城市市区的土地属于国家所有。

农村和城市郊区的土地，除由法律规定属于国家所有的以外，属于农民集体所有；宅基地和自留地、自留山，属于农民集体所有。

第九条 国有土地和农民集体所有的土地，可以依法确定给单位或者个人使用。使用土地的单位和个人，有保护、管理和合理利用土地的义务。

第十条 农民集体所有的土地依法属于村农民集体所有的，由村集体经济组织或者村民委员会经营、管理；已经分别属于村内两个以上农村集体经济组织的农民集体所有的，由村内各该农村集体经济组织或者村民小组经营、管理；已经属于乡（镇）农民集体所有的，由乡（镇）农村集体经济组织经营、管理。

第十一条　农民集体所有的土地，由县级人民政府登记造册，核发证书，确认所有权。

农民集体所有的土地依法用于非农业建设的，由县级人民政府登记造册，核发证书，确认建设用地使用权。

单位和个人依法使用的国有土地，由县级以上人民政府登记造册，核发证书，确认使用权；其中，中央国家机关使用的国有土地的具体登记发证机关，由国务院确定。

确认林地、草原的所有权或者使用权，确认水面、滩涂的养殖使用权，分别依照《中华人民共和国森林法》、《中华人民共和国草原法》和《中华人民共和国渔业法》的有关规定办理。

第十二条　依法改变土地权属和用途的，应当办理土地变更登记手续。

第十三条　依法登记的土地的所有权和使用权受法律保护，任何单位和个人不得侵犯。

第十四条　农民集体所有的土地由本集体经济组织的成员承包经营，从事种植业、林业、畜牧业、渔业生产。土地承包经营期限为三十年。发包方和承包方应当订立承包合同，约定双方的权利和义务。承包经营土地的农民有保护和按照承包合同约定的用途合理利用土地的义务。农民的土地承包经营权受法律保护。

在土地承包经营期限内，对个别承包经营者之间承包的土地进行适当调整的，必须经村民会议三分之二以上成员或者三分之二以上村民代表的同意，并报乡（镇）人民政府和县级人民政府农业行政主管部门批准。

第十五条　国有土地可以由单位或者个人承包经营，从事种植业、林业、畜牧业、渔业生产。农民集体所有的土地，可以由本集体经济组织以外的单位或者个人承包经营，从事种植业、林业、畜牧业、渔业生产。发包方和承包方应当订立承包合同，约定双方的权利和义务。土地承包经营的期限由承包合同约定。承包经营土地的单位和个人，有保护和按照承包合同约定的用途合理利用土地的义务。

农民集体所有的土地由本集体经济组织以外的单位或者个人承包经营的，必须经村民会议三分之二以上成员或者三分之二以上村民代表的同意，并报乡（镇）人民政府批准。

第十六条 土地所有权和使用权争议，由当事人协商解决；协商不成的，由人民政府处理。

单位之间的争议，由县级以上人民政府处理；个人之间、个人与单位之间的争议，由乡级人民政府或者县级以上人民政府处理。

当事人对有关人民政府的处理决定不服的，可以自接到处理决定通知之日起三十日内，向人民法院起诉。

在土地所有权和使用权争议解决前，任何一方不得改变土地利用现状。

第三章 土地利用总体规划

第十七条 各级人民政府应当依据国民经济和社会发展规划、国土整治和资源环境保护的要求、土地供给能力以及各项建设对土地的需求，组织编制土地利用总体规划。

土地利用总体规划的规划期限由国务院规定。

第十八条 下级土地利用总体规划应当依据上一级土地利用总体规划编制。

地方各级人民政府编制的土地利用总体规划中的建设用地总量不得超过上一级土地利用总体规划确定的控制指标，耕地保有量不得低于上一级土地利用总体规划确定的控制指标。

省、自治区、直辖市人民政府编制的土地利用总体规划，应当确保本行政区域内耕地总量不减少。

第十九条 土地利用总体规划按照下列原则编制：

（一）严格保护基本农田，控制非农业建设占用农用地；

（二）提高土地利用率；

（三）统筹安排各类、各区域用地；

（四）保护和改善生态环境，保障土地的可持续利用；

（五）占用耕地与开发复垦耕地相平衡。

第二十条 县级土地利用总体规划应当划分土地利用区，明确土地用途。

乡（镇）土地利用总体规划应当划分土地利用区，根据土地使用条件，确定每一块土地的用途，并予以公告。

第二十一条 土地利用总体规划实行分级审批。

省、自治区、直辖市的土地利用总体规划，报国务院批准。

省、自治区人民政府所在地的市、人口在一百万以上的城市以及国务院指定的城市的土地利用总体规划，经省、自治区人民政府审查同意后，报国务院批准。

本条第二款、第三款规定以外的土地利用总体规划，逐级上报省、自治区、直辖市人民政府批准；其中，乡（镇）土地利用总体规划可以由省级人民政府授权的设区的市、自治州人民政府批准。

土地利用总体规划一经批准，必须严格执行。

第二十二条 城市建设用地规模应当符合国家规定的标准，充分利用现有建设用地，不占或者尽量少占农用地。

城市总体规划、村庄和集镇规划，应当与土地利用总体规划相衔接，城市总体规划、村庄和集镇规划中建设用地规模不得超过土地利用总体规划确定的城市和村庄、集镇建设用地规模。

在城市规划区内、村庄和集镇规划区内，城市和村庄、集镇建设用地应当符合城市规划、村庄和集镇规划。

第二十三条 江河、湖泊综合治理和开发利用规划，应当与土地利用总体规划相衔接。在江河、湖泊、水库的管理和保护范围以及蓄洪滞洪区内，土地利用应当符合江河、湖泊综合治理和开发利用规划，符合河道、湖泊行洪、蓄洪和输水的要求。

第二十四条 各级人民政府应当加强土地利用计划管理，实行建设用地总量控制。

土地利用年度计划，根据国民经济和社会发展计划、国家产业政策、土地利用总体规划以及建设用地和土地利用的实际状况编制。土地利用年度计划的编制审批程序与土地利用总体规划的编制审批程序相同，一经审批下达，必须严格执行。

第二十五条　省、自治区、直辖市人民政府应当将土地利用年度计划的执行情况列为国民经济和社会发展计划执行情况的内容，向同级人民代表大会报告。

第二十六条　经批准的土地利用总体规划的修改，须经原批准机关批准；未经批准，不得改变土地利用总体规划确定的土地用途。

经国务院批准的大型能源、交通、水利等基础设施建设用地，需要改变土地利用总体规划的，根据国务院的批准文件修改土地利用总体规划。

经省、自治区、直辖市人民政府批准的能源、交通、水利等基础设施建设用地，需要改变土地利用总体规划的，属于省级人民政府土地利用总体规划批准权限内的，根据省级人民政府的批准文件修改土地利用总体规划。

第二十七条　国家建立土地调查制度。

县级以上人民政府土地行政主管部门会同同级有关部门进行土地调查。土地所有者或者使用者应当配合调查，并提供有关资料。

第二十八条　县级以上人民政府土地行政主管部门会同同级有关部门根据土地调查成果、规划土地用途和国家制定的统一标准，评定土地等级。

第二十九条　国家建立土地统计制度。

县级以上人民政府土地行政主管部门和同级统计部门共同制定统计调查方案，依法进行土地统计，定期发布土地统计资料。土地所有者或者使用者应当提供有关资料，不得虚报、瞒报、拒报、迟报。

土地行政主管部门和统计部门共同发布的土地面积统计资料是各级人民政府编制土地利用总体规划的依据。

第三十条　国家建立全国土地管理信息系统，对土地利用状况进行动态监测。

第四章　耕地保护

第三十一条　国家保护耕地，严格控制耕地转为非耕地。

国家实行占用耕地补偿制度。非农业建设经批准占用耕地的，按照"占多少，垦多少"的原则，由占用耕地的单位负责开垦与所占用耕地的数量和质量相当的耕地；没有条件开垦或者开垦的耕地不符合要求的，应当按照省、自治区、直辖市的规定缴纳耕地开垦费，专款用于开垦新的耕地。

省、自治区、直辖市人民政府应当制定开垦耕地计划，监督占用耕地的单位按照计划开垦耕地或者按照计划组织开垦耕地，并进行验收。

第三十二条 县级以上地方人民政府可以要求占用耕地的单位将所占用耕地耕作层的土壤用于新开垦耕地、劣质地或者其他耕地的土壤改良。

第三十三条 省、自治区、直辖市人民政府应当严格执行土地利用总体规划和土地利用年度计划，采取措施，确保本行政区域内耕地总量不减少；耕地总量减少的，由国务院责令在规定期限内组织开垦与所减少耕地的数量与质量相当的耕地，并由国务院土地行政主管部门会同农业行政主管部门验收。个别省、直辖市确因土地后备资源匮乏，新增建设用地后，新开垦耕地的数量不足以补偿所占用耕地的数量的，必须报经国务院批准减免本行政区域内开垦耕地的数量，进行易地开垦。

第三十四条 国家实行基本农田保护制度。下列耕地应当根据土地利用总体规划划入基本农田保护区，严格管理：

（一）经国务院有关主管部门或者县级以上地方人民政府批准确定的粮、棉、油生产基地内的耕地；

（二）有良好的水利与水土保持设施的耕地，正在实施改造计划以及可以改造的中、低产田；

（三）蔬菜生产基地；

（四）农业科研、教学试验田；

（五）国务院规定应当划入基本农田保护区的其他耕地。

各省、自治区、直辖市划定的基本农田应当占本行政区域内耕地的百分之八十以上。

基本农田保护区以乡（镇）为单位进行划区定界，由县级人民政府土地行政主管部门会同同级农业行政主管部门组织实施。

第三十五条 各级人民政府应当采取措施，维护排灌工程设施，改良土壤，提高地力，防止土地荒漠化、盐渍化、水土流失和污染土地。

第三十六条 非农业建设必须节约使用土地，可以利用荒地的，不得占用耕地；可以利用劣地的，不得占用好地。

禁止占用耕地建窑、建坟或者擅自在耕地上建房、挖砂、采石、采矿、取土等。

禁止占用基本农田发展林果业和挖塘养鱼。

第三十七条 禁止任何单位和个人闲置、荒芜耕地。已经办理审批手续的非农业建设占用耕地，一年内不用而又可以耕种并收获的，应当由原耕种该幅耕地的集体或者个人恢复耕种，也可以由用地单位组织耕种；一年以上未动工建设的，应当按照省、自治区、直辖市的规定缴纳闲置费；连续二年未使用的，经原批准机关批准，由县级以上人民政府无偿收回用地单位的土地使用权；该幅土地原为农民集体所有的，应当交由原农村集体经济组织恢复耕种。

在城市规划区范围内，以出让方式取得土地使用权进行房地产开发的闲置土地，依照《中华人民共和国城市房地产管理法》的有关规定办理。

承包经营耕地的单位或者个人连续二年弃耕抛荒的，原发包单位应当终止承包合同，收回发包的耕地。

第三十八条 国家鼓励单位和个人按照土地利用总体规划，在保护和改善生态环境、防止水土流失和土地荒漠化的前提下，开发未利用的土地；适宜开发为农用地的，应当优先开发成农用地。

国家依法保护开发者的合法权益。

第三十九条 开垦未利用的土地，必须经过科学论证和评估，在土地利用总体规划划定的可开垦的区域内，经依法批准后进行。禁止毁坏森林、草原开垦耕地，禁止围湖造田和侵占江河滩地。

根据土地利用总体规划，对破坏生态环境开垦、围垦的土地，有计划有步骤地退耕还林、还牧、还湖。

第四十条 开发未确定使用权的国有荒山、荒地、荒滩从事种植业、林业、畜牧业、渔业生产的，经县级以上人民政府依法批准，可以确定给开发单位或者个人长期使用。

第四十一条 国家鼓励土地整理。县、乡（镇）人民政府应当组织农村集体经济组织，按照土地利用总体规划，对田、水、路、林、村综合整治，提高耕地质量，增加有效耕地面积，改善农业生产条件和生态环境。

地方各级人民政府应当采取措施，改造中、低产田，整治闲散地和废弃地。

第四十二条 因挖损、塌陷、压占等造成土地破坏，用地单位和个人应当按照国家有关规定负责复垦；没有条件复垦或者复垦不符合要求的，应当缴纳土地复垦费，专项用于土地复垦。复垦的土地应当优先用于农业。

第五章 建设用地

第四十三条 任何单位和个人进行建设，需要使用土地的，必须依法申请使用国有土地；但是，兴办乡镇企业和村民建设住宅经依法批准使用本集体经济组织农民集体所有的土地的，或者乡（镇）村公共设施和公益事业建设经依法批准使用农民集体所有的土地的除外。

前款所称依法申请使用的国有土地包括国家所有的土地和国家征收的原属于农民集体所有的土地。

第四十四条 建设占用土地，涉及农用地转为建设用地的，应当办理农用地转用审批手续。

省、自治区、直辖市人民政府批准的道路、管线工程和大型基础设施建设项目、国务院批准的建设项目占用土地，涉及农用地转为建设用地的，由国务院批准。

在土地利用总体规划确定的城市和村庄、集镇建设用地规模范围内，为实施该规划而将农用地转为建设用地的，按土地利用年度计划分批次由原批准土地利用总体规划的机关批准。在已批准的农用地转用范围内，具体建设项目用地可以由市、县人民政府批准。

本条第二款、第三款规定以外的建设项目占用土地，涉及农用地转为建设用地的，由省、自治区、直辖市人民政府批准。

第四十五条 征收下列土地的，由国务院批准：

（一）基本农田；

（二）基本农田以外的耕地超过三十五公顷的；

（三）其他土地超过七十公顷的。

征收前款规定以外的土地的，由省、自治区、直辖市人民政府批准，并报国务院备案。

征收农用地的，应当依照本法第四十四条的规定先行办理农用地转用审批。其中，经国务院批准农用地转用的，同时办理征地审批手续，不再另行办理征地审批；经省、自治区、直辖市人民政府在征地批准权限内批准农用地转用的，同时办理征地审批手续，不再另行办理征地审批，超过征地批准权限的，应当依照本条第一款的规定另行办理征地审批。

第四十六条 国家征收土地的，依照法定程序批准后，由县级以上地方人民政府予以公告并组织实施。

被征收土地的所有权人、使用权人应当在公告规定期限内，持土地权属证书到当地人民政府土地行政主管部门办理征地补偿登记。

第四十七条 征收土地的，按照被征收土地的原用途给予补偿。

征收耕地的补偿费用包括土地补偿费、安置补助费以及地上附着物和青苗的补偿费。征收耕地的土地补偿费，为该耕地被征收前三年平均年产值的六至十倍。征收耕地的安置补助费，按照需要安置的农业人口数计算。需要安置的农业人口数，按照被征收的耕地数量除以征地前被征收单位平均每人占有耕地的数量计算。每一个需要安置的农业人口的安置补助费标准，为该耕地被征收前三年平均年产值的四至六倍。但是，每公顷被征收耕地的安置补助费，最高不得超过被征收前三年平均年产值的十五倍。

征收其他土地的土地补偿费和安置补助费标准，由省、自治区、直辖市参照征收耕地的土地补偿费和安置补助费的标准规定。

被征收土地上的附着物和青苗的补偿标准，由省、自治区、直辖市规定。

征收城市郊区的菜地，用地单位应当按照国家有关规定缴纳新菜地开发建设基金。

依照本条第二款的规定支付土地补偿费和安置补助费，尚不能使需要安置的农民保持原有生活水平的，经省、自治区、直辖市人民政府批准，可以增加安置补助费。但是，土地补偿费和安置补助费的总和不得超过土地被征收前三年平均年产值的三十倍。

国务院根据社会、经济发展水平，在特殊情况下，可以提高征收耕地的土地补偿费和安置补助费的标准。

第四十八条 征地补偿安置方案确定后，有关地方人民政府应当公告，并听取被征地的农村集体经济组织和农民的意见。

第四十九条 被征地的农村集体经济组织应当将征收土地的补偿费用的收支状况向本集体经济组织的成员公布，接受监督。

禁止侵占、挪用被征收土地单位的征地补偿费用和其他有关费用。

第五十条 地方各级人民政府应当支持被征地的农村集体经济组织和农民从事开发经营，兴办企业。

第五十一条 大中型水利、水电工程建设征收土地的补偿费标准和移民安置办法，由国务院另行规定。

第五十二条 建设项目可行性研究论证时，土地行政主管部门可以根据土地利用总体规划、土地利用年度计划和建设用地标准，对建设用地有关事项进行审查，并提出意见。

第五十三条 经批准的建设项目需要使用国有建设用地的，建设单位应当持法律、行政法规规定的有关文件，向有批准权的县级以上人民政府土地行政主管部门提出建设用地申请，经土地行政主管部门审查，报本级人民政府批准。

第五十四条 建设单位使用国有土地，应当以出让等有偿使用方式取得；但是，下列建设用地，经县级以上人民政府依法批准，可以以划拨方式取得：

（一）国家机关用地和军事用地；

（二）城市基础设施用地和公益事业用地；

（三）国家重点扶持的能源、交通、水利等基础设施用地；

（四）法律、行政法规规定的其他用地。

第五十五条 以出让等有偿使用方式取得国有土地使用权的建设单位，按照国务院规定的标准和办法，缴纳土地使用权出让金等土地有偿使用费和其他费用后，方可使用土地。

自本法施行之日起，新增建设用地的土地有偿使用费，百分之三十上缴中央财政，百分之七十留给有关地方人民政府，都专项用于耕地开发。

第五十六条　建设单位使用国有土地的，应当按照土地使用权出让等有偿使用合同的约定或者土地使用权划拨批准文件的规定使用土地；确需改变该幅土地建设用途的，应当经有关人民政府土地行政主管部门同意，报原批准用地的人民政府批准。其中，在城市规划区内改变土地用途的，在报批前，应当先经有关城市规划行政主管部门同意。

第五十七条　建设项目施工和地质勘查需要临时使用国有土地或者农民集体所有的土地的，由县级以上人民政府土地行政主管部门批准。其中，在城市规划区内的临时用地，在报批前，应当先经有关城市规划行政主管部门同意。土地使用者应当根据土地权属，与有关土地行政主管部门或者农村集体经济组织、村民委员会签订临时使用土地合同，并按照合同的约定支付临时使用土地补偿费。

临时使用土地的使用者应当按照临时使用土地合同约定的用途使用土地，并不得修建永久性建筑物。

临时使用土地期限一般不超过二年。

第五十八条　有下列情形之一的，由有关人民政府土地行政主管部门报经原批准用地的人民政府或者有批准权的人民政府批准，可以收回国有土地使用权：

（一）为公共利益需要使用土地的；

（二）为实施城市规划进行旧城区改建，需要调整使用土地的；

（三）土地出让等有偿使用合同约定的使用期限届满，土地使用者未申请续期或者申请续期未获批准的；

（四）因单位撤销、迁移等原因，停止使用原划拨的国有土地的；

（五）公路、铁路、机场、矿场等经核准报废的。

依照前款第（一）项、第（二）项的规定收回国有土地使用权的，对土地使用权人应当给予适当补偿。

第五十九条　乡镇企业、乡（镇）村公共设施、公益事业、农村村民住宅等乡（镇）村建设，应当按照村庄和集镇规划，合理布局，综合开发，配套建设；建设用地，应当符合乡（镇）土地利用总体规划和土地利用年度计划，并依照本法第四十四条、第六十条、第六十一条、第六十二条的规定办理审批手续。

第六十条 农村集体经济组织使用乡（镇）土地利用总体规划确定的建设用地兴办企业或者与其他单位、个人以土地使用权入股、联营等形式共同举办企业的，应当持有关批准文件，向县级以上地方人民政府土地行政主管部门提出申请，按照省、自治区、直辖市规定的批准权限，由县级以上地方人民政府批准；其中，涉及占用农用地的，依照本法第四十四条的规定办理审批手续。

按照前款规定兴办企业的建设用地，必须严格控制。省、自治区、直辖市可以按照乡镇企业的不同行业和经营规模，分别规定用地标准。

第六十一条 乡（镇）村公共设施、公益事业建设，需要使用土地的，经乡（镇）人民政府审核，向县级以上地方人民政府土地行政主管部门提出申请，按照省、自治区、直辖市规定的批准权限，由县级以上地方人民政府批准；其中，涉及占用农用地的，依照本法第四十四条的规定办理审批手续。

第六十二条 农村村民一户只能拥有一处宅基地，其宅基地的面积不得超过省、自治区、直辖市规定的标准。

农村村民建住宅，应当符合乡（镇）土地利用总体规划，并尽量使用原有的宅基地和村内空闲地。

农村村民住宅用地，经乡（镇）人民政府审核，由县级人民政府批准；其中，涉及占用农用地的，依照本法第四十四条的规定办理审批手续。

农村村民出卖、出租住房后，再申请宅基地的，不予批准。

第六十三条 农民集体所有的土地的使用权不得出让、转让或者出租用于非农业建设；但是，符合土地利用总体规划并依法取得建设用地的企业，因破产、兼并等情形致使土地使用权依法发生转移的除外。

第六十四条 在土地利用总体规划制定前已建的不符合土地利用总体规划确定的用途的建筑物、构筑物，不得重建、扩建。

第六十五条 有下列情形之一的，农村集体经济组织报经原批准用地的人民政府批准，可以收回土地使用权：

（一）为乡（镇）村公共设施和公益事业建设，需要使用土地的；

(二) 不按照批准的用途使用土地的;

(三) 因撤销、迁移等原因而停止使用土地的。

依照前款第（一）项规定收回农民集体所有的土地的，对土地使用权人应当给予适当补偿。

第六章　监督检查

第六十六条　县级以上人民政府土地行政主管部门对违反土地管理法律、法规的行为进行监督检查。

土地管理监督检查人员应当熟悉土地管理法律、法规，忠于职守、秉公执法。

第六十七条　县级以上人民政府土地行政主管部门履行监督检查职责时，有权采取下列措施：

(一) 要求被检查的单位或者个人提供有关土地权利的文件和资料，进行查阅或者予以复制；

(二) 要求被检查的单位或者个人就有关土地权利的问题作出说明；

(三) 进入被检查单位或者个人非法占用的土地现场进行勘测；

(四) 责令非法占用土地的单位或者个人停止违反土地管理法律、法规的行为。

第六十八条　土地管理监督检查人员履行职责，需要进入现场进行勘测、要求有关单位或者个人提供文件、资料和作出说明的，应当出示土地管理监督检查证件。

第六十九条　有关单位和个人对县级以上人民政府土地行政主管部门就土地违法行为进行的监督检查应当支持与配合，并提供工作方便，不得拒绝与阻碍土地管理监督检查人员依法执行职务。

第七十条　县级以上人民政府土地行政主管部门在监督检查工作中发现国家工作人员的违法行为，依法应当给予行政处分的，应当依法予以处理；自己无权处理的，应当向同级或者上级人民政府的行政监察机关提出行政处分建议书，有关行政监察机关应当依法予以处理。

第七十一条　县级以上人民政府土地行政主管部门在监督检查工作中发

现土地违法行为构成犯罪的，应当将案件移送有关机关，依法追究刑事责任；尚不构成犯罪的，应当依法给予行政处罚。

　　第七十二条　依照本法规定应当给予行政处罚，而有关土地行政主管部门不给予行政处罚的，上级人民政府土地行政主管部门有权责令有关土地行政主管部门作出行政处罚决定或者直接给予行政处罚，并给予有关土地行政主管部门的负责人行政处分。

第七章　法律责任

　　第七十三条　买卖或者以其他形式非法转让土地的，由县级以上人民政府土地行政主管部门没收违法所得；对违反土地利用总体规划擅自将农用地改为建设用地的，限期拆除在非法转让的土地上新建的建筑物和其他设施，恢复土地原状，对符合土地利用总体规划的，没收在非法转让的土地上新建的建筑物和其他设施；可以并处罚款；对直接负责的主管人员和其他直接责任人员，依法给予行政处分；构成犯罪的，依法追究刑事责任。

　　第七十四条　违反本法规定，占用耕地建窑、建坟或者擅自在耕地上建房、挖砂、采石、采矿、取土等，破坏种植条件的，或者因开发土地造成土地荒漠化、盐渍化的，由县级以上人民政府土地行政主管部门责令限期改正或者治理，可以并处罚款；构成犯罪的，依法追究刑事责任。

　　第七十五条　违反本法规定，拒不履行土地复垦义务的，由县级以上人民政府土地行政主管部门责令限期改正；逾期不改正的，责令缴纳复垦费，专项用于土地复垦，可以处以罚款。

　　第七十六条　未经批准或者采取欺骗手段骗取批准，非法占用土地的，由县级以上人民政府土地行政主管部门责令退还非法占用的土地，对违反土地利用总体规划擅自将农用地改为建设用地的，限期拆除在非法占用的土地上新建的建筑物和其他设施，恢复土地原状，对符合土地利用总体规划的，没收在非法占用的土地上新建的建筑物和其他设施，可以并处罚款；对非法占用土地单位的直接负责的主管人员和其他直接责任人员，依法给予行政处分；构成犯罪的，依法追究刑事责任。

　　超过批准的数量占用土地，多占的土地以非法占用土地论处。

第七十七条 农村村民未经批准或者采取欺骗手段骗取批准,非法占用土地建住宅的,由县级以上人民政府土地行政主管部门责令退还非法占用的土地,限期拆除在非法占用的土地上新建的房屋。

超过省、自治区、直辖市规定的标准,多占的土地以非法占用土地论处。

第七十八条 无权批准征收、使用土地的单位或者个人非法批准占用土地的,超越批准权限非法批准占用土地的,不按照土地利用总体规划确定的用途批准用地的,或者违反法律规定的程序批准占用、征收土地的,其批准文件无效,对非法批准征收、使用土地的直接负责的主管人员和其他直接责任人员,依法给予行政处分;构成犯罪的,依法追究刑事责任。非法批准、使用的土地应当收回,有关当事人拒不归还的,以非法占用土地论处。

非法批准征收、使用土地,对当事人造成损失的,依法应当承担赔偿责任。

第七十九条 侵占、挪用被征收土地单位的征地补偿费用和其他有关费用,构成犯罪的,依法追究刑事责任;尚不构成犯罪的,依法给予行政处分。

第八十条 依法收回国有土地使用权当事人拒不交出土地的,临时使用土地期满拒不归还的,或者不按照批准的用途使用国有土地的,由县级以上人民政府土地行政主管部门责令交还土地,处以罚款。

第八十一条 擅自将农民集体所有的土地的使用权出让、转让或者出租用于非农业建设的,由县级以上人民政府土地行政主管部门责令限期改正,没收违法所得,并处罚款。

第八十二条 不依照本法规定办理土地变更登记的,由县级以上人民政府土地行政主管部门责令其限期办理。

第八十三条 依照本法规定,责令限期拆除在非法占用的土地上新建的建筑物和其他设施的,建设单位或者个人必须立即停止施工,自行拆除;对继续施工的,作出处罚决定的机关有权制止。建设单位或者个人对责令限期拆除的行政处罚决定不服的,可以在接到责令限期拆除决定之日起十五日内,向人民法院起诉;期满不起诉又不自行拆除的,由作出处罚决定的机关依法申请人民法院强制执行,费用由违法者承担。

第八十四条 土地行政主管部门的工作人员玩忽职守、滥用职权、徇私舞弊，构成犯罪的，依法追究刑事责任；尚不构成犯罪的，依法给予行政处分。

第八章 附 则

第八十五条 中外合资经营企业、中外合作经营企业、外资企业使用土地的，适用本法；法律另有规定的，从其规定。

第八十六条 本法自 1999 年 1 月 1 日起施行。

中华人民共和国行政诉讼法

- 1989 年 4 月 4 日第七届全国人民代表大会第二次会议通过
- 2014 年 11 月 1 日第十二届全国人民代表大会常务委员会第十一次会议第一次修订
- 第一次修订后 2015 年 5 月 1 日施行

第一章 总 则

第一条 为保证人民法院公正、及时审理行政案件，解决行政争议，保护公民、法人和其他组织的合法权益，监督行政机关依法行使行政职权，根据宪法，制定本法。

第二条 公民、法人或者其他组织认为行政机关和行政机关工作人员的行政行为侵犯其合法权益，有权依照本法向人民法院提起诉讼。

前款所称行政行为，包括法律、法规、规章授权的组织作出的行政行为。

第三条 人民法院应当保障公民、法人和其他组织的起诉权利，对应当受理的行政案件依法受理。

行政机关及其工作人员不得干预、阻碍人民法院受理行政案件。

被诉行政机关负责人应当出庭应诉。不能出庭的，应当委托行政机关相应的工作人员出庭。

第四条 人民法院依法对行政案件独立行使审判权，不受行政机关、社会团体和个人的干涉。

人民法院设行政审判庭，审理行政案件。

第五条 人民法院审理行政案件，以事实为根据，以法律为准绳。

第六条 人民法院审理行政案件，对行政行为是否合法进行审查。

第七条 人民法院审理行政案件，依法实行合议、回避、公开审判和两审终审制度。

第八条 当事人在行政诉讼中的法律地位平等。

第九条 各民族公民都有用本民族语言、文字进行行政诉讼的权利。

在少数民族聚居或者多民族共同居住的地区，人民法院应当用当地民族通用的语言、文字进行审理和发布法律文书。

人民法院应当对不通晓当地民族通用的语言、文字的诉讼参与人提供翻译。

第十条 当事人在行政诉讼中有权进行辩论。

第十一条 人民检察院有权对行政诉讼实行法律监督。

第二章　受案范围

第十二条 人民法院受理公民、法人或者其他组织提起的下列诉讼：

（一）对行政拘留、暂扣或者吊销许可证和执照、责令停产停业、没收违法所得、没收非法财物、罚款、警告等行政处罚不服的；

（二）对限制人身自由或者对财产的查封、扣押、冻结等行政强制措施和行政强制执行不服的；

（三）申请行政许可，行政机关拒绝或者在法定期限内不予答复，或者对行政机关作出的有关行政许可的其他决定不服的；

（四）对行政机关作出的关于确认土地、矿藏、水流、森林、山岭、草原、荒地、滩涂、海域等自然资源的所有权或者使用权的决定不服的；

（五）对征收、征用决定及其补偿决定不服的；

（六）申请行政机关履行保护人身权、财产权等合法权益的法定职责，行政机关拒绝履行或者不予答复的；

（七）认为行政机关侵犯其经营自主权或者农村土地承包经营权、农村土地经营权的；

（八）认为行政机关滥用行政权力排除或者限制竞争的；

（九）认为行政机关违法集资、摊派费用或者违法要求履行其他义务的；

（十）认为行政机关没有依法支付抚恤金、最低生活保障待遇或者社会保险待遇的；

（十一）认为行政机关不依法履行、未按照约定履行或者违法变更、解除政府特许经营协议、土地房屋征收补偿协议等协议的；

（十二）认为行政机关侵犯其他人身权、财产权等合法权益的。

除前款规定外，人民法院受理法律、法规规定可以提起诉讼的其他行政案件。

第十三条 人民法院不受理公民、法人或者其他组织对下列事项提起的诉讼：

（一）国防、外交等国家行为；

（二）行政法规、规章或者行政机关制定、发布的具有普遍约束力的决定、命令；

（三）行政机关对行政机关工作人员的奖惩、任免等决定；

（四）法律规定由行政机关最终裁决的行政行为。

第三章 管 辖

第十四条 基层人民法院管辖第一审行政案件。

第十五条 中级人民法院管辖下列第一审行政案件：

（一）对国务院部门或者县级以上地方人民政府所作的行政行为提起诉讼的案件；

（二）海关处理的案件；

（三）本辖区内重大、复杂的案件；

（四）其他法律规定由中级人民法院管辖的案件。

第十六条 高级人民法院管辖本辖区内重大、复杂的第一审行政案件。

第十七条 最高人民法院管辖全国范围内重大、复杂的第一审行政案件。

第十八条 行政案件由最初作出行政行为的行政机关所在地人民法院管

辖。经复议的案件，也可以由复议机关所在地人民法院管辖。

经最高人民法院批准，高级人民法院可以根据审判工作的实际情况，确定若干人民法院跨行政区域管辖行政案件。

第十九条　对限制人身自由的行政强制措施不服提起的诉讼，由被告所在地或者原告所在地人民法院管辖。

第二十条　因不动产提起的行政诉讼，由不动产所在地人民法院管辖。

第二十一条　两个以上人民法院都有管辖权的案件，原告可以选择其中一个人民法院提起诉讼。原告向两个以上有管辖权的人民法院提起诉讼的，由最先立案的人民法院管辖。

第二十二条　人民法院发现受理的案件不属于本院管辖的，应当移送有管辖权的人民法院，受移送的人民法院应当受理。受移送的人民法院认为受移送的案件按照规定不属于本院管辖的，应当报请上级人民法院指定管辖，不得再自行移送。

第二十三条　有管辖权的人民法院由于特殊原因不能行使管辖权的，由上级人民法院指定管辖。

人民法院对管辖权发生争议，由争议双方协商解决。协商不成的，报它们的共同上级人民法院指定管辖。

第二十四条　上级人民法院有权审理下级人民法院管辖的第一审行政案件。

下级人民法院对其管辖的第一审行政案件，认为需要由上级人民法院审理或者指定管辖的，可以报请上级人民法院决定。

第四章　诉讼参加人

第二十五条　行政行为的相对人以及其他与行政行为有利害关系的公民、法人或者其他组织，有权提起诉讼。

有权提起诉讼的公民死亡，其近亲属可以提起诉讼。

有权提起诉讼的法人或者其他组织终止，承受其权利的法人或者其他组织可以提起诉讼。

第二十六条　公民、法人或者其他组织直接向人民法院提起诉讼的，作出行政行为的行政机关是被告。

经复议的案件，复议机关决定维持原行政行为的，作出原行政行为的行政机关和复议机关是共同被告；复议机关改变原行政行为的，复议机关是被告。

复议机关在法定期限内未作出复议决定，公民、法人或者其他组织起诉原行政行为的，作出原行政行为的行政机关是被告；起诉复议机关不作为的，复议机关是被告。

两个以上行政机关作出同一行政行为的，共同作出行政行为的行政机关是共同被告。

行政机关委托的组织所作的行政行为，委托的行政机关是被告。

行政机关被撤销或者职权变更的，继续行使其职权的行政机关是被告。

第二十七条 当事人一方或者双方为二人以上，因同一行政行为发生的行政案件，或者因同类行政行为发生的行政案件、人民法院认为可以合并审理并经当事人同意的，为共同诉讼。

第二十八条 当事人一方人数众多的共同诉讼，可以由当事人推选代表人进行诉讼。代表人的诉讼行为对其所代表的当事人发生效力，但代表人变更、放弃诉讼请求或者承认对方当事人的诉讼请求，应当经被代表的当事人同意。

第二十九条 公民、法人或者其他组织同被诉行政行为有利害关系但没有提起诉讼，或者同案件处理结果有利害关系的，可以作为第三人申请参加诉讼，或者由人民法院通知参加诉讼。

人民法院判决第三人承担义务或者减损第三人权益的，第三人有权依法提起上诉。

第三十条 没有诉讼行为能力的公民，由其法定代理人代为诉讼。法定代理人互相推诿代理责任的，由人民法院指定其中一人代为诉讼。

第三十一条 当事人、法定代理人，可以委托一至二人作为诉讼代理人。

下列人员可以被委托为诉讼代理人：

（一）律师、基层法律服务工作者；

（二）当事人的近亲属或者工作人员；

（三）当事人所在社区、单位以及有关社会团体推荐的公民。

第三十二条　代理诉讼的律师，有权按照规定查阅、复制本案有关材料，有权向有关组织和公民调查，收集与本案有关的证据。对涉及国家秘密、商业秘密和个人隐私的材料，应当依照法律规定保密。

当事人和其他诉讼代理人有权按照规定查阅、复制本案庭审材料，但涉及国家秘密、商业秘密和个人隐私的内容除外。

第五章　证　　据

第三十三条　证据包括：

（一）书证；

（二）物证；

（三）视听资料；

（四）电子数据；

（五）证人证言；

（六）当事人的陈述；

（七）鉴定意见；

（八）勘验笔录、现场笔录。

以上证据经法庭审查属实，才能作为认定案件事实的根据。

第三十四条　被告对作出的行政行为负有举证责任，应当提供作出该行政行为的证据和所依据的规范性文件。

被告不提供或者无正当理由逾期提供证据，视为没有相应证据。但是，被诉行政行为涉及第三人合法权益，第三人提供证据的除外。

第三十五条　在诉讼过程中，被告及其诉讼代理人不得自行向原告、第三人和证人收集证据。

第三十六条　被告在作出行政行为时已经收集了证据，但因不可抗力等正当事由不能提供的，经人民法院准许，可以延期提供。

原告或者第三人提出了其在行政处理程序中没有提出的理由或者证据的，经人民法院准许，被告可以补充证据。

第三十七条　原告可以提供证明行政行为违法的证据。原告提供的证据不成立的，不免除被告的举证责任。

第三十八条 在起诉被告不履行法定职责的案件中，原告应当提供其向被告提出申请的证据。但有下列情形之一的除外：

（一）被告应当依职权主动履行法定职责的；

（二）原告因正当理由不能提供证据的。

在行政赔偿、补偿的案件中，原告应当对行政行为造成的损害提供证据。因被告的原因导致原告无法举证的，由被告承担举证责任。

第三十九条 人民法院有权要求当事人提供或者补充证据。

第四十条 人民法院有权向有关行政机关以及其他组织、公民调取证据。但是，不得为证明行政行为的合法性调取被告作出行政行为时未收集的证据。

第四十一条 与本案有关的下列证据，原告或者第三人不能自行收集的，可以申请人民法院调取：

（一）由国家机关保存而须由人民法院调取的证据；

（二）涉及国家秘密、商业秘密和个人隐私的证据；

（三）确因客观原因不能自行收集的其他证据。

第四十二条 在证据可能灭失或者以后难以取得的情况下，诉讼参加人可以向人民法院申请保全证据，人民法院也可以主动采取保全措施。

第四十三条 证据应当在法庭上出示，并由当事人互相质证。对涉及国家秘密、商业秘密和个人隐私的证据，不得在公开开庭时出示。

人民法院应当按照法定程序，全面、客观地审查核实证据。对未采纳的证据应当在裁判文书中说明理由。

以非法手段取得的证据，不得作为认定案件事实的根据。

第六章 起诉和受理

第四十四条 对属于人民法院受案范围的行政案件，公民、法人或者其他组织可以先向行政机关申请复议，对复议决定不服的，再向人民法院提起诉讼；也可以直接向人民法院提起诉讼。

法律、法规规定应当先向行政机关申请复议，对复议决定不服再向人民法院提起诉讼的，依照法律、法规的规定。

第四十五条　公民、法人或者其他组织不服复议决定的，可以在收到复议决定书之日起十五日内向人民法院提起诉讼。复议机关逾期不作决定的，申请人可以在复议期满之日起十五日内向人民法院提起诉讼。法律另有规定的除外。

第四十六条　公民、法人或者其他组织直接向人民法院提起诉讼的，应当自知道或者应当知道作出行政行为之日起六个月内提出。法律另有规定的除外。

因不动产提起诉讼的案件自行政行为作出之日起超过二十年，其他案件自行政行为作出之日起超过五年提起诉讼的，人民法院不予受理。

第四十七条　公民、法人或者其他组织申请行政机关履行保护其人身权、财产权等合法权益的法定职责，行政机关在接到申请之日起两个月内不履行的，公民、法人或者其他组织可以向人民法院提起诉讼。法律、法规对行政机关履行职责的期限另有规定的，从其规定。

公民、法人或者其他组织在紧急情况下请求行政机关履行保护其人身权、财产权等合法权益的法定职责，行政机关不履行的，提起诉讼不受前款规定期限的限制。

第四十八条　公民、法人或者其他组织因不可抗力或者其他不属于自身的原因耽误起诉期限的，被耽误的时间不计算在起诉期限内。

公民、法人或者其他组织因前款规定以外的其他特殊情况耽误起诉期限的，在障碍消除后十日内，可以申请延长期限，是否准许由人民法院决定。

第四十九条　提起诉讼应当符合下列条件：

（一）原告是符合本法第二十五条规定的公民、法人或者其他组织；

（二）有明确的被告；

（三）有具体的诉讼请求和事实根据；

（四）属于人民法院受案范围和受诉人民法院管辖。

第五十条　起诉应当向人民法院递交起诉状，并按照被告人数提出副本。

书写起诉状确有困难的，可以口头起诉，由人民法院记入笔录，出具注明日期的书面凭证，并告知对方当事人。

第五十一条 人民法院在接到起诉状时对符合本法规定的起诉条件的，应当登记立案。

对当场不能判定是否符合本法规定的起诉条件的，应当接收起诉状，出具注明收到日期的书面凭证，并在七日内决定是否立案。不符合起诉条件的，作出不予立案的裁定。裁定书应当载明不予立案的理由。原告对裁定不服的，可以提起上诉。

起诉状内容欠缺或者有其他错误的，应当给予指导和释明，并一次性告知当事人需要补正的内容。不得未经指导和释明即以起诉不符合条件为由不接收起诉状。

对于不接收起诉状、接收起诉状后不出具书面凭证，以及不一次性告知当事人需要补正的起诉状内容的，当事人可以向上级人民法院投诉，上级人民法院应当责令改正，并对直接负责的主管人员和其他直接责任人员依法给予处分。

第五十二条 人民法院既不立案，又不作出不予立案裁定的，当事人可以向上一级人民法院起诉。上一级人民法院认为符合起诉条件的，应当立案、审理，也可以指定其他下级人民法院立案、审理。

第五十三条 公民、法人或者其他组织认为行政行为所依据的国务院部门和地方人民政府及其部门制定的规范性文件不合法，在对行政行为提起诉讼时，可以一并请求对该规范性文件进行审查。

前款规定的规范性文件不含规章。

第七章 审理和判决

第一节 一般规定

第五十四条 人民法院公开审理行政案件，但涉及国家秘密、个人隐私和法律另有规定的除外。

涉及商业秘密的案件，当事人申请不公开审理的，可以不公开审理。

第五十五条 当事人认为审判人员与本案有利害关系或者有其他关系可能影响公正审判，有权申请审判人员回避。

审判人员认为自己与本案有利害关系或者有其他关系，应当申请回避。

前两款规定，适用于书记员、翻译人员、鉴定人、勘验人。

院长担任审判长时的回避，由审判委员会决定；审判人员的回避，由院长决定；其他人员的回避，由审判长决定。当事人对决定不服的，可以申请复议一次。

第五十六条 诉讼期间，不停止行政行为的执行。但有下列情形之一的，裁定停止执行：

（一）被告认为需要停止执行的；

（二）原告或者利害关系人申请停止执行，人民法院认为该行政行为的执行会造成难以弥补的损失，并且停止执行不损害国家利益、社会公共利益的；

（三）人民法院认为该行政行为的执行会给国家利益、社会公共利益造成重大损害的；

（四）法律、法规规定停止执行的。

当事人对停止执行或者不停止执行的裁定不服的，可以申请复议一次。

第五十七条 人民法院对起诉行政机关没有依法支付抚恤金、最低生活保障金和工伤、医疗社会保险金的案件，权利义务关系明确、不先予执行将严重影响原告生活的，可以根据原告的申请，裁定先予执行。

当事人对先予执行裁定不服的，可以申请复议一次。复议期间不停止裁定的执行。

第五十八条 经人民法院传票传唤，原告无正当理由拒不到庭，或者未经法庭许可中途退庭的，可以按照撤诉处理；被告无正当理由拒不到庭，或者未经法庭许可中途退庭的，可以缺席判决。

第五十九条 诉讼参与人或者其他人有下列行为之一的，人民法院可以根据情节轻重，予以训诫、责令具结悔过或者处一万元以下的罚款、十五日以下的拘留；构成犯罪的，依法追究刑事责任：

（一）有义务协助调查、执行的人，对人民法院的协助调查决定、协助执行通知书，无故推拖、拒绝或者妨碍调查、执行的；

（二）伪造、隐藏、毁灭证据或者提供虚假证明材料，妨碍人民法院审理案件的；

（三）指使、贿买、胁迫他人作伪证或者威胁、阻止证人作证的；

（四）隐藏、转移、变卖、毁损已被查封、扣押、冻结的财产的；

（五）以欺骗、胁迫等非法手段使原告撤诉的；

（六）以暴力、威胁或者其他方法阻碍人民法院工作人员执行职务，或者以哄闹、冲击法庭等方法扰乱人民法院工作秩序的；

（七）对人民法院审判人员或者其他工作人员、诉讼参与人、协助调查和执行的人员恐吓、侮辱、诽谤、诬陷、殴打、围攻或者打击报复的。

人民法院对有前款规定的行为之一的单位，可以对其主要负责人或者直接责任人员依照前款规定予以罚款、拘留；构成犯罪的，依法追究刑事责任。

罚款、拘留须经人民法院院长批准。当事人不服的，可以向上一级人民法院申请复议一次。复议期间不停止执行。

第六十条 人民法院审理行政案件，不适用调解。但是，行政赔偿、补偿以及行政机关行使法律、法规规定的自由裁量权的案件可以调解。

调解应当遵循自愿、合法原则，不得损害国家利益、社会公共利益和他人合法权益。

第六十一条 在涉及行政许可、登记、征收、征用和行政机关对民事争议所作的裁决的行政诉讼中，当事人申请一并解决相关民事争议的，人民法院可以一并审理。

在行政诉讼中，人民法院认为行政案件的审理需以民事诉讼的裁判为依据的，可以裁定中止行政诉讼。

第六十二条 人民法院对行政案件宣告判决或者裁定前，原告申请撤诉的，或者被告改变其所作的行政行为，原告同意并申请撤诉的，是否准许，由人民法院裁定。

第六十三条 人民法院审理行政案件，以法律和行政法规、地方性法规为依据。地方性法规适用于本行政区域内发生的行政案件。

人民法院审理民族自治地方的行政案件，并以该民族自治地方的自治条例和单行条例为依据。

人民法院审理行政案件，参照规章。

第六十四条 人民法院在审理行政案件中，经审查认为本法第五十三条规定的规范性文件不合法的，不作为认定行政行为合法的依据，并向制定机关提出处理建议。

第六十五条 人民法院应当公开发生法律效力的判决书、裁定书，供公众查阅，但涉及国家秘密、商业秘密和个人隐私的内容除外。

第六十六条 人民法院在审理行政案件中，认为行政机关的主管人员、直接责任人员违法违纪的，应当将有关材料移送监察机关、该行政机关或者其上一级行政机关；认为有犯罪行为的，应当将有关材料移送公安、检察机关。

人民法院对被告经传票传唤无正当理由拒不到庭，或者未经法庭许可中途退庭的，可以将被告拒不到庭或者中途退庭的情况予以公告，并可以向监察机关或者被告的上一级行政机关提出依法给予其主要负责人或者直接责任人员处分的司法建议。

第二节 第一审普通程序

第六十七条 人民法院应当在立案之日起五日内，将起诉状副本发送被告。被告应当在收到起诉状副本之日起十五日内向人民法院提交作出行政行为的证据和所依据的规范性文件，并提出答辩状。人民法院应当在收到答辩状之日起五日内，将答辩状副本发送原告。

被告不提出答辩状的，不影响人民法院审理。

第六十八条 人民法院审理行政案件，由审判员组成合议庭，或者由审判员、陪审员组成合议庭。合议庭的成员，应当是三人以上的单数。

第六十九条 行政行为证据确凿，适用法律、法规正确，符合法定程序的，或者原告申请被告履行法定职责或者给付义务理由不成立的，人民法院判决驳回原告的诉讼请求。

第七十条 行政行为有下列情形之一的，人民法院判决撤销或者部分撤销，并可以判决被告重新作出行政行为：

（一）主要证据不足的；

（二）适用法律、法规错误的；

（三）违反法定程序的；

（四）超越职权的；

（五）滥用职权的；

（六）明显不当的。

第七十一条　人民法院判决被告重新作出行政行为的，被告不得以同一的事实和理由作出与原行政行为基本相同的行政行为。

第七十二条　人民法院经过审理，查明被告不履行法定职责的，判决被告在一定期限内履行。

第七十三条　人民法院经过审理，查明被告依法负有给付义务的，判决被告履行给付义务。

第七十四条　行政行为有下列情形之一的，人民法院判决确认违法，但不撤销行政行为：

（一）行政行为依法应当撤销，但撤销会给国家利益、社会公共利益造成重大损害的；

（二）行政行为程序轻微违法，但对原告权利不产生实际影响的。

行政行为有下列情形之一，不需要撤销或者判决履行的，人民法院判决确认违法：

（一）行政行为违法，但不具有可撤销内容的；

（二）被告改变原违法行政行为，原告仍要求确认原行政行为违法的；

（三）被告不履行或者拖延履行法定职责，判决履行没有意义的。

第七十五条　行政行为有实施主体不具有行政主体资格或者没有依据等重大且明显违法情形，原告申请确认行政行为无效的，人民法院判决确认无效。

第七十六条　人民法院判决确认违法或者无效的，可以同时判决责令被告采取补救措施；给原告造成损失的，依法判决被告承担赔偿责任。

第七十七条　行政处罚明显不当，或者其他行政行为涉及对款额的确定、认定确有错误的，人民法院可以判决变更。

人民法院判决变更，不得加重原告的义务或者减损原告的权益。但利害关系人同为原告，且诉讼请求相反的除外。

第七十八条 被告不依法履行、未按照约定履行或者违法变更、解除本法第十二条第一款第十一项规定的协议的,人民法院判决被告承担继续履行、采取补救措施或者赔偿损失等责任。

被告变更、解除本法第十二条第一款第十一项规定的协议合法,但未依法给予补偿的,人民法院判决给予补偿。

第七十九条 复议机关与作出原行政行为的行政机关为共同被告的案件,人民法院应当对复议决定和原行政行为一并作出裁判。

第八十条 人民法院对公开审理和不公开审理的案件,一律公开宣告判决。

当庭宣判的,应当在十日内发送判决书;定期宣判的,宣判后立即发给判决书。

宣告判决时,必须告知当事人上诉权利、上诉期限和上诉的人民法院。

第八十一条 人民法院应当在立案之日起六个月内作出第一审判决。有特殊情况需要延长的,由高级人民法院批准,高级人民法院审理第一审案件需要延长的,由最高人民法院批准。

第三节 简易程序

第八十二条 人民法院审理下列第一审行政案件,认为事实清楚、权利义务关系明确、争议不大的,可以适用简易程序:

(一)被诉行政行为是依法当场作出的;

(二)案件涉及款额二千元以下的;

(三)属于政府信息公开案件的。

除前款规定以外的第一审行政案件,当事人各方同意适用简易程序的,可以适用简易程序。

发回重审、按照审判监督程序再审的案件不适用简易程序。

第八十三条 适用简易程序审理的行政案件,由审判员一人独任审理,并应当在立案之日起四十五日内审结。

第八十四条 人民法院在审理过程中,发现案件不宜适用简易程序的,裁定转为普通程序。

第四节 第二审程序

第八十五条 当事人不服人民法院第一审判决的，有权在判决书送达之日起十五日内向上一级人民法院提起上诉。当事人不服人民法院第一审裁定的，有权在裁定书送达之日起十日内向上一级人民法院提起上诉。逾期不提起上诉的，人民法院的第一审判决或者裁定发生法律效力。

第八十六条 人民法院对上诉案件，应当组成合议庭，开庭审理。经过阅卷、调查和询问当事人，对没有提出新的事实、证据或者理由，合议庭认为不需要开庭审理的，也可以不开庭审理。

第八十七条 人民法院审理上诉案件，应当对原审人民法院的判决、裁定和被诉行政行为进行全面审查。

第八十八条 人民法院审理上诉案件，应当在收到上诉状之日起三个月内作出终审判决。有特殊情况需要延长的，由高级人民法院批准，高级人民法院审理上诉案件需要延长的，由最高人民法院批准。

第八十九条 人民法院审上诉案件，按照下列情形，分别处理：

（一）原判决、裁定认定事实清楚，适用法律、法规正确的，判决或者裁定驳回上诉，维持原判决、裁定；

（二）原判决、裁定认定事实错误或者适用法律、法规错误的，依法改判、撤销或者变更；

（三）原判决认定基本事实不清、证据不足的，发回原审人民法院重审，或者查清事实后改判；

（四）原判决遗漏当事人或者违法缺席判决等严重违反法定程序的，裁定撤销原判决，发回原审人民法院重审。

原审人民法院对发回重审的案件作出判决后，当事人提起上诉的，第二审人民法院不得再次发回重审。

人民法院审理上诉案件，需要改变原审判决的，应当同时对被诉行政行为作出判决。

第五节 审判监督程序

第九十条 当事人对已经发生法律效力的判决、裁定，认为确有错误的，可以向上一级人民法院申请再审，但判决、裁定不停止执行。

第九十一条　当事人的申请符合下列情形之一的，人民法院应当再审：

（一）不予立案或者驳回起诉确有错误的；

（二）有新的证据，足以推翻原判决、裁定的；

（三）原判决、裁定认定事实的主要证据不足、未经质证或者系伪造的；

（四）原判决、裁定适用法律、法规确有错误的；

（五）违反法律规定的诉讼程序，可能影响公正审判的；

（六）原判决、裁定遗漏诉讼请求的；

（七）据以作出原判决、裁定的法律文书被撤销或者变更的；

（八）审判人员在审理该案件时有贪污受贿、徇私舞弊、枉法裁判行为的。

第九十二条　各级人民法院院长对本院已经发生法律效力的判决、裁定，发现有本法第九十一条规定情形之一，或者发现调解违反自愿原则或者调解书内容违法，认为需要再审的，应当提交审判委员会讨论决定。

最高人民法院对地方各级人民法院已经发生法律效力的判决、裁定，上级人民法院对下级人民法院已经发生法律效力的判决、裁定，发现有本法第九十一条规定情形之一，或者发现调解违反自愿原则或者调解书内容违法的，有权提审或者指令下级人民法院再审。

第九十三条　最高人民检察院对各级人民法院已经发生法律效力的判决、裁定，上级人民检察院对人民法院已经发生法律效力的判决、裁定，发现有本法第九十一条规定情形之一，或者发现调解书损害国家利益、社会公共利益的，应当提出抗诉。

地方各级人民检察院对同级人民法院已经发生法律效力的判决、裁定，发现有本法第九十一条规定情形之一，或者发现调解书损害国家利益、社会公共利益的，可以向同级人民法院提出检察建议，并报上级人民检察院备案；也可以提请上级人民检察院向同级人民法院提出抗诉。

各级人民检察院对审判监督程序以外的其他审判程序中审判人员的违法行为，有权向同级人民法院提出检察建议。

第八章 执　　行

第九十四条　当事人必须履行人民法院发生法律效力的判决、裁定、调解书。

第九十五条　公民、法人或者其他组织拒绝履行判决、裁定、调解书的，行政机关或者第三人可以向第一审人民法院申请强制执行，或者由行政机关依法强制执行。

第九十六条　行政机关拒绝履行判决、裁定、调解书的，第一审人民法院可以采取下列措施：

（一）对应当归还的罚款或者应当给付的款额，通知银行从该行政机关的账户内划拨；

（二）在规定期限内不履行的，从期满之日起，对该行政机关负责人按日处五十元至一百元的罚款；

（三）将行政机关拒绝履行的情况予以公告；

（四）向监察机关或者该行政机关的上一级行政机关提出司法建议。接受司法建议的机关，根据有关规定进行处理，并将处理情况告知人民法院；

（五）拒不履行判决、裁定、调解书，社会影响恶劣的，可以对该行政机关直接负责的主管人员和其他直接责任人员予以拘留；情节严重，构成犯罪的，依法追究刑事责任。

第九十七条　公民、法人或者其他组织对行政行为在法定期间不提起诉讼又不履行的，行政机关可以申请人民法院强制执行，或者依法强制执行。

第九章　涉外行政诉讼

第九十八条　外国人、无国籍人、外国组织在中华人民共和国进行行政诉讼，适用本法。法律另有规定的除外。

第九十九条　外国人、无国籍人、外国组织在中华人民共和国进行行政诉讼，同中华人民共和国公民、组织有同等的诉讼权利和义务。

外国法院对中华人民共和国公民、组织的行政诉讼权利加以限制的，人民法院对该国公民、组织的行政诉讼权利，实行对等原则。

第一百条 外国人、无国籍人、外国组织在中华人民共和国进行行政诉讼，委托律师代理诉讼的，应当委托中华人民共和国律师机构的律师。

第一百零一条 人民法院审理行政案件，关于期间、送达、财产保全、开庭审理、调解、中止诉讼、终结诉讼、简易程序、执行等，以及人民检察院对行政案件受理、审理、裁判、执行的监督，本法没有规定的，适用《中华人民共和国民事诉讼法》的相关规定。

第十章 附 则

第一百零二条 人民法院审理行政案件，应当收取诉讼费用。诉讼费用由败诉方承担，双方都有责任的由双方分担。收取诉讼费用的具体办法另行规定。

第一百零三条 本法自1990年10月1日起施行。

中华人民共和国测绘法

- 1992年12月28日第七届全国人民代表大会常务委员会第二十九次会议通过
- 2002年8月29日第九届全国人民代表大会常务委员会第二十九次会议修订
- 修订后2002年12月1日施行

第一章 总 则

第一条 为了加强测绘管理，促进测绘事业发展，保障测绘事业为国家经济建设、国防建设和社会发展服务，制定本法。

第二条 在中华人民共和国领域和管辖的其他海域从事测绘活动，应当遵守本法。

本法所称测绘，是指对自然地理要素或者地表人工设施的形状、大小、空间位置及其属性等进行测定、采集、表述以及对获取的数据、信息、成果进行处理和提供的活动。

第三条 测绘事业是经济建设、国防建设、社会发展的基础性事业。各级人民政府应当加强对测绘工作的领导。

第四条 国务院测绘行政主管部门负责全国测绘工作的统一监督管理。国务院其他有关部门按照国务院规定的职责分工，负责本部门有关的测绘工作。

县级以上地方人民政府负责管理测绘工作的行政部门（以下简称测绘行政主管部门）负责本行政区域测绘工作的统一监督管理。县级以上地方人民政府其他有关部门按照本级人民政府规定的职责分工，负责本部门有关的测绘工作。

军队测绘主管部门负责管理军事部门的测绘工作，并按照国务院、中央军事委员会规定的职责分工负责管理海洋基础测绘工作。

第五条 从事测绘活动，应当使用国家规定的测绘基准和测绘系统，执行国家规定的测绘技术规范和标准。

第六条 国家鼓励测绘科学技术的创新和进步，采用先进的技术和设备，提高测绘水平。

对在测绘科学技术进步中做出重要贡献的单位和个人，按照国家有关规定给予奖励。

第七条 外国的组织或者个人在中华人民共和国领域和管辖的其他海域从事测绘活动，必须经国务院测绘行政主管部门会同军队测绘主管部门批准，并遵守中华人民共和国的有关法律、行政法规的规定。

外国的组织或者个人在中华人民共和国领域从事测绘活动，必须与中华人民共和国有关部门或者单位依法采取合资、合作的形式进行，并不得涉及国家秘密和危害国家安全。

第二章 测绘基准和测绘系统

第八条 国家设立和采用全国统一的大地基准、高程基准、深度基准和重力基准，其数据由国务院测绘行政主管部门审核，并与国务院其他有关部门、军队测绘主管部门会商后，报国务院批准。

第九条 国家建立全国统一的大地坐标系统、平面坐标系统、高程系统、地心坐标系统和重力测量系统，确定国家大地测量等级和精度以及国家基本比例尺地图的系列和基本精度。具体规范和要求由国务院测绘行政主管部门会同国务院其他有关部门、军队测绘主管部门制定。

在不妨碍国家安全的情况下，确有必要采用国际坐标系统的，必须经国务院测绘行政主管部门会同军队测绘主管部门批准。

第十条 因建设、城市规划和科学研究的需要，大城市和国家重大工程项目确需建立相对独立的平面坐标系统的，由国务院测绘行政主管部门批准；其他确需建立相对独立的平面坐标系统的，由省、自治区、直辖市人民政府测绘行政主管部门批准。

建立相对独立的平面坐标系统，应当与国家坐标系统相联系。

第三章　基础测绘

第十一条 基础测绘是公益性事业。国家对基础测绘实行分级管理。

本法所称基础测绘，是指建立全国统一的测绘基准和测绘系统，进行基础航空摄影，获取基础地理信息的遥感资料，测制和更新国家基本比例尺地图、影像图和数字化产品，建立、更新基础地理信息系统。

第十二条 国务院测绘行政主管部门会同国务院其他有关部门、军队测绘主管部门组织编制全国基础测绘规划，报国务院批准后组织实施。

县级以上地方人民政府测绘行政主管部门会同本级人民政府其他有关部门根据国家和上一级人民政府的基础测绘规划和本行政区域内的实际情况，组织编制本行政区域的基础测绘规划，报本级人民政府批准，并报上一级测绘行政主管部门备案后组织实施。

第十三条 军队测绘主管部门负责编制军事测绘规划，按照国务院、中央军事委员会规定的职责分工负责编制海洋基础测绘规划，并组织实施。

第十四条 县级以上人民政府应当将基础测绘纳入本级国民经济和社会发展年度计划及财政预算。

国务院发展计划主管部门会同国务院测绘行政主管部门，根据全国基础测绘规划，编制全国基础测绘年度计划。

县级以上地方人民政府发展计划主管部门会同同级测绘行政主管部门，根据本行政区域的基础测绘规划，编制本行政区域的基础测绘年度计划，并分别报上一级主管部门备案。

国家对边远地区、少数民族地区的基础测绘给予财政支持。

第十五条 基础测绘成果应当定期进行更新，国民经济、国防建设和社会发展急需的基础测绘成果应当及时更新。

基础测绘成果的更新周期根据不同地区国民经济和社会发展的需要确定。

第四章 界线测绘和其他测绘

第十六条 中华人民共和国国界线的测绘，按照中华人民共和国与相邻国家缔结的边界条约或者协定执行。中华人民共和国地图的国界线标准样图，由外交部和国务院测绘行政主管部门拟订，报国务院批准后公布。

第十七条 行政区域界线的测绘，按照国务院有关规定执行。省、自治区、直辖市和自治州、县、自治县、市行政区域界线的标准画法图，由国务院民政部门和国务院测绘行政主管部门拟订，报国务院批准后公布。

第十八条 国务院测绘行政主管部门会同国务院土地行政主管部门编制全国地籍测绘规划。县级以上地方人民政府测绘行政主管部门会同同级土地行政主管部门编制本行政区域的地籍测绘规划。

县级以上人民政府测绘行政主管部门按照地籍测绘规划，组织管理地籍测绘。

第十九条 测量土地、建筑物、构筑物和地面其他附着物的权属界址线，应当按照县级以上人民政府确定的权属界线的界址点、界址线或者提供的有关登记资料和附图进行。权属界址线发生变化时，有关当事人应当及时进行变更测绘。

第二十条 城市建设领域的工程测量活动，与房屋产权、产籍相关的房屋面积的测量，应当执行由国务院建设行政主管部门、国务院测绘行政主管部门负责组织编制的测量技术规范。

水利、能源、交通、通信、资源开发和其他领域的工程测量活动，应当按照国家有关的工程测量技术规范进行。

第二十一条 建立地理信息系统，必须采用符合国家标准的基础地理信息数据。

第五章 测绘资质资格

第二十二条 国家对从事测绘活动的单位实行测绘资质管理制度。

从事测绘活动的单位应当具备下列条件，并依法取得相应等级的测绘资质证书后，方可从事测绘活动：

（一）有与其从事的测绘活动相适应的专业技术人员；

（二）有与其从事的测绘活动相适应的技术装备和设施；

（三）有健全的技术、质量保证体系和测绘成果及资料档案管理制度；

（四）具备国务院测绘行政主管部门规定的其他条件。

第二十三条 国务院测绘行政主管部门和省、自治区、直辖市人民政府测绘行政主管部门按照各自的职责负责测绘资质审查、发放资质证书，具体办法由国务院测绘行政主管部门商国务院其他有关部门规定。

军队测绘主管部门负责军事测绘单位的测绘资质审查。

第二十四条 测绘单位不得超越其资质等级许可的范围从事测绘活动或者以其他测绘单位的名义从事测绘活动，并不得允许其他单位以本单位的名义从事测绘活动。

测绘项目实行承发包的，测绘项目的发包单位不得向不具有相应测绘资质等级的单位发包或者迫使测绘单位以低于测绘成本承包。

测绘单位不得将承包的测绘项目转包。

第二十五条 从事测绘活动的专业技术人员应当具备相应的执业资格条件，具体办法由国务院测绘行政主管部门会同国务院人事行政主管部门规定。

第二十六条 测绘人员进行测绘活动时，应当持有测绘作业证件。

任何单位和个人不得妨碍、阻挠测绘人员依法进行测绘活动。

第二十七条 测绘单位的资质证书、测绘专业技术人员的执业证书和测绘人员的测绘作业证件的式样，由国务院测绘行政主管部门统一规定。

第六章 测绘成果

第二十八条 国家实行测绘成果汇交制度。

测绘项目完成后，测绘项目出资人或者承担国家投资的测绘项目的单位，应当向国务院测绘行政主管部门或者省、自治区、直辖市人民政府测绘行政主管部门汇交测绘成果资料。属于基础测绘项目的，应当汇交测绘成果副本；属于非基础测绘项目的，应当汇交测绘成果目录。负责接收测绘成果副本和目录的测绘行政主管部门应当出具测绘成果汇交凭证，并及时将测绘成果副本和目录移交给保管单位。测绘成果汇交的具体办法由国务院规定。

国务院测绘行政主管部门和省、自治区、直辖市人民政府测绘行政主管部门应当定期编制测绘成果目录，向社会公布。

第二十九条 测绘成果保管单位应当采取措施保障测绘成果的完整和安全，并按照国家有关规定向社会公开和提供利用。

测绘成果属于国家秘密的，适用国家保密法律、行政法规的规定；需要对外提供的，按照国务院和中央军事委员会规定的审批程序执行。

第三十条 使用财政资金的测绘项目和使用财政资金的建设工程测绘项目，有关部门在批准立项前应当征求本级人民政府测绘行政主管部门的意见，有适宜测绘成果的，应当充分利用已有的测绘成果，避免重复测绘。

第三十一条 基础测绘成果和国家投资完成的其他测绘成果，用于国家机关决策和社会公益性事业的，应当无偿提供。

前款规定之外的，依法实行有偿使用制度；但是，政府及其有关部门和军队因防灾、减灾、国防建设等公共利益的需要，可以无偿使用。

测绘成果使用的具体办法由国务院规定。

第三十二条 中华人民共和国领域和管辖的其他海域的位置、高程、深度、面积、长度等重要地理信息数据，由国务院测绘行政主管部门审核，并与国务院其他有关部门、军队测绘主管部门会商后，报国务院批准，由国务院或者国务院授权的部门公布。

第三十三条 各级人民政府应当加强对编制、印刷、出版、展示、登载地图的管理，保证地图质量，维护国家主权、安全和利益。具体办法由国务院规定。

各级人民政府应当加强对国家版图意识的宣传教育，增强公民的国家版图意识。

第三十四条 测绘单位应当对其完成的测绘成果质量负责。县级以上人民政府测绘行政主管部门应当加强对测绘成果质量的监督管理。

第七章 测量标志保护

第三十五条 任何单位和个人不得损毁或者擅自移动永久性测量标志和正在使用中的临时性测量标志，不得侵占永久性测量标志用地，不得在永久性测量标志安全控制范围内从事危害测量标志安全和使用效能的活动。

本法所称永久性测量标志，是指各等级的三角点、基线点、导线点、军用控制点、重力点、天文点、水准点和卫星定位点的木质觇标、钢质觇标和标石标志，以及用于地形测图、工程测量和形变测量的固定标志和海底大地点设施。

第三十六条 永久性测量标志的建设单位应当对永久性测量标志设立明显标记，并委托当地有关单位指派专人负责保管。

第三十七条 进行工程建设，应当避开永久性测量标志；确实无法避开，需要拆迁永久性测量标志或者使永久性测量标志失去效能的，应当经国务院测绘行政主管部门或者省、自治区、直辖市人民政府测绘行政主管部门批准；涉及军用控制点的，应当征得军队测绘主管部门的同意。所需迁建费用由工程建设单位承担。

第三十八条 测绘人员使用永久性测量标志，必须持有测绘作业证件，并保证测量标志的完好。

保管测量标志的人员应当查验测量标志使用后的完好状况。

第三十九条 县级以上人民政府应当采取有效措施加强测量标志的保护工作。

县级以上人民政府测绘行政主管部门应当按照规定检查、维护永久性测量标志。

乡级人民政府应当做好本行政区域内的测量标志保护工作。

第八章　法律责任

第四十条　违反本法规定，有下列行为之一的，给予警告，责令改正，可以并处十万元以下的罚款；对负有直接责任的主管人员和其他直接责任人员，依法给予行政处分：

（一）未经批准，擅自建立相对独立的平面坐标系统的；

（二）建立地理信息系统，采用不符合国家标准的基础地理信息数据的。

第四十一条　违反本法规定，有下列行为之一的，给予警告，责令改正，可以并处十万元以下的罚款；构成犯罪的，依法追究刑事责任；尚不够刑事处罚的，对负有直接责任的主管人员和其他直接责任人员，依法给予行政处分：

（一）未经批准，在测绘活动中擅自采用国际坐标系统的；

（二）擅自发布中华人民共和国领域和管辖的其他海域的重要地理信息数据的。

第四十二条　违反本法规定，未取得测绘资质证书，擅自从事测绘活动的，责令停止违法行为，没收违法所得和测绘成果，并处测绘约定报酬一倍以上二倍以下的罚款。

以欺骗手段取得测绘资质证书从事测绘活动的，吊销测绘资质证书，没收违法所得和测绘成果，并处测绘约定报酬一倍以上二倍以下的罚款。

第四十三条　违反本法规定，测绘单位有下列行为之一的，责令停止违法行为，没收违法所得和测绘成果，处测绘约定报酬一倍以上二倍以下的罚款，并可以责令停业整顿或者降低资质等级；情节严重的，吊销测绘资质证书：

（一）超越资质等级许可的范围从事测绘活动的；

（二）以其他测绘单位的名义从事测绘活动的；

（三）允许其他单位以本单位的名义从事测绘活动的。

第四十四条　违反本法规定，测绘项目的发包单位将测绘项目发包给不具有相应资质等级的测绘单位或者迫使测绘单位以低于测绘成本承包的，责令改正，可以处测绘约定报酬二倍以下的罚款。发包单位的工作人员利用职务上的便利,索取他人财物或者非法收受他人财物,为他人谋取利益,构成犯罪的,依法追究刑事责任;尚不够刑事处罚的,依法给予行政处分。

第四十五条　违反本法规定,测绘单位将测绘项目转包的,责令改正,没收违法所得,处测绘约定报酬一倍以上二倍以下的罚款,并可以责令停业整顿或者降低资质等级;情节严重的,吊销测绘资质证书。

第四十六条　违反本法规定,未取得测绘执业资格,擅自从事测绘活动的,责令停止违法行为,没收违法所得,可以并处违法所得二倍以下的罚款;造成损失的,依法承担赔偿责任。

第四十七条　违反本法规定,不汇交测绘成果资料的,责令限期汇交;逾期不汇交的,对测绘项目出资人处以重测所需费用一倍以上二倍以下的罚款;对承担国家投资的测绘项目的单位处一万元以上五万元以下的罚款,暂扣测绘资质证书,自暂扣测绘资质证书之日起六个月内仍不汇交测绘成果资料的,吊销测绘资质证书,并对负有直接责任的主管人员和其他直接责任人员依法给予行政处分。

第四十八条　违反本法规定,测绘成果质量不合格的,责令测绘单位补测或者重测;情节严重的,责令停业整顿,降低资质等级直至吊销测绘资质证书;给用户造成损失的,依法承担赔偿责任。

第四十九条　违反本法规定,编制、印刷、出版、展示、登载的地图发生错绘、漏绘、泄密,危害国家主权或者安全,损害国家利益,构成犯罪的,依法追究刑事责任;尚不够刑事处罚的,依法给予行政处罚或者行政处分。

第五十条　违反本法规定,有下列行为之一的,给予警告,责令改正,可以并处五万元以下的罚款;造成损失的,依法承担赔偿责任;构成犯罪的,依法追究刑事责任;尚不够刑事处罚的,对负有直接责任的主管人员和其他直接责任人员,依法给予行政处分:

(一)损毁或者擅自移动永久性测量标志和正在使用中的临时性测量标志的;

(二)侵占永久性测量标志用地的;

(三)在永久性测量标志安全控制范围内从事危害测量标志安全和使用

效能的活动的；

（四）在测量标志占地范围内，建设影响测量标志使用效能的建筑物的；

（五）擅自拆除永久性测量标志或者使永久性测量标志失去使用效能，或者拒绝支付迁建费用的；

（六）违反操作规程使用永久性测量标志，造成永久性测量标志毁损的。

第五十一条 违反本法规定，有下列行为之一的，责令停止违法行为，没收测绘成果和测绘工具，并处一万元以上十万元以下的罚款；情节严重的，并处十万元以上五十万元以下的罚款，责令限期离境；所获取的测绘成果属于国家秘密，构成犯罪的，依法追究刑事责任：

（一）外国的组织或者个人未经批准，擅自在中华人民共和国领域和管辖的其他海域从事测绘活动的；

（二）外国的组织或者个人未与中华人民共和国有关部门或者单位合资、合作，擅自在中华人民共和国领域从事测绘活动的。

第五十二条 本法规定的降低资质等级、暂扣测绘资质证书、吊销测绘资质证书的行政处罚，由颁发资质证书的部门决定；其他行政处罚由县级以上人民政府测绘行政主管部门决定。

本法第五十一条规定的责令限期离境由公安机关决定。

第五十三条 违反本法规定，县级以上人民政府测绘行政主管部门工作人员利用职务上的便利收受他人财物、其他好处或者玩忽职守，对不符合法定条件的单位核发测绘资质证书，不依法履行监督管理职责，或者发现违法行为不予查处，造成严重后果，构成犯罪的，依法追究刑事责任；尚不够刑事处罚的，对负有直接责任的主管人员和其他直接责任人员，依法给予行政处分。

第九章 附 则

第五十四条 军事测绘管理办法由中央军事委员会根据本法规定。

第五十五条 本法自2002年12月1日起施行。

第一部分 综合类
一、法 律

中华人民共和国行政复议法

- 1999年4月29日第九届全国人民代表大会常务委员会第九次会议通过
- 2009年8月27日第十一届全国人民代表大会常务委员会第十次会议修订
- 修订后2009年8月27日公布施行

第一章 总 则

第一条 为了防止和纠正违法的或者不当的具体行政行为,保护公民、法人和其他组织的合法权益,保障和监督行政机关依法行使职权,根据宪法,制定本法。

第二条 公民、法人或者其他组织认为具体行政行为侵犯其合法权益,向行政机关提出行政复议申请,行政机关受理行政复议申请、作出行政复议决定,适用本法。

第三条 依照本法履行行政复议职责的行政机关是行政复议机关。行政复议机关负责法制工作的机构具体办理行政复议事项,履行下列职责:

(一)受理行政复议申请;

(二)向有关组织和人员调查取证,查阅文件和资料;

(三)审查申请行政复议的具体行政行为是否合法与适当,拟订行政复议决定;

(四)处理或者转送对本法第七条所列有关规定的审查申请;

(五)对行政机关违反本法规定的行为依照规定的权限和程序提出处理建议;

(六)办理因不服行政复议决定提起行政诉讼的应诉事项;

(七)法律、法规规定的其他职责。

第四条 行政复议机关履行行政复议职责,应当遵循合法、公正、公开、及时、便民的原则,坚持有错必纠,保障法律、法规的正确实施。

第五条 公民、法人或者其他组织对行政复议决定不服的,可以依照行政诉讼法的规定向人民法院提起行政诉讼，但是法律规定行政复议决定为最终裁决的除外。

第二章　行政复议范围

第六条　有下列情形之一的，公民、法人或者其他组织可以依照本法申请行政复议：

（一）对行政机关作出的警告、罚款、没收违法所得、没收非法财物、责令停产停业、暂扣或者吊销许可证、暂扣或者吊销执照、行政拘留等行政处罚决定不服的；

（二）对行政机关作出的限制人身自由或者查封、扣押、冻结财产等行政强制措施决定不服的；

（三）对行政机关作出的有关许可证、执照、资质证、资格证等证书变更、中止、撤销的决定不服的；

（四）对行政机关作出的关于确认土地、矿藏、水流、森林、山岭、草原、荒地、滩涂、海域等自然资源的所有权或者使用权的决定不服的；

（五）认为行政机关侵犯合法的经营自主权的；

（六）认为行政机关变更或者废止农业承包合同，侵犯其合法权益的；

（七）认为行政机关违法集资、征收财物、摊派费用或者违法要求履行其他义务的；

（八）认为符合法定条件，申请行政机关颁发许可证、执照、资质证、资格证等证书，或者申请行政机关审批、登记有关事项，行政机关没有依法办理的；

（九）申请行政机关履行保护人身权利、财产权利、受教育权利的法定职责，行政机关没有依法履行的；

（十）申请行政机关依法发放抚恤金、社会保险金或者最低生活保障费，行政机关没有依法发放的；

（十一）认为行政机关的其他具体行政行为侵犯其合法权益的。

第七条　公民、法人或者其他组织认为行政机关的具体行政行为所依据的下列规定不合法，在对具体行政行为申请行政复议时，可以一并向行政复

议机关提出对该规定的审查申请:

(一)国务院部门的规定;

(二)县级以上地方各级人民政府及其工作部门的规定;

(三)乡、镇人民政府的规定。

前款所列规定不含国务院部、委员会规章和地方人民政府规章。规章的审查依照法律、行政法规办理。

第八条 不服行政机关作出的行政处分或者其他人事处理决定的,依照有关法律、行政法规的规定提出申诉。

不服行政机关对民事纠纷作出的调解或者其他处理,依法申请仲裁或者向人民法院提起诉讼。

第三章 行政复议申请

第九条 公民、法人或者其他组织认为具体行政行为侵犯其合法权益的,可以自知道该具体行政行为之日起六十日内提出行政复议申请;但是法律规定的申请期限超过六十日的除外。

因不可抗力或者其他正当理由耽误法定申请期限的,申请期限自障碍消除之日起继续计算。

第十条 依照本法申请行政复议的公民、法人或者其他组织是申请人。

有权申请行政复议的公民死亡的,其近亲属可以申请行政复议。有权申请行政复议的公民为无民事行为能力人或者限制民事行为能力人的,其法定代理人可以代为申请行政复议。有权申请行政复议的法人或者其他组织终止的,承受其权利的法人或者其他组织可以申请行政复议。

同申请行政复议的具体行政行为有利害关系的其他公民、法人或者其他组织,可以作为第三人参加行政复议。

公民、法人或者其他组织对行政机关的具体行政行为不服申请行政复议的,作出具体行政行为的行政机关是被申请人。

申请人、第三人可以委托代理人代为参加行政复议。

第十一条 申请人申请行政复议,可以书面申请,也可以口头申请;口头申请的,行政复议机关应当当场记录申请人的基本情况、行政复议请求、申请行政复议的主要事实、理由和时间。

第十二条 对县级以上地方各级人民政府工作部门的具体行政行为不服的,由申请人选择,可以向该部门的本级人民政府申请行政复议,也可以向上一级主管部门申请行政复议。

对海关、金融、国税、外汇管理等实行垂直领导的行政机关和国家安全机关的具体行政行为不服的,向上一级主管部门申请行政复议。

第十三条 对地方各级人民政府的具体行政行为不服的,向上一级地方人民政府申请行政复议。

对省、自治区人民政府依法设立的派出机关所属的县级地方人民政府的具体行政行为不服的,向该派出机关申请行政复议。

第十四条 对国务院部门或者省、自治区、直辖市人民政府的具体行政行为不服的,向作出该具体行政行为的国务院部门或者省、自治区、直辖市人民政府申请行政复议。对行政复议决定不服的,可以向人民法院提起行政诉讼;也可以向国务院申请裁决,国务院依照本法的规定作出最终裁决。

第十五条 对本法第十二条、第十三条、第十四条规定以外的其他行政机关、组织的具体行政行为不服的,按照下列规定申请行政复议:

(一)对县级以上地方人民政府依法设立的派出机关的具体行政行为不服的,向设立该派出机关的人民政府申请行政复议;

(二)对政府工作部门依法设立的派出机构依照法律、法规或者规章规定,以自己的名义作出的具体行政行为不服的,向设立该派出机构的部门或者该部门的本级地方人民政府申请行政复议;

(三)对法律、法规授权的组织的具体行政行为不服的,分别向直接管理该组织的地方人民政府、地方人民政府工作部门或国务院部门申请行政复议;

(四)对两个或者两个以上行政机关以共同的名义作出的具体行政行为不服的,向其共同上一级行政机关申请行政复议;

(五)对被撤销的行政机关在撤销前所作出的具体行政行为不服的,向继续行使其职权的行政机关的上一级行政机关申请行政复议。

有前款所列情形之一的,申请人也可以向具体行政行为发生地的县级地方人民政府提出行政复议申请，由接受申请的县级地方人民政府依照本法第十八条的规定办理。

第十六条 公民、法人或者其他组织申请行政复议，行政复议机关已经依法受理的，或者法律、法规规定应当先向行政复议机关申请行政复议、对行政复议决定不服再向人民法院提起行政诉讼的，在法定行政复议期限内不得向人民法院提起行政诉讼。

公民、法人或者其他组织向人民法院提起行政诉讼，人民法院已经依法受理的，不得申请行政复议。

第四章　行政复议受理

第十七条 行政复议机关收到行政复议申请后，应当在五日内进行审查，对不符合本法规定的行政复议申请，决定不予受理，并书面告知申请人；对符合本法规定，但是不属于本机关受理的行政复议申请，应当告知申请人向有关行政复议机关提出。

除前款规定外，行政复议申请自行政复议机关负责法制工作的机构收到之日起即为受理。

第十八条 依照本法第十五条第二款的规定接受行政复议申请的县级地方人民政府，对依照本法第十五条第一款的规定属于其他行政复议机关受理的行政复议申请，应当自接到该行政复议申请之日起七日内，转送有关行政复议机关，并告知申请人。接受转送的行政复议机关应当依照本法第十七条的规定办理。

第十九条 法律、法规规定应当先向行政复议机关申请行政复议、对行政复议决定不服再向人民法院提起行政诉讼的，行政复议机关决定不予受理或者受理后超过行政复议期限不作答复的，公民、法人或者其他组织可以自收到不予受理决定书之日起或者行政复议期满之日起十五日内，依法向人民法院提起行政诉讼。

第二十条 公民、法人或者其他组织依法提出行政复议申请，行政复议机关无正当理由不予受理的，上级行政机关应当责令其受理；必要时，上级行政机关也可以直接受理。

第二十一条 行政复议期间具体行政行为不停止执行；但是，有下列情形之一的，可以停止执行：

（一）被申请人认为需要停止执行的；

（二）行政复议机关认为需要停止执行的；

（三）申请人申请停止执行，行政复议机关认为其要求合理，决定停止执行的；

（四）法律规定停止执行的。

第五章 行政复议决定

第二十二条 行政复议原则上采取书面审查的办法，但是申请人提出要求或者行政复议机关负责法制工作的机构认为有必要时，可以向有关组织和人员调查情况，听取申请人、被申请人和第三人的意见。

第二十三条 行政复议机关负责法制工作的机构应当自行政复议申请受理之日起七日内，将行政复议申请书副本或者行政复议申请笔录复印件发送被申请人。被申请人应当自收到申请书副本或者申请笔录复印件之日起十日内，提出书面答复，并提交当初作出具体行政行为的证据、依据和其他有关材料。

申请人、第三人可以查阅被申请人提出的书面答复、作出具体行政行为的证据、依据和其他有关材料，除涉及国家秘密、商业秘密或者个人隐私外，行政复议机关不得拒绝。

第二十四条 在行政复议过程中，被申请人不得自行向申请人和其他有关组织或者个人收集证据。

第二十五条 行政复议决定作出前，申请人要求撤回行政复议申请的，经说明理由，可以撤回；撤回行政复议申请的，行政复议终止。

第二十六条 申请人在申请行政复议时，一并提出对本法第七条所列有关规定的审查申请的，行政复议机关对该规定有权处理的，应当在三十日内依法处理；无权处理的，应当在七日内按照法定程序转送有权处理的行政机关依法处理，有权处理的行政机关应当在六十日内依法处理。处理期间，中止对具体行政行为的审查。

第一部分 综合类
一、法　律

第二十七条 行政复议机关在对被申请人作出的具体行政行为进行审查时，认为其依据不合法，本机关有权处理的，应当在三十日内依法处理；无权处理的，应当在七日内按照法定程序转送有权处理的国家机关依法处理。处理期间，中止对具体行政行为的审查。

第二十八条 行政复议机关负责法制工作的机构应当对被申请人作出的具体行政行为进行审查，提出意见，经行政复议机关的负责人同意或者集体讨论通过后，按照下列规定作出行政复议决定：

（一）具体行政行为认定事实清楚，证据确凿，适用依据正确，程序合法，内容适当的，决定维持；

（二）被申请人不履行法定职责的，决定其在一定期限内履行；

（三）具体行政行为有下列情形之一的，决定撤销、变更或者确认该具体行政行为违法；决定撤销或者确认该具体行政行为违法的，可以责令被申请人在一定期限内重新作出具体行政行为：

1. 主要事实不清、证据不足的；
2. 适用依据错误的；
3. 违反法定程序的；
4. 超越或者滥用职权的；
5. 具体行政行为明显不当的。

（四）被申请人不按照本法第二十三条的规定提出书面答复、提交当初作出具体行政行为的证据、依据和其他有关材料的，视为该具体行政行为没有证据、依据，决定撤销该具体行政行为。

行政复议机关责令被申请人重新作出具体行政行为的，被申请人不得以同一的事实和理由作出与原具体行政行为相同或者基本相同的具体行政行为。

第二十九条 申请人在申请行政复议时可以一并提出行政赔偿请求，行政复议机关对符合国家赔偿法的有关规定应当给予赔偿的，在决定撤销、变更具体行政行为或者确认具体行政行为违法时，应当同时决定被申请人依法给予赔偿。

申请人在申请行政复议时没有提出行政赔偿请求的，行政复议机关在依法决定撤销或者变更罚款，撤销违法集资、没收财物、征收财物、摊派费用以及对财产的查封、扣押、冻结等具体行政行为时，应当同时责令被申请人返还财产，解除对财产的查封、扣押、冻结措施，或者赔偿相应的价款。

第三十条　公民、法人或者其他组织认为行政机关的具体行政行为侵犯其已经依法取得的土地、矿藏、水流、森林、山岭、草原、荒地、滩涂、海域等自然资源的所有权或者使用权的，应当先申请行政复议；对行政复议决定不服的，可以依法向人民法院提起行政诉讼。

根据国务院或者省、自治区、直辖市人民政府对行政区划的勘定、调整或者征收土地的决定，省、自治区、直辖市人民政府确认土地、矿藏、水流、森林、山岭、草原、荒地、滩涂、海域等自然资源的所有权或者使用权的行政复议决定为最终裁决。

第三十一条　行政复议机关应当自受理申请之日起六十日内作出行政复议决定；但是法律规定的行政复议期限少于六十日的除外。情况复杂，不能在规定期限内作出行政复议决定的，经行政复议机关的负责人批准，可以适当延长，并告知申请人和被申请人；但是延长期限最多不超过三十日。

行政复议机关作出行政复议决定，应当制作行政复议决定书，并加盖印章。

行政复议决定书一经送达，即发生法律效力。

第三十二条　被申请人应当履行行政复议决定。

被申请人不履行或者无正当理由拖延履行行政复议决定的，行政复议机关或者有关上级行政机关应当责令其限期履行。

第三十三条　申请人逾期不起诉又不履行行政复议决定的，或者不履行最终裁决的行政复议决定的，按照下列规定分别处理：

（一）维持具体行政行为的行政复议决定，由作出具体行政行为的行政机关依法强制执行，或者申请人民法院强制执行；

（二）变更具体行政行为的行政复议决定，由行政复议机关依法强制执行，或者申请人民法院强制执行。

第六章　法律责任

第三十四条　行政复议机关违反本法规定，无正当理由不予受理依法提出的行政复议申请或者不按照规定转送行政复议申请的，或者在法定期限内不作出行政复议决定的，对直接负责的主管人员和其他直接责任人员依法给予警告、记过、记大过的行政处分；经责令受理仍不受理或者不按照规定转送行政复议申请，造成严重后果的，依法给予降级、撤职、开除的行政处分。

第三十五条　行政复议机关工作人员在行政复议活动中，徇私舞弊或者有其他渎职、失职行为的，依法给予警告、记过、记大过的行政处分；情节严重的，依法给予降级、撤职、开除的行政处分；构成犯罪的，依法追究刑事责任。

第三十六条　被申请人违反本法规定，不提出书面答复或者不提交作出具体行政行为的证据、依据和其他有关材料，或者阻挠、变相阻挠公民、法人或者其他组织依法申请行政复议的，对直接负责的主管人员和其他直接责任人员依法给予警告、记过、记大过的行政处分；进行报复陷害的，依法给予降级、撤职、开除的行政处分；构成犯罪的，依法追究刑事责任。

第三十七条　被申请人不履行或者无正当理由拖延履行行政复议决定的，对直接负责的主管人员和其他直接责任人员依法给予警告、记过、记大过的行政处分；经责令履行仍拒不履行的，依法给予降级、撤职、开除的行政处分。

第三十八条　行政复议机关负责法制工作的机构发现有无正当理由不予受理行政复议申请、不按照规定期限作出行政复议决定、徇私舞弊、对申请人打击报复或者不履行行政复议决定等情形的，应当向有关行政机关提出建议，有关行政机关应当依照本法和有关法律、行政法规的规定作出处理。

第七章　附　　则

第三十九条　行政复议机关受理行政复议申请，不得向申请人收取任何费用。行政复议活动所需经费，应当列入本机关的行政经费，由本级财政予以保障。

第四十条　行政复议期间的计算和行政复议文书的送达，依照民事诉讼法关于期间、送达的规定执行。

本法关于行政复议期间有关"五日"、"七日"的规定是指工作日，不含节假日。

第四十一条 外国人、无国籍人、外国组织在中华人民共和国境内申请行政复议，适用本法。

第四十二条 本法施行前公布的法律有关行政复议的规定与本法的规定不一致的，以本法的规定为准。

第四十三条 本法自1999年10月1日起施行。1990年12月24日国务院发布、1994年10月9日国务院修订发布的《行政复议条例》同时废止。

中华人民共和国物权法

- 2007年3月16日第十届全国人民代表大会第五次会议通过
- 2007年10月1日施行

第一编 总 则

第一章 基本原则

第一条 为了维护国家基本经济制度，维护社会主义市场经济秩序，明确物的归属，发挥物的效用，保护权利人的物权，根据宪法，制定本法。

第二条 因物的归属和利用而产生的民事关系，适用本法。

本法所称物，包括不动产和动产。法律规定权利作为物权客体的，依照其规定。

本法所称物权，是指合法权利人依法对特定的物享有直接支配和排他的权利，包括所有权、用益物权和担保物权。

第三条 国家在社会主义初级阶段，坚持公有制为主体、多种所有制经济共同发展的基本经济制度。

国家巩固和发展公有制经济，鼓励、支持和引导非公有制经济的发展。

国家实行社会主义市场经济，保障一切市场主体的平等法律地位和发展权利。

第四条 国家、集体、私人的物权和其他权利人的物权受法律保护，任何单位和个人不得侵犯。

第五条 物权的种类和内容，由法律规定。

第六条 不动产物权的设立、变更、转让和消灭，应当依照法律规定登记。动产物权的设立和转让，应当依照法律规定交付。

第七条 物权的取得和行使，应当遵守法律，尊重社会公德，不得损害公共利益和他人合法权益。

第八条 其他相关法律对物权另有特别规定的，依照其规定。

第二章 物权的设立、变更、转让和消灭

第一节 不动产登记

第九条 不动产物权的设立、变更、转让和消灭，经依法登记，发生效力；未经登记，不发生效力，但法律另有规定的除外。

依法属于国家所有的自然资源，所有权可以不登记。

第十条 不动产登记，由不动产所在地的登记机构办理。

国家对不动产实行统一登记制度。统一登记的范围、登记机构和登记办法，由法律、行政法规规定。

第十一条 当事人申请登记，应当根据不同登记事项提供权属证明和不动产界址、面积等必要材料。

第十二条 登记机构应当履行下列职责：

（一）查验申请人提供的权属证明和其他必要材料；

（二）就有关登记事项询问申请人；

（三）如实、及时登记有关事项；

（四）法律、行政法规规定的其他职责。

申请登记的不动产的有关情况需要进一步证明的，登记机构可以要求申请人补充材料，必要时可以实地查看。

第十三条 登记机构不得有下列行为：

（一）要求对不动产进行评估；

（二）以年检等名义进行重复登记；

（三）超出登记职责范围的其他行为。

第十四条　不动产物权的设立、变更、转让和消灭，依照法律规定应当登记的，自记载于不动产登记簿时发生效力。

第十五条　当事人之间订立有关设立、变更、转让和消灭不动产物权的合同，除法律另有规定或者合同另有约定外，自合同成立时生效；未办理物权登记的，不影响合同效力。

第十六条　不动产登记簿是物权归属和内容的根据。不动产登记簿由登记机构管理。

第十七条　不动产权属证书是权利人享有该不动产物权的证明。不动产权属证书记载的事项，应当与不动产登记簿一致；记载不一致的，除有证据证明不动产登记簿确有错误外，以不动产登记簿为准。

第十八条　权利人、利害关系人可以申请查询、复制登记资料，登记机构应当提供。

第十九条　权利人、利害关系人认为不动产登记簿记载的事项错误的，可以申请更正登记。不动产登记簿记载的权利人书面同意更正或者有证据证明登记确有错误的，登记机构应当予以更正。

不动产登记簿记载的权利人不同意更正的，利害关系人可以申请异议登记。登记机构予以异议登记的，申请人在异议登记之日起十五日内不起诉，异议登记失效。异议登记不当，造成权利人损害的，权利人可以向申请人请求损害赔偿。

第二十条　当事人签订买卖房屋或者其他不动产物权的协议，为保障将来实现物权，按照约定可以向登记机构申请预告登记。预告登记后，未经预告登记的权利人同意，处分该不动产的，不发生物权效力。

预告登记后，债权消灭或者自能够进行不动产登记之日起三个月内未申请登记的，预告登记失效。

第二十一条　当事人提供虚假材料申请登记，给他人造成损害的，应当承担赔偿责任。

因登记错误，给他人造成损害的，登记机构应当承担赔偿责任。登记机构赔偿后，可以向造成登记错误的人追偿。

第二十二条　不动产登记费按件收取,不得按照不动产的面积、体积或者价款的比例收取。具体收费标准由国务院有关部门会同价格主管部门规定。

第二节　动产交付

第二十三条　动产物权的设立和转让,自交付时发生效力,但法律另有规定的除外。

第二十四条　船舶、航空器和机动车等物权的设立、变更、转让和消灭,未经登记,不得对抗善意第三人。

第二十五条　动产物权设立和转让前,权利人已经依法占有该动产的,物权自法律行为生效时发生效力。

第二十六条　动产物权设立和转让前,第三人依法占有该动产的,负有交付义务的人可以通过转让请求第三人返还原物的权利代替交付。

第二十七条　动产物权转让时,双方又约定由出让人继续占有该动产的,物权自该约定生效时发生效力。

第三节　其他规定

第二十八条　因人民法院、仲裁委员会的法律文书或者人民政府的征收决定等,导致物权设立、变更、转让或者消灭的,自法律文书或者人民政府的征收决定等生效时发生效力。

第二十九条　因继承或者受遗赠取得物权的,自继承或者受遗赠开始时发生效力。

第三十条　因合法建造、拆除房屋等事实行为设立或者消灭物权的,自事实行为成就时发生效力。

第三十一条　依照本法第二十八条至第三十条规定享有不动产物权的,处分该物权时,依照法律规定需要办理登记的,未经登记,不发生物权效力。

第三章　物权的保护

第三十二条　物权受到侵害的,权利人可以通过和解、调解、仲裁、诉讼等途径解决。

第三十三条　因物权的归属、内容发生争议的,利害关系人可以请求确认权利。

第三十四条 无权占有不动产或者动产的,权利人可以请求返还原物。

第三十五条 妨害物权或者可能妨害物权的,权利人可以请求排除妨害或者消除危险。

第三十六条 造成不动产或者动产毁损的,权利人可以请求修理、重作、更换或者恢复原状。

第三十七条 侵害物权,造成权利人损害的,权利人可以请求损害赔偿,也可以请求承担其他民事责任。

第三十八条 本章规定的物权保护方式,可以单独适用,也可以根据权利被侵害的情形合并适用。

侵害物权,除承担民事责任外,违反行政管理规定的,依法承担行政责任;构成犯罪的,依法追究刑事责任。

第二编 所 有 权

第四章 一般规定

第三十九条 所有权人对自己的不动产或者动产,依法享有占有、使用、收益和处分的权利。

第四十条 所有权人有权在自己的不动产或者动产上设立用益物权和担保物权。用益物权人、担保物权人行使权利,不得损害所有权人的权益。

第四十一条 法律规定专属于国家所有的不动产和动产,任何单位和个人不能取得所有权。

第四十二条 为了公共利益的需要,依照法律规定的权限和程序可以征收集体所有的土地和单位、个人的房屋及其他不动产。

征收集体所有的土地,应当依法足额支付土地补偿费、安置补助费、地上附着物和青苗的补偿费等费用,安排被征地农民的社会保障费用,保障被征地农民的生活,维护被征地农民的合法权益。

征收单位、个人的房屋及其他不动产,应当依法给予拆迁补偿,维护被征收人的合法权益;征收个人住宅的,还应当保障被征收人的居住条件。

任何单位和个人不得贪污、挪用、私分、截留、拖欠征收补偿费等费用。

第四十三条 国家对耕地实行特殊保护，严格限制农用地转为建设用地，控制建设用地总量。不得违反法律规定的权限和程序征收集体所有的土地。

第四十四条 因抢险、救灾等紧急需要，依照法律规定的权限和程序可以征用单位、个人的不动产或者动产。被征用的不动产或者动产使用后，应当返还被征用人。单位、个人的不动产或者动产被征用或者征用后毁损、灭失的，应当给予补偿。

第五章 国家所有权和集体所有权、私人所有权

第四十五条 法律规定属于国家所有的财产，属于国家所有即全民所有。

国有财产由国务院代表国家行使所有权；法律另有规定的，依照其规定。

第四十六条 矿藏、水流、海域属于国家所有。

第四十七条 城市的土地，属于国家所有。法律规定属于国家所有的农村和城市郊区的土地，属于国家所有。

第四十八条 森林、山岭、草原、荒地、滩涂等自然资源，属于国家所有，但法律规定属于集体所有的除外。

第四十九条 法律规定属于国家所有的野生动植物资源，属于国家所有。

第五十条 无线电频谱资源属于国家所有。

第五十一条 法律规定属于国家所有的文物，属于国家所有。

第五十二条 国防资产属于国家所有。

铁路、公路、电力设施、电信设施和油气管道等基础设施，依照法律规定为国家所有的，属于国家所有。

第五十三条 国家机关对其直接支配的不动产和动产，享有占有、使用以及依照法律和国务院的有关规定处分的权利。

第五十四条 国家举办的事业单位对其直接支配的不动产和动产，享有占有、使用以及依照法律和国务院的有关规定收益、处分的权利。

第五十五条 国家出资的企业，由国务院、地方人民政府依照法律、行政法规规定分别代表国家履行出资人职责，享有出资人权益。

第五十六条 国家所有的财产受法律保护，禁止任何单位和个人侵占、

哄抢、私分、截留、破坏。

第五十七条 履行国有财产管理、监督职责的机构及其工作人员，应当依法加强对国有财产的管理、监督，促进国有财产保值增值，防止国有财产损失；滥用职权，玩忽职守，造成国有财产损失的，应当依法承担法律责任。

违反国有财产管理规定，在企业改制、合并分立、关联交易等过程中，低价转让、合谋私分、擅自担保或者以其他方式造成国有财产损失的，应当依法承担法律责任。

第五十八条 集体所有的不动产和动产包括：

（一）法律规定属于集体所有的土地和森林、山岭、草原、荒地、滩涂；

（二）集体所有的建筑物、生产设施、农田水利设施；

（三）集体所有的教育、科学、文化、卫生、体育等设施；

（四）集体所有的其他不动产和动产。

第五十九条 农民集体所有的不动产和动产，属于本集体成员集体所有。下列事项应当依照法定程序经本集体成员决定：

（一）土地承包方案以及将土地发包给本集体以外的单位或者个人承包；

（二）个别土地承包经营权人之间承包地的调整；

（三）土地补偿费等费用的使用、分配办法；

（四）集体出资的企业的所有权变动等事项；

（五）法律规定的其他事项。

第六十条 对于集体所有的土地和森林、山岭、草原、荒地、滩涂等，依照下列规定行使所有权：

（一）属于村农民集体所有的，由村集体经济组织或者村民委员会代表集体行使所有权；

（二）分别属于村内两个以上农民集体所有的，由村内各该集体经济组织或者村民小组代表集体行使所有权；

（三）属于乡镇农民集体所有的，由乡镇集体经济组织代表集体行使所有权。

第六十一条 城镇集体所有的不动产和动产，依照法律、行政法规的规定由本集体享有占有、使用、收益和处分的权利。

第六十二条　集体经济组织或者村民委员会、村民小组应当依照法律、行政法规以及章程、村规民约向本集体成员公布集体财产的状况。

第六十三条　集体所有的财产受法律保护，禁止任何单位和个人侵占、哄抢、私分、破坏。

集体经济组织、村民委员会或者其负责人作出的决定侵害集体成员合法权益的，受侵害的集体成员可以请求人民法院予以撤销。

第六十四条　私人对其合法的收入、房屋、生活用品、生产工具、原材料等不动产和动产享有所有权。

第六十五条　私人合法的储蓄、投资及其收益受法律保护。

国家依照法律规定保护私人的继承权及其他合法权益。

第六十六条　私人的合法财产受法律保护，禁止任何单位和个人侵占、哄抢、破坏。

第六十七条　国家、集体和私人依法可以出资设立有限责任公司、股份有限公司或者其他企业。国家、集体和私人所有的不动产或者动产，投到企业的，由出资人按照约定或者出资比例享有资产收益、重大决策以及选择经营管理者等权利并履行义务。

第六十八条　企业法人对其不动产和动产依照法律、行政法规以及章程享有占有、使用、收益和处分的权利。

企业法人以外的法人，对其不动产和动产的权利，适用有关法律、行政法规以及章程的规定。

第六十九条　社会团体依法所有的不动产和动产，受法律保护。

第六章　业主的建筑物区分所有权

第七十条　业主对建筑物内的住宅、经营性用房等专有部分享有所有权，对专有部分以外的共有部分享有共有和共同管理的权利。

第七十一条　业主对其建筑物专有部分享有占有、使用、收益和处分的权利。业主行使权利不得危及建筑物的安全，不得损害其他业主的合法权益。

第七十二条　业主对建筑物专有部分以外的共有部分，享有权利，承担义务；不得以放弃权利不履行义务。

业主转让建筑物内的住宅、经营性用房，其对共有部分享有的共有和共同管理的权利一并转让。

第七十三条 建筑区划内的道路，属于业主共有，但属于城镇公共道路的除外。建筑区划内的绿地，属于业主共有，但属于城镇公共绿地或者明示属于个人的除外。建筑区划内的其他公共场所、公用设施和物业服务用房，属于业主共有。

第七十四条 建筑区划内，规划用于停放汽车的车位、车库应当首先满足业主的需要。

建筑区划内，规划用于停放汽车的车位、车库的归属，由当事人通过出售、附赠或者出租等方式约定。

占用业主共有的道路或者其他场地用于停放汽车的车位，属于业主共有。

第七十五条 业主可以设立业主大会，选举业主委员会。

地方人民政府有关部门应当对设立业主大会和选举业主委员会给予指导和协助。

第七十六条 下列事项由业主共同决定：

（一）制定和修改业主大会议事规则；

（二）制定和修改建筑物及其附属设施的管理规约；

（三）选举业主委员会或者更换业主委员会成员；

（四）选聘和解聘物业服务企业或者其他管理人；

（五）筹集和使用建筑物及其附属设施的维修资金；

（六）改建、重建建筑物及其附属设施；

（七）有关共有和共同管理权利的其他重大事项。

决定前款第五项和第六项规定的事项，应当经专有部分占建筑物总面积三分之二以上的业主且占总人数三分之二以上的业主同意。决定前款其他事项，应当经专有部分占建筑物总面积过半数的业主且占总人数过半数的业主同意。

第七十七条 业主不得违反法律、法规以及管理规约，将住宅改变为经营性用房。业主将住宅改变为经营性用房的，除遵守法律、法规以及管理规约外，应当经有利害关系的业主同意。

第七十八条 业主大会或者业主委员会的决定，对业主具有约束力。

业主大会或者业主委员会作出的决定侵害业主合法权益的，受侵害的业主可以请求人民法院予以撤销。

第七十九条 建筑物及其附属设施的维修资金，属于业主共有。经业主共同决定，可以用于电梯、水箱等共有部分的维修。维修资金的筹集、使用情况应当公布。

第八十条 建筑物及其附属设施的费用分摊、收益分配等事项，有约定的，按照约定；没有约定或者约定不明确的，按照业主专有部分占建筑物总面积的比例确定。

第八十一条 业主可以自行管理建筑物及其附属设施，也可以委托物业服务企业或者其他管理人管理。

对建设单位聘请的物业服务企业或者其他管理人，业主有权依法更换。

第八十二条 物业服务企业或者其他管理人根据业主的委托管理建筑区划内的建筑物及其附属设施，并接受业主的监督。

第八十三条 业主应当遵守法律、法规以及管理规约。

业主大会和业主委员会，对任意弃置垃圾、排放污染物或者噪声、违反规定饲养动物、违章搭建、侵占通道、拒付物业费等损害他人合法权益的行为，有权依照法律、法规以及管理规约，要求行为人停止侵害、消除危险、排除妨害、赔偿损失。业主对侵害自己合法权益的行为，可以依法向人民法院提起诉讼。

第七章 相邻关系

第八十四条 不动产的相邻权利人应当按照有利生产、方便生活、团结互助、公平合理的原则，正确处理相邻关系。

第八十五条 法律、法规对处理相邻关系有规定的，依照其规定；法律、法规没有规定的，可以按照当地习惯。

第八十六条 不动产权利人应当为相邻权利人用水、排水提供必要的便利。

对自然流水的利用，应当在不动产的相邻权利人之间合理分配。对自然流水的排放，应当尊重自然流向。

第八十七条 不动产权利人对相邻权利人因通行等必须利用其土地的，应当提供必要的便利。

第八十八条 不动产权利人因建造、修缮建筑物以及铺设电线、电缆、水管、暖气和燃气管线等必须利用相邻土地、建筑物的，该土地、建筑物的权利人应当提供必要的便利。

第八十九条 建造建筑物，不得违反国家有关工程建设标准，妨碍相邻建筑物的通风、采光和日照。

第九十条 不动产权利人不得违反国家规定弃置固体废物，排放大气污染物、水污染物、噪声、光、电磁波辐射等有害物质。

第九十一条 不动产权利人挖掘土地、建造建筑物、铺设管线以及安装设备等，不得危及相邻不动产的安全。

第九十二条 不动产权利人因用水、排水、通行、铺设管线等利用相邻不动产的，应当尽量避免对相邻的不动产权利人造成损害；造成损害的，应当给予赔偿。

第八章 共　　有

第九十三条 不动产或者动产可以由两个以上单位、个人共有。共有包括按份共有和共同共有。

第九十四条 按份共有人对共有的不动产或者动产按照其份额享有所有权。

第九十五条 共同共有人对共有的不动产或者动产共同享有所有权。

第九十六条 共有人按照约定管理共有的不动产或者动产；没有约定或者约定不明确的，各共有人都有管理的权利和义务。

第九十七条 处分共有的不动产或者动产以及对共有的不动产或者动产作重大修缮的，应当经占份额三分之二以上的按份共有人或者全体共同共有人同意，但共有人之间另有约定的除外。

第九十八条 对共有物的管理费用以及其他负担，有约定的，按照约定；没有约定或者约定不明确的，按份共有人按照其份额负担，共同共有人共同负担。

第九十九条 共有人约定不得分割共有的不动产或者动产,以维持共有关系的,应当按照约定,但共有人有重大理由需要分割的,可以请求分割;没有约定或者约定不明确的,按份共有人可以随时请求分割,共同共有人在共有的基础丧失或者有重大理由需要分割时可以请求分割。因分割对其他共有人造成损害的,应当给予赔偿。

第一百条 共有人可以协商确定分割方式。达不成协议,共有的不动产或者动产可以分割并且不会因分割减损价值的,应当对实物予以分割;难以分割或者因分割会减损价值的,应当对折价或者拍卖、变卖取得的价款予以分割。

共有人分割所得的不动产或者动产有瑕疵的,其他共有人应当分担损失。

第一百零一条 按份共有人可以转让其享有的共有的不动产或者动产份额。其他共有人在同等条件下享有优先购买的权利。

第一百零二条 因共有的不动产或者动产产生的债权债务,在对外关系上,共有人享有连带债权、承担连带债务,但法律另有规定或者第三人知道共有人不具有连带债权债务关系的除外;在共有人内部关系上,除共有人另有约定外,按份共有人按照份额享有债权、承担债务,共同共有人共同享有债权、承担债务。偿还债务超过自己应当承担份额的按份共有人,有权向其他共有人追偿。

第一百零三条 共有人对共有的不动产或者动产没有约定为按份共有或者共同共有,或者约定不明确的,除共有人具有家庭关系等外,视为按份共有。

第一百零四条 按份共有人对共有的不动产或者动产享有的份额,没有约定或者约定不明确的,按照出资额确定;不能确定出资额的,视为等额享有。

第一百零五条 两个以上单位、个人共同享有用益物权、担保物权的,参照本章规定。

第九章　所有权取得的特别规定

第一百零六条　无处分权人将不动产或者动产转让给受让人的，所有权人有权追回；除法律另有规定外，符合下列情形的，受让人取得该不动产或者动产的所有权：

（一）受让人受让该不动产或者动产时是善意的；

（二）以合理的价格转让；

（三）转让的不动产或者动产依照法律规定应当登记的已经登记，不需要登记的已经交付给受让人。

受让人依照前款规定取得不动产或者动产的所有权的，原所有权人有权向无处分权人请求赔偿损失。

当事人善意取得其他物权的，参照前两款规定。

第一百零七条　所有权人或者其他权利人有权追回遗失物。该遗失物通过转让被他人占有的，权利人有权向无处分权人请求损害赔偿，或者自知道或者应当知道受让人之日起二年内向受让人请求返还原物，但受让人通过拍卖或者向具有经营资格的经营者购得该遗失物的，权利人请求返还原物时应当支付受让人所付的费用。权利人向受让人支付所付费用后，有权向无处分权人追偿。

第一百零八条　善意受让人取得动产后，该动产上的原有权利消灭，但善意受让人在受让时知道或者应当知道该权利的除外。

第一百零九条　拾得遗失物，应当返还权利人。拾得人应当及时通知权利人领取，或者送交公安等有关部门。

第一百一十条　有关部门收到遗失物，知道权利人的，应当及时通知其领取；不知道的，应当及时发布招领公告。

第一百一十一条　拾得人在遗失物送交有关部门前，有关部门在遗失物被领取前，应当妥善保管遗失物。因故意或者重大过失致使遗失物毁损、灭失的，应当承担民事责任。

第一百一十二条　权利人领取遗失物时，应当向拾得人或者有关部门支付保管遗失物等支出的必要费用。

权利人悬赏寻找遗失物的,领取遗失物时应当按照承诺履行义务。

拾得人侵占遗失物的,无权请求保管遗失物等支出的费用,也无权请求权利人按照承诺履行义务。

第一百一十三条　遗失物自发布招领公告之日起六个月内无人认领的,归国家所有。

第一百一十四条　拾得漂流物、发现埋藏物或者隐藏物的,参照拾得遗失物的有关规定。文物保护法等法律另有规定的,依照其规定。

第一百一十五条　主物转让的,从物随主物转让,但当事人另有约定的除外。

第一百一十六条　天然孳息,由所有权人取得;既有所有权人又有用益物权人的,由用益物权人取得。当事人另有约定的,按照约定。

法定孳息,当事人有约定的,按照约定取得;没有约定或者约定不明确的,按照交易习惯取得。

第三编　用益物权

第十章　一般规定

第一百一十七条　用益物权人对他人所有的不动产或者动产,依法享有占有、使用和收益的权利。

第一百一十八条　国家所有或者国家所有由集体使用以及法律规定属于集体所有的自然资源,单位、个人依法可以占有、使用和收益。

第一百一十九条　国家实行自然资源有偿使用制度,但法律另有规定的除外。

第一百二十条　用益物权人行使权利,应当遵守法律有关保护和合理开发利用资源的规定。所有权人不得干涉用益物权人行使权利。

第一百二十一条　因不动产或者动产被征收、征用致使用益物权消灭或者影响用益物权行使的,用益物权人有权依照本法第四十二条、第四十四条的规定获得相应补偿。

第一百二十二条　依法取得的海域使用权受法律保护。

第一百二十三条 依法取得的探矿权、采矿权、取水权和使用水域、滩涂从事养殖、捕捞的权利受法律保护。

第十一章 土地承包经营权

第一百二十四条 农村集体经济组织实行家庭承包经营为基础、统分结合的双层经营体制。

农民集体所有和国家所有由农民集体使用的耕地、林地、草地以及其他用于农业的土地，依法实行土地承包经营制度。

第一百二十五条 土地承包经营权人依法对其承包经营的耕地、林地、草地等享有占有、使用和收益的权利，有权从事种植业、林业、畜牧业等农业生产。

第一百二十六条 耕地的承包期为三十年。草地的承包期为三十年至五十年。林地的承包期为三十年至七十年；特殊林木的林地承包期，经国务院林业行政主管部门批准可以延长。

前款规定的承包期届满，由土地承包经营权人按照国家有关规定继续承包。

第一百二十七条 土地承包经营权自土地承包经营权合同生效时设立。

县级以上地方人民政府应当向土地承包经营权人发放土地承包经营权证、林权证、草原使用权证，并登记造册，确认土地承包经营权。

第一百二十八条 土地承包经营权人依照农村土地承包法的规定，有权将土地承包经营权采取转包、互换、转让等方式流转。流转的期限不得超过承包期的剩余期限。未经依法批准，不得将承包地用于非农建设。

第一百二十九条 土地承包经营权人将土地承包经营权互换、转让，当事人要求登记的，应当向县级以上地方人民政府申请土地承包经营权变更登记；未经登记，不得对抗善意第三人。

第一百三十条 承包期内发包人不得调整承包地。

因自然灾害严重毁损承包地等特殊情形，需要适当调整承包的耕地和草地的，应当依照农村土地承包法等法律规定办理。

第一百三十一条 承包期内发包人不得收回承包地。农村土地承包法等法律另有规定的，依照其规定。

第一百三十二条　承包地被征收的，土地承包经营权人有权依照本法第四十二条第二款的规定获得相应补偿。

第一百三十三条　通过招标、拍卖、公开协商等方式承包荒地等农村土地，依照农村土地承包法等法律和国务院的有关规定，其土地承包经营权可以转让、入股、抵押或者以其他方式流转。

第一百三十四条　国家所有的农用地实行承包经营的，参照本法的有关规定。

第十二章　建设用地使用权

第一百三十五条　建设用地使用权人依法对国家所有的土地享有占有、使用和收益的权利，有权利用该土地建造建筑物、构筑物及其附属设施。

第一百三十六条　建设用地使用权可以在土地的地表、地上或者地下分别设立。新设立的建设用地使用权，不得损害已设立的用益物权。

第一百三十七条　设立建设用地使用权，可以采取出让或者划拨等方式。

工业、商业、旅游、娱乐和商品住宅等经营性用地以及同一土地有两个以上意向用地者的，应当采取招标、拍卖等公开竞价的方式出让。

严格限制以划拨方式设立建设用地使用权。采取划拨方式的，应当遵守法律、行政法规关于土地用途的规定。

第一百三十八条　采取招标、拍卖、协议等出让方式设立建设用地使用权的，当事人应当采取书面形式订立建设用地使用权出让合同。

建设用地使用权出让合同一般包括以下条款：

（一）当事人的名称和住所；

（二）土地界址、面积等；

（三）建筑物、构筑物及其附属设施占用的空间；

（四）土地用途；

（五）使用期限；

（六）出让金等费用及其支付方式；

（七）解决争议的方法。

第一百三十九条 设立建设用地使用权的，应当向登记机构申请建设用地使用权登记。建设用地使用权自登记时设立。登记机构应当向建设用地使用权人发放建设用地使用权证书。

第一百四十条 建设用地使用权人应当合理利用土地，不得改变土地用途；需要改变土地用途的，应当依法经有关行政主管部门批准。

第一百四十一条 建设用地使用权人应当依照法律规定以及合同约定支付出让金等费用。

第一百四十二条 建设用地使用权人建造的建筑物、构筑物及其附属设施的所有权属于建设用地使用权人，但有相反证据证明的除外。

第一百四十三条 建设用地使用权人有权将建设用地使用权转让、互换、出资、赠与或者抵押，但法律另有规定的除外。

第一百四十四条 建设用地使用权转让、互换、出资、赠与或者抵押的，当事人应当采取书面形式订立相应的合同。使用期限由当事人约定，但不得超过建设用地使用权的剩余期限。

第一百四十五条 建设用地使用权转让、互换、出资或者赠与的，应当向登记机构申请变更登记。

第一百四十六条 建设用地使用权转让、互换、出资或者赠与的，附着于该土地上的建筑物、构筑物及其附属设施一并处分。

第一百四十七条 建筑物、构筑物及其附属设施转让、互换、出资或者赠与的，该建筑物、构筑物及其附属设施占用范围内的建设用地使用权一并处分。

第一百四十八条 建设用地使用权期间届满前，因公共利益需要提前收回该土地的，应当依照本法第四十二条的规定对该土地上的房屋及其他不动产给予补偿，并退还相应的出让金。

第一百四十九条 住宅建设用地使用权期间届满的，自动续期。

非住宅建设用地使用权期间届满后的续期，依照法律规定办理。该土地上的房屋及其他不动产的归属，有约定的，按照约定；没有约定或者约定不明确的，依照法律、行政法规的规定办理。

第一百五十条 建设用地使用权消灭的，出让人应当及时办理注销登记。

登记机构应当收回建设用地使用权证书。

第一百五十一条 集体所有的土地作为建设用地的，应当依照土地管理法等法律规定办理。

第十三章 宅基地使用权

第一百五十二条 宅基地使用权人依法对集体所有的土地享有占有和使用的权利，有权依法利用该土地建造住宅及其附属设施。

第一百五十三条 宅基地使用权的取得、行使和转让，适用土地管理法等法律和国家有关规定。

第一百五十四条 宅基地因自然灾害等原因灭失的，宅基地使用权消灭。对失去宅基地的村民，应当重新分配宅基地。

第一百五十五条 已经登记的宅基地使用权转让或者消灭的，应当及时办理变更登记或者注销登记。

第十四章 地役权

第一百五十六条 地役权人有权按照合同约定，利用他人的不动产，以提高自己的不动产的效益。

前款所称他人的不动产为供役地，自己的不动产为需役地。

第一百五十七条 设立地役权，当事人应当采取书面形式订立地役权合同。

地役权合同一般包括下列条款：

（一）当事人的姓名或者名称和住所；

（二）供役地和需役地的位置；

（三）利用目的和方法；

（四）利用期限；

（五）费用及其支付方式；

（六）解决争议的方法。

第一百五十八条 地役权自地役权合同生效时设立。当事人要求登记的，可以向登记机构申请地役权登记；未经登记，不得对抗善意第三人。

第一百五十九条　供役地权利人应当按照合同约定，允许地役权人利用其土地，不得妨害地役权人行使权利。

第一百六十条　地役权人应当按照合同约定的利用目的和方法利用供役地，尽量减少对供役地权利人物权的限制。

第一百六十一条　地役权的期限由当事人约定，但不得超过土地承包经营权、建设用地使用权等用益物权的剩余期限。

第一百六十二条　土地所有权人享有地役权或者负担地役权的，设立土地承包经营权、宅基地使用权时，该土地承包经营权人、宅基地使用权人继续享有或者负担已设立的地役权。

第一百六十三条　土地上已设立土地承包经营权、建设用地使用权、宅基地使用权等权利的，未经用益物权人同意，土地所有权人不得设立地役权。

第一百六十四条　地役权不得单独转让。土地承包经营权、建设用地使用权等转让的，地役权一并转让，但合同另有约定的除外。

第一百六十五条　地役权不得单独抵押。土地承包经营权、建设用地使用权等抵押的，在实现抵押权时，地役权一并转让。

第一百六十六条　需役地以及需役地上的土地承包经营权、建设用地使用权部分转让时，转让部分涉及地役权的，受让人同时享有地役权。

第一百六十七条　供役地以及供役地上的土地承包经营权、建设用地使用权部分转让时，转让部分涉及地役权的，地役权对受让人具有约束力。

第一百六十八条　地役权人有下列情形之一的，供役地权利人有权解除地役权合同，地役权消灭：

（一）违反法律规定或者合同约定，滥用地役权；

（二）有偿利用供役地，约定的付款期间届满后在合理期限内经两次催告未支付费用。

第一百六十九条　已经登记的地役权变更、转让或者消灭的，应当及时办理变更登记或者注销登记。

第四编　担保物权

第十五章　一般规定

第一百七十条　担保物权人在债务人不履行到期债务或者发生当事人约定的实现担保物权的情形，依法享有就担保财产优先受偿的权利，但法律另有规定的除外。

第一百七十一条　债权人在借贷、买卖等民事活动中，为保障实现其债权，需要担保的，可以依照本法和其他法律的规定设立担保物权。

第三人为债务人向债权人提供担保的，可以要求债务人提供反担保。反担保适用本法和其他法律的规定。

第一百七十二条　设立担保物权，应当依照本法和其他法律的规定订立担保合同。担保合同是主债权债务合同的从合同。主债权债务合同无效，担保合同无效，但法律另有规定的除外。

担保合同被确认无效后，债务人、担保人、债权人有过错的，应当根据其过错各自承担相应的民事责任。

第一百七十三条　担保物权的担保范围包括主债权及其利息、违约金、损害赔偿金、保管担保财产和实现担保物权的费用。当事人另有约定的，按照约定。

第一百七十四条　担保期间，担保财产毁损、灭失或者被征收等，担保物权人可以就获得的保险金、赔偿金或者补偿金等优先受偿。被担保债权的履行期未届满的，也可以提存该保险金、赔偿金或者补偿金等。

第一百七十五条　第三人提供担保，未经其书面同意，债权人允许债务人转移全部或者部分债务的，担保人不再承担相应的担保责任。

第一百七十六条　被担保的债权既有物的担保又有人的担保的，债务人不履行到期债务或者发生当事人约定的实现担保物权的情形，债权人应当按照约定实现债权；没有约定或者约定不明确，债务人自己提供物的担保的，债权人应当先就该物的担保实现债权；第三人提供物的担保的，债权人可以就物的担保实现债权，也可以要求保证人承担保证责任。提供担保的第三人承担担保责任后，有权向债务人追偿。

第一百七十七条 有下列情形之一的，担保物权消灭：

（一）主债权消灭；

（二）担保物权实现；

（三）债权人放弃担保物权；

（四）法律规定担保物权消灭的其他情形。

第一百七十八条 担保法与本法的规定不一致的，适用本法。

第十六章 抵 押 权

第一节 一般抵押权

第一百七十九条 为担保债务的履行，债务人或者第三人不转移财产的占有，将该财产抵押给债权人的，债务人不履行到期债务或者发生当事人约定的实现抵押权的情形，债权人有权就该财产优先受偿。

前款规定的债务人或者第三人为抵押人，债权人为抵押权人，提供担保的财产为抵押财产。

第一百八十条 债务人或者第三人有权处分的下列财产可以抵押：

（一）建筑物和其他土地附着物；

（二）建设用地使用权；

（三）以招标、拍卖、公开协商等方式取得的荒地等土地承包经营权；

（四）生产设备、原材料、半成品、产品；

（五）正在建造的建筑物、船舶、航空器；

（六）交通运输工具；

（七）法律、行政法规未禁止抵押的其他财产。

抵押人可以将前款所列财产一并抵押。

第一百八十一条 经当事人书面协议，企业、个体工商户、农业生产经营者可以将现有的以及将有的生产设备、原材料、半成品、产品抵押，债务人不履行到期债务或者发生当事人约定的实现抵押权的情形，债权人有权就实现抵押权时的动产优先受偿。

第一百八十二条 以建筑物抵押的,该建筑物占用范围内的建设用地使用权一并抵押。以建设用地使用权抵押的,该土地上的建筑物一并抵押。

抵押人未依照前款规定一并抵押的,未抵押的财产视为一并抵押。

第一百八十三条 乡镇、村企业的建设用地使用权不得单独抵押。以乡镇、村企业的厂房等建筑物抵押的,其占用范围内的建设用地使用权一并抵押。

第一百八十四条 下列财产不得抵押:

(一)土地所有权;

(二)耕地、宅基地、自留地、自留山等集体所有的土地使用权,但法律规定可以抵押的除外;

(三)学校、幼儿园、医院等以公益为目的的事业单位、社会团体的教育设施、医疗卫生设施和其他社会公益设施;

(四)所有权、使用权不明或者有争议的财产;

(五)依法被查封、扣押、监管的财产;

(六)法律、行政法规规定不得抵押的其他财产。

第一百八十五条 设立抵押权,当事人应当采取书面形式订立抵押合同。抵押合同一般包括下列条款:

(一)被担保债权的种类和数额;

(二)债务人履行债务的期限;

(三)抵押财产的名称、数量、质量、状况、所在地、所有权归属或者使用权归属;

(四)担保的范围。

第一百八十六条 抵押权人在债务履行期届满前,不得与抵押人约定债务人不履行到期债务时抵押财产归债权人所有。

第一百八十七条 以本法第一百八十条第一款第一项至第三项规定的财产或者第五项规定的正在建造的建筑物抵押的,应当办理抵押登记。抵押权自登记时设立。

第一百八十八条 以本法第一百八十条第一款第四项、第六项规定的财产或者第五项规定的正在建造的船舶、航空器抵押的,抵押权自抵押合同生效时设立；未经登记，不得对抗善意第三人。

第一百八十九条　企业、个体工商户、农业生产经营者以本法第一百八十一条规定的动产抵押的，应当向抵押人住所地的工商行政管理部门办理登记。抵押权自抵押合同生效时设立；未经登记，不得对抗善意第三人。

依照本法第一百八十一条规定抵押的，不得对抗正常经营活动中已支付合理价款并取得抵押财产的买受人。

第一百九十条　订立抵押合同前抵押财产已出租的，原租赁关系不受该抵押权的影响。抵押权设立后抵押财产出租的，该租赁关系不得对抗已登记的抵押权。

第一百九十一条　抵押期间，抵押人经抵押权人同意转让抵押财产的，应当将转让所得的价款向抵押权人提前清偿债务或者提存。转让的价款超过债权数额的部分归抵押人所有，不足部分由债务人清偿。

抵押期间，抵押人未经抵押权人同意，不得转让抵押财产，但受让人代为清偿债务消灭抵押权的除外。

第一百九十二条　抵押权不得与债权分离而单独转让或者作为其他债权的担保。债权转让的，担保该债权的抵押权一并转让，但法律另有规定或者当事人另有约定的除外。

第一百九十三条　抵押人的行为足以使抵押财产价值减少的，抵押权人有权要求抵押人停止其行为。抵押财产价值减少的，抵押权人有权要求恢复抵押财产的价值，或者提供与减少的价值相应的担保。抵押人不恢复抵押财产的价值也不提供担保的，抵押权人有权要求债务人提前清偿债务。

第一百九十四条　抵押权人可以放弃抵押权或者抵押权的顺位。抵押权人与抵押人可以协议变更抵押权顺位以及被担保的债权数额等内容，但抵押权的变更，未经其他抵押权人书面同意，不得对其他抵押权人产生不利影响。

债务人以自己的财产设定抵押，抵押权人放弃该抵押权、抵押权顺位或者变更抵押权的，其他担保人在抵押权人丧失优先受偿权益的范围内免除担保责任，但其他担保人承诺仍然提供担保的除外。

第一百九十五条　债务人不履行到期债务或者发生当事人约定的实现抵押权的情形，抵押权人可以与抵押人协议以抵押财产折价或者以拍卖、变卖该抵押财产所得的价款优先受偿。协议损害其他债权人利益的，其他债权人可以在知道或者应当知道撤销事由之日起一年内请求人民法院撤销该协议。

抵押权人与抵押人未就抵押权实现方式达成协议的，抵押权人可以请求人民法院拍卖、变卖抵押财产。

抵押财产折价或者变卖的，应当参照市场价格。

第一百九十六条 依照本法第一百八十一条规定设定抵押的，抵押财产自下列情形之一发生时确定：

（一）债务履行期届满，债权未实现；

（二）抵押人被宣告破产或者被撤销；

（三）当事人约定的实现抵押权的情形；

（四）严重影响债权实现的其他情形。

第一百九十七条 债务人不履行到期债务或者发生当事人约定的实现抵押权的情形，致使抵押财产被人民法院依法扣押的，自扣押之日起抵押权人有权收取该抵押财产的天然孳息或者法定孳息，但抵押权人未通知应当清偿法定孳息的义务人的除外。

前款规定的孳息应当先充抵收取孳息的费用。

第一百九十八条 抵押财产折价或者拍卖、变卖后，其价款超过债权数额的部分归抵押人所有，不足部分由债务人清偿。

第一百九十九条 同一财产向两个以上债权人抵押的，拍卖、变卖抵押财产所得的价款依照下列规定清偿：

（一）抵押权已登记的，按照登记的先后顺序清偿；顺序相同的，按照债权比例清偿；

（二）抵押权已登记的先于未登记的受偿；

（三）抵押权未登记的，按照债权比例清偿。

第二百条 建设用地使用权抵押后，该土地上新增的建筑物不属于抵押财产。该建设用地使用权实现抵押权时，应当将该土地上新增的建筑物与建设用地使用权一并处分，但新增建筑物所得的价款，抵押权人无权优先受偿。

第二百零一条 依照本法第一百八十条第一款第三项规定的土地承包经

营权抵押的，或者依照本法第一百八十三条规定以乡镇、村企业的厂房等建筑物占用范围内的建设用地使用权一并抵押的，实现抵押权后，未经法定程序，不得改变土地所有权的性质和土地用途。

第二百零二条 抵押权人应当在主债权诉讼时效期间行使抵押权；未行使的，人民法院不予保护。

第二节 最高额抵押权

第二百零三条 为担保债务的履行，债务人或者第三人对一定期间内将要连续发生的债权提供担保财产的，债务人不履行到期债务或者发生当事人约定的实现抵押权的情形，抵押权人有权在最高债权额限度内就该担保财产优先受偿。

最高额抵押权设立前已经存在的债权，经当事人同意，可以转入最高额抵押担保的债权范围。

第二百零四条 最高额抵押担保的债权确定前，部分债权转让的，最高额抵押权不得转让，但当事人另有约定的除外。

第二百零五条 最高额抵押担保的债权确定前，抵押权人与抵押人可以通过协议变更债权确定的期间、债权范围以及最高债权额，但变更的内容不得对其他抵押权人产生不利影响。

第二百零六条 有下列情形之一的，抵押权人的债权确定：

（一）约定的债权确定期间届满；

（二）没有约定债权确定期间或者约定不明确，抵押权人或者抵押人自最高额抵押权设立之日起满二年后请求确定债权；

（三）新的债权不可能发生；

（四）抵押财产被查封、扣押；

（五）债务人、抵押人被宣告破产或者被撤销；

（六）法律规定债权确定的其他情形。

第二百零七条 最高额抵押权除适用本节规定外，适用本章第一节一般抵押权的规定。

第十七章　质　　权

第一节　动产质权

第二百零八条　为担保债务的履行，债务人或者第三人将其动产出质给债权人占有的，债务人不履行到期债务或者发生当事人约定的实现质权的情形，债权人有权就该动产优先受偿。

前款规定的债务人或者第三人为出质人，债权人为质权人，交付的动产为质押财产。

第二百零九条　法律、行政法规禁止转让的动产不得出质。

第二百一十条　设立质权，当事人应当采取书面形式订立质权合同。

质权合同一般包括下列条款：

（一）被担保债权的种类和数额；

（二）债务人履行债务的期限；

（三）质押财产的名称、数量、质量、状况；

（四）担保的范围；

（五）质押财产交付的时间。

第二百一十一条　质权人在债务履行期届满前，不得与出质人约定债务人不履行到期债务时质押财产归债权人所有。

第二百一十二条　质权自出质人交付质押财产时设立。

第二百一十三条　质权人有权收取质押财产的孳息，但合同另有约定的除外。

前款规定的孳息应当先充抵收取孳息的费用。

第二百一十四条　质权人在质权存续期间，未经出质人同意，擅自使用、处分质押财产，给出质人造成损害的，应当承担赔偿责任。

第二百一十五条　质权人负有妥善保管质押财产的义务；因保管不善致使质押财产毁损、灭失的，应当承担赔偿责任。

质权人的行为可能使质押财产毁损、灭失的，出质人可以要求质权人将质押财产提存，或者要求提前清偿债务并返还质押财产。

第二百一十六条 因不能归责于质权人的事由可能使质押财产毁损或者价值明显减少,足以危害质权人权利的,质权人有权要求出质人提供相应的担保;出质人不提供的,质权人可以拍卖、变卖质押财产,并与出质人通过协议将拍卖、变卖所得的价款提前清偿债务或者提存。

第二百一十七条 质权人在质权存续期间,未经出质人同意转质,造成质押财产毁损、灭失的,应当向出质人承担赔偿责任。

第二百一十八条 质权人可以放弃质权。债务人以自己的财产出质,质权人放弃该质权的,其他担保人在质权人丧失优先受偿权益的范围内免除担保责任,但其他担保人承诺仍然提供担保的除外。

第二百一十九条 债务人履行债务或者出质人提前清偿所担保的债权的,质权人应当返还质押财产。

债务人不履行到期债务或者发生当事人约定的实现质权的情形,质权人可以与出质人协议以质押财产折价,也可以就拍卖、变卖质押财产所得的价款优先受偿。

质押财产折价或者变卖的,应当参照市场价格。

第二百二十条 出质人可以请求质权人在债务履行期届满后及时行使质权;质权人不行使的,出质人可以请求人民法院拍卖、变卖质押财产。

出质人请求质权人及时行使质权,因质权人怠于行使权利造成损害的,由质权人承担赔偿责任。

第二百二十一条 质押财产折价或者拍卖、变卖后,其价款超过债权数额的部分归出质人所有,不足部分由债务人清偿。

第二百二十二条 出质人与质权人可以协议设立最高额质权。

最高额质权除适用本节有关规定外,参照本法第十六章第二节最高额抵押权的规定。

第二节 权利质权

第二百二十三条 债务人或者第三人有权处分的下列权利可以出质:

(一)汇票、支票、本票;

(二)债券、存款单;

（三）仓单、提单；

（四）可以转让的基金份额、股权；

（五）可以转让的注册商标专用权、专利权、著作权等知识产权中的财产权；

（六）应收账款；

（七）法律、行政法规规定可以出质的其他财产权利。

第二百二十四条 以汇票、支票、本票、债券、存款单、仓单、提单出质的，当事人应当订立书面合同。质权自权利凭证交付质权人时设立；没有权利凭证的，质权自有关部门办理出质登记时设立。

第二百二十五条 汇票、支票、本票、债券、存款单、仓单、提单的兑现日期或者提货日期先于主债权到期的，质权人可以兑现或者提货，并与出质人协议将兑现的价款或者提取的货物提前清偿债务或者提存。

第二百二十六条 以基金份额、股权出质的，当事人应当订立书面合同。以基金份额、证券登记结算机构登记的股权出质的，质权自证券登记结算机构办理出质登记时设立；以其他股权出质的，质权自工商行政管理部门办理出质登记时设立。

基金份额、股权出质后，不得转让，但经出质人与质权人协商同意的除外。出质人转让基金份额、股权所得的价款，应当向质权人提前清偿债务或者提存。

第二百二十七条 以注册商标专用权、专利权、著作权等知识产权中的财产权出质的，当事人应当订立书面合同。质权自有关主管部门办理出质登记时设立。

知识产权中的财产权出质后，出质人不得转让或者许可他人使用，但经出质人与质权人协商同意的除外。出质人转让或者许可他人使用出质的知识产权中的财产权所得的价款，应当向质权人提前清偿债务或者提存。

第二百二十八条 以应收账款出质的，当事人应当订立书面合同。质权自信贷征信机构办理出质登记时设立。

应收账款出质后，不得转让，但经出质人与质权人协商同意的除外。出质人转让应收账款所得的价款，应当向质权人提前清偿债务或者提存。

第二百二十九条 权利质权除适用本节规定外，适用本章第一节动产质权的规定。

第十八章 留 置 权

第二百三十条 债务人不履行到期债务，债权人可以留置已经合法占有的债务人的动产，并有权就该动产优先受偿。

前款规定的债权人为留置权人，占有的动产为留置财产。

第二百三十一条 债权人留置的动产，应当与债权属于同一法律关系，但企业之间留置的除外。

第二百三十二条 法律规定或者当事人约定不得留置的动产，不得留置。

第二百三十三条 留置财产为可分物的，留置财产的价值应当相当于债务的金额。

第二百三十四条 留置权人负有妥善保管留置财产的义务；因保管不善致使留置财产毁损、灭失的，应当承担赔偿责任。

第二百三十五条 留置权人有权收取留置财产的孳息。

前款规定的孳息应当先充抵收取孳息的费用。

第二百三十六条 留置权人与债务人应当约定留置财产后的债务履行期间；没有约定或者约定不明确的，留置权人应当给债务人两个月以上履行债务的期间，但鲜活易腐等不易保管的动产除外。债务人逾期未履行的，留置权人可以与债务人协议以留置财产折价，也可以就拍卖、变卖留置财产所得的价款优先受偿。

留置财产折价或者变卖的，应当参照市场价格。

第二百三十七条 债务人可以请求留置权人在债务履行期届满后行使留置权；留置权人不行使的，债务人可以请求人民法院拍卖、变卖留置财产。

第二百三十八条 留置财产折价或者拍卖、变卖后，其价款超过债权数额的部分归债务人所有，不足部分由债务人清偿。

第二百三十九条 同一动产上已设立抵押权或者质权，该动产又被留置的，留置权人优先受偿。

第二百四十条 留置权人对留置财产丧失占有或者留置权人接受债务人

另行提供担保的，留置权消灭。

第五编 占 有

第十九章 占 有

第二百四十一条 基于合同关系等产生的占有，有关不动产或者动产的使用、收益、违约责任等，按照合同约定；合同没有约定或者约定不明确的，依照有关法律规定。

第二百四十二条 占有人因使用占有的不动产或者动产，致使该不动产或者动产受到损害的，恶意占有人应当承担赔偿责任。

第二百四十三条 不动产或者动产被占有人占有的，权利人可以请求返还原物及其孳息，但应当支付善意占有人因维护该不动产或者动产支出的必要费用。

第二百四十四条 占有的不动产或者动产毁损、灭失，该不动产或者动产的权利人请求赔偿的，占有人应当将因毁损、灭失取得的保险金、赔偿金或者补偿金等返还给权利人；权利人的损害未得到足够弥补的，恶意占有人还应当赔偿损失。

第二百四十五条 占有的不动产或者动产被侵占的，占有人有权请求返还原物；对妨害占有的行为，占有人有权请求排除妨害或者消除危险；因侵占或者妨害造成损害的，占有人有权请求损害赔偿。

占有人返还原物的请求权，自侵占发生之日起一年内未行使的，该请求权消灭。

附 则

第二百四十六条 法律、行政法规对不动产统一登记的范围、登记机构和登记办法作出规定前，地方性法规可以依照本法有关规定作出规定。

第二百四十七条 本法自 2007 年 10 月 1 日起施行。

二、行政法规及相关文件

中华人民共和国土地管理法实施条例

- 1998年12月27日中华人民共和国国务院令第256号发布
- 2010年12月29日国务院第138次常务会议修订
- 修订后2011年1月8日公布施行

第一章 总　　则

第一条 根据《中华人民共和国土地管理法》（以下简称《土地管理法》），制定本条例。

第二章 土地的所有权和使用权

第二条 下列土地属于全民所有即国家所有：

（一）城市市区的土地；

（二）农村和城市郊区中已经依法没收、征收、征购为国有的土地；

（三）国家依法征收的土地；

（四）依法不属于集体所有的林地、草地、荒地、滩涂及其他土地；

（五）农村集体经济组织全部成员转为城镇居民的，原属于其成员集体所有的土地；

（六）因国家组织移民、自然灾害等原因，农民成建制地集体迁移后不再使用的原属于迁移农民集体所有的土地。

第三条 国家依法实行土地登记发证制度。依法登记的土地所有权和土地使用权受法律保护，任何单位和个人不得侵犯。

土地登记内容和土地权属证书式样由国务院土地行政主管部门统一规定。

土地登记资料可以公开查询。

确认林地、草原的所有权或者使用权，确认水面、滩涂的养殖使用权，分别依照《森林法》、《草原法》和《渔业法》的有关规定办理。

第四条 农民集体所有的土地，由土地所有者向土地所在地的县级人民政府土地行政主管部门提出土地登记申请，由县级人民政府登记造册，核发集体土地所有权证书，确认所有权。

农民集体所有的土地依法用于非农业建设的，由土地使用者向土地所在地的县级人民政府土地行政主管部门提出土地登记申请，由县级人民政府登记造册，核发集体土地使用权证书，确认建设用地使用权。

设区的市人民政府可以对市辖区内农民集体所有的土地实行统一登记。

第五条 单位和个人依法使用的国有土地，由土地使用者向土地所在地的县级以上人民政府土地行政主管部门提出土地登记申请，由县级以上人民政府登记造册，核发国有土地使用权证书，确认使用权。其中，中央国家机关使用的国有土地的登记发证，由国务院土地行政主管部门负责，具体登记发证办法由国务院土地行政主管部门会同国务院机关事务管理局等有关部门制定。

未确定使用权的国有土地，由县级以上人民政府登记造册，负责保护管理。

第六条 依法改变土地所有权、使用权的，因依法转让地上建筑物、构筑物等附着物导致土地使用权转移的，必须向土地所在地的县级以上人民政府土地行政主管部门提出土地变更登记申请，由原土地登记机关依法进行土地所有权、使用权变更登记。土地所有权、使用权的变更，自变更登记之日起生效。

依法改变土地用途的，必须持批准文件，向土地所在地的县级以上人民政府土地行政主管部门提出土地变更登记申请，由原土地登记机关依法进行变更登记。

第七条 依照《土地管理法》的有关规定，收回用地单位的土地使用权的，由原土地登记机关注销土地登记。

土地使用权有偿使用合同约定的使用期限届满，土地使用者未申请续期或者虽申请续期未获批准的，由原土地登记机关注销土地登记。

第三章　土地利用总体规划

第八条　全国土地利用总体规划，由国务院土地行政主管部门会同国务院有关部门编制，报国务院批准。

省、自治区、直辖市的土地利用总体规划，由省、自治区、直辖市人民政府组织本级土地行政主管部门和其他有关部门编制，报国务院批准。

省、自治区人民政府所在地的市、人口在100万以上的城市以及国务院指定的城市的土地利用总体规划，由各该市人民政府组织本级土地行政主管部门和其他有关部门编制，经省、自治区人民政府审查同意后，报国务院批准。

本条第一款、第二款、第三款规定以外的土地利用总体规划，由有关人民政府组织本级土地行政主管部门和其他有关部门编制，逐级上报省、自治区、直辖市人民政府批准；其中，乡（镇）土地利用总体规划，由乡（镇）人民政府编制，逐级上报省、自治区、直辖市人民政府或者省、自治区、直辖市人民政府授权的设区的市、自治州人民政府批准。

第九条　土地利用总体规划的规划期限一般为15年。

第十条　依照《土地管理法》规定，土地利用总体规划应当将土地划分为农用地、建设用地和未利用地。

县级和乡（镇）土地利用总体规划应当根据需要，划定基本农田保护区、土地开垦区、建设用地区和禁止开垦区等；其中，乡（镇）土地利用总体规划还应当根据土地使用条件，确定每一块土地的用途。

土地分类和划定土地利用区的具体办法，由国务院土地行政主管部门会同国务院有关部门制定。

第十一条　乡（镇）土地利用总体规划经依法批准后，乡（镇）人民政府应当在本行政区域内予以公告。

公告应当包括下列内容：

（一）规划目标；

（二）规划期限；

（三）规划范围；

（四）地块用途；

（五）批准机关和批准日期。

第十二条　依照《土地管理法》第二十六条第二款、第三款规定修改土地利用总体规划的，由原编制机关根据国务院或者省、自治区、直辖市人民政府的批准文件修改。修改后的土地利用总体规划应当报原批准机关批准。

上一级土地利用总体规划修改后，涉及修改下一级土地利用总体规划的，由上一级人民政府通知下一级人民政府作出相应修改，并报原批准机关备案。

第十三条　各级人民政府应当加强土地利用年度计划管理，实行建设用地总量控制。土地利用年度计划一经批准下达，必须严格执行。

土地利用年度计划应当包括下列内容：

（一）农用地转用计划指标；

（二）耕地保有量计划指标；

（三）土地开发整理计划指标。

第十四条　县级以上人民政府土地行政主管部门应当会同同级有关部门进行土地调查。

土地调查应当包括下列内容：

（一）土地权属；

（二）土地利用现状；

（三）土地条件。

地方土地利用现状调查结果，经本级人民政府审核，报上一级人民政府批准后，应当向社会公布；全国土地利用现状调查结果，报国务院批准后，应当向社会公布。土地调查规程，由国务院土地行政主管部门会同国务院有关部门制定。

第十五条　国务院土地行政主管部门会同国务院有关部门制定土地等级评定标准。

县级以上人民政府土地行政主管部门应当会同同级有关部门根据土地等

级评定标准，对土地等级进行评定。地方土地等级评定结果，经本级人民政府审核，报上一级人民政府土地行政主管部门批准后，应当向社会公布。

根据国民经济和社会发展状况，土地等级每6年调整1次。

第四章 耕地保护

第十六条 在土地利用总体规划确定的城市和村庄、集镇建设用地范围内，为实施城市规划和村庄、集镇规划占用耕地，以及在土地利用总体规划确定的城市建设用地范围外的能源、交通、水利、矿山、军事设施等建设项目占用耕地的，分别由市、县人民政府、农村集体经济组织和建设单位依照《土地管理法》第三十一条的规定负责开垦耕地；没有条件开垦或者开垦的耕地不符合要求的，应当按照省、自治区、直辖市的规定缴纳耕地开垦费。

第十七条 禁止单位和个人在土地利用总体规划确定的禁止开垦区内从事土地开发活动。

在土地利用总体规划确定的土地开垦区内，开发未确定土地使用权的国有荒山、荒地、荒滩从事种植业、林业、畜牧业、渔业生产的，应当向土地所在地的县级以上人民政府土地行政主管部门提出申请，报有批准权的人民政府批准。

一次性开发未确定土地使用权的国有荒山、荒地、荒滩600公顷以下的，按照省、自治区、直辖市规定的权限，由县级以上地方人民政府批准；开发600公顷以上的，报国务院批准。

开发未确定土地使用权的国有荒山、荒地、荒滩从事种植业、林业、畜牧业或者渔业生产的，经县级以上人民政府依法批准，可以确定给开发单位或者个人长期使用，使用期限最长不得超过50年。

第十八条 县、乡（镇）人民政府应当按照土地利用总体规划，组织农村集体经济组织制定土地整理方案，并组织实施。

地方各级人民政府应当采取措施，按照土地利用总体规划推进土地整理。土地整理新增耕地面积的60%可以用作折抵建设占用耕地的补偿指标。

土地整理所需费用，按照谁受益谁负担的原则，由农村集体经济组织和土地使用者共同承担。

第五章 建设用地

第十九条 建设占用土地,涉及农用地转为建设用地的,应当符合土地利用总体规划和土地利用年度计划中确定的农用地转用指标;城市和村庄、集镇建设占用土地,涉及农用地转用的,还应当符合城市规划和村庄、集镇规划。不符合规定的,不得批准农用地转为建设用地。

第二十条 在土地利用总体规划确定的城市建设用地范围内,为实施城市规划占用土地的,按照下列规定办理:

(一)市、县人民政府按照土地利用年度计划拟订农用地转用方案、补充耕地方案、征收土地方案,分批次逐级上报有批准权的人民政府。

(二)有批准权的人民政府土地行政主管部门对农用地转用方案、补充耕地方案、征收土地方案进行审查,提出审查意见,报有批准权的人民政府批准;其中,补充耕地方案由批准农用地转用方案的人民政府在批准农用地转用方案时一并批准。

(三)农用地转用方案、补充耕地方案、征收土地方案经批准后,由市、县人民政府组织实施,按具体建设项目分别供地。

在土地利用总体规划确定的村庄、集镇建设用地范围内,为实施村庄、集镇规划占用土地的,由市、县人民政府拟订农用地转用方案、补充耕地方案,依照前款规定的程序办理。

第二十一条 具体建设项目需要使用土地的,建设单位应当根据建设项目的总体设计一次申请,办理建设用地审批手续;分期建设的项目,可以根据可行性研究报告确定的方案分期申请建设用地,分期办理建设用地有关审批手续。

第二十二条 具体建设项目需要占用土地利用总体规划确定的城市建设用地范围内的国有建设用地的,按照下列规定办理:

(一)建设项目可行性研究论证时,由土地行政主管部门对建设项目用地有关事项进行审查,提出建设项目用地预审报告;可行性研究报告报批时,必须附具土地行政主管部门出具的建设项目用地预审报告。

(二)建设单位持建设项目的有关批准文件,向市、县人民政府土地行政主管部门提出建设用地申请，由市、县人民政府土地行政主管部门审查，拟订供地方案，报市、县人民政府批准；需要上级人民政府批准的，应当报上级人民政府批准。

（三）供地方案经批准后，由市、县人民政府向建设单位颁发建设用地批准书。有偿使用国有土地的，由市、县人民政府土地行政主管部门与土地使用者签订国有土地有偿使用合同；划拨使用国有土地的，由市、县人民政府土地行政主管部门向土地使用者核发国有土地划拨决定书。

（四）土地使用者应当依法申请土地登记。

通过招标、拍卖方式提供国有建设用地使用权的，由市、县人民政府土地行政主管部门会同有关部门拟订方案，报市、县人民政府批准后，由市、县人民政府土地行政主管部门组织实施，并与土地使用者签订土地有偿使用合同。土地使用者应当依法申请土地登记。

第二十三条　具体建设项目需要使用土地的，必须依法申请使用土地利用总体规划确定的城市建设用地范围内的国有建设用地。能源、交通、水利、矿山、军事设施等建设项目确需使用土地利用总体规划确定的城市建设用地范围外的土地，涉及农用地的，按照下列规定办理：

（一）建设项目可行性研究论证时，由土地行政主管部门对建设项目用地有关事项进行审查，提出建设项目用地预审报告；可行性研究报告报批时，必须附具土地行政主管部门出具的建设项目用地预审报告。

（二）建设单位持建设项目的有关批准文件，向市、县人民政府土地行政主管部门提出建设用地申请，由市、县人民政府土地行政主管部门审查，拟订农用地转用方案、补充耕地方案、征收土地方案和供地方案（涉及国有农用地的，不拟订征收土地方案），经市、县人民政府审核同意后，逐级上报有批准权的人民政府批准；其中，补充耕地方案由批准农用地转用方案的人民政府在批准农用地转用方案时一并批准；供地方案由批准征收土地的人民政府在批准征收土地方案时一并批准（涉及国有农用地的，供地方案由批准农用地转用的人民政府在批准农用地转用方案时一并批准）。

（三）农用地转用方案、补充耕地方案、征收土地方案和供地方案经批准后，由市、县人民政府组织实施，向建设单位颁发建设用地批准书。有偿使用国有土地的，由市、县人民政府土地行政主管部门与土地使用者签订国有土地有偿使用合同；划拨使用国有土地的，由市、县人民政府土地行政主管部门向土地使用者核发国有土地划拨决定书。

（四）土地使用者应当依法申请土地登记。

建设项目确需使用土地利用总体规划确定的城市建设用地范围外的土地，涉及农民集体所有的未利用地的，只报批征收土地方案和供地方案。

第二十四条 具体建设项目需要占用土地利用总体规划确定的国有未利用地的，按照省、自治区、直辖市的规定办理；但是，国家重点建设项目、军事设施和跨省、自治区、直辖市行政区域的建设项目以及国务院规定的其他建设项目用地，应当报国务院批准。

第二十五条 征收土地方案经依法批准后，由被征收土地所在地的市、县人民政府组织实施，并将批准征地机关、批准文号、征收土地的用途、范围、面积以及征地补偿标准、农业人员安置办法和办理征地补偿的期限等，在被征收土地所在地的乡（镇）、村予以公告。

被征收土地的所有权人、使用权人应当在公告规定的期限内，持土地权属证书到公告指定的人民政府土地行政主管部门办理征地补偿登记。

市、县人民政府土地行政主管部门根据经批准的征收土地方案，会同有关部门拟订征地补偿、安置方案，在被征收土地所在地的乡（镇）、村予以公告，听取被征收土地的农村集体经济组织和农民的意见。征地补偿、安置方案报市、县人民政府批准后，由市、县人民政府土地行政主管部门组织实施。对补偿标准有争议的，由县级以上地方人民政府协调；协调不成的，由批准征收土地的人民政府裁决。征地补偿、安置争议不影响征收土地方案的实施。

征收土地的各项费用应当自征地补偿、安置方案批准之日起3个月内全额支付。

第二十六条 土地补偿费归农村集体经济组织所有；地上附着物及青苗补偿费归地上附着物及青苗的所有者所有。

征收土地的安置补助费必须专款专用，不得挪作他用。需要安置的人员由农村集体经济组织安置的，安置补助费支付给农村集体经济组织，由农村集体经济组织管理和使用；由其他单位安置的，安置补助费支付给安置单位；不需要统一安置的，安置补助费发放给被安置人员个人或者征得被安置人员同意后用于支付被安置人员的保险费用。

市、县和乡（镇）人民政府应当加强对安置补助费使用情况的监督。

第二十七条 抢险救灾等急需使用土地的，可以先行使用土地。其中，属于临时用地的，灾后应当恢复原状并交还原土地使用者使用，不再办理用地审批手续；属于永久性建设用地的，建设单位应当在灾情结束后6个月内申请补办建设用地审批手续。

第二十八条 建设项目施工和地质勘查需要临时占用耕地的，土地使用者应当自临时用地期满之日起1年内恢复种植条件。

第二十九条 国有土地有偿使用的方式包括：

（一）国有土地使用权出让；

（二）国有土地租赁；

（三）国有土地使用权作价出资或者入股。

第三十条 《土地管理法》第五十五条规定的新增建设用地的土地有偿使用费，是指国家在新增建设用地中应取得的平均土地纯收益。

第六章　监督检查

第三十一条 土地管理监督检查人员应当经过培训，经考核合格后，方可从事土地管理监督检查工作。

第三十二条 土地行政主管部门履行监督检查职责，除采取《土地管理法》第六十七条规定的措施外，还可以采取下列措施：

（一）询问违法案件的当事人、嫌疑人和证人；

（二）进入被检查单位或者个人非法占用的土地现场进行拍照、摄像；

（三）责令当事人停止正在进行的土地违法行为；

（四）对涉嫌土地违法的单位或者个人，停止办理有关土地审批、登记手续；

（五）责令违法嫌疑人在调查期间不得变卖、转移与案件有关的财物。

第三十三条 依照《土地管理法》第七十二条规定给予行政处分的，由责令作出行政处罚决定或者直接给予行政处罚决定的上级人民政府土地行政主管部门作出。对于警告、记过、记大过的行政处分决定，上级土地行政主管部门可以直接作出；对于降级、撤职、开除的行政处分决定，上级土地行政主管部门应当按照国家有关人事管理权限和处理程序的规定，向有关机关提出行政处分建议，由有关机关依法处理。

第七章　法律责任

第三十四条　违反本条例第十七条的规定，在土地利用总体规划确定的禁止开垦区内进行开垦的，由县级以上人民政府土地行政主管部门责令限期改正；逾期不改正的，依照《土地管理法》第七十六条的规定处罚。

第三十五条　在临时使用的土地上修建永久性建筑物、构筑物的，由县级以上人民政府土地行政主管部门责令限期拆除；逾期不拆除的，由作出处罚决定的机关依法申请人民法院强制执行。

第三十六条　对在土地利用总体规划制定前已建的不符合土地利用总体规划确定的用途的建筑物、构筑物重建、扩建的，由县级以上人民政府土地行政主管部门责令限期拆除；逾期不拆除的，由作出处罚决定的机关依法申请人民法院强制执行。

第三十七条　阻碍土地行政主管部门的工作人员依法执行职务的，依法给予治安管理处罚或者追究刑事责任。

第三十八条　依照《土地管理法》第七十三条的规定处以罚款的，罚款额为非法所得的50%以下。

第三十九条　依照《土地管理法》第八十一条的规定处以罚款的，罚款额为非法所得的5%以上20%以下。

第四十条　依照《土地管理法》第七十四条的规定处以罚款的，罚款额为耕地开垦费的2倍以下。

第四十一条　依照《土地管理法》第七十五条的规定处以罚款的，罚款额为土地复垦费的2倍以下。

第四十二条　依照《土地管理法》第七十六条的规定处以罚款的，罚款额为非法占用土地每平方米30元以下。

第四十三条 依照《土地管理法》第八十条的规定处以罚款的，罚款额为非法占用土地每平方米 10 元以上 30 元以下。

第四十四条 违反本条例第二十八条的规定，逾期不恢复种植条件的，由县级以上人民政府土地行政主管部门责令限期改正，可以处耕地复垦费 2 倍以下的罚款。

第四十五条 违反土地管理法律、法规规定，阻挠国家建设征收土地的，由县级以上人民政府土地行政主管部门责令交出土地；拒不交出土地的，申请人民法院强制执行。

第八章 附 则

第四十六条 本条例自 1999 年 1 月 1 日起施行。1991 年 1 月 4 日国务院发布的《中华人民共和国土地管理法实施条例》同时废止。

中华人民共和国测绘成果管理条例

- 2006 年 5 月 17 日国务院第 136 次会议通过
- 2006 年 9 月 1 日施行

第一章 总 则

第一条 为了加强对测绘成果的管理，维护国家安全，促进测绘成果的利用，满足经济建设、国防建设和社会发展的需要，根据《中华人民共和国测绘法》，制定本条例。

第二条 测绘成果的汇交、保管、利用和重要地理信息数据的审核与公布，适用本条例。

本条例所称测绘成果，是指通过测绘形成的数据、信息、图件以及相关的技术资料。测绘成果分为基础测绘成果和非基础测绘成果。

第三条 国务院测绘行政主管部门负责全国测绘成果工作的统一监督管理。国务院其他有关部门按照职责分工，负责本部门有关的测绘成果工作。

县级以上地方人民政府负责管理测绘工作的部门（以下称测绘行政主管部门）负责本行政区域测绘成果工作的统一监督管理。县级以上地方人民政府其他有关部门按照职责分工，负责本部门有关的测绘成果工作。

第四条　汇交、保管、公布、利用、销毁测绘成果应当遵守有关保密法律、法规的规定，采取必要的保密措施，保障测绘成果的安全。

第五条　对在测绘成果管理工作中作出突出贡献的单位和个人，由有关人民政府或者部门给予表彰和奖励。

第二章　汇交与保管

第六条　中央财政投资完成的测绘项目，由承担测绘项目的单位向国务院测绘行政主管部门汇交测绘成果资料；地方财政投资完成的测绘项目，由承担测绘项目的单位向测绘项目所在地的省、自治区、直辖市人民政府测绘行政主管部门汇交测绘成果资料；使用其他资金完成的测绘项目，由测绘项目出资人向测绘项目所在地的省、自治区、直辖市人民政府测绘行政主管部门汇交测绘成果资料。

第七条　测绘成果属于基础测绘成果的，应当汇交副本；属于非基础测绘成果的，应当汇交目录。测绘成果的副本和目录实行无偿汇交。

下列测绘成果为基础测绘成果：

（一）为建立全国统一的测绘基准和测绘系统进行的天文测量、三角测量、水准测量、卫星大地测量、重力测量所获取的数据、图件；

（二）基础航空摄影所获取的数据、影像资料；

（三）遥感卫星和其他航天飞行器对地观测所获取的基础地理信息遥感资料；

（四）国家基本比例尺地图、影像图及其数字化产品；

（五）基础地理信息系统的数据、信息等。

第八条　外国的组织或者个人依法与中华人民共和国有关部门或者单位合资、合作，经批准在中华人民共和国领域内从事测绘活动的，测绘成果归中方部门或者单位所有，并由中方部门或者单位向国务院测绘行政主管部门汇交测绘成果副本。

外国的组织或者个人依法在中华人民共和国管辖的其他海域从事测绘活动的,由其按照国务院测绘行政主管部门的规定汇交测绘成果副本或者目录。

第九条 测绘项目出资人或者承担国家投资的测绘项目的单位应当自测绘项目验收完成之日起 3 个月内,向测绘行政主管部门汇交测绘成果副本或者目录。测绘行政主管部门应当在收到汇交的测绘成果副本或者目录后,出具汇交凭证。

汇交测绘成果资料的范围由国务院测绘行政主管部门商国务院有关部门制定并公布。

第十条 测绘行政主管部门自收到汇交的测绘成果副本或者目录之日起 10 个工作日内,应当将其移交给测绘成果保管单位。

国务院测绘行政主管部门和省、自治区、直辖市人民政府测绘行政主管部门应当定期编制测绘成果资料目录,向社会公布。

第十一条 测绘成果保管单位应当建立健全测绘成果资料的保管制度,配备必要的设施,确保测绘成果资料的安全,并对基础测绘成果资料实行异地备份存放制度。

测绘成果资料的存放设施与条件,应当符合国家保密、消防及档案管理的有关规定和要求。

第十二条 测绘成果保管单位应当按照规定保管测绘成果资料,不得损毁、散失、转让。

第十三条 测绘项目的出资人或者承担测绘项目的单位,应当采取必要的措施,确保其获取的测绘成果的安全。

第三章 利 用

第十四条 县级以上人民政府测绘行政主管部门应当积极推进公众版测绘成果的加工和编制工作,并鼓励公众版测绘成果的开发利用,促进测绘成果的社会化应用。

第十五条 使用财政资金的测绘项目和使用财政资金的建设工程测绘项目,有关部门在批准立项前应当书面征求本级人民政府测绘行政主管部门的意见。测绘行政主管部门应当自收到征求意见材料之日起 10 日内,向征求意见的部门反馈意见。有适宜测绘成果的，应当充分利用已有的测绘成果，避免重复测绘。

第十六条 国家保密工作部门、国务院测绘行政主管部门应当商军队测绘主管部门，依照有关保密法律、行政法规的规定，确定测绘成果的秘密范围和秘密等级。

利用涉及国家秘密的测绘成果开发生产的产品，未经国务院测绘行政主管部门或者省、自治区、直辖市人民政府测绘行政主管部门进行保密技术处理的，其秘密等级不得低于所用测绘成果的秘密等级。

第十七条 法人或者其他组织需要利用属于国家秘密的基础测绘成果的，应当提出明确的利用目的和范围，报测绘成果所在地的测绘行政主管部门审批。

测绘行政主管部门审查同意的，应当以书面形式告知测绘成果的秘密等级、保密要求以及相关著作权保护要求。

第十八条 对外提供属于国家秘密的测绘成果，应当按照国务院和中央军事委员会规定的审批程序，报国务院测绘行政主管部门或者省、自治区、直辖市人民政府测绘行政主管部门审批；测绘行政主管部门在审批前，应当征求军队有关部门的意见。

第十九条 基础测绘成果和财政投资完成的其他测绘成果，用于国家机关决策和社会公益性事业的，应当无偿提供。

除前款规定外，测绘成果依法实行有偿使用制度。但是，各级人民政府及其有关部门和军队因防灾、减灾、国防建设等公共利益的需要，可以无偿使用测绘成果。

依法有偿使用测绘成果的，使用人与测绘项目出资人应当签订书面协议，明确双方的权利和义务。

第二十条 测绘成果涉及著作权保护和管理的，依照有关法律、行政法规的规定执行。

第二十一条 建立以地理信息数据为基础的信息系统，应当利用符合国家标准的基础地理信息数据。

第四章 重要地理信息数据的审核与公布

第二十二条 国家对重要地理信息数据实行统一审核与公布制度。

任何单位和个人不得擅自公布重要地理信息数据。

第二十三条 重要地理信息数据包括：

（一）国界、国家海岸线长度；

（二）领土、领海、毗连区、专属经济区面积；

（三）国家海岸滩涂面积、岛礁数量和面积；

（四）国家版图的重要特征点，地势、地貌分区位置；

（五）国务院测绘行政主管部门商国务院其他有关部门确定的其他重要自然和人文地理实体的位置、高程、深度、面积、长度等地理信息数据。

第二十四条 提出公布重要地理信息数据建议的单位或者个人，应当向国务院测绘行政主管部门或者省、自治区、直辖市人民政府测绘行政主管部门报送建议材料。

对需要公布的重要地理信息数据，国务院测绘行政主管部门应当提出审核意见，并与国务院其他有关部门、军队测绘主管部门会商后，报国务院批准。具体办法由国务院测绘行政主管部门制定。

第二十五条 国务院批准公布的重要地理信息数据，由国务院或者国务院授权的部门以公告形式公布。

在行政管理、新闻传播、对外交流、教学等对社会公众有影响的活动中，需要使用重要地理信息数据的，应当使用依法公布的重要地理信息数据。

第五章 法律责任

第二十六条 违反本条例规定，县级以上人民政府测绘行政主管部门有下列行为之一的，由本级人民政府或者上级人民政府测绘行政主管部门责令改正，通报批评；对直接负责的主管人员和其他直接责任人员，依法给予处分：

（一）接收汇交的测绘成果副本或者目录，未依法出具汇交凭证的；

（二）未及时向测绘成果保管单位移交测绘成果资料的；

（三）未依法编制和公布测绘成果资料目录的；

（四）发现违法行为或者接到对违法行为的举报后，不及时进行处理的；

（五）不依法履行监督管理职责的其他行为。

第二十七条　违反本条例规定，未汇交测绘成果资料的，依照《中华人民共和国测绘法》第四十七条的规定进行处罚。

第二十八条　违反本条例规定，测绘成果保管单位有下列行为之一的，由测绘行政主管部门给予警告，责令改正；有违法所得的，没收违法所得；造成损失的，依法承担赔偿责任；对直接负责的主管人员和其他直接责任人员，依法给予处分：

（一）未按照测绘成果资料的保管制度管理测绘成果资料，造成测绘成果资料损毁、散失的；

（二）擅自转让汇交的测绘成果资料的；

（三）未依法向测绘成果的使用人提供测绘成果资料的。

第二十九条　违反本条例规定，有下列行为之一的，由测绘行政主管部门或者其他有关部门依据职责责令改正，给予警告，可以处10万元以下的罚款；对直接负责的主管人员和其他直接责任人员，依法给予处分：

（一）建立以地理信息数据为基础的信息系统，利用不符合国家标准的基础地理信息数据的；

（二）擅自公布重要地理信息数据的；

（三）在对社会公众有影响的活动中使用未经依法公布的重要地理信息数据的。

第六章　附　　则

第三十条　法律、行政法规对编制出版地图的管理另有规定的，从其规定。

第三十一条　军事测绘成果的管理，按照中央军事委员会的有关规定执行。

第三十二条　本条例自2006年9月1日起施行。1989年3月21日国务院发布的《中华人民共和国测绘成果管理规定》同时废止。

土地调查条例

- 2008年2月7日国务院公布
- 2008年2月7日公布施行

第一章 总 则

第一条 为了科学、有效地组织实施土地调查，保障土地调查数据的真实性、准确性和及时性，根据《中华人民共和国土地管理法》和《中华人民共和国统计法》，制定本条例。

第二条 土地调查的目的，是全面查清土地资源和利用状况，掌握真实准确的土地基础数据，为科学规划、合理利用、有效保护土地资源，实施最严格的耕地保护制度，加强和改善宏观调控提供依据，促进经济社会全面协调可持续发展。

第三条 土地调查工作按照全国统一领导、部门分工协作、地方分级负责、各方共同参与的原则组织实施。

第四条 土地调查所需经费，由中央和地方各级人民政府共同负担，列入相应年度的财政预算，按时拨付，确保足额到位。

土地调查经费应当统一管理、专款专用、从严控制支出。

第五条 报刊、广播、电视和互联网等新闻媒体，应当及时开展土地调查工作的宣传报道。

第二章 土地调查的内容和方法

第六条 国家根据国民经济和社会发展需要，每10年进行一次全国土地调查；根据土地管理工作的需要，每年进行土地变更调查。

第七条 土地调查包括下列内容：

（一）土地利用现状及变化情况，包括地类、位置、面积、分布等状况；

（二）土地权属及变化情况，包括土地的所有权和使用权状况；

（三）土地条件，包括土地的自然条件、社会经济条件等状况。

进行土地利用现状及变化情况调查时，应当重点调查基本农田现状及变化情况，包括基本农田的数量、分布和保护状况。

第八条 土地调查采用全面调查的方法，综合运用实地调查统计、遥感监测等手段。

第九条 土地调查采用《土地利用现状分类》国家标准、统一的技术规程和按照国家统一标准制作的调查基础图件。

土地调查技术规程，由国务院国土资源主管部门会同国务院有关部门制定。

第三章 土地调查的组织实施

第十条 县级以上人民政府国土资源主管部门会同同级有关部门进行土地调查。

乡（镇）人民政府、街道办事处和村（居）民委员会应当广泛动员和组织社会力量积极参与土地调查工作。

第十一条 县级以上人民政府有关部门应当积极参与和密切配合土地调查工作，依法提供土地调查需要的相关资料。

社会团体以及与土地调查有关的单位和个人应当依照本条例的规定，配合土地调查工作。

第十二条 全国土地调查总体方案由国务院国土资源主管部门会同国务院有关部门拟订，报国务院批准。县级以上地方人民政府国土资源主管部门会同同级有关部门按照国家统一要求，根据本行政区域的土地利用特点，编制地方土地调查实施方案，报上一级人民政府国土资源主管部门会同同级有关部门核准后施行。

第十三条 在土地调查中，需要面向社会选择专业调查队伍承担的土地调查任务，应当通过招标投标方式组织实施。

承担土地调查任务的单位应当具备以下条件：

（一）具有法人资格；

（二）有与土地调查相关的资质和工作业绩；

（三）有完备的技术和质量管理制度；

（四）有经过培训且考核合格的专业技术人员。

国务院国土资源主管部门应当会同国务院有关部门加强对承担土地调查任务单位的管理，并公布符合本条第二款规定条件的单位名录。

第十四条　土地调查人员应当坚持实事求是，恪守职业道德，具有执行调查任务所需要的专业知识。

土地调查人员应当接受业务培训，经考核合格领取全国统一的土地调查员工作证。

第十五条　土地调查人员应当严格执行全国土地调查总体方案和地方土地调查实施方案、《土地利用现状分类》国家标准和统一的技术规程，不得伪造、篡改调查资料，不得强令、授意调查对象提供虚假的调查资料。

土地调查人员应当对其登记、审核、录入的调查资料与现场调查资料的一致性负责。

第十六条　土地调查人员依法独立行使调查、报告、监督和检查职权，有权根据工作需要进行现场调查，并按照技术规程进行现场作业。

土地调查人员有权就与调查有关的问题询问有关单位和个人，要求有关单位和个人如实提供相关资料。

土地调查人员进行现场调查、现场作业以及询问有关单位和个人时，应当出示土地调查员工作证。

第十七条　接受调查的有关单位和个人应当如实回答询问，履行现场指界义务，按照要求提供相关资料，不得转移、隐匿、篡改、毁弃原始记录和土地登记簿等相关资料。

第十八条　各地方、各部门、各单位的负责人不得擅自修改土地调查资料、数据，不得强令或者授意土地调查人员篡改调查资料、数据或者编造虚假数据，不得对拒绝、抵制篡改调查资料、数据或者编造虚假数据的土地调查人员打击报复。

第四章　调查成果处理和质量控制

第十九条　土地调查形成下列调查成果：

（一）数据成果；

（二）图件成果；

（三）文字成果；

（四）数据库成果。

第二十条 土地调查成果实行逐级汇交、汇总统计制度。

土地调查数据的处理和上报应当按照全国土地调查总体方案和有关标准进行。

第二十一条 县级以上地方人民政府对本行政区域的土地调查成果质量负总责，主要负责人是第一责任人。

县级以上人民政府国土资源主管部门会同同级有关部门对调查的各个环节实行质量控制，建立土地调查成果质量控制岗位责任制，切实保证调查的数据、图件和被调查土地实际状况三者一致，并对其加工、整理、汇总的调查成果的准确性负责。

第二十二条 国务院国土资源主管部门会同国务院有关部门统一组织土地调查成果质量的抽查工作。抽查结果作为评价土地调查成果质量的重要依据。

第二十三条 土地调查成果实行分阶段、分级检查验收制度。前一阶段土地调查成果经检查验收合格后，方可开展下一阶段的调查工作。

土地调查成果检查验收办法，由国务院国土资源主管部门会同国务院有关部门制定。

第五章 调查成果公布和应用

第二十四条 国家建立土地调查成果公布制度。

土地调查成果应当向社会公布，并接受公开查询，但依法应当保密的除外。

第二十五条 全国土地调查成果，报国务院批准后公布。

地方土地调查成果，经本级人民政府审核，报上一级人民政府批准后公布。

全国土地调查成果公布后，县级以上地方人民政府方可逐级依次公布本行政区域的土地调查成果。

第二十六条 县级以上人民政府国土资源主管部门会同同级有关部门做

好土地调查成果的保存、管理、开发、应用和为社会公众提供服务等工作。

国家通过土地调查，建立互联共享的土地调查数据库，并做好维护、更新工作。

第二十七条 土地调查成果是编制国民经济和社会发展规划以及从事国土资源规划、管理、保护和利用的重要依据。

第二十八条 土地调查成果应当严格管理和规范使用，不作为依照其他法律、行政法规对调查对象实施行政处罚的依据，不作为划分部门职责分工和管理范围的依据。

第六章 表彰和处罚

第二十九条 对在土地调查工作中做出突出贡献的单位和个人，应当按照国家有关规定给予表彰或者奖励。

第三十条 地方、部门、单位的负责人有下列行为之一的，依法给予处分；构成犯罪的，依法追究刑事责任：

（一）擅自修改调查资料、数据的；

（二）强令、授意土地调查人员篡改调查资料、数据或者编造虚假数据的；

（三）对拒绝、抵制篡改调查资料、数据或者编造虚假数据的土地调查人员打击报复的。

第三十一条 土地调查人员不执行全国土地调查总体方案和地方土地调查实施方案、《土地利用现状分类》国家标准和统一的技术规程，或者伪造、篡改调查资料，或者强令、授意接受调查的有关单位和个人提供虚假调查资料的，依法给予处分，并由县级以上人民政府国土资源主管部门、统计机构予以通报批评。

第三十二条 接受调查的单位和个人有下列行为之一的，由县级以上人民政府国土资源主管部门责令限期改正，可以处 5 万元以下的罚款；构成违反治安管理行为的，由公安机关依法给予治安管理处罚；构成犯罪的，依法追究刑事责任：

（一）拒绝或者阻挠土地调查人员依法进行调查的；

（二）提供虚假调查资料的；

（三）拒绝提供调查资料的；

（四）转移、隐匿、篡改、毁弃原始记录、土地登记簿等相关资料的。

第三十三条 县级以上地方人民政府有下列行为之一的，由上级人民政府予以通报批评；情节严重的，对直接负责的主管人员和其他直接责任人员依法给予处分：

（一）未按期完成土地调查工作，被责令限期完成，逾期仍未完成的；

（二）提供的土地调查数据失真，被责令限期改正，逾期仍未改正的。

第七章 附 则

第三十四条 军用土地调查，由国务院国土资源主管部门会同军队有关部门按照国家统一规定和要求制定具体办法。

中央单位使用土地的调查数据汇总内容的确定和成果的应用管理，由国务院国土资源主管部门会同国务院管理机关事务工作的机构负责。

第三十五条 县级以上人民政府可以按照全国土地调查总体方案和地方土地调查实施方案成立土地调查领导小组，组织和领导土地调查工作。必要时，可以设立土地调查领导小组办公室负责土地调查日常工作。

第三十六条 本条例自公布之日起施行。

基础测绘条例

- 2009年5月6日国务院第62次常务会议通过，2009年5月12日公布
- 2009年8月1日施行

第一章 总 则

第一条 为了加强基础测绘管理，规范基础测绘活动，保障基础测绘事业为国家经济建设、国防建设和社会发展服务，根据《中华人民共和国测绘法》，制定本条例。

第二条 在中华人民共和国领域和中华人民共和国管辖的其他海域从事基础测绘活动，适用本条例。

本条例所称基础测绘，是指建立全国统一的测绘基准和测绘系统，进行基础航空摄影，获取基础地理信息的遥感资料，测制和更新国家基本比例尺地图、影像图和数字化产品，建立、更新基础地理信息系统。

在中华人民共和国领海、中华人民共和国领海基线向陆地一侧至海岸线的海域和中华人民共和国管辖的其他海域从事海洋基础测绘活动，按照国务院、中央军事委员会的有关规定执行。

第三条 基础测绘是公益性事业。

县级以上人民政府应当加强对基础测绘工作的领导，将基础测绘纳入本级国民经济和社会发展规划及年度计划，所需经费列入本级财政预算。

国家对边远地区和少数民族地区的基础测绘给予财政支持。具体办法由财政部门会同同级测绘行政主管部门制定。

第四条 基础测绘工作应当遵循统筹规划、分级管理、定期更新、保障安全的原则。

第五条 国务院测绘行政主管部门负责全国基础测绘工作的统一监督管理。

县级以上地方人民政府负责管理测绘工作的行政部门（以下简称测绘行政主管部门）负责本行政区域基础测绘工作的统一监督管理。

第六条 国家鼓励在基础测绘活动中采用先进科学技术和先进设备，加强基础研究和信息化测绘体系建设，建立统一的基础地理信息公共服务平台，实现基础地理信息资源共享，提高基础测绘保障服务能力。

第二章 基础测绘规划

第七条 国务院测绘行政主管部门会同国务院其他有关部门、军队测绘主管部门，组织编制全国基础测绘规划，报国务院批准后组织实施。

县级以上地方人民政府测绘行政主管部门会同本级人民政府其他有关部门，根据国家和上一级人民政府的基础测绘规划和本行政区域的实际情况，组织编制本行政区域的基础测绘规划，报本级人民政府批准，并报上一级测绘行政主管部门备案后组织实施。

第八条 基础测绘规划报送审批前,组织编制机关应当组织专家进行论证,并征求有关部门和单位的意见。其中,地方的基础测绘规划,涉及军事禁区、军事管理区或者作战工程的,还应当征求军事机关的意见。

基础测绘规划报送审批文件中应当附具意见采纳情况及理由。

第九条 组织编制机关应当依法公布经批准的基础测绘规划。

经批准的基础测绘规划是开展基础测绘工作的依据,未经法定程序不得修改;确需修改的,应当按照本条例规定的原审批程序报送审批。

第十条 国务院发展改革部门会同国务院测绘行政主管部门,编制全国基础测绘年度计划。

县级以上地方人民政府发展改革部门会同同级测绘行政主管部门,编制本行政区域的基础测绘年度计划,并分别报上一级主管部门备案。

第十一条 县级以上人民政府测绘行政主管部门应当根据应对自然灾害等突发事件的需要,制定相应的基础测绘应急保障预案。

基础测绘应急保障预案的内容应当包括:应急保障组织体系,应急装备和器材配备,应急响应,基础地理信息数据的应急测制和更新等应急保障措施。

第三章 基础测绘项目的组织实施

第十二条 下列基础测绘项目,由国务院测绘行政主管部门组织实施:

(一)建立全国统一的测绘基准和测绘系统;

(二)建立和更新国家基础地理信息系统;

(三)组织实施国家基础航空摄影;

(四)获取国家基础地理信息遥感资料;

(五)测制和更新全国1:100万至1:2.5万国家基本比例尺地图、影像图和数字化产品;

(六)国家急需的其他基础测绘项目。

第十三条 下列基础测绘项目,由省、自治区、直辖市人民政府测绘行政主管部门组织实施:

（一）建立本行政区域内与国家测绘系统相统一的大地控制网和高程控制网；

（二）建立和更新地方基础地理信息系统；

（三）组织实施地方基础航空摄影；

（四）获取地方基础地理信息遥感资料；

（五）测制和更新本行政区域1∶1万至1∶5000国家基本比例尺地图、影像图和数字化产品。

第十四条 设区的市、县级人民政府依法组织实施1∶2000至1∶500比例尺地图、影像图和数字化产品的测制和更新以及地方性法规、地方政府规章确定由其组织实施的基础测绘项目。

第十五条 组织实施基础测绘项目，应当依据基础测绘规划和基础测绘年度计划，依法确定基础测绘项目承担单位。

第十六条 基础测绘项目承担单位应当具有与所承担的基础测绘项目相应等级的测绘资质，并不得超越其资质等级许可的范围从事基础测绘活动。

基础测绘项目承担单位应当具备健全的保密制度和完善的保密设施，严格执行有关保守国家秘密法律、法规的规定。

第十七条 从事基础测绘活动，应当使用全国统一的大地基准、高程基准、深度基准、重力基准，以及全国统一的大地坐标系统、平面坐标系统、高程系统、地心坐标系统、重力测量系统，执行国家规定的测绘技术规范和标准。

因建设、城市规划和科学研究的需要，确需建立相对独立的平面坐标系统的，应当与国家坐标系统相联系。

第十八条 县级以上人民政府及其有关部门应当遵循科学规划、合理布局、有效利用、兼顾当前与长远需要的原则，加强基础测绘设施建设，避免重复投资。

国家安排基础测绘设施建设资金，应当优先考虑航空摄影测量、卫星遥感、数据传输以及基础测绘应急保障的需要。

第十九条 国家依法保护基础测绘设施。

任何单位和个人不得侵占、损毁、拆除或者擅自移动基础测绘设施。基础测绘设施遭受破坏的，县级以上地方人民政府测绘行政主管部门应当及时采取措施，组织力量修复，确保基础测绘活动正常进行。

第二十条 县级以上人民政府测绘行政主管部门应当加强基础航空摄影和用于测绘的高分辨率卫星影像获取与分发的统筹协调，做好基础测绘应急保障工作，配备相应的装备和器材，组织开展培训和演练，不断提高基础测绘应急保障服务能力。

自然灾害等突发事件发生后，县级以上人民政府测绘行政主管部门应当立即启动基础测绘应急保障预案，采取有效措施，开展基础地理信息数据的应急测制和更新工作。

第四章 基础测绘成果的更新与利用

第二十一条 国家实行基础测绘成果定期更新制度。

基础测绘成果更新周期应当根据不同地区国民经济和社会发展的需要、测绘科学技术水平和测绘生产能力、基础地理信息变化情况等因素确定。其中，1∶100万至1∶5000国家基本比例尺地图、影像图和数字化产品至少5年更新一次；自然灾害多发地区以及国民经济、国防建设和社会发展急需的基础测绘成果应当及时更新。

基础测绘成果更新周期确定的具体办法，由国务院测绘行政主管部门会同军队测绘主管部门和国务院其他有关部门制定。

第二十二条 县级以上人民政府测绘行政主管部门应当及时收集有关行政区域界线、地名、水系、交通、居民点、植被等地理信息的变化情况，定期更新基础测绘成果。

县级以上人民政府其他有关部门和单位应当对测绘行政主管部门的信息收集工作予以支持和配合。

第二十三条 按照国家规定需要有关部门批准或者核准的测绘项目，有关部门在批准或者核准前应当书面征求同级测绘行政主管部门的意见，有适宜基础测绘成果的，应当充分利用已有的基础测绘成果，避免重复测绘。

第二十四条 县级以上人民政府测绘行政主管部门应当采取措施，加强对基础地理信息测制、加工、处理、提供的监督管理，确保基础测绘成果质量。

第二十五条 基础测绘项目承担单位应当建立健全基础测绘成果质量管理制度，严格执行国家规定的测绘技术规范和标准，对其完成的基础测绘成果质量负责。

第二十六条 基础测绘成果的利用，按照国务院有关规定执行。

第五章 法律责任

第二十七条 违反本条例规定，县级以上人民政府测绘行政主管部门和其他有关主管部门将基础测绘项目确定由不具有测绘资质或者不具有相应等级测绘资质的单位承担的，责令限期改正，对负有直接责任的主管人员和其他直接责任人员，依法给予处分。

第二十八条 违反本条例规定，县级以上人民政府测绘行政主管部门和其他有关主管部门的工作人员利用职务上的便利收受他人财物、其他好处，或者玩忽职守，不依法履行监督管理职责，或者发现违法行为不予查处，造成严重后果，构成犯罪的，依法追究刑事责任；尚不构成犯罪的，依法给予处分。

第二十九条 违反本条例规定，未取得测绘资质证书从事基础测绘活动的，责令停止违法行为，没收违法所得和测绘成果，并处测绘约定报酬1倍以上2倍以下的罚款。

第三十条 违反本条例规定，基础测绘项目承担单位超越资质等级许可的范围从事基础测绘活动的，责令停止违法行为，没收违法所得和测绘成果，处测绘约定报酬1倍以上2倍以下的罚款，并可以责令停业整顿或者降低资质等级；情节严重的，吊销测绘资质证书。

第三十一条 违反本条例规定，实施基础测绘项目，不使用全国统一的测绘基准和测绘系统或者不执行国家规定的测绘技术规范和标准的，责令限期改正，给予警告，可以并处10万元以下罚款；对负有直接责任的主管人员和其他直接责任人员，依法给予处分。

第三十二条 违反本条例规定，侵占、损毁、拆除或者擅自移动基础测绘设施的，责令限期改正，给予警告，可以并处5万元以下罚款；造成损失的，依法承担赔偿责任；构成犯罪的，依法追究刑事责任；尚不构成犯罪的，对负有直接责任的主管人员和其他直接责任人员，依法给予处分。

第三十三条　违反本条例规定，基础测绘成果质量不合格的，责令基础测绘项目承担单位补测或者重测；情节严重的，责令停业整顿，降低资质等级直至吊销测绘资质证书；给用户造成损失的，依法承担赔偿责任。

第三十四条　本条例规定的降低资质等级、吊销测绘资质证书的行政处罚，由颁发资质证书的部门决定；其他行政处罚由县级以上人民政府测绘行政主管部门决定。

第六章　附　　则

第三十五条　本条例自 2009 年 8 月 1 日起施行。

不动产登记暂行条例

- 2014 年 11 月 24 日国务院公布
- 2015 年 3 月 1 日施行

第一章　总　　则

第一条　为整合不动产登记职责，规范登记行为，方便群众申请登记，保护权利人合法权益，根据《中华人民共和国物权法》等法律，制定本条例。

第二条　本条例所称不动产登记，是指不动产登记机构依法将不动产权利归属和其他法定事项记载于不动产登记簿的行为。

本条例所称不动产，是指土地、海域以及房屋、林木等定着物。

第三条　不动产首次登记、变更登记、转移登记、注销登记、更正登记、异议登记、预告登记、查封登记等，适用本条例。

第四条　国家实行不动产统一登记制度。

不动产登记遵循严格管理、稳定连续、方便群众的原则。

不动产权利人已经依法享有的不动产权利，不因登记机构和登记程序的改变而受到影响。

第五条 下列不动产权利，依照本条例的规定办理登记：

（一）集体土地所有权；

（二）房屋等建筑物、构筑物所有权；

（三）森林、林木所有权；

（四）耕地、林地、草地等土地承包经营权；

（五）建设用地使用权；

（六）宅基地使用权；

（七）海域使用权；

（八）地役权；

（九）抵押权；

（十）法律规定需要登记的其他不动产权利。

第六条 国务院国土资源主管部门负责指导、监督全国不动产登记工作。

县级以上地方人民政府应当确定一个部门为本行政区域的不动产登记机构，负责不动产登记工作，并接受上级人民政府不动产登记主管部门的指导、监督。

第七条 不动产登记由不动产所在地的县级人民政府不动产登记机构办理；直辖市、设区的市人民政府可以确定本级不动产登记机构统一办理所属各区的不动产登记。

跨县级行政区域的不动产登记，由所跨县级行政区域的不动产登记机构分别办理。不能分别办理的，由所跨县级行政区域的不动产登记机构协商办理；协商不成的，由共同的上一级人民政府不动产登记主管部门指定办理。

国务院确定的重点国有林区的森林、林木和林地，国务院批准项目用海、用岛，中央国家机关使用的国有土地等不动产登记，由国务院国土资源主管部门会同有关部门规定。

第二章　不动产登记簿

第八条　不动产以不动产单元为基本单位进行登记。不动产单元具有唯一编码。

不动产登记机构应当按照国务院国土资源主管部门的规定设立统一的不动产登记簿。

不动产登记簿应当记载以下事项：

（一）不动产的坐落、界址、空间界限、面积、用途等自然状况；

（二）不动产权利的主体、类型、内容、来源、期限、权利变化等权属状况；

（三）涉及不动产权利限制、提示的事项；

（四）其他相关事项。

第九条　不动产登记簿应当采用电子介质，暂不具备条件的，可以采用纸质介质。不动产登记机构应当明确不动产登记簿唯一、合法的介质形式。

不动产登记簿采用电子介质的，应当定期进行异地备份，并具有唯一、确定的纸质转化形式。

第十条　不动产登记机构应当依法将各类登记事项准确、完整、清晰地记载于不动产登记簿。任何人不得损毁不动产登记簿，除依法予以更正外不得修改登记事项。

第十一条　不动产登记工作人员应当具备与不动产登记工作相适应的专业知识和业务能力。

不动产登记机构应当加强对不动产登记工作人员的管理和专业技术培训。

第十二条　不动产登记机构应当指定专人负责不动产登记簿的保管，并建立健全相应的安全责任制度。

采用纸质介质不动产登记簿的，应当配备必要的防盗、防火、防渍、防有害生物等安全保护设施。

采用电子介质不动产登记簿的，应当配备专门的存储设施，并采取信息网络安全防护措施。

第十三条　不动产登记簿由不动产登记机构永久保存。不动产登记簿损毁、灭失的，不动产登记机构应当依据原有登记资料予以重建。

行政区域变更或者不动产登记机构职能调整的，应当及时将不动产登记簿移交相应的不动产登记机构。

第三章 登记程序

第十四条 因买卖、设定抵押权等申请不动产登记的，应当由当事人双方共同申请。

属于下列情形之一的，可以由当事人单方申请：

（一）尚未登记的不动产首次申请登记的；

（二）继承、接受遗赠取得不动产权利的；

（三）人民法院、仲裁委员会生效的法律文书或者人民政府生效的决定等设立、变更、转让、消灭不动产权利的；

（四）权利人姓名、名称或者自然状况发生变化，申请变更登记的；

（五）不动产灭失或者权利人放弃不动产权利，申请注销登记的；

（六）申请更正登记或者异议登记的；

（七）法律、行政法规规定可以由当事人单方申请的其他情形。

第十五条 当事人或者其代理人应当到不动产登记机构办公场所申请不动产登记。

不动产登记机构将申请登记事项记载于不动产登记簿前，申请人可以撤回登记申请。

第十六条 申请人应当提交下列材料，并对申请材料的真实性负责：

（一）登记申请书；

（二）申请人、代理人身份证明材料、授权委托书；

（三）相关的不动产权属来源证明材料、登记原因证明文件、不动产权属证书；

（四）不动产界址、空间界限、面积等材料；

（五）与他人利害关系的说明材料；

（六）法律、行政法规以及本条例实施细则规定的其他材料。

不动产登记机构应当在办公场所和门户网站公开申请登记所需材料目录

和示范文本等信息。

第十七条　不动产登记机构收到不动产登记申请材料，应当分别按照下列情况办理：

（一）属于登记职责范围，申请材料齐全、符合法定形式，或者申请人按照要求提交全部补正申请材料的，应当受理并书面告知申请人；

（二）申请材料存在可以当场更正的错误的，应当告知申请人当场更正，申请人当场更正后，应当受理并书面告知申请人；

（三）申请材料不齐全或者不符合法定形式的，应当当场书面告知申请人不予受理并一次性告知需要补正的全部内容；

（四）申请登记的不动产不属于本机构登记范围的，应当当场书面告知申请人不予受理并告知申请人向有登记权的机构申请。

不动产登记机构未当场书面告知申请人不予受理的，视为受理。

第十八条　不动产登记机构受理不动产登记申请的，应当按照下列要求进行查验：

（一）不动产界址、空间界限、面积等材料与申请登记的不动产状况是否一致；

（二）有关证明材料、文件与申请登记的内容是否一致；

（三）登记申请是否违反法律、行政法规规定。

第十九条　属于下列情形之一的，不动产登记机构可以对申请登记的不动产进行实地查看：

（一）房屋等建筑物、构筑物所有权首次登记；

（二）在建建筑物抵押权登记；

（三）因不动产灭失导致的注销登记；

（四）不动产登记机构认为需要实地查看的其他情形。

对可能存在权属争议，或者可能涉及他人利害关系的登记申请，不动产登记机构可以向申请人、利害关系人或者有关单位进行调查。

不动产登记机构进行实地查看或者调查时，申请人、被调查人应当予以配合。

第二十条　不动产登记机构应当自受理登记申请之日起 30 个工作日内办

结不动产登记手续，法律另有规定的除外。

第二十一条　登记事项自记载于不动产登记簿时完成登记。

不动产登记机构完成登记，应当依法向申请人核发不动产权属证书或者登记证明。

第二十二条　登记申请有下列情形之一的，不动产登记机构应当不予登记，并书面告知申请人：

（一）违反法律、行政法规规定的；

（二）存在尚未解决的权属争议的；

（三）申请登记的不动产权利超过规定期限的；

（四）法律、行政法规规定不予登记的其他情形。

第四章　登记信息共享与保护

第二十三条　国务院国土资源主管部门应当会同有关部门建立统一的不动产登记信息管理基础平台。

各级不动产登记机构登记的信息应当纳入统一的不动产登记信息管理基础平台，确保国家、省、市、县四级登记信息的实时共享。

第二十四条　不动产登记有关信息与住房城乡建设、农业、林业、海洋等部门审批信息、交易信息等应当实时互通共享。

不动产登记机构能够通过实时互通共享取得的信息，不得要求不动产登记申请人重复提交。

第二十五条　国土资源、公安、民政、财政、税务、工商、金融、审计、统计等部门应当加强不动产登记有关信息互通共享。

第二十六条　不动产登记机构、不动产登记信息共享单位及其工作人员应当对不动产登记信息保密；涉及国家秘密的不动产登记信息，应当依法采取必要的安全保密措施。

第二十七条　权利人、利害关系人可以依法查询、复制不动产登记资料，不动产登记机构应当提供。

有关国家机关可以依照法律、行政法规的规定查询、复制与调查处理事项有关的不动产登记资料。

第二十八条　查询不动产登记资料的单位、个人应当向不动产登记机构说明查询目的，不得将查询获得的不动产登记资料用于其他目的；未经权利人同意，不得泄露查询获得的不动产登记资料。

第五章　法律责任

第二十九条　不动产登记机构登记错误给他人造成损害，或者当事人提供虚假材料申请登记给他人造成损害的，依照《中华人民共和国物权法》的规定承担赔偿责任。

第三十条　不动产登记机构工作人员进行虚假登记，损毁、伪造不动产登记簿，擅自修改登记事项，或者有其他滥用职权、玩忽职守行为的，依法给予处分；给他人造成损害的，依法承担赔偿责任；构成犯罪的，依法追究刑事责任。

第三十一条　伪造、变造不动产权属证书、不动产登记证明，或者买卖、使用伪造、变造的不动产权属证书、不动产登记证明的，由不动产登记机构或者公安机关依法予以收缴；有违法所得的，没收违法所得；给他人造成损害的，依法承担赔偿责任；构成违反治安管理行为的，依法给予治安管理处罚；构成犯罪的，依法追究刑事责任。

第三十二条　不动产登记机构、不动产登记信息共享单位及其工作人员，查询不动产登记资料的单位或者个人违反国家规定，泄露不动产登记资料、登记信息，或者利用不动产登记资料、登记信息进行不正当活动，给他人造成损害的，依法承担赔偿责任；对有关责任人员依法给予处分；有关责任人员构成犯罪的，依法追究刑事责任。

第六章　附　则

第三十三条　本条例施行前依法颁发的各类不动产权属证书和制作的不动产登记簿继续有效。

不动产统一登记过渡期内，农村土地承包经营权的登记按照国家有关规定执行。

第三十四条　本条例实施细则由国务院国土资源主管部门会同有关部门

制定。

第三十五条 本条例自 2015 年 3 月 1 日起施行。本条例施行前公布的行政法规有关不动产登记的规定与本条例规定不一致的，以本条例规定为准。

国务院关于深化改革严格土地管理的决定

- 2004 年 10 月 21 日国务院下发
- 2004 年 10 月 21 日公布施行

各省、自治区、直辖市人民政府，国务院各部委、各直属机构：

实行最严格的土地管理制度，是由我国人多地少的国情决定的，也是贯彻落实科学发展观，保证经济社会可持续发展的必然要求。去年以来，各地区、各部门认真贯彻党中央、国务院部署，全面清理各类开发区，切实落实暂停审批农用地转用的决定，土地市场治理整顿取得了积极进展，有力地促进了宏观调控政策的落实。但是，土地市场治理整顿的成效还是初步的、阶段性的，盲目投资、低水平重复建设，圈占土地、乱占滥用耕地等问题尚未根本解决。因此，必须正确处理保障经济社会发展与保护土地资源的关系，严格控制建设用地增量，努力盘活土地存量，强化节约利用土地，深化改革，健全法制，统筹兼顾，标本兼治，进一步完善符合我国国情的最严格的土地管理制度。现决定如下：

一、严格执行土地管理法律法规

（一）牢固树立遵守土地法律法规的意识。各地区、各有关部门要深入持久地开展土地法律法规的学习教育活动，深刻认识我国国情和保护耕地的极端重要性，本着对人民、对历史负责的精神，严格依法管理土地，积极推进经济增长方式的转变，实现土地利用方式的转变，走符合中国国情的新型工业化、城市化道路。进一步提高依法管地用地的意识，要在法律法规允许的范围内合理用地。对违反法律法规批地、占地的，必须承担法律责任。

（二）严格依照法定权限审批土地。农用地转用和土地征收的审批权在国务院和省、自治区、直辖市人民政府，各省、自治区、直辖市人民政府不得违反法律和行政法规的规定下放土地审批权。严禁规避法定审批权限，将单个建设项目用地拆分审批。

（三）严格执行占用耕地补偿制度。各类非农业建设经批准占用耕地的，建设单位必须补充数量、质量相当的耕地，补充耕地的数量、质量实行按等级折算，防止占多补少、占优补劣。不能自行补充的，必须按照各省、自治区、直辖市的规定缴纳耕地开垦费。耕地开垦费要列入专户管理，不得减免和挪作他用。政府投资的建设项目也必须将补充耕地费用列入工程概算。

（四）禁止非法压低地价招商。省、自治区、直辖市人民政府要依照基准地价制定并公布协议出让土地最低价标准。协议出让土地除必须严格执行规定程序外，出让价格不得低于最低价标准。违反规定出让土地造成国有土地资产流失的，要依法追究责任；情节严重的，依照《中华人民共和国刑法》的规定，以非法低价出让国有土地使用权罪追究刑事责任。

（五）严格依法查处违反土地管理法律法规的行为。当前要着重解决有法不依、执法不严、违法不究和滥用行政权力侵犯农民合法权益的问题。要加大土地管理执法力度，严肃查处非法批地、占地等违法案件。建立国土资源与监察等部门联合办案和案件移送制度，既查处土地违法行为，又查处违法责任人。典型案件，要公开处理。对非法批准占用土地、征收土地和非法低价出让国有土地使用权的国家机关工作人员，依照《监察部国土资源部关于违反土地管理规定行为行政处分暂行办法》给予行政处分；构成犯罪的，依照《中华人民共和国刑法》、《中华人民共和国土地管理法》、《最高人民法院关于审理破坏土地资源刑事案件具体应用法律若干问题的解释》和最高人民检察院关于渎职犯罪案件立案标准的规定，追究刑事责任。对非法批准征收、使用土地，给当事人造成损失的，还必须依法承担赔偿责任。

二、加强土地利用总体规划、城市总体规划、村庄和集镇规划实施管理

（六）严格土地利用总体规划、城市总体规划、村庄和集镇规划修改的管理。在土地利用总体规划和城市总体规划确定的建设用地范围外，不得设立各类开发区（园区）和城市新区（小区）。对清理后拟保留的开发区，必须依据土地利用总体规划和城市总体规划，按照布局集中、用地集约和产业

集聚的原则严格审核。严格土地利用总体规划的修改，凡涉及改变土地利用方向、规模、重大布局等原则性修改，必须报原批准机关批准。城市总体规划、村庄和集镇规划也不得擅自修改。

（七）加强土地利用计划管理。农用地转用的年度计划实行指令性管理，跨年度结转使用计划指标必须严格规范。改进农用地转用年度计划下达和考核办法，对国家批准的能源、交通、水利、矿山、军事设施等重点建设项目用地和城、镇、村的建设用地实行分类下达，并按照定额指标、利用效益等分别考核。

（八）从严从紧控制农用地转为建设用地的总量和速度。加强农用地转用审批的规划和计划审查，强化土地利用总体规划和土地利用年度计划对农用地转用的控制和引导，凡不符合规划、没有农用地转用年度计划指标的，不得批准用地。为巩固土地市场治理整顿成果，2004年农用地转用计划指标不再追加；对过去拖欠农民的征地补偿安置费在2004年年底前不能足额偿还的地方，暂缓下达该地区2005年农用地转用计划。

（九）加强建设项目用地预审管理。凡不符合土地利用总体规划、没有农用地转用计划指标的建设项目，不得通过项目用地预审。发展改革等部门要通过适当方式告知项目单位开展前期工作，项目单位提出用地预审申请后，国土资源部门要依法对建设项目用地进行审查。项目建设单位向发展改革等部门申报核准或审批建设项目时，必须附国土资源部门预审意见；没有预审意见或预审未通过的，不得核准或批准建设项目。

（十）加强村镇建设用地的管理。要按照控制总量、合理布局、节约用地、保护耕地的原则，编制乡（镇）土地利用总体规划、村庄和集镇规划，明确小城镇和农村居民点的数量、布局和规模。鼓励农村建设用地整理，城镇建设用地增加要与农村建设用地减少相挂钩。农村集体建设用地，必须符合土地利用总体规划、村庄和集镇规划，并纳入土地利用年度计划，凡占用农用地的必须依法办理审批手续。禁止擅自通过"村改居"等方式将农民集体所有土地转为国有土地。禁止农村集体经济组织非法出让、出租集体土地用于非农业建设。改革和完善宅基地审批制度，加强农村宅基地管理，禁止城镇居民在农村购置宅基地。引导新办乡村工业向建制镇和规划确定的小城镇集中。在符合规划的前提下，村庄、集镇、建制镇中的农民集体所有建设用地使用权可以依法流转。

（十一）严格保护基本农田。基本农田是确保国家粮食安全的基础。土地利用总体规划修编，必须保证现有基本农田总量不减少，质量不降低。基本农田要落实到地块和农户，并在土地所有权证书和农村土地承包经营权证书中注明。基本农田保护图件备案工作，应在新一轮土地利用总体规划修编后三个月内完成。基本农田一经划定，任何单位和个人不得擅自占用，或者擅自改变用途，这是不可逾越的"红线"。符合法定条件，确需改变和占用基本农田的，必须报国务院批准；经批准占用基本农田的，征地补偿按法定最高标准执行，对以缴纳耕地开垦费方式补充耕地的，缴纳标准按当地最高标准执行。禁止占用基本农田挖鱼塘、种树和其他破坏耕作层的活动，禁止以建设"现代农业园区"或者"设施农业"等任何名义，占用基本农田变相从事房地产开发。

三、完善征地补偿和安置制度

（十二）完善征地补偿办法。县级以上地方人民政府要采取切实措施，使被征地农民生活水平不因征地而降低。要保证依法足额和及时支付土地补偿费、安置补助费以及地上附着物和青苗补偿费。依照现行法律规定支付土地补偿费和安置补助费，尚不能使被征地农民保持原有生活水平的，不足以支付因征地而导致无地农民社会保障费用的，省、自治区、直辖市人民政府应当批准增加安置补助费。土地补偿费和安置补助费的总和达到法定上限，尚不足以使被征地农民保持原有生活水平的，当地人民政府可以用国有土地有偿使用收入予以补贴。省、自治区、直辖市人民政府要制订并公布各市县征地的统一年产值标准或区片综合地价，征地补偿做到同地同价，国家重点建设项目必须将征地费用足额列入概算。大中型水利、水电工程建设征地的补偿费标准和移民安置办法，由国务院另行规定。

（十三）妥善安置被征地农民。县级以上地方人民政府应当制定具体办法，使被征地农民的长远生计有保障。对有稳定收益的项目，农民可以经依法批准的建设用地土地使用权入股。在城市规划区内，当地人民政府应当将因征地而导致无地的农民，纳入城镇就业体系，并建立社会保障制度；在城市规划区外，征收农民集体所有土地时，当地人民政府要在本行政区域内为被征地农民留有必要的耕作土地或安排相应的工作岗位；对不具备基本生产生活条件的无地农民，应当异地移民安置。劳动和社会保障部门要会同有关部门尽快提出建立被征地农民的就业培训和社会保障制度的指导性意见。

（十四）健全征地程序。在征地过程中，要维护农民集体土地所有权和农民土地承包经营权的权益。在征地依法报批前，要将拟征地的用途、位置、补偿标准、安置途径告知被征地农民；对拟征土地现状的调查结果须经被征地农村集体经济组织和农户确认；确有必要的，国土资源部门应当依照有关规定组织听证。要将被征地农民知情、确认的有关材料作为征地报批的必备材料。要加快建立和完善征地补偿安置争议的协调和裁决机制，维护被征地农民和用地者的合法权益。经批准的征地事项，除特殊情况外，应予以公示。

（十五）加强对征地实施过程监管。征地补偿安置不落实的，不得强行使用被征土地。省、自治区、直辖市人民政府应当根据土地补偿费主要用于被征地农户的原则，制订土地补偿费在农村集体经济组织内部的分配办法。被征地的农村集体经济组织应当将征地补偿费用的收支和分配情况，向本集体经济组织成员公布，接受监督。农业、民政等部门要加强对农村集体经济组织内部征地补偿费用分配和使用的监督。

四、健全土地节约利用和收益分配机制

（十六）实行强化节约和集约用地政策。建设用地要严格控制增量，积极盘活存量，把节约用地放在首位，重点在盘活存量上下功夫。新上建设项目首先要利用现有建设用地，严格控制建设占用耕地、林地、草原和湿地。开展对存量建设用地资源的普查，研究制定鼓励盘活存量的政策措施。各地区、各有关部门要按照集约用地的原则，调整有关厂区绿化率的规定，不得圈占土地搞"花园式工厂"。在开发区（园区）推广多层标准厂房。对工业用地在符合规划、不改变原用途的前提下，提高土地利用率和增加容积率的，原则上不再收取或调整土地有偿使用费。基础设施和公益性建设项目，也要节约合理用地。今后，供地时要将土地用途、容积率等使用条件的约定写入土地使用合同。对工业项目用地必须有投资强度、开发进度等控制性要求。土地使用权人不按照约定条件使用土地的，要承担相应的违约责任。在加强耕地占用税、城镇土地使用税、土地增值税征收管理的同时，进一步调整和完善相关税制，加大对建设用地取得和保有环节的税收调节力度。

（十七）推进土地资源的市场化配置。严格控制划拨用地范围，经营性基础设施用地要逐步实行有偿使用。运用价格机制抑制多占、滥占和浪费土地。除按现行规定必须实行招标、拍卖、挂牌出让的用地外，工业用地也要创造条件逐步实行招标、拍卖、挂牌出让。经依法批准利用原有划拨土地进行经营性开发建设的，应当按照市场价补缴土地出让金。经依法批准转让原划拨土地使用权的，应当在土地有形市场公开交易，按照市场价补缴土地出让金；低于市场价交易的，政府应当行使优先购买权。

（十八）制订和实施新的土地使用标准。依照国家产业政策，国土资源部门对淘汰类、限制类项目分别实行禁止和限制用地，并会同有关部门制订工程项目建设用地定额标准，省、自治区、直辖市人民政府可以根据实际情况制订具体实施办法。继续停止高档别墅类房地产、高尔夫球场等用地的审批。

（十九）严禁闲置土地。农用地转用批准后，满两年未实施具体征地或用地行为的，批准文件自动失效；已实施征地，满两年未供地的，在下达下一年度的农用地转用计划时扣减相应指标，对具备耕作条件的土地，应当交原土地使用者继续耕种，也可以由当地人民政府组织耕种。对用地单位闲置的土地，严格依照《中华人民共和国土地管理法》的有关规定处理。

（二十）完善新增建设用地土地有偿使用费收缴办法。新增建设用地土地有偿使用费实行先缴后分，按规定的标准就地全额缴入国库，不得减免，并由国库按规定的比例就地分成划缴。审计部门要加强对新增建设用地土地有偿使用费征收和使用的监督检查。对减免和欠缴的，要依法追缴。财政部、国土资源部要适时调整新增建设用地土地有偿使用费收取标准。新增建设用地土地有偿使用费要严格按法定用途使用，由中央支配的部分，要向粮食主产区倾斜。探索建立国有土地收益基金，遏制片面追求土地收益的短期行为。

五、建立完善耕地保护和土地管理的责任制度

（二十一）明确土地管理的权力和责任。调控新增建设用地总量的权力和责任在中央，盘活存量建设用地的权力和利益在地方，保护和合理利用土

地的责任在地方各级人民政府，省、自治区、直辖市人民政府应负主要责任。在确保严格实施土地利用总体规划，不突破土地利用年度计划的前提下，省、自治区、直辖市人民政府可以统筹本行政区域内的用地安排，依照法定权限对农用地转用和土地征收进行审批，按规定用途决定新增建设用地土地有偿使用费地方分成部分的分配和使用，组织本行政区域内耕地占补平衡，并对土地管理法律法规执行情况进行监督检查。地方各级人民政府要对土地利用总体规划确定的本行政区域内的耕地保有量和基本农田保护面积负责，政府主要领导是第一责任人。地方各级人民政府都要建立相应的工作制度，采取多种形式，确保耕地保护目标落实到基层。

（二十二）建立耕地保护责任的考核体系。国务院定期向各省、自治区、直辖市下达耕地保护责任考核目标。各省、自治区、直辖市人民政府每年要向国务院报告耕地保护责任目标的履行情况。实行耕地保护责任考核的动态监测和预警制度。国土资源部会同农业部、监察部、审计署、统计局等部门定期对各省、自治区、直辖市耕地保护责任目标履行情况进行检查和考核，并向国务院报告。对认真履行责任目标，成效突出的，要给予表彰，并在安排中央支配的新增建设用地土地有偿使用费时予以倾斜。对没有达到责任目标的，要在全国通报，并责令限期补充耕地和补划基本农田。对土地开发整理补充耕地的情况也要定期考核。

（二十三）严格土地管理责任追究制。对违反法律规定擅自修改土地利用总体规划的、发生非法占用基本农田的、未完成耕地保护责任考核目标的、征地侵害农民合法权益引发群体性事件且未能及时解决的、减免和欠缴新增建设用地土地有偿使用费的、未按期完成基本农田图件备案工作的，要严肃追究责任，对有关责任人员由上级主管部门或监察机关依法定权限给予行政处分。同时，上级政府要责令限期整改，整改期间暂停农用地转用和征地审批。具体办法由国土资源部会同有关部门另行制订。实行补充耕地监督的责任追究制，国土资源部门和农业部门负责对补充耕地的数量和质量进行验收，并对验收结果承担责任。省、自治区、直辖市国土资源部门和农业部门要加强监督检查。

（二十四）强化对土地执法行为的监督。建立公开的土地违法立案标准。

对有案不查、执法不严的，上级国土资源部门要责令其作出行政处罚决定或直接给予行政处罚。坚决纠正违法用地只通过罚款就补办合法手续的行为。对违法用地及其建筑物和其他设施，按法律规定应当拆除或没收的，不得以罚款、补办手续取代；确需补办手续的，依法处罚后，从新从高进行征地补偿和收取土地出让金及有关规费。完善土地执法监察体制，建立国家土地督察制度，设立国家土地总督察，向地方派驻土地督察专员，监督土地执法行为。

（二十五）加强土地管理行政能力建设。2004年年底以前要完成省级以下国土资源管理体制改革，理顺领导干部管理体制、工作机制和加强基层队伍建设。市、县人民政府要保证基层国土资源管理所机构、编制、经费到位，切实发挥基层国土资源管理所在土地管理执法中的作用。国土资源部要会同有关部门抓紧建立和完善统一的土地分类、调查、登记和统计制度，启动新一轮土地调查，保证土地数据的真实性。组织实施"金土工程"。充分利用现代高新技术加强土地利用动态监测，建立土地利用总体规划实施、耕地保护、土地市场的动态监测网络。

各地区、各有关部门要以"三个代表"重要思想为指导，牢固树立科学发展观和正确的政绩观，把落实好最严格的土地管理制度作为对执政能力和依法行政能力的检验。高度重视土地的保护和合理利用，认真总结经验，积极推进土地管理体制改革，不断完善土地法制，建立严格、科学、有效的土地管理制度，维护好广大人民群众的根本利益，确保经济社会的可持续发展。

三、部门规章及相关文件

铁路用地管理办法

- 1992年10月27日国家土地管理局、铁道部颁布
- 1992年12月1日施行

第一章 总 则

第一条 为加强铁路用地管理，适应铁路运输安全生产和建设发展需要，根据《中华人民共和国土地管理法》（以下简称《土地管理法》）和《中华人民共和国铁路法》及有关法律、法规，制定本办法。

第二条 铁路部门要认真贯彻执行"十分珍惜和合理利用每寸土地，切实保护耕地"的基本国策，在土地统一管理的原则下切实做好本部门用地的利用管理，制止乱占、滥用土地的违法行为。

第三条 铁路用地属于国家所有，由铁路部门利用和管理，受国家法律保护。

第四条 铁路用地是指铁路部门依法取得使用权的土地，包括留用的和征（拨）用的运输生产用地、辅助生产用地、生活设施用地和其他用地。

铁路临时用地是指根据铁路建设的需要，短期内（3年）使用的施工用地，材料、机械堆场用地，简易道路和便线用地，取弃土场用地等。

第五条 铁路用地的规划、建设、利用、保护和管理，按本办法执行。

第二章　铁路用地管理机构的职责

第六条　铁道部、铁路局、铁路分局以及铁道部其它单位的所有铁路用地管理机构均应在国务院和县级以上人民政府土地管理部门统一指导下，进行铁路用地管理工作。

第七条　铁路用地管理机构的职责：

一、宣传、贯彻、执行国家有关土地管理的法律、法规和政策，在土地管理部门的指导下制定铁路用地的规章制度。

二、按照国家统一规定，负责铁路用地的调查、申报登记、统计和计划工作。

三、承办国家批准的铁路建设征（拨）用地的申报工作。

四、负责对铁路用地的利用状况进行指导、检查和监督；受县级以上人民政府土地管理部门委托，开展铁路用地的监察工作。

五、依据国家、地方有关法规，配合县级以上人民政府土地管理部门处理土地纠纷。

六、负责国家和省级土地管理部门委托的有关事宜。

第三章　铁路建设用地

第八条　铁路建设需要征用集体所有土地或划拨国有土地，应严格按照《土地管理法》和《铁路法》有关条款规定的审批程序和审批权限办理征（拨）土地手续。依法批准的铁路建设用地，在领取建设用地批准书后，方可正式使用。

第九条　铁路用地管理机构负责办理铁路建设征（拨）用地的申报工作。

第十条　铁路建设用地应按总体设计一次申请批准，也可根据需要，以设计段办理用地手续。凡工期较长、工程复杂、不能同步竣工的建设项目（桥梁、隧道等），按批准权限，经国家或省级土地管理部门同意，可以先期使用土地，然后在正式办理建设项目用地手续时一并申请报批。

建设过程中，因设计变更或施工条件等客观原因引起用地数量变化和位置移动，应先办理用地手续后，再使用土地。

第十一条　铁路建设项目用地需支付的征（拨）土地费用应根据《土地管理法》的有关规定，经过实地调查和科学测算后，合理确定。

征（拨）土地费用要兼顾国家、地方、集体的利益。

第十二条　报国家和省级政府批准的铁路建设用地，国家和省级土地管理部门的咨询评估机构参与项目用地的前期工作。

第十三条　铁路建设项目竣工时，县级以上人民政府土地管理部门和铁路用地管理机构参与项目用地竣工验收，经核实无误，由当地县级以上人民政府土地管理部门收回建设用地批准书，换发国有土地使用证。

铁路建设项目经验收合格，在建设单位移交给接管单位时，应将用地有关的全部资料同时移交给接管单位的铁路用地管理机构。

第十四条　铁路建设项目在征（拨）用地范围外需要增加临时用地，应向当地县级以上人民政府土地管理部门提出申请，经批准后方可使用。需延长临时用地期限，应办理延期手续。临时用地不得建设地上、地下永久性建（构）筑物。

需要复垦的土地应按照国务院《土地复垦规定》，制定土地复垦规划，如期进行土地复垦。

第十五条　铁路建设用地应按批准的用途使用，如改变土地用途，需经原批准用地的机关同意，并办理变更登记手续。

第四章　铁路用地利用规划

第十六条　铁路部门要按照国家有关规定，依据铁路发展规划编制铁路用地的利用规划和中长期计划。

第十七条　铁路用地利用规划与当地县级以上人民政府土地利用总体规划相协调，并纳入当地土地利用总体规划。远期扩建、新建铁路所需要的土地，由县级以上人民政府在土地利用总体规划中安排。

铁路用地利用规划要依据铁路运输发展的长远规划，全面考虑生产和生活、铁路与地方衔接的关系。

第十八条　在城市规划区范围内，铁路的线路、车站、枢纽以及其他有关设施的规划，应当纳入所在城市的总体规划。

第十九条 铁路用地利用规划，经上级土地管理部门同意和铁路主管部门批准，报送所在地省级人民政府土地管理部门备案。

第二十条 铁路部门要按批准的铁路用地利用规划，在铁路用地范围内进行各项建设，由铁路用地管理机构检查、核实土地。

第二十一条 铁路用地的中长期计划，由铁路用地管理机构根据铁路发展规划组织编写，经铁路主管部门审查，报送国家和所在地省级人民政府土地管理部门备案。

铁路用地的年度计划，应由铁路用地管理机构提出，报送县以上人民政府土地管理部门，纳入年度土地利用计划后执行。

第五章 铁路用地的保护

第二十二条 铁路用地按国家有关规定，向当地县级以上人民政府土地管理部门申请土地登记。

铁路运输系统用地由铁路局、铁路分局按宗地向所在地县级以上人民政府土地管理部门申请土地登记。

铁路其他用地，由用地单位直接向所在地的县级以上人民政府土地管理部门申请土地登记。

第二十三条 为明确铁路用地的界限、范围，铁路用地管理机构根据国家有关规定可按依法确定的地界埋设界标。

第二十四条 对铁路用地要实行重点保护，任何单位和个人不得占用。因特殊情况，确需占用铁路用地时，须征得铁路用地管理机构同意后，依法向县级以上人民政府土地管理部门申请办理权属变更手续。

第二十五条 严禁在铁路线路用地范围内开垦种植、挖渠修塘、采石采砂、取土弃碴、埋坟等破坏路基稳定的活动。

第二十六条 铁路沿线两侧用地范围内的土地，除按规定留出修建排水系统、造林绿化等用地外，已由承种人耕种的，在铁路未使用前可继续耕种，但必须与铁路用地管理机构签订承种协议，并送当地县级土地管理部门备案。不准在承种的土地上兴建临时或永久性建筑物、种植多年生作物。

暂交由承种人承种的铁路用地，当铁路建设需要时，铁路部门有权收回，并按下列规定办理。

一、收回承种的铁路用地。铁路用地管理机构需提前 3 个月，书面通知当地县、乡人民政府转告承种人。

二、所收回的铁路用地如已播种，由铁路部门支付给承种人当季青苗补偿费。

三、被收回铁路用地的承种人确有实际困难的，由铁路部门发给不超过实际种植作物 1 年产量总值的补助费。

第二十七条　铁路用地管理机构受当地政府土地管理部门委托，可建立监察队伍，负责铁路用地的保护，依法对铁路用地的利用状况实施监督检查，对违章用地、滥用土地等行为进行制止。

第二十八条　铁路用地单位与其他部门、单位发生土地权属争议，铁路用地管理机构应协助当地县级以上土地管理部门进行调处，对调处不服者，争议双方均可按法律程序向人民法院起诉。

第六章　奖励与惩罚

第二十九条　对在保护和合理利用铁路用地方面成绩显著的单位和个人，由人民政府土地管理部门或者铁路部门给予表扬或者奖励。

第三十条　侵占铁路用地的，依照《铁路法》第三十七条第二款规定处理。

买卖或者以其他形式非法转让铁路用地的，依照《土地管理法》第四十七条和《土地管理法实施条例》第三十一条规定处理。

第三十一条　铁路用地单位未经批准或者采取欺骗手段骗取批准，非法占用土地的，依照《土地管理法》第四十三条第一款和《土地管理法实施条例》第三十条的规定处理。

铁路用地单位超过批准的用地数量占用土地的，多占的土地，依照《土地管理法》第四十三条第二款处理。

第三十二条　单位或者个人擅自在铁路两侧依法确定的铁路用地范围内进行挖坑取土、开垦种植、挖渠修塘、采石采砂、埋坟等影响铁路路基稳定活动的，或者擅自移动、损毁铁路用地界标的，铁路用地管理机构有权制止，并可提请当地人民政府或者政府有关主管部门依法处理。

第三十三条 凡因征（拨）用地，无理阻碍铁路建设影响铁路生产的单位或个人，土地管理部门和铁路用地管理机构可提请县级以上人民政府予以制止，制止无效的，由有关部门依法处理。

第三十四条 铁路用地管理机构工作人员玩忽职守，利用职权徇私舞弊，造成土地浪费和重大经济损失的，由有关部门依法处理。

第七章 附 则

第三十五条 本办法由国家土地管理局商铁道部解释。

第三十六条 地方铁路、专用铁路、铁路专用线用地可参照本办法执行。

第三十七条 铁路用地的有偿使用按国家有关规定执行。

第三十八条 本办法自1992年12月1日起施行。

确定土地所有权和使用权的若干规定

- 1995年3月11日国家土地管理局颁布
- 1995年5月1日施行

第一章 总 则

第一条 为了确定土地所有权和使用权，依法进行土地登记，根据有关的法律、法规和政策，制订本规定。

第二条 土地所有权和使用权由县级以上人民政府确定，土地管理部门具体承办。

土地权属争议，由土地管理部门提出处理意见，报人民政府下达处理决定或报人民政府批准后由土地管理部门下达处理决定。

第二章 国家土地所有权

第三条 城市市区范围内的土地属于国家所有。

第四条 依据一九五〇年《中华人民共和国土地改革法》及有关规定，凡当时没有将土地所有权分配给农民的土地属于国家所有；实施一九六二年《农村人民公社工作条例修正草案》（以下简称《六十条》）未划入农民集体范围内的土地属于国家所有。

第五条 国家建设征用的土地，属于国家所有。

第六条 开发利用国有土地，开发利用者依法享有土地使用权，土地所有权仍属国家。

第七条 国有铁路线路、车站、货场用地以及依法留用的其他铁路用地属于国家所有。土改时已分配给农民所有的原铁路用地和新建铁路两侧未经征用的农民集体所有土地属于农民集体所有。

第八条 县级以上（含县级）公路线路用地属于国家所有。公路两侧保护用地和公路其他用地凡未经征用的农民集体所有的土地仍属于农民集体所有。

第九条 国有电力、通讯设施用地属于国家所有。但国有电力通讯杆塔占用农民集体所有的土地，未办理征用手续的，土地仍属于农民集体所有，对电力通讯经营单位可确定为他项权利。

第十条 军队接收的敌伪地产及解放后经人民政府批准征用、划拨的军事用地属于国家所有。

第十一条 河道堤防内的土地和堤防外的护堤地，无堤防河道历史最高洪水位或者设计洪水位以下的土地，除土改时已将所有权分配给农民，国家未征用，且迄今仍归农民集体使用的外，属于国家所有。

第十二条 县级以上（含县级）水利部门直接管理的水库、渠道等水利工程用地属于国家所有。水利工程管理和保护范围内未经征用的农民集体土地仍属于农民集体所有。

第十三条 国家建设对农民集体全部进行移民安置并调剂土地后，迁移农民集体原有土地转为国家所有。但移民后原集体仍继续使用的集体所有土地，国家未进行征用的，其所有权不变。

第十四条 因国家建设征用土地，农民集体建制被撤销或其人口全部转为非农业人口，其未经征用的土地，归国家所有。继续使用原有土地的原农民集体及其成员享有国有土地使用权。

第十五条 全民所有制单位和城镇集体所有制单位兼并农民集体企业的，办理有关手续后，被兼并的原农民集体企业使用的集体所有土地转为国家所有。乡（镇）企业依照国家建设征用土地的审批程序和补偿标准使用的非本乡（镇）村农民集体所有的土地，转为国家所有。

第十六条 一九六二年九月《六十条》公布以前，全民所有制单位，城市集体所有制单位和集体所有制的华侨农场使用的原农民集体所有的土地（含合作化之前的个人土地），迄今没有退给农民集体的，属于国家所有。

《六十条》公布时起至一九八二年五月《国家建设征用土地条例》公布时止，全民所有制单位、城市集体所有制单位使用的原农民集体所有的土地，有下列情形之一的，属于国家所有：

1. 签订过土地转移等有关协议的；
2. 经县级以上人民政府批准使用的；
3. 进行过一定补偿或安置劳动力的；
4. 接受农民集体馈赠的；
5. 已购买原集体所有的建筑物的；
6. 农民集体所有制企事业单位转为全民所有制或者城市集体所有制单位的。

一九八二年五月《国家建设征用土地条例》公布时起至一九八七年《土地管理法》开始施行止，全民所有制单位、城市集体所有制单位违反规定使用的农民集体土地，依照有关规定进行了清查处理后仍由全民所有制单位、城市集体所有制单位使用的，确定为国家所有。

凡属上述情况以外未办理征地手续使用的农民集体土地，由县级以上地方人民政府根据具体情况，按当时规定补办征地手续，或退还农民集体。

一九八七年《土地管理法》施行后违法占用的农民集体土地，必须依法处理后，再确定土地所有权。

第十七条 一九八六年三月中共中央、国务院《关于加强土地管理、制止乱占耕地的通知》发布之前，全民所有制单位、城市集体所有制租用农民集体所有的土地，按照有关规定处理后，能够恢复耕种的，退还农民集体耕种，所有权仍属于农民集体；已建成永久性建筑物的，由用地单位按租用时的规定，补办手续，土地归国家所有。凡已经按照有关规定处理了的，可按处理决定确定所有权和使用权。

第十八条 土地所有权有争议，不能依法证明争议土地属于农民集体所有的，属于国家所有。

第三章 集体土地所有权

第十九条 土地改革时分给农民并颁发了土地所有证的土地，属于农民集体所有；实施《六十条》时确定为集体所有的土地，属农民集体所有。

依照第二章规定属于国家所有的除外。

第二十条 村农民集体所有的土地，按目前该村农民集体实际使用的本集体土地所有权界线确定所有权。

根据《六十条》确定的农民集体土地所有权，由于下列原因发生变更的，按变更后的现状确定集体土地所有权。

（一）由于村、队、社、场合并或分割等管理体制的变化引起土地所有权变更的；

（二）由于土地开发、国家征地、集体兴办企事业或者自然灾害等原因进行过土地调整的；

（三）由于农田基本建设和行政区划变动等原因重新划定土地所有权界线的。行政区划变动未涉及土地权属变更的，原土地权属不变。

第二十一条 农民集体连续使用其他农民集体所有的土地已满二十年的，应视为现使用者所有；连续使用不满二十年，或者虽满二十年但在二十年期满之前所有者曾向现使用者或有关部门提出归还的，由县级以上人民政府根据具体情况确定土地所有权。

第二十二条 乡（镇）或村在集体所有的土地上修建并管理的道路、水利设施用地，分别属于乡（镇）或农村农民集体所有。

第二十三条 乡（镇）或村办企事业单位使用的集体土地，《六十条》公布以前使用的，分别属于该乡（镇）或村农民集体所有；《六十条》公布时起至一九八二年国务院《村镇建房用地管理条例》发布时止使用的，有下情况之一的，分别属于该乡（镇）或村农民集体所有：

1. 签订过用地协议的（不含租借）；

2. 经县、乡（公社）、村（大队）批准或同意，并进行了适当的土地调整或者经过一定补偿的；

3. 通过购买房屋取得的；

4. 原集体企事业单位体制经批准变更的。

一九八二年国务院《村镇建房用地管理条例》发布时起至一九八七年《土地管理法》开始施行时止，乡（镇）、村办企事业单位违反规定使用的集体土地按照有关规定清查处理后，乡（镇）、村集体单位继续使用的，可确定为该乡（镇）或村集体所有。

乡（镇）、村办企事业单位采用上述以外的方式占用的集体土地，或虽采用上述方式，应将其全部或部分土地退还原村或乡农民集体，或按有关规定进行处理。一九八七年《土地管理法》施行后违法占用的土地，须依法处理后再确定所有权。

第二十四条　乡（镇）企业使用本乡（镇）、村集体所有的土地，依照有关规定进行补偿和安置的，土地所有权转为乡（镇）农民集体所有。经依法批准的乡（镇）、村公共设施、公益事业使用的农民集体土地，分别属于乡（镇）、村农民集体所有。

第二十五条　农民集体经依法批准以土地使用权作为联营条件与其他单位或个人举办联营企业的，或者农民集体经依法批准以集体所有的土地的使用权作价入股，举办外商投资企业和内联乡镇企业的，集体土地所有权不变。

第四章　国有土地使用权

第二十六条　土地使用权确定给直接使用土地的具有法人资格的单位或个人。但法津、法规、政策和本规定另有规定的除外。

第二十七条　土地使用者经国家依法划拨、出让或解放初期接收、沿用，或通过依法转让、继承、接受地上建筑物等方式使用国有土地的，可确定其国有土地使用权。

第二十八条　土地公有制之前，通过购买房屋或土地及租赁土地方式使用私有的土地，土地转为国有后迄今仍继续使用的，可确定现使用者国有土地使用权。

第二十九条 因原房屋拆除、改建或自然坍塌等原因，已经变更了实际土地使用者的，经依法审核批准，可将土地使用权确定给实际土地使用者；空地及房屋坍塌或拆除后两年以上仍未恢复使用的土地，由当地县级以上人民政府收回土地使用权。

第三十条 原宗教团体、寺观教堂宗教活动用地，被其他单位占用，原使用单位因恢复宗教活动需要退还使用的，应按有关规定予以退还。确属无法退还或土地使用权有争议的，经协商、处理后确定土地使用权。

第三十一条 军事设施用地（含靶场、试验场、训练场）依照解放初土地接收文件和人民政府批准征用或划拨土地的文件确定土地使用权。土地使用权有争议的，按照国务院、中央军委有关文件规定处理后，再确定土地使用权。

国家确定的保留或地方代管的军事设施用地的土地使用权确定给军队，现由其他单位使用的，可依照有关规定确定为他项权利。

经国家批准撤销的军事设施，其土地使用权依照有关规定由当地县级以上人民政府收回并重新确定使用权。

第三十二条 依法接收、征用、划拨的铁路线路用地及其他铁路设施用地，现仍由铁路单位使用的，其使用权确定给铁路单位。铁路线路路基两侧依法取得使用权的保护用地，使用权确定给铁路单位。

第三十三条 国家水利、公路设施用地依照征用、划拨文件和有关法律、法规划定用地界线。

第三十四条 驻机关、企事业单位内的行政管理和服务性单位，经政府批准使用的土地，可以由土地管理部门商被驻单位规定土地的用途和其他限制条件后分别确定实际土地使用者的土地使用权。但租用房屋的除外。

第三十五条 原由铁路、公路、水利、电力、军队及其他单位和个人使用的土地，一九八二年五月《国家建设征用土地条例》公布之前，已经转由其他单位或个人使用的，除按照国家法律和政策应当退还的外，其国有土地使用权可确定给实际土地使用者，但严重影响上述部门的设施安全和正常使用的，暂不确定土地使用权，按照有关规定处理后，再确定土地使用权。一九八二年五月以后非法转让的，经依法处理后再确定使用权。

第三十六条 农民集体使用的国有土地，其使用权按县级以上人民政府主管部门审批、划拨文件确定；没有审批、划拨文件的，依照当时规定补办手续后，按使用现状确定；过去未明确划定使用界线的，由县级以上人民政府参照土地实际使用情况确定。

第三十七条 未按规定用途使用的国有土地，由县级以上人民政府收回重新安排使用，或者按有关规定处理后确定使用权。

第三十八条 一九八七年一月《土地管理法》施行之前重复划拨或重复征用的土地，可按目前实际使用情况或者根据最后一次划拨或征用文件确定使用权。

第三十九条 以土地使用权为条件与其他单位或个人合建房屋的，根据此准文件、合建协议或者投资数额确定土地使用权，但一九八二年《国家建设征用土地条例》公布后合建的，应依法办理土地转让手续后再确定土地使用权。

第四十条 以出让方式取得的土地使用权或以划拨方式取得的土地使用权补办出让手续后作为资产入股的，土地使用权确定给股份制企业。

国家以土地使用权作价入股的，土地使用权确定给股份制企业。

国家将土地使用权租赁给股份制企业的，土地使用权确定给股份制企业。企业以出让方式取得的土地使用权或以划拨方式取得的土地使用权补办出让手续后，出租给股份制企业的，土地使用权不变。

第四十一条 企业以出让方式取得的土地使用权，企业破产后，经依法处置，确定给新的受让人；企业通过划拨方式取得的土地使用权，企业破产时，其土地使用权由县级以上人民政府收回后，根据有关规定进行处置。

第四十二条 法人之间合并，依法属于应当以有偿方式取得土地使用权的，原土地使用权应当办理有关手续，有偿取得土地使用权；依法可以以划拨形式取得土地使用权的，可以办理划拨土地权属变更登记，取得土地使用权。

第五章　集体土地建设用地使用权

第四十三条　乡（镇）村办企业事业单位和个人依法使用农民集体土地进行非农业建设的，可依法确定使用者集体土地建设用地使用权。对多占少用、占而不用的，其闲置部分不予确定使用权，并退还农民集体，另行安排使用。

第四十四条　依照本规定第二十五条规定的农民集体土地，集体土地建设用地使用权确定给联营或股份企业。

第四十五条　一九八二年二月国务院发布《村镇建房用地管理条例》之前农村居民建房中用的宅基地，超过当地政府规定的面积，在《村镇建房用地管理条例》施行后未经拆迁、改建、翻建的，可以暂按现有实际使用面积确定集体土地建设用地使用权。

第四十六条　一九八二年二月《村镇建房用地管理条例》发布时起至一九八七年一月《土地管理法》开始施行时止，农村居民建房占用的宅基地，其面积超过当地政府规定标准的，超过部分按一九八六年三月中共中央、国务院《关于加强土地管理、制止乱占耕地的通知》及地方人民政府的有关规定处理后，按处理后实际使用面积确定集体土地建设用地使用权。

第四十七条　符合当地政府分户建房规定而尚未分户的农村居民，其现有的宅基地没有超过分户建房用地合计面积标准的，可按现有宅基地面积确定集体土地建设用地使用权。

第四十八条　非农业户口居民（含华侨）原在农村的宅基础，房屋产权没有变化的，可依法确定其集体土地建设用地使用权。房屋拆除后没有批准重建的，土地使用权由集体收回。

第四十九条　接受转让、购买房屋取得的宅基地，与原有宅基地合计面积超过当地政府规定标准，按照有关规定处理后允许继续使用的，可暂确定其集体土地建设用地使用权。继承房屋取得的宅基地，可确定集体土地建设用地使用权。

第五十条　农村专业户宅基地以外的非农业建设用地与宅基地分别确定集体土地建设用地使用权。

第五十一条　按照本规定第四十五条至第四十九条的规定确定农村居民宅基地集体土地建设用地使用权时，其面积超过当地政府规定标准的，可在土地登记卡和土地证书内注明超过标准面积的数量。以后分户建房或现有房屋拆迁、改建、翻建或政府依法实施规划重新建设时，按当地政府规定的面积标准重新确定使用权，其超过部分退还集体。

第五十二条　空闲或房屋坍塌、拆除两年以上未恢复使用的宅基地，不确定土地使用权。已经确定使用权的，由集体报经县级人民政府批准，注销其土地登记，土地由集体收回。

第六章　附　　则

第五十三条　一宗地由两个以上单位或个人共同使用的，可确定为共有土地使用权。共有土地使用权面积可以在共有使用人之间分摊。

第五十四条　地面与空中、地面与地下立体交叉使用土地的（楼房除外），土地使用权确定给地面使用者，空中和地下可确定为他项权利。

平面交叉使用土地的，可以确定为共有土地使用权；也可以将土地使用权确定给主要用途或优先使用单位，次要和服从使用单位可确定为他项权利。

上述两款中的交叉用地，如属合法批准征用、划拨的，可按批准文件确定使用权，其他用地单位确定为他项权利。

第五十五条　依法划定的铁路、公路、河道、水利工程、军事设施、危险品生产和储存地、风景区等区域的管理和保护范围内的土地，其土地的所有权和使用权依照土地管理有关法规确定。但对上述范围内的土地的用途，可以根据有关的规定增加适当的限制条件。

第五十六条　土地所有权或使用权证明文件上的四至界线与实地一致，但实地面积与批准面积不一致的，按实地四至界线计算土地面积，确定土地的所有权或使用权。

第五十七条　他项权利依照法律或当事人约定设定。他项权利可以与土地所有权或使用权同时确定，也可以土地所有权或使用权确定之后增设。

第五十八条　各级人民政府或人民法院已依法处理的土地权属争议，按处理决定确定土地所有权或使用权。

第五十九条 本规定由国家土地管理局负责解释。

第六十条 本规定自一九九五年五月一日起施行。一九八九年七月五日国家土地管理局印发的《关于确定土地权属问题的若干意见》同时停止执行。

土地违法案件查处办法

- 1995 年 11 月 13 日国家土地管理局局务会议审议通过
- 1996 年 3 月 1 日施行
- 2014 年 7 月 1 日失效

第一章 总 则

第一条 为保证土地管理部门正确、及时查处土地违法案件，依法追究土地违法者的法律责任，维护土地的社会主义公有制和国家的土地管理秩序，根据国家有关土地法律、法规，制定本办法。

第二条 土地违法案件，是指违反土地法律、法规规定，依法应当追究行政法律责任的案件。

第三条 查处土地违法案件，必须以事实为根据，以法律为准绳，做到事实清楚、证据确凿、定性准确、处理恰当、手续完备、适用法律法规正确、符合法定程序和法定职责权限。

第四条 县级以上人民政府土地管理部门查处土地违法案件依照本办法的规定执行。

第二章 管 辖

第五条 土地违法案件由土地所在地土地管理部门管辖。

第六条 县级以上地方人民政府土地管理部门管辖本行政区域内发生的土地违法案件，依照本办法的规定应当由上级人民政府土地管理部门管辖的除外。

第七条 设区的市已实行土地监察集中统一管理体制的，由市人民政府土地管理部门管辖所辖区内的土地违法案件，依照本办法的规定应当由上级人民政府土地管理部门管辖的除外。

第八条　政府非法批地的土地违法案件，由上级人民政府土地管理部门管辖。

第九条　国家土地管理局管辖下列案件：

（一）国务院交办的省级人民政府非法批地的案件或者其他案件；

（二）在全国范围内有重大影响的案件；

（三）法律、法规规定由其管辖的案件。

第十条　有管辖权的土地管理部门因特殊原因不能行使管辖权的，由上级人民政府土地管理部门指定管辖。

管辖权有争议的土地违法案件，争议双方应当协商解决；协商不成的，报共同的上级人民政府土地管理部门指定管辖。

第十一条　上级人民政府土地管理部门在必要时，可以查处下级人民政府土地管理部门管辖的土地违法案件，也可以将自己管辖的土地违法案件交下级人民政府土地管理部门查处。

下级人民政府土地管理部门对其管辖的土地违法案件，认为需要由上级人民政府土地管理部门处理的，可以报请上级人民政府土地管理部门决定。

第十二条　上级人民政府土地管理部门对交由下级人民政府土地管理部门查处的土地违法案件，必要时可以督促办理。

上级人民政府土地管理部门发现下级人民政府土地管理部门对依法由其管辖的土地违法案件不查处或者不及时查处的，可以发出土地违法案件查处督办通知书，必要时也可以自己依法查处。

第三章　受理和立案

第十三条　土地管理部门对上级交办、其他部门移送和群众举报的土地违法案件，应当受理。

第十四条　举报案件可用书面或者口头举报方式。

土地管理部门受理口头举报案件，必须详细记录，经核对无误后，由举报人签名或者盖章。

举报人举报案件，应当尽量使用真实姓名；举报人不愿意使用真实姓名并要求保密的，土地管理部门应当尊重举报人的意愿。

第十五条 土地管理部门受理的举报案件，发现不属于自己管辖的，应当向举报人说明，同时将举报信函或者笔录移送给有权处理的机关。

第十六条 土地管理部门受理土地违法案件后，应当进行审查，凡符合立案条件的，应当及时立案查处；不符合立案条件的，应当告知交办、移送案件的单位或者举报人。

第十七条 符合下列条件的土地违法案件，土地管理部门应当立案：

（一）有明确的行为人；

（二）有违反土地法律、法规的事实；

（三）依照土地法律、法规的规定应当追究法律责任的；

（四）属本部门管辖和职责范围内处理的。

第十八条 土地管理部门对在巡回检查中发现的违反土地法律、法规的行为，应当及时制止。对符合本办法第十七条规定的违法行为，应当立案。

第十九条 符合立案条件的案件，应当填写《土地违法案件立案呈批表》，经土地管理部门主管领导批准后立案。

第二十条 土地管理部门立案处理的重大案件，应当抄报上一级人民政府土地管理部门备案。

第四章 调查和处理

第二十一条 经批准立案的案件，土地管理部门应当及时指派承办人。

承办人应当全面、客观、公正地调查、收集有关证据。

承办人调查取证时，不得少于两人，并应当向被调查人出示土地执法证件。

第二十二条 承办人可以向当事人、证人或者关系人提出询问，并应当制作询问笔录。询问笔录由被调查人阅读或者向其宣读，并由调查人和被调查人签名或者盖章。

第二十三条 承办人在必要时，可以勘验物证或者现场。

勘验物证或者现场，勘验人员应当邀请有关组织或者人员参加。

勘验人员勘验时，可以对物证或者现场进行拍照和测量。对勘验情况和结果应当制作笔录，由勘验人员、见证人和当事人签名或者盖章。

当事人拒绝参加的，不影响勘验的进行。

第二十四条　证据有下列几种：

（一）物证；

（二）书证；

（三）视听材料；

（四）证人证言；

（五）当事人陈述；

（六）调查笔录和勘测笔录；

（七）鉴定结论；

（八）其他。

承办人必须认真鉴别上述证据，未经查证属实，不得作为认定事实的根据。

第二十五条　经立案调查认定有违法行为的，土地管理部门应当及时发出《责令停止土地违法行为通知书》，送达当事人。

第二十六条　承办人在案件调查结束后，应当根据事实和法律、法规，提出《土地违法案件调查报告》。

第二十七条　土地违法案件应当由土地管理部门领导集体审议，但实行行政首长负责制。审议应当制作笔录，由参加审议的成员签名。审议中的不同意见，应当如实记入笔录，并将笔录归入案卷。

第二十八条　经审议的土地违法案件，土地管理部门应当分别情况予以处理：

（一）认定举报不实或者证据不足，未发现违法事实的，发出《撤销立案决定书》，立案予以撤销，重大案件的撤销应当报上一级人民政府土地管理部门备案；

（二）认定违法事实清楚，证据确凿的，依法作出行政处罚决定，发出《土地违法案件行政处罚决定书》，送达当事人；

（三）认定侵犯土地的所有权或者使用权的，依法作出处理决定，发出

225

《土地侵权行为处理决定书》，送达当事人；

（四）认定当事人拒绝、阻碍土地管理工作人员依法执行职务的，应当提请公安机关处理；

（五）认定国家工作人员违法，依法应当给予行政处分的，应当提出书面建议并附调查报告和有关证据，移送当事人所在单位或者上级机关处理，处理结果应当抄送移送案件的机关；

（六）认定违法行为构成犯罪的，应当将案件及时移送司法机关依法追究刑事责任。

第二十九条 在土地违法案件调查处理过程中，承办人、主管领导有下列情形之一的，应当回避：

（一）与被调查人有近亲属关系的；

（二）本人或者近亲属与本案有利害关系的；

（三）与本案当事人有其他关系，可能影响公正查处案件的。

承办人员的回避，由主管领导决定；主管领导的回避，由案件处理机关的领导集体决定或者报上一级机关决定。

第五章 送达和执行

第三十条 《土地违法案件行政处罚决定书》、《土地侵权行为处理决定书》等作出后，土地管理部门应当在三日内送达当事人及利害关系人。

第三十一条 送达有关法律文书，土地管理部门应当直接送交当事人及利害关系人签收。本人不在的，交其同住的成年家属或者所在单位签收；本人已向土地管理部门指定代收人的，交代收人签收；当事人及利害关系人是法人或者其他组织的，交其法定代表人或者主要负责人签收。

当事人及利害关系人拒绝签收时，土地管理部门应当邀请有关基层组织或者所在单位的代表到场，说明情况，在送达回证上记明拒收事由和日期，由土地管理部门负责送达的人员、见证人签名或者盖章，把送达的文书留在当事人及利害关系人的住所或者收发部门，即视为送达。

第三十二条 《土地违法案件行政处罚决定书》、《土地侵权行为处理决定书》等送达当事人后，作出决定的机关应当督促当事人履行，并将履行情况记入《土地违法案件行政处罚（处理）决定执行笔录》。

　　第三十三条　当事人对土地管理部门作出的行政处罚或者处理决定不服的，可以依照《行政复议条例》或者《中华人民共和国行政诉讼法》的有关规定，申请行政复议或者提起行政诉讼。

　　第三十四条　当事人对土地管理部门作出的行政处罚决定，在法定期限内既不申请复议，也不向人民法院起诉，又不履行的，期满后由作出处罚决定的土地管理部门提出《土地违法案件行政处罚强制执行申请书》，连同案卷副本送交人民法院，申请人民法院强制执行。

　　当事人对土地管理部门作出的土地侵权行为处理决定，在法定期限内既不申请复议，也不向人民法院起诉，又不履行的，期满后被侵权人可以申请人民法院强制执行。

　　第三十五条　土地管理部门发现下级人民政府土地管理部门的未经行政诉讼或者行政复议程序，但已发生法律效力的行政处罚决定确有错误的，可以责令下级人民政府土地管理部门重新处理，也可以自己依法处理。

第六章　查　封

　　第三十六条　依法受到限期拆除新建的建筑物和其他设施处罚的单位和个人，继续施工的，作出处罚决定的土地管理部门有权对继续施工的设备、建筑材料予以查封，并发出《查封决定书》，送达当事人。

　　被查封的财物，由作出处罚决定的土地管理部门加封封条，任何人不得擅自动用。

　　第三十七条　土地管理部门在对继续施工的设备、建筑材料进行查封时，被查封人是公民的，应当通知被查封人或者成年家属到场；被查封人是法人或者其他组织的，应当通知其法定代表人或者主要负责人到场。拒绝到场的，不影响查封程序的进行。

　　对被查封的设备、建筑材料，查封人必须造具清单，由查封人、在场人签名或者盖章后，交被查封人一份。

　　第三十八条　被查封的设备、建筑材料，查封人可以指定被查封人负责保管。因被查封人的过错造成的损失，由被查封人承担。

被查封人拒绝保管的,土地管理部门可以委托有关单位保管。保管费用由被查封人支付。

第三十九条 被查封人抗拒土地管理部门实施查封的,或者被查封人隐藏或者转移已被查封财产的,土地管理部门应当提请公安机关依照治安管理处罚条例的有关规定处罚。

第七章 结　　案

第四十条 承办人在案件处理完毕后,应当填写《土地违法案件结案报告》,经土地管理部门主管领导批准后结案。

第四十一条 承办人在案件结案后,应当将办案过程中形成的文书、图件、照片等,编目装订,立卷归档。

第四十二条 重大案件和上级交办的案件结案后,应当将下列文书报上一级人民政府土地管理部门备案:

(一)《土地违法案件行政处罚决定书》;

(二)《土地侵权行为处理决定书》;

(三)《土地违法案件结案报告》。

经人民法院审理的,应当附人民法院判决书副本。

第四十三条 土地违法案件的罚没财物和追回的赃款、赃物,由国家法律、法规规定的机关收缴。

第八章 附　　则

第四十四条 土地违法案件查处期间,土地管理部门应当停止为当事人办理用地和土地权属登记手续。

第四十五条 查处土地违法案件的文书格式由国家土地管理局统一规定。

第四十六条 乡级人民政府查处本行政区域内农村居民非法占用土地的案件,参照本办法执行。

第四十七条 本办法由国家土地管理局负责解释。

第四十八条 本办法自1996年3月1日起施行。国家土地管理局1989年9月19日发布的《土地违法案件处理暂行办法》同时废止。

林木林地权属争议处理办法

- 1996 年 9 月 26 日林业部部长办公会议审议通过
- 1996 年 10 月 14 日公布施行

第一章 总 则

第一条 为了公正、及时地处理林木、林地权属争议，维护当事人的合法权益，保障社会安定团结，促进林业发展，根据《中华人民共和国森林法》和国家有关规定，制定本办法。

第二条 本办法所称林木、林地权属争议，是指因森林、林木所有权或者使用权的归属而产生的争议。

处理森林、林木、林地的所有权或者使用权争议（以下简称林权争议），必须遵守本办法。

第三条 处理林权争议，应当尊重历史和现实情况，遵循有利于安定团结，有利于保护、培育和合理利用森林资源，有利于群众的生产生活的原则。

第四条 林权争议由各级人民政府依法作出处理决定。

林业部、地方各级人民政府林业行政主管部门或者人民政府设立的林权争议处理机构（以下统称林权争议处理机构）按照管理权限分别负责办理林权争议处理的具体工作。

第五条 林权争议发生后，当事人所在地林权争议处理机构应当及时向所在地人民政府报告，并采取有效措施防止事态扩大。

在林权争议解决以前，任何单位和个人不得采伐有争议的林木，不得在有争议的林地上从事基本建设或者其他生产活动。

第二章 处理依据

第六条 县级以上人民政府或者国务院授权林业部依法颁发的森林、林木、林地的所有权或者使用权证书（以下简称林权证），是处理林权争议的依据。

第七条 尚未取得林权证的，下列证据作为处理林权争议的依据：

（一）土地改革时期，人民政府依法颁发的土地证；

（二）土地改革时期，《中华人民共和国土地改革法》规定不发证的林木、林地的土地清册；

（三）当事人之间依法达成的林权争议处理协议、赠送凭证及附图；

（四）人民政府作出的林权争议处理决定；

（五）对同一起林权争议有数次处理协议或者决定的，以上一级人民政府作出的最终决定或者所在地人民政府作出的最后一次决定为依据；

（六）人民法院作出的裁定、判决。

第八条 土地改革后至林权争议发生时，下列证据可以作为处理林权争议的参考依据：

（一）国有林业企业事业单位设立时，该单位的总体设计书所确定的经营管理范围及附图；

（二）土地改革、合作化时期有关林木、林地权属的其他凭证；

（三）能够准确反映林木、林地经营管理状况的有关凭证；

（四）依照法律、法规和有关政策规定，能够确定林木、林地权属的其他凭证。

第九条 土地改革前有关林木、林地权属的凭证，不得作为处理林权争议的依据或者参考依据。

第十条 处理林权争议时，林木、林地权属凭证记载的四至清楚的，应当以四至为准；四至不清楚的，应当协商解决；经协商不能解决的，由当事人共同的人民政府确定其权属。

第十一条 当事人对同一起林权争议都能够出具合法凭证的，应当协商解决；经协商不能解决的，由当事人共同的人民政府按照双方各半的原则，并结合实际情况确定其权属。

第十二条 土地改革后营造的林木，按照"谁造林、谁管护、权属归谁所有"的原则确定其权属，但明知林地权属有争议而抢造的林木或者法律、法规另有规定的除外。

第三章　处理程序

第十三条　林权争议发生后，当事人应当主动、互谅、互让地协商解决。经协商依法达成协议的，当事人应当在协议书及附图上签字或者盖章，并报所在地林权争议处理机构备案；经协商不能达成协议的，按照本办法规定向林权争议处理机构申请处理。

第十四条　林权争议由当事人共同的林权争议处理机构负责办理具体处理工作。

第十五条　申请处理林权争议的，申请人应当向林权争议处理机构提交《林木林地权属争议处理申请书》。

《林木林地权属争议处理申请书》应当包括以下内容：

（一）当事人的姓名、地址及其法定代表人的姓名、职务；

（二）争议的现状，包括争议面积、林木蓄积，争议地所在的行政区域位置、四至和附图；

（三）争议的事由，包括发生争议的时间、原因；

（四）当事人的协商意见。

《林木林地权属争议处理申请书》由省、自治区、直辖市人民政府林权争议处理机构统一印制。

第十六条　林权争议处理机构在接到《林木林地权属争议处理申请书》后，应当及时组织办理。

第十七条　当事人对自己的主张应当出具证据。当事人不能出具证据的，不影响林权争议处理机构依据有关证据认定争议事实。

第十八条　林权争议经林权争议处理机构调解达成协议的，当事人应当在协议书上签名或者盖章，并由调解人员署名，加盖林权争议处理机构印章，报同级人民政府或者林业行政主管部门备案。

第十九条　林权争议经林权争议处理机构调解未达成协议的，林权争议处理机构应当制作处理意见书，报同级人民政府作出决定。

处理意见书应当写明下列内容：

（一）当事人的姓名、地址及其法定代表人的姓名、职务；

（二）争议的事由、各方的主张及出具的证据；

（三）林权争议处理机构认定的事实、理由和适用的法律、法规及政策规定；

（四）处理意见。

第二十条 当事人之间达成的林权争议处理协议或者人民政府作出的林权争议处理决定，凡涉及国有林业企业、事业单位经营范围变更的，应当事先征得原批准机关同意。

第二十一条 当事人之间达成的林权争议处理协议，自当事人签字之日起生效；人民政府作出的林权争议处理决定，自送达之日起生效。

第二十二条 当事人对人民政府作出的林权争议处理决定不服的，可以依法提出申诉或者向人民法院提起诉讼。

第四章 奖励和惩罚

第二十三条 在林权争议处理工作中做出突出贡献的单位和个人，由县级以上人民政府林业行政主管部门给予奖励。

第二十四条 伪造、变造、涂改本办法规定的林木、林地权属凭证的，由林权争议处理机构收缴其伪造、变造、涂改的林木、林地权属凭证，并可视情节轻重处以1000元以下罚款。

第二十五条 违反本办法规定，在林权争议解决以前，擅自采伐有争议的林木或者在有争议的林地上从事基本建设及其他生产活动的，由县级以上人民政府林业行政主管部门依照《森林法》等法律法规给予行政处罚。

第二十六条 在处理林权争议过程中，林权争议处理机构工作人员玩忽职守、徇私舞弊的，由其所在单位或者有关机关依法给予行政处分。

第五章 附　则

第二十七条 本办法由林业部负责解释。

第二十八条 本办法自发布之日起施行。

关于认定收回土地使用权行政决定法律性质的意见

- 1997年10月30日国家土地管理局通过
- 1997年10月30日公布施行

收回土地使用权是人民政府及其土地管理部门一项重要的行政行为，主要采取行政处理决定和行政处罚决定两种方式进行。《行政处罚法》颁布施行后，除行政处理决定仍旧按照土地管理法律、法规的规定执行外，土地管理的各项行政处罚必须依照《行政处罚法》由土地管理法律、法规或者规章规定，并由行政机关依照《行政处罚法》规定的程序实施。为了进一步贯彻执行《行政处罚法》和土地管理法律、法规、规章，正确区分行政处理决定和行政处罚决定的界限，切实做到依法行政，现对认定收回土地使用权行政决定的法律性质提出如下意见：

一、依照《土地管理法》第十九条的规定，对用地单位已经撤销或者迁移的；未经原批准机关同意，连续二年未使用的；不按批准的用途使用的；公路、铁路、机场、矿场等经核准报废的，土地管理部门报县级以上人民政府批准，依法收回用地单位的国有划拨土地使用权，属于行政处理决定。

人民政府依照该法第十九条的规定收回国有划拨土地使用权，其批准权限应与征用土地的批准权限相同。

二、依照《土地管理法》第三十三条的规定临时使用土地，期满不归还的，或者依照该法第十九条的规定土地使用权被收回，拒不交出土地的，土地管理部门责令交还土地，并处罚款的行为，属于行政处罚决定。

三、依照《城市房地产管理法》第十九条和《城镇国有土地使用权出让和转让暂行条例》第四十二条的规定，在特殊情况下，根据社会公共利益的需要，人民政府或者土地管理部门依照法律程序提前收回出让的国有土地使用权，属于行政处理决定。

四、依照《城市房地产管理法》第二十一条第二款和《城镇国有土地使用权出让和转让暂行条例》第四十条的规定，土地使用权出让合同约定的使用年限届满，土地使用者未申请续期或者虽申请续期依照法律有关规定未获批准的，由人民政府或者土地管理部门依法无偿收回出让的国有土地使用权，属于行政处理决定。

五、依照《城市房地产管理法》第二十五条的规定，超过出让合同约定的动工开发日期满二年未动工开发的，人民政府或者土地管理部门依法无偿收回出让的国有土地使用权，属于行政处罚决定。

六、依照《城镇国有土地使用权出让和转让暂行条例》第十七条的规定，土地使用者未按出让合同规定的期限和条件开发、利用土地的，市、县人民政府土地管理部门无偿收回出让的国有土地使用权，属于行政处罚决定。

七、依照《城镇国有土地使用权出让和转让暂行条例》第四十七条第一款的规定，因迁移、解散、撤销、破产或者其他原因而停止使用土地，需要依法收回国有划拨土地使用权的，属于行政处理决定。

依照该条例第四十七条第二款的规定，根据城市建设发展需要和城市规划的要求，市、县人民政府无偿收回国有划拨土地使用权的，也应属于行政处理决定。

八、依照《基本农田保护条例》第二十一条的规定，已办理审批手续的开发区和其他非农业建设占用的基本农田保护区内的耕地，未经原批准机关同意，连续二年未使用的，由县级人民政府土地管理部门报本级人民政府批准，收回用地单位土地使用权的，属于行政处理决定。

九、依照《土地复垦规定》第十七条的规定，根据规划设计企业不需要使用的土地或者未经当地土地管理部门同意，复垦后连续二年以上不使用的土地，因当地县级以上人民政府统筹安排而需要收回土地使用权，人民政府或者土地管理部门收回土地使用权的，属于行政处理决定。

本意见自下发之日起，国家土地管理局在此之前发布的规章以及对土地管理法律、行政法规作出的有关规定和解释与本意见不一致的，均以本意见为准。

林木和林地权属登记管理办法

- 2000 年 11 月 2 日国家林业局第 3 次局务会议审议通过
- 2000 年 12 月 31 日公布施行

第一条 为了规范森林、林木和林地的所有权或者使用权（以下简称林权）登记工作，根据《中华人民共和国森林法》及其实施条例规定，制定本办法。

第二条 县级以上林业主管部门依法履行林权登记职责。

林权登记包括初始、变更和注销登记。

第三条 林权权利人是指森林、林木和林地的所有权或者使用权的拥有者。

第四条 林权权利人为个人的，由本人或者其法定代理人、委托的代理人提出林权登记申请；林权权利人为法人或者其他组织的，由其法定代表人、负责人或者委托的代理人提出林权登记申请。

第五条 林权权利人应当根据森林法及其实施条例的规定提出登记申请，并提交以下文件：

（一）林权登记申请表；

（二）个人身份证明、法人或者其他组织的资格证明、法定代表人或者负责人的身份证明、法定代理人或者委托代理人的身份证明和载明委托事项和委托权限的委托书；

（三）申请登记的森林、林木和林地权属证明文件；

（四）省、自治区、直辖市人民政府林业主管部门规定要求提交的其他有关文件。

第六条 林权发生变更的，林权权利人应当到初始登记机关申请变更登记。

第七条 林地被依法征用、占用或者由于其他原因造成林地灭失的，原林权权利人应当到初始登记机关申请办理注销登记。

第八条 林权权利人申请办理变更登记或者注销登记时，应当提交下列文件：

（一）林权登记申请表；

（二）林权证；

（三）林权依法变更或者灭失的有关证明文件。

第九条 登记机关应当对林权权利人提交的申请登记材料进行初步审查。登记机关认为林权权利人提交的申请材料符合森林法及其实施条例以及本办法规定的，应当予以受理；认为不符合规定的，应当说明不受理的理由或者要求林权权利人补充材料。

第十条 登记机关对已经受理的登记申请，应当自受理之日起10个工作日内，在森林、林木和林地所在地进行公告。公告期为30天。

第十一条 对经审查符合下列全部条件的登记申请，登记机关应当自受理申请之日起3个月内予以登记：

（一）申请登记的森林、林木和林地位置、四至界限、林种、面积或者株数等数据准确；

（二）林权证明材料合法有效；

（三）无权属争议；

（四）附图中标明的界桩、明显地物标志与实地相符合。

第十二条 对经审查不符合本办法第十一条规定的登记条件的登记申请，登记机关应当不予登记。在公告期内，有关利害关系人如对登记申请提出异议，登记机关应当对其所提出的异议进行调查核实。有关利害关系人提出的异议主张确实合法有效的，登记机关对登记申请应当不予登记。

第十三条 对不予登记的申请，登记机关应当以书面形式向提出登记申请的林权权利人告知不予登记的理由。

第十四条 对于经过登记机关审查准予登记的申请，应当及时核发林权证。

第十五条 按照森林法及其实施条例的规定，由国务院林业主管部门或者省、自治区、直辖市人民政府以及设区的市、自治州人民政府核发林权证的，登记机关应当将核发林权证的情况通知有关地方人民政府。

第十六条　国务院林业主管部门统一规定林权证式样，并指定厂家印制。

第十七条　发现林权证错、漏登记的或者遗失、损坏的，有关林权权利人可以到原林权登记机关申请更正或者补办。

第十八条　登记机关应当配备专（兼）职人员和必要的设施，建立林权登记档案。

第十九条　登记档案应当包括下列主要材料：

（一）本办法第五条规定的申请材料；

（二）林权登记台帐；

（三）本办法第十二条第二款涉及的异议材料和登记机关的调查材料和审查意见；

（四）其他有关图表、数据资料等文件。

第二十条　登记机关应当公开登记档案，并接受公众查询。

第二十一条　省级林业主管部门登记机关应当将当年林权证核发、换发、变更等登记情况统计汇总，并于次年1月份报国务院林业主管部门。

第二十二条　本办法由国家林业局负责解释。

第二十三条　本办法自发布之日起施行。

土地权属争议调查处理办法

- 2002年12月20日国土资源部第7次部务会议通过
- 2003年3月1日施行

第一条　为依法、公正、及时地做好土地权属争议的调查处理工作，保护当事人的合法权益，维护土地的社会主义公有制，根据《中华人民共和国土地管理法》，制定本办法。

第二条　本办法所称土地权属争议，是指土地所有权或者使用权归属争议。

第三条 调查处理土地权属争议,应当以法律、法规和土地管理规章为依据。从实际出发,尊重历史,面对现实。

第四条 县级以上国土资源行政主管部门负责土地权属争议案件(以下简称争议案件)的调查和调解工作;对需要依法作出处理决定的,拟定处理意见,报同级人民政府作出处理决定。

县级以上国土资源行政主管部门可以指定专门机构或者人员负责办理争议案件有关事宜。

第五条 个人之间、个人与单位之间、单位与单位之间发生的争议案件,由争议土地所在地的县级国土资源行政主管部门调查处理。

前款规定的个人之间、个人与单位之间发生的争议案件,可以根据当事人的申请,由乡级人民政府受理和处理。

第六条 设区的市、自治州国土资源行政主管部门调查处理下列争议案件:

(一)跨县级行政区域的;

(二)同级人民政府、上级国土资源行政主管部门交办或者有关部门转送的。

第七条 省、自治区、直辖市国土资源行政主管部门调查处理下列争议案件:

(一)跨设区的市、自治州行政区域的;

(二)争议一方为中央国家机关或者其直属单位,且涉及土地面积较大的;

(三)争议一方为军队,且涉及土地面积较大的;

(四)在本行政区域内有较大影响的;

(五)同级人民政府、国土资源部交办或者有关部门转送的。

第八条 国土资源部调查处理下列争议案件:

(一)国务院交办的;

(二)在全国范围内有重大影响的。

第九条 当事人发生土地权属争议,经协商不能解决的,可以依法向县级以上人民政府或者乡级人民政府提出处理申请,也可以依照本办法第五、

六、七、八条的规定,向有关的国土资源行政主管部门提出调查处理申请。

第十条 申请调查处理土地权属争议的,应当符合下列条件:

(一)申请人与争议的土地有直接利害关系;

(二)有明确的请求处理对象、具体的处理请求和事实根据。

第十一条 当事人申请调查处理土地权属争议,应当提交书面申请书和有关证据材料,并按照被申请人数提交副本。

申请书应当载明以下事项:

(一)申请人和被申请人的姓名或者名称、地址、邮政编码、法定代表人姓名和职务;

(二)请求的事项、事实和理由;

(三)证人的姓名、工作单位、住址、邮政编码。

第十二条 当事人可以委托代理人代为申请土地权属争议的调查处理。委托代理人申请的,应当提交授权委托书。授权委托书应当写明委托事项和权限。

第十三条 对申请人提出的土地权属争议调查处理的申请,国土资源行政主管部门应当依照本办法第十条的规定进行审查,并在收到申请书之日起7个工作日内提出是否受理的意见。

认为应当受理的,在决定受理之日起5个工作日内将申请书副本发送被申请人。被申请人应当在接到申请书副本之日起30日内提交答辩书和有关证据材料。逾期不提交答辩书的,不影响案件的处理。

认为不应当受理的,应当及时拟定不予受理建议书,报同级人民政府作出不予受理决定。

当事人对不予受理决定不服的,可以依法申请行政复议或者提起行政诉讼。

同级人民政府、上级国土资源行政主管部门交办或者有关部门转办的争议案件,按照本条有关规定审查处理。

第十四条 下列案件不作为争议案件受理:

(一)土地侵权案件;

(二)行政区域边界争议案件;

(三)土地违法案件;

（四）农村土地承包经营权争议案件；

（五）其他不作为土地权属争议的案件。

第十五条 国土资源行政主管部门决定受理后，应当及时指定承办人，对当事人争议的事实情况进行调查。

第十六条 承办人与争议案件有利害关系的，应当申请回避；当事人认为承办人与争议案件有利害关系的，有权请求该承办人回避。承办人是否回避，由受理案件的国土资源行政主管部门决定。

第十七条 承办人在调查处理土地权属争议过程中，可以向有关单位或者个人调查取证。被调查的单位或者个人应当协助，并如实提供有关证明材料。

第十八条 在调查处理土地权属争议过程中，国土资源行政主管部门认为有必要对争议的土地进行实地调查的，应当通知当事人及有关人员到现场。必要时，可以邀请有关部门派人协助调查。

第十九条 土地权属争议双方当事人对各自提出的事实和理由负有举证责任，应当及时向负责调查处理的国土资源行政主管部门提供有关证据材料。

第二十条 国土资源行政主管部门在调查处理争议案件时，应当审查双方当事人提供的下列证据材料：

（一）人民政府颁发的确定土地权属的凭证；

（二）人民政府或者主管部门批准征用、划拨、出让土地或者以其他方式批准使用土地的文件；

（三）争议双方当事人依法达成的书面协议；

（四）人民政府或者司法机关处理争议的文件或者附图；

（五）其他有关证明文件。

第二十一条 对当事人提供的证据材料，国土资源行政主管部门应当查证属实，方可作为认定事实的根据。

第二十二条 在土地所有权和使用权争议解决之前，任何一方不得改变土地利用的现状。

第二十三条 国土资源行政主管部门对受理的争议案件，应当在查清事实、分清权属关系的基础上先行调解，促使当事人以协商方式达成协议。

调解应当坚持自愿、合法的原则。

第二十四条 调解达成协议的,应当制作调解书。调解书应当载明以下内容:

(一)当事人的姓名或者名称、法定代表人姓名、职务;

(二)争议的主要事实;

(三)协议内容及其他有关事项。

第二十五条 调解书经双方当事人签名或者盖章,由承办人署名并加盖国土资源行政主管部门的印章后生效。

生效的调解书具有法律效力,是土地登记的依据。

第二十六条 国土资源行政主管部门应当在调解书生效之日起 15 日内,依照民事诉讼法的有关规定,将调解书送达当事人,并同时抄报上一级国土资源行政主管部门。

第二十七条 调解未达成协议的,国土资源行政主管部门应当及时提出调查处理意见,报同级人民政府作出处理决定。

第二十八条 国土资源行政主管部门应当自受理土地权属争议之日起 6 个月内提出调查处理意见。因情况复杂,在规定时间内不能提出调查处理意见的,经该国土资源行政主管部门的主要负责人批准,可以适当延长。

第二十九条 调查处理意见应当包括以下内容:

(一)当事人的姓名或者名称、地址、法定代表人的姓名、职务;

(二)争议的事实、理由和要求;

(三)认定的事实和适用的法律、法规等依据;

(四)拟定的处理结论。

第三十条 国土资源行政主管部门提出调查处理意见后,应当在 5 个工作日内报送同级人民政府,由人民政府下达处理决定。

国土资源行政主管部门的调查处理意见在报同级人民政府的同时,抄报上一级国土资源行政主管部门。

第三十一条 当事人对人民政府作出的处理决定不服的,可以依法申请行政复议或者提起行政诉讼。

在规定的时间内,当事人既不申请行政复议,也不提起行政诉讼,处理决定即发生法律效力。

生效的处理决定是土地登记的依据。

第三十二条 在土地权属争议调查处理过程中，国土资源行政主管部门的工作人员玩忽职守、滥用职权、徇私舞弊，构成犯罪的，依法追究刑事责任；不构成犯罪的，由其所在单位或者其上级机关依法给予行政处分。

第三十三条 乡级人民政府处理土地权属争议，参照本办法执行。

第三十四条 调查处理争议案件的文书格式，由国土资源部统一制定。

第三十五条 调查处理争议案件的费用，依照国家有关规定执行。

第三十六条 本办法自 2003 年 3 月 1 日起施行。1995 年 12 月 18 日原国家土地管理局发布的《土地权属争议处理暂行办法》同时废止。

华侨农场土地确权登记办证中央财政奖补资金实施办法

- 2007 年 8 月 1 日财政部、国务院侨务办公室通过
- 2007 年 8 月 1 日公布施行

为加快推进华侨农场土地确权登记办证工作，切实解决华侨农场历史遗留问题，根据《国务院关于推进华侨农场改革和发展的意见》（国发〔2007〕6 号）的有关要求，制定本实施办法。

一、基本原则

（一）推进改革。农场土地确权登记办证资金的分配，应有利于尽快解决华侨农场历史遗留问题，推进华侨农场"体制融入地方、管理融入社会、经济融入市场"改革的实施。

（二）奖补结合。为推动各地早日解决华侨农场土地权属不清这一历史遗留问题，中央财政从今年开始，对各地土地确权登记办证工作给予补助。同时为保护各地改革的积极性，防止"鞭打快牛"，中央财政对已完成土地确权登记办证工作的华侨农场给予一定奖励。

（三）明确责任。按照《中华人民共和国土地管理法》、《中华人民共和

国土地管理法实施条例》（国务院令第 256 号）等法律法规，华侨农场土地确权登记办证费用应由土地使用者承担，考虑到农场目前的困难和今后的改革发展，中央和省（区）财政予以适当补助，原则上省（区）财政补助额不得低于中央财政。华侨农场要以中央和省（区）财政安排奖补资金为契机，积极依靠地方政府，大力推进农场体制改革。

（四）根据工作进展情况安排资金。中央财政根据有关省（区）资金落实（以省级财政下发补助资金文件为准）和土地确权登记办证工作进展（以向农场核发《国有土地使用证》为准）情况，下拨奖补资金。

二、资金安排及标准

华侨农场土地确权登记办证费用主要由农场负担，中央和省（区）财政适当补助。有关省（区）人民政府要根据中央财政奖补资金安排情况，及时落实补助资金，督促农场抓紧办理土地确权登记办证工作，明确工作进程。

对于有关省（区）从 2007 年 1 月 1 日开始积极办理华侨农场土地确权登记办证工作，中央财政将根据土地面积予以补助，补助资金标准为 5 元/亩。

对于有关省（区）在 2006 年 12 月 31 日以前已完成华侨农场土地确权登记办证工作的，为保护改革的积极性，中央财政将根据已完成确权登记办证的土地面积给予适当奖励，奖励资金标准为 4 元/亩。部分完成土地确权登记办证任务的农场，奖励资金应用于未完成土地确权登记办证工作的有关开支；全部完成土地确权登记办证任务的农场，奖励资金应用于农场的生产发展项目。

三、组织实施

华侨农场土地确权登记办证工作政策性强，难度大，容易产生纠纷。各地要加强对土地确权登记办证工作的领导，结合当地实际，制定具体管理办法和配套政策；要注意华侨群体的特殊性，维护华侨农场职工的合法权益；要适时做好舆论宣传工作，营造有利于改革的良好氛围。

各地要对土地确权登记办证工作的进展以及专项资金的使用管理情况加强监督检查。严禁弄虚作假、截留挪用。对违反规定的，将视情况扣减奖补资金。

四、本办法由财政部负责解释

土地登记办法

- 2007年11月28日国土资源部第5次部务会议审议通过
- 2008年2月1日施行

第一章 总 则

第一条 为规范土地登记行为，保护土地权利人的合法权益，根据《中华人民共和国物权法》、《中华人民共和国土地管理法》、《中华人民共和国城市房地产管理法》和《中华人民共和国土地管理法实施条例》，制定本办法。

第二条 本办法所称土地登记，是指将国有土地使用权、集体土地所有权、集体土地使用权和土地抵押权、地役权以及依照法律法规规定需要登记的其他土地权利记载于土地登记簿公示的行为。

前款规定的国有土地使用权，包括国有建设用地使用权和国有农用地使用权；集体土地使用权，包括集体建设用地使用权、宅基地使用权和集体农用地使用权（不含土地承包经营权）。

第三条 土地登记实行属地登记原则。

申请人应当依照本办法向土地所在地的县级以上人民政府国土资源行政主管部门提出土地登记申请，依法报县级以上人民政府登记造册，核发土地权利证书。但土地抵押权、地役权由县级以上人民政府国土资源行政主管部门登记，核发土地他项权利证明书。

跨县级行政区域使用的土地，应当报土地所跨区域各县级以上人民政府分别办理土地登记。

在京中央国家机关使用的土地，按照《在京中央国家机关用地土地登记办法》的规定执行。

第四条 国家实行土地登记人员持证上岗制度。从事土地权属审核和登记审查的工作人员，应当取得国务院国土资源行政主管部门颁发的土地登记上岗证书。

第二章　一般规定

第五条　土地以宗地为单位进行登记。

宗地是指土地权属界线封闭的地块或者空间。

第六条　土地登记应当依照申请进行，但法律、法规和本办法另有规定的除外。

第七条　土地登记应当由当事人共同申请，但有下列情形之一的，可以单方申请：

（一）土地总登记；

（二）国有土地使用权、集体土地所有权、集体土地使用权的初始登记；

（三）因继承或者遗赠取得土地权利的登记；

（四）因人民政府已经发生法律效力的土地权属争议处理决定而取得土地权利的登记；

（五）因人民法院、仲裁机构已经发生法律效力的法律文书而取得土地权利的登记；

（六）更正登记或者异议登记；

（七）名称、地址或者用途变更登记；

（八）土地权利证书的补发或者换发；

（九）其他依照规定可以由当事人单方申请的情形。

第八条　两个以上土地使用权人共同使用一宗土地的，可以分别申请土地登记。

第九条　申请人申请土地登记，应当根据不同的登记事项提交下列材料：

（一）土地登记申请书；

（二）申请人身份证明材料；

（三）土地权属来源证明；

（四）地籍调查表、宗地图及宗地界址坐标；

（五）地上附着物权属证明；

（六）法律法规规定的完税或者减免税凭证；

（七）本办法规定的其他证明材料。

前款第（四）项规定的地籍调查表、宗地图及宗地界址坐标，可以委托有资质的专业技术单位进行地籍调查获得。

申请人申请土地登记，应当如实向国土资源行政主管部门提交有关材料和反映真实情况，并对申请材料实质内容的真实性负责。

第十条 未成年人的土地权利，应当由其监护人代为申请登记。申请办理未成年人土地登记的，除提交本办法第九条规定的材料外，还应当提交监护人身份证明材料。

第十一条 委托代理人申请土地登记的，除提交本办法第九条规定的材料外，还应当提交授权委托书和代理人身份证明。

代理境外申请人申请土地登记的，授权委托书和被代理人身份证明应当经依法公证或者认证。

第十二条 对当事人提出的土地登记申请，国土资源行政主管部门应当根据下列情况分别作出处理：

（一）申请登记的土地不在本登记辖区的，应当当场作出不予受理的决定，并告知申请人向有管辖权的国土资源行政主管部门申请；

（二）申请材料存在可以当场更正的错误的，应当允许申请人当场更正；

（三）申请材料不齐全或者不符合法定形式的，应当当场或者在五日内一次告知申请人需要补正的全部内容；

（四）申请材料齐全、符合法定形式，或者申请人按照要求提交全部补正申请材料的，应当受理土地登记申请。

第十三条 国土资源行政主管部门受理土地登记申请后，认为必要的，可以就有关登记事项向申请人询问，也可以对申请登记的土地进行实地查看。

第十四条 国土资源行政主管部门应当对受理的土地登记申请进行审查，并按照下列规定办理登记手续：

（一）根据对土地登记申请的审核结果，以宗地为单位填写土地登记簿；

（二）根据土地登记簿的相关内容，以权利人为单位填写土地归户卡；

（三）根据土地登记簿的相关内容，以宗地为单位填写土地权利证书。对共有一宗土地的，应当为两个以上土地权利人分别填写土地权利证书。

国土资源行政主管部门在办理土地所有权和土地使用权登记手续前，应当报经同级人民政府批准。

第十五条 土地登记簿是土地权利归属和内容的根据。土地登记簿应当载明下列内容：

（一）土地权利人的姓名或者名称、地址；

（二）土地的权属性质、使用权类型、取得时间和使用期限、权利以及内容变化情况；

（三）土地的坐落、界址、面积、宗地号、用途和取得价格；

（四）地上附着物情况。

土地登记簿应当加盖人民政府印章。

土地登记簿采用电子介质的，应当每天进行异地备份。

第十六条 土地权利证书是土地权利人享有土地权利的证明。

土地权利证书记载的事项，应当与土地登记簿一致；记载不一致的，除有证据证明土地登记簿确有错误外，以土地登记簿为准。

第十七条 土地权利证书包括：

（一）国有土地使用证；

（二）集体土地所有证；

（三）集体土地使用证；

（四）土地他项权利证明书。

国有建设用地使用权和国有农用地使用权在国有土地使用证上载明；集体建设用地使用权、宅基地使用权和集体农用地使用权在集体土地使用证上载明；土地抵押权和地役权可以在土地他项权利证明书上载明。

土地权利证书由国务院国土资源行政主管部门统一监制。

第十八条 有下列情形之一的，不予登记：

（一）土地权属有争议的；

（二）土地违法违规行为尚未处理或者正在处理的；

（三）未依法足额缴纳土地有偿使用费和其他税费的；

（四）申请登记的土地权利超过规定期限的；

（五）其他依法不予登记的。

不予登记的，应当书面告知申请人不予登记的理由。

第十九条　国土资源行政主管部门应当自受理土地登记申请之日起二十日内，办结土地登记审查手续。特殊情况需要延期的，经国土资源行政主管部门负责人批准后，可以延长十日。

第二十条　土地登记形成的文件资料，由国土资源行政主管部门负责管理。

土地登记申请书、土地登记审批表、土地登记归户卡和土地登记簿的式样，由国务院国土资源行政主管部门规定。

第三章　土地总登记

第二十一条　本办法所称土地总登记，是指在一定时间内对辖区内全部土地或者特定区域内土地进行的全面登记。

第二十二条　土地总登记应当发布通告。通告的主要内容包括：

（一）土地登记区的划分；

（二）土地登记的期限；

（三）土地登记收件地点；

（四）土地登记申请人应当提交的相关文件材料；

（五）需要通告的其他事项。

第二十三条　对符合总登记要求的宗地，由国土资源行政主管部门予以公告。公告的主要内容包括：

（一）土地权利人的姓名或者名称、地址；

（二）准予登记的土地坐落、面积、用途、权属性质、使用权类型和使用期限；

（三）土地权利人及其他利害关系人提出异议的期限、方式和受理机构；

（四）需要公告的其他事项。

第二十四条　公告期满，当事人对土地总登记审核结果无异议或者异议不成立的，由国土资源行政主管部门报经人民政府批准后办理登记。

第四章　初始登记

第二十五条　本办法所称初始登记，是指土地总登记之外对设立的土地权利进行的登记。

第二十六条　依法以划拨方式取得国有建设用地使用权的，当事人应当持县级以上人民政府的批准用地文件和国有土地划拨决定书等相关证明材料，申请划拨国有建设用地使用权初始登记。

新开工的大中型建设项目使用划拨国有土地的，还应当提供建设项目竣工验收报告。

第二十七条　依法以出让方式取得国有建设用地使用权的，当事人应当在付清全部国有土地出让价款后，持国有建设用地使用权出让合同和土地出让价款缴纳凭证等相关证明材料，申请出让国有建设用地使用权初始登记。

第二十八条　划拨国有建设用地使用权已依法转为出让国有建设用地使用权的，当事人应当持原国有土地使用证、出让合同及土地出让价款缴纳凭证等相关证明材料，申请出让国有建设用地使用权初始登记。

第二十九条　依法以国有土地租赁方式取得国有建设用地使用权的，当事人应当持租赁合同和土地租金缴纳凭证等相关证明材料，申请租赁国有建设用地使用权初始登记。

第三十条　依法以国有土地使用权作价出资或者入股方式取得国有建设用地使用权的，当事人应当持原国有土地使用证、土地使用权出资或者入股批准文件和其他相关证明材料，申请作价出资或者入股国有建设用地使用权初始登记。

第三十一条　以国家授权经营方式取得国有建设用地使用权的，当事人应当持原国有土地使用证、土地资产处置批准文件和其他相关证明材料，申请授权经营国有建设用地使用权初始登记。

第三十二条　农民集体土地所有权人应当持集体土地所有权证明材料，申请集体土地所有权初始登记。

第三十三条　依法使用本集体土地进行建设的，当事人应当持有批准权的人民政府的批准用地文件，申请集体建设用地使用权初始登记。

第三十四条　集体土地所有权人依法以集体建设用地使用权入股、联营等形式兴办企业的，当事人应当持有批准权的人民政府的批准文件和相关合同，申请集体建设用地使用权初始登记。

第三十五条　依法使用本集体土地进行农业生产的，当事人应当持农用地使用合同,申请集体农用地使用权初始登记。

第三十六条 依法抵押土地使用权的,抵押权人和抵押人应当持土地权利证书、主债权债务合同、抵押合同以及相关证明材料,申请土地使用权抵押登记。

同一宗地多次抵押的,以抵押登记申请先后为序办理抵押登记。

符合抵押登记条件的,国土资源行政主管部门应当将抵押合同约定的有关事项在土地登记簿和土地权利证书上加以记载,并向抵押权人颁发土地他项权利证明书。申请登记的抵押为最高额抵押的,应当记载所担保的最高债权额、最高额抵押的期间等内容。

第三十七条 在土地上设定地役权后,当事人申请地役权登记的,供役地权利人和需役地权利人应当向国土资源行政主管部门提交土地权利证书和地役权合同等相关证明材料。

符合地役权登记条件的,国土资源行政主管部门应当将地役权合同约定的有关事项分别记载于供役地和需役地的土地登记簿和土地权利证书,并将地役权合同保存于供役地和需役地的宗地档案中。

供役地、需役地分属不同国土资源行政主管部门管辖的,当事人可以向负责供役地登记的国土资源行政主管部门申请地役权登记。负责供役地登记的国土资源行政主管部门完成登记后,应当通知负责需役地登记的国土资源行政主管部门,由其记载于需役地的土地登记簿。

第五章 变更登记

第三十八条 本办法所称变更登记,是指因土地权利人发生改变,或者因土地权利人姓名或者名称、地址和土地用途等内容发生变更而进行的登记。

第三十九条 依法以出让、国有土地租赁、作价出资或者入股方式取得的国有建设用地使用权转让的,当事人应当持原国有土地使用证和土地权利发生转移的相关证明材料,申请国有建设用地使用权变更登记。

第四十条 因依法买卖、交换、赠与地上建筑物、构筑物及其附属设施涉及建设用地使用权转移的,当事人应当持原土地权利证书、变更后的房屋所有权证书及土地使用权发生转移的相关证明材料,申请建设用地使用权变更登记。涉及划拨土地使用权转移的，当事人还应当提供有批准权人民政府的批准文件。

第四十一条 因法人或者其他组织合并、分立、兼并、破产等原因致使土地使用权发生转移的，当事人应当持相关协议及有关部门的批准文件、原土地权利证书等相关证明材料，申请土地使用权变更登记。

第四十二条 因处分抵押财产而取得土地使用权的，当事人应当在抵押财产处分后，持相关证明文件，申请土地使用权变更登记。

第四十三条 土地使用权抵押期间，土地使用权依法发生转让的，当事人应当持抵押权人同意转让的书面证明、转让合同及其他相关证明材料，申请土地使用权变更登记。

已经抵押的土地使用权转让后，当事人应当持土地权利证书和他项权利证明书，办理土地抵押权变更登记。

第四十四条 经依法登记的土地抵押权因主债权被转让而转让的，主债权的转让人和受让人可以持原土地他项权利证明书、转让协议、已经通知债务人的证明等相关证明材料，申请土地抵押权变更登记。

第四十五条 因人民法院、仲裁机构生效的法律文书或者因继承、受遗赠取得土地使用权，当事人申请登记的，应当持生效的法律文书或者死亡证明、遗嘱等相关证明材料，申请土地使用权变更登记。

权利人在办理登记之前先行转让该土地使用权或者设定土地抵押权的，应当依照本办法先将土地权利申请登记到其名下后，再申请办理土地权利变更登记。

第四十六条 已经设定地役权的土地使用权转移后，当事人申请登记的，供役地权利人和需役地权利人应当持变更后的地役权合同及土地权利证书等相关证明材料，申请办理地役权变更登记。

第四十七条 土地权利人姓名或名称、地址发生变化的，当事人应当持原土地权利证书等相关证明材料，申请姓名或者名称、地址变更登记。

第四十八条 土地的用途发生变更的，当事人应当持有关批准文件和原土地权利证书，申请土地用途变更登记。

土地用途变更依法需要补交土地出让价款的，当事人还应当提交已补交土地出让价款的缴纳凭证。

第六章 注销登记

第四十九条 本办法所称注销登记，是指因土地权利的消灭等而进行的登记。

第五十条 有下列情形之一的，可直接办理注销登记：

（一）依法收回的国有土地；

（二）依法征收的农民集体土地；

（三）因人民法院、仲裁机构的生效法律文书致使原土地权利消灭，当事人未办理注销登记的。

第五十一条 因自然灾害等原因造成土地权利消灭的，原土地权利人应当持原土地权利证书及相关证明材料，申请注销登记。

第五十二条 非住宅国有建设用地使用权期限届满，国有建设用地使用权人未申请续期或者申请续期未获批准的，当事人应当在期限届满前十五日内，持原土地权利证书，申请注销登记。

第五十三条 已经登记的土地抵押权、地役权终止的，当事人应当在该土地抵押权、地役权终止之日起十五日内，持相关证明文件，申请土地抵押权、地役权注销登记。

第五十四条 当事人未按照本办法第五十一条、第五十二条和第五十三条的规定申请注销登记的，国土资源行政主管部门应当责令当事人限期办理；逾期不办理的，进行注销公告，公告期满后可直接办理注销登记。

第五十五条 土地抵押期限届满，当事人未申请土地使用权抵押注销登记的，除设定抵押权的土地使用权期限届满外，国土资源行政主管部门不得直接注销土地使用权抵押登记。

第五十六条 土地登记注销后，土地权利证书应当收回；确实无法收回的，应当在土地登记簿上注明，并经公告后废止。

第七章 其他登记

第五十七条 本办法所称其他登记，包括更正登记、异议登记、预告登记和查封登记。

第五十八条　国土资源行政主管部门发现土地登记簿记载的事项确有错误的，应当报经人民政府批准后进行更正登记，并书面通知当事人在规定期限内办理更换或者注销原土地权利证书的手续。当事人逾期不办理的，国土资源行政主管部门报经人民政府批准并公告后，原土地权利证书废止。

　　更正登记涉及土地权利归属的，应当对更正登记结果进行公告。

　　第五十九条　土地权利人认为土地登记簿记载的事项错误的，可以持原土地权利证书和证明登记错误的相关材料，申请更正登记。

　　利害关系人认为土地登记簿记载的事项错误的，可以持土地权利人书面同意更正的证明文件，申请更正登记。

　　第六十条　土地登记簿记载的权利人不同意更正的，利害关系人可以申请异议登记。

　　对符合异议登记条件的，国土资源行政主管部门应当将相关事项记载于土地登记簿，并向申请人颁发异议登记证明，同时书面通知土地登记簿记载的土地权利人。

　　异议登记期间，未经异议登记权利人同意，不得办理土地权利的变更登记或者设定土地抵押权。

　　第六十一条　有下列情形之一的，异议登记申请人或者土地登记簿记载的土地权利人可以持相关材料申请注销异议登记：

　　（一）异议登记申请人在异议登记之日起十五日内没有起诉的；

　　（二）人民法院对异议登记申请人的起诉不予受理的；

　　（三）人民法院对异议登记申请人的诉讼请求不予支持的。

　　异议登记失效后，原申请人就同一事项再次申请异议登记的，国土资源行政主管部门不予受理。

　　第六十二条　当事人签订土地权利转让的协议后，可以按照约定持转让协议申请预告登记。

　　对符合预告登记条件的，国土资源行政主管部门应当将相关事项记载于土地登记簿，并向申请人颁发预告登记证明。

　　预告登记后，债权消灭或者自能够进行土地登记之日起三个月内当事人未申请土地登记的，预告登记失效。

预告登记期间，未经预告登记权利人同意，不得办理土地权利的变更登记或者土地抵押权、地役权登记。

第六十三条 国土资源行政主管部门应当根据人民法院提供的查封裁定书和协助执行通知书，报经人民政府批准后将查封或者预查封的情况在土地登记簿上加以记载。

第六十四条 国土资源行政主管部门在协助人民法院执行土地使用权时，不对生效法律文书和协助执行通知书进行实体审查。国土资源行政主管部门认为人民法院的查封、预查封裁定书或者其他生效法律文书错误的，可以向人民法院提出审查建议，但不得停止办理协助执行事项。

第六十五条 对被执行人因继承、判决或者强制执行取得，但尚未办理变更登记的土地使用权的查封，国土资源行政主管部门依照执行查封的人民法院提交的被执行人取得财产所依据的继承证明、生效判决书或者执行裁定书及协助执行通知书等，先办理变更登记手续后，再行办理查封登记。

第六十六条 土地使用权在预查封期间登记在被执行人名下的，预查封登记自动转为查封登记。

第六十七条 两个以上人民法院对同一宗土地进行查封的，国土资源行政主管部门应当为先送达协助执行通知书的人民法院办理查封登记手续，对后送达协助执行通知书的人民法院办理轮候查封登记，并书面告知其该土地使用权已被其他人民法院查封的事实及查封的有关情况。

轮候查封登记的顺序按照人民法院送达协助执行通知书的时间先后进行排列。查封法院依法解除查封的，排列在先的轮候查封自动转为查封；查封法院对查封的土地使用权全部处理的，排列在后的轮候查封自动失效；查封法院对查封的土地使用权部分处理的，对剩余部分，排列在后的轮候查封自动转为查封。

预查封的轮候登记参照本条第一款和第二款的规定办理。

第六十八条 查封、预查封期限届满或者人民法院解除查封的，查封、预查封登记失效，国土资源行政主管部门应当注销查封、预查封登记。

第六十九条 对被人民法院依法查封、预查封的土地使用权，在查封、预查封期间，不得办理土地权利的变更登记或者土地抵押权、地役权登记。

第八章　土地权利保护

第七十条　依法登记的国有土地使用权、集体土地所有权、集体土地使用权和土地抵押权、地役权受法律保护，任何单位和个人不得侵犯。

第七十一条　县级以上人民政府国土资源行政主管部门应当加强土地登记结果的信息系统和数据库建设，实现国家和地方土地登记结果的信息共享和异地查询。

第七十二条　国家实行土地登记资料公开查询制度。土地权利人、利害关系人可以申请查询土地登记资料，国土资源行政主管部门应当提供。

土地登记资料的公开查询，依照《土地登记资料公开查询办法》的规定执行。

第九章　法律责任

第七十三条　当事人伪造土地权利证书的，由县级以上人民政府国土资源行政主管部门依法没收伪造的土地权利证书；情节严重构成犯罪的，依法追究刑事责任。

第七十四条　国土资源行政主管部门工作人员在土地登记工作中玩忽职守、滥用职权、徇私舞弊的，依法给予行政处分；构成犯罪的，依法追究刑事责任。

第十章　附　　则

第七十五条　经省、自治区、直辖市人民政府确定，县级以上地方人民政府由一个部门统一负责土地和房屋登记工作的，其房地产登记中有关土地登记的内容应当符合本办法的规定，其房地产权证书的内容和式样应当报国务院国土资源行政主管部门核准。

第七十六条　土地登记中依照本办法需要公告的，应当在人民政府或者国土资源行政主管部门的门户网站上进行公告。

第七十七条　土地权利证书灭失、遗失的，土地权利人应当在指定媒体上刊登灭失、遗失声明后，方可申请补发。补发的土地权利证书应当注明

"补发"字样。

第七十八条　本办法自 2008 年 2 月 1 日起施行。

土地调查条例实施办法

- 2009 年 5 月 31 日国土资源部第 9 次部务会议审议通过
- 2009 年 6 月 17 日公布施行

第一章　总　　则

第一条　为保证土地调查的有效实施，根据《土地调查条例》（以下简称条例），制定本办法。

第二条　土地调查是指对土地的地类、位置、面积、分布等自然属性和土地权属等社会属性及其变化情况，以及基本农田状况进行的调查、监测、统计、分析的活动。

第三条　土地调查包括全国土地调查、土地变更调查和土地专项调查。

全国土地调查，是指国家根据国民经济和社会发展需要，对全国城乡各类土地进行的全面调查。

土地变更调查，是指在全国土地调查的基础上，根据城乡土地利用现状及权属变化情况，随时进行城镇和村庄地籍变更调查和土地利用变更调查，并定期进行汇总统计。

土地专项调查，是指根据国土资源管理需要，在特定范围、特定时间内对特定对象进行的专门调查，包括耕地后备资源调查、土地利用动态遥感监测和勘测定界等。

第四条　全国土地调查，由国务院全国土地调查领导小组统一组织，县级以上人民政府土地调查领导小组遵照要求实施。

土地变更调查，由国土资源部会同有关部门组织，县级以上国土资源行政主管部门会同有关部门实施。

土地专项调查，由县级以上国土资源行政主管部门组织实施。

第五条　县级以上地方国土资源行政主管部门应当配合同级财政部门，

根据条例规定落实地方人民政府土地调查所需经费。必要时，可以与同级财政部门共同制定土地调查经费从新增建设用地土地有偿使用费、国有土地使用权有偿出让收入等土地收益中列支的管理办法。

第六条 在土地调查工作中作出突出贡献的单位和个人，由有关国土资源行政主管部门按照国家规定给予表彰或者奖励。

第二章 土地调查机构及人员

第七条 国务院全国土地调查领导小组办公室设在国土资源部，县级以上地方人民政府土地调查领导小组办公室设在同级国土资源行政主管部门。

县级以上国土资源行政主管部门应当明确专门机构和人员，具体负责土地变更调查和土地专项调查等工作。

第八条 土地调查人员包括县级以上国土资源行政主管部门和相关部门的工作人员，有关事业单位的人员以及承担土地调查任务单位的人员。

第九条 土地调查人员应当经过省级以上国土资源行政主管部门组织的业务培训，通过全国统一的土地调查人员考核，领取土地调查员工作证。

已取得国土资源部、人力资源和社会保障部联合颁发的土地登记代理人资格证书的人员，可以直接申请取得土地调查员工作证。

土地调查员工作证由国土资源部统一制发，按照规定统一编号管理。

第十条 承担国家级土地调查任务的单位，应当符合条例第十三条的规定，并具备以下条件：

（一）近三年内有累计合同额1000万元以上，经县级以上国土资源行政主管部门验收合格的土地调查项目；

（二）有专门的质量检验机构和专职质量检验人员，有完善有效的土地调查成果质量保证制度；

（三）近三年内无土地调查成果质量不良记录；

（四）取得土地调查员工作证的技术人员不少于20名；

（五）国土资源部规章、规范性文件规定的其他条件。

第十一条 申请列入国家级土地调查单位名录的单位，应当向国土资源部提出申请。经审核符合条例第十三条和本办法第十条规定的，由国土资源部列入国家级土地调查单位名录并公布。

列入国家级土地调查单位名录的单位，可以在全国范围内承担土地调查任务。

各省、自治区、直辖市国土资源行政主管部门可以参照本办法规定，确定并公布省级土地调查单位名录。

第十二条　土地调查单位名录实行动态管理，定期公布。

第十三条　各级国土资源行政主管部门应当根据土地调查单位名录，选取符合条件的土地调查单位承担土地调查任务。

第三章　土地调查的组织实施

第十四条　开展全国土地调查，由国土资源部会同有关部门在开始前一年度拟订全国土地调查总体方案，报国务院批准后实施。

全国土地调查总体方案应当包括调查的主要任务、时间安排、经费落实、数据要求、成果公布等内容。

第十五条　县级以上地方国土资源行政主管部门应当会同同级有关部门，根据全国土地调查总体方案和上级土地调查实施方案的要求，拟定本行政区域的土地调查实施方案，报上一级国土资源行政主管部门会同同级有关部门核准后施行。

第十六条　土地变更调查由国土资源部统一部署，以县级行政区为单位组织实施。

县级以上国土资源行政主管部门应当按照国家统一要求，组织实施土地变更调查，保持调查成果的现势性和准确性。

第十七条　土地变更调查中的城镇和村庄地籍变更调查，应当根据土地权属等变化情况，以宗地为单位，随时调查，及时变更地籍图件和数据库。

第十八条　土地变更调查中的土地利用变更调查，应当以全国土地调查和上一年度土地变更调查结果为基础，全面查清本年度本行政区域内土地利用状况变化情况，更新土地利用现状图件和土地利用数据库，逐级汇总上报各类土地利用变化数据。

土地利用变更调查的统一时点为每年12月31日。

第十九条 土地变更调查，包括下列内容：

（一）行政和权属界线变化状况；

（二）土地所有权和使用权变化情况；

（三）地类变化情况；

（四）基本农田位置、数量变化情况；

（五）国土资源部规定的其他内容。

第二十条 土地专项调查由县级以上国土资源行政主管部门组织实施，专项调查成果报上一级国土资源行政主管部门备案。

全国性的土地专项调查，由国土资源部组织实施。

第二十一条 土地调查应当执行国家统一的土地利用现状分类标准、技术规程和国土资源部的有关规定，保证土地调查数据的统一性和准确性。

第二十二条 上级国土资源行政主管部门应当加强对下级国土资源行政主管部门土地调查工作的指导，并定期组织人员进行监督检查，及时掌握土地调查进度，研究解决土地调查中的问题。

第二十三条 县级以上国土资源行政主管部门应当建立土地调查进度的动态通报制度。

上级国土资源行政主管部门应当根据全国土地调查、土地变更调查和土地专项调查确定的工作时限，定期通报各地工作的完成情况，对工作进度缓慢的地区，进行重点督导和检查。

第二十四条 从事土地调查的单位和个人，应当遵守国家有关保密的法律法规和规定。

第四章 调查成果的公布和应用

第二十五条 土地调查成果包括数据成果、图件成果、文字成果和数据库成果。

土地调查数据成果，包括各类土地分类面积数据、不同权属性质面积数据、基本农田面积数据和耕地坡度分级面积数据等。

土地调查图件成果，包括土地利用现状图、地籍图、宗地图、基本农田分布图、耕地坡度分级专题图等。

土地调查文字成果，包括土地调查工作报告、技术报告、成果分析报告和其他专题报告等。

土地调查数据库成果，包括土地利用数据库和地籍数据库等。

第二十六条 县级以上国土资源行政主管部门应当按照要求和有关标准完成数据处理、文字报告编写等成果汇总统计工作。

第二十七条 土地调查成果实行逐级汇交制度。

县级以上地方国土资源行政主管部门应当将土地调查形成的数据成果、图件成果、文字成果和数据库成果汇交上一级国土资源行政主管部门汇总。

土地调查成果汇总的内容主要包括数据汇总、图件编制、文字报告编写和成果分析等。

第二十八条 全国土地调查成果的检查验收，由各级土地调查领导小组办公室按照下列程序进行：

（一）县级组织调查单位和相关部门，对调查成果进行全面自检，形成自检报告，报市（地）级复查；

（二）市（地）级复查合格后，向省级提出预检申请；

（三）省级对调查成果进行全面检查，验收合格后上报；

（四）全国土地调查领导小组办公室对成果进行核查，根据需要对重点区域、重点地类进行抽查，形成确认意见。

第二十九条 全国土地调查成果的公布，依照条例第二十五条规定进行。

土地变更调查成果，由各级国土资源行政主管部门报本级人民政府批准后，按照国家、省、市、县的顺序依次公布。

土地专项调查成果，由有关国土资源行政主管部门公布。

第三十条 土地调查上报的成果质量实行分级负责制。县级以上国土资源行政主管部门应当对本级上报的调查成果认真核查，确保调查成果的真实、准确。

上级国土资源行政主管部门应当定期对下级国土资源行政主管部门的土地调查成果质量进行监督。

第三十一条 经依法公布的土地调查成果，是编制国民经济和社会发展规划、有关专项规划以及国土资源管理的基础和依据。

建设用地报批、土地整治项目立项以及其他需要使用土地基础数据与图件资料的活动，应当以国家确认的土地调查成果为基础依据。

各级土地利用总体规划修编，应当以经国家确定的土地调查成果为依据，校核规划修编基数。

第五章　法律责任

第三十二条　接受土地调查的单位和个人违反条例第十七条的规定，无正当理由不履行现场指界义务的，由县级以上人民政府国土资源行政主管部门责令限期改正，逾期不改正的，依照条例第三十二条的规定进行处罚。

第三十三条　承担土地调查任务的单位有下列情形之一的，县级以上国土资源行政主管部门应当责令限期改正，逾期不改正的，终止土地调查任务，该单位五年内不得列入土地调查单位名录：

（一）在土地调查工作中弄虚作假的；

（二）无正当理由，未按期完成土地调查任务的；

（三）土地调查成果有质量问题，造成严重后果的。

第三十四条　承担土地调查任务的单位不符合条例第十三条和本办法第十条规定的相关条件，弄虚作假，骗取土地调查任务的，县级以上国土资源行政主管部门应当终止该单位承担的土地调查任务，并不再将该单位列入土地调查单位名录。

第三十五条　土地调查人员违反条例第三十一条规定的，由国土资源部注销土地调查员工作证，不得再次参加土地调查人员考核。

第三十六条　国土资源行政主管部门工作人员在土地调查工作中玩忽职守、滥用职权、徇私舞弊，构成犯罪的，依法追究刑事责任；尚不构成犯罪的，依法给予行政处分。

第六章　附　　则

第三十七条　本办法自公布之日起施行。

关于农村集体土地确权登记发证的若干意见

- 2011 年 11 月 12 日国土资源部、中央农村工作领导小组办公室、财政部、农业部通过
- 2011 年 11 月 12 日公布施行

各省、自治区、直辖市及副省级城市国土资源主管部门、农办（农工部、农委、农工委、农牧办）、财政厅（局）、农业（农牧、农村经济）厅（局、委、办），新疆生产建设兵团国土资源局、财务局、农业局，解放军土地管理局：

为切实落实《中共中央 国务院关于加大统筹城乡发展力度进一步夯实农业农村发展基础的若干意见》（中发〔2010〕1 号），国土资源部、财政部、农业部联合下发了《关于加快推进农村集体土地确权登记发证工作的通知》（国土资发〔2011〕60 号），进一步规范和加快推进农村集体土地确权登记发证工作，现提出以下意见：

一、明确农村集体土地确权登记发证的范围

农村集体土地确权登记发证是对农村集体土地所有权和集体土地使用权等土地权利的确权登记发证。农村集体土地使用权包括宅基地使用权、集体建设用地使用权等。农村集体土地所有权确权登记发证要覆盖到全部农村范围内的集体土地，包括属于农民集体所有的建设用地、农用地和未利用地，不得遗漏。

二、依法依规开展农村集体土地确权登记发证工作

按照《中华人民共和国物权法》、《中华人民共和国土地管理法》、《土地登记办法》、《土地权属争议调查处理办法》、《确定土地所有权和使用权的若

干规定》等有关法律政策文件以及地方性法规、规章的规定，本着尊重历史、注重现实、有利生产生活、促进社会和谐稳定的原则，在全国土地调查成果以及年度土地利用变更调查成果基础上，依法有序开展确权登记发证工作。

农村集体土地确权登记依据的文件资料包括：人民政府或者有关行政主管部门的批准文件、处理决定；县级以上人民政府国土资源行政主管部门的调解书；人民法院生效的判决、裁定或者调解书；当事人之间依法达成的协议；履行指界程序形成的地籍调查表、土地权属界线协议书等地籍调查成果；法律、法规等规定的其他文件等。

三、加快农村地籍调查工作

各地应以"权属合法、界址清楚、面积准确"为原则，依据《土地利用现状分类》（GB/T 21010—2007）、《集体土地所有权调查技术规定》、《城镇地籍调查规程》等相关技术规定和标准，充分利用全国土地调查等已有成果，以大比例尺地籍调查成果为基础，查清农村每一宗土地的权属、界址、面积和用途（地类）等，按照统一的宗地编码模式，形成完善的地籍调查成果，为农村集体土地确权登记发证提供依据。同时，要注意做好变更地籍调查及变更登记，保持地籍成果的现势性。

凡有条件的地区，农村集体土地所有权宗地地籍调查应采用解析法实测界址点坐标并计算宗地面积；条件不具备的地区，可以全国土地调查成果为基础，核实并确定权属界线，对界址走向进行详细描述，采用图上量算或数据库计算的方法计算宗地面积。农村集体土地所有权宗地图和地籍图比例尺不小于1∶10000。牧区等特殊地区在报经省级国土资源主管部门同意后，地籍图比例尺可以放宽至1∶50000。

宅基地使用权、集体建设用地使用权宗地地籍调查，应采用解析法实测界址点坐标和计算宗地面积，宗地图和地籍图比例尺不小于1∶2000。使用勘丈法等其他方法已发证的宅基地、集体建设用地，在变更登记时，应采用解析法重新测量并计算宗地面积。

四、把农村集体土地所有权确认到每个具有所有权的农民集体

确定农村集体土地所有权主体遵循"主体平等"和"村民自治"的原

则，按照乡（镇）、村和村民小组农民集体三类所有权主体，将农村集体土地所有权确认到每个具有所有权的农民集体。凡是村民小组（原生产队）土地权属界线存在的，土地应确认给村民小组农民集体所有，发证到村民小组农民集体；对于村民小组（原生产队）土地权属界线不存在、并得到绝大多数村民认可的，应本着尊重历史、承认现实的原则，对这部分土地承认现状，明确由村农民集体所有；属于乡（镇）农民集体所有的，土地所有权应依法确认给乡（镇）农民集体。

属于村民小组集体所有的土地应当由其集体经济组织或村民小组依法申请登记并持有土地权利证书。对于村民小组组织机构不健全的，可以由村民委员会代为申请登记、保管土地权利证书。

涉及依法"合村并组"的，"合村并组"后土地所有权主体保持不变的，所有权仍然确权给原农民集体；"合村并组"后土地所有权主体发生变化、并得到绝大多数村民认可的，履行集体土地所有权变更的法定程序后，按照变化后的主体确定集体土地所有权，并在土地登记簿和土地证书上备注各原农民集体的土地面积。

涉及依法开展城乡建设用地增减挂钩试点和农村土地整治的，原则上应维持原有土地权属不变；依法调整土地的，按照调整协议确定集体土地权利归属，并依法及时办理土地变更登记手续。

对于"撤村建居"后，未征收的原集体土地，只调查统计，不登记发证。调查统计时在新建单位名称后载明原农民集体名称。

在土地登记簿的"权利人"和土地证书的"土地所有权人"一栏，集体土地所有权主体按"××组（村、乡）农民集体"填写。

五、依法明确农村集体土地所有权主体代表

属于村农民集体所有的，由村集体经济组织或者村民委员会受本农民集体成员的委托行使所有权；分别属于村内两个以上农民集体所有的，由村内各该集体经济组织或者村民小组代表集体行使所有权；属于乡镇农民集体所有的，由乡镇集体经济组织代表集体行使所有权；没有乡（镇）农民集体经济组织的，乡（镇）集体土地所有权由乡（镇）政府代管。在办理土地确权登记手续时，由农民集体所有权主体代表申请办理。

集体经济组织的具体要求和形式,可以由各省(区、市)根据本地有关规定和实际情况依法确定。

六、严格规范确认宅基地使用权主体

宅基地使用权应该按照当地省级人民政府规定的面积标准,依法确认给本农民集体成员。非本农民集体的农民,因地质灾害防治、新农村建设、移民安置等集中迁建,在符合当地规划的前提下,经本农民集体大多数成员同意并经有权机关批准异地建房的,可按规定确权登记发证。已拥有一处宅基地的本农民集体成员、非本农民集体成员的农村或城镇居民,因继承房屋占用农村宅基地的,可按规定登记发证,在《集体土地使用证》记事栏应注记"该权利人为本农民集体原成员住宅的合法继承人"。非农业户口居民(含华侨)原在农村合法取得的宅基地及房屋,房屋产权没有变化的,经该农民集体出具证明并公告无异议的,可依法办理土地登记,在《集体土地使用证》记事栏应注记"该权利人为非本农民集体成员"。

对于没有权属来源证明的宅基地,应当查明土地历史使用情况和现状,由村委会出具证明并公告 30 天无异议,经乡(镇)人民政府审核,报县级人民政府审定,属于合法使用的,确定宅基地使用权。

七、按照不同的历史阶段对超面积的宅基地进行确权登记发证

1982 年《村镇建房用地管理条例》实施前,农村村民建房占用的宅基地,在《村镇建房用地管理条例》实施后至今未扩大用地面积的,可以按现有实际使用面积进行确权登记;1982 年《村镇建房用地管理条例》实施起至 1987 年《土地管理法》实施时止,农村村民建房占用的宅基地,超过当地规定的面积标准的,超过部分按当时国家和地方有关规定处理后,可以按实际使用面积进行确权登记;1987 年《土地管理法》实施后,农村村民建房占用的宅基地,超过当地规定的面积标准的,按照实际批准面积进行确权登记。其面积超过各地规定标准的,可在土地登记簿和土地权利证书记事栏内注明超过标准的面积,待以后分户建房或现有房屋拆迁、改建、翻建、政府依法实施规划重新建设时,按有关规定作出处理,并按照各地规定的面积标准重新进行确权登记。

八、认真做好集体建设用地的确权登记发证工作

村委会办公室、医疗教育卫生等公益事业和公共设施用地、乡镇企业用地及其他经依法批准用于非住宅建设的集体土地,应当依法进行确权登记发证,确认集体建设用地使用权。将集体土地使用权依法确认到每个权利主体。凡依法使用集体建设用地的单位或个人应申请确权登记。

对于没有权属来源证明的集体建设用地,应查明土地历史使用情况和现状,认定合法使用的,由村委会出具证明并公告30天无异议的,经乡(镇)人民政府审核,报县级人民政府审批,确权登记发证。

九、妥善处理农村违法宅基地和集体建设用地问题

违法宅基地和集体建设用地必须依法依规处理后方可登记。对于违法宅基地和集体建设用地,应当查明土地历史使用情况和现状,对符合土地利用总体规划与村镇规划以及有关用地政策的,依法补办用地批准手续后,进行登记发证。

十、严格规范农村集体土地确权登记发证行为

结合全国土地登记规范化检查工作,全面加强土地登记规范化建设。严格禁止搞虚假土地登记,严格禁止对违法用地未经依法处理就登记发证。对于借户籍管理制度改革或者擅自通过"村改居"等方式非经法定征收程序将农民集体所有土地转为国有土地、农村集体经济组织非法出让或出租集体土地用于非农业建设、城镇居民在农村购置宅基地、农民住宅或"小产权房"等违法用地,不得登记发证。对于不依法依规进行土地确权登记发证或登记不规范造成严重后果的,严肃追究有关人员责任。

十一、加强土地权属争议调处

各地要从机构建设、队伍建设、经费保障、规范程序等各方面,切实采取有力措施,建立健全土地权属争议调处机制,妥善处理农村集体土地权属争议。

十二、规范完善已有土地登记资料

严格按照有关法律、法规和政策规定,全面核查整理和完善已有土地登记资料。凡是已经登记发证的宗地缺失资料以及不规范的,尽快补正完善;对于发现登记错误的,及时予以更正。各地要做好农村集体土地登记资料的收集整理工作,保证登记资料的全面、完整和规范。各地要进一步建立健全有关制度和标准，统一规范管理土地登记资料。

十三、推进农村集体土地登记信息化

要参照《城镇地籍数据库标准》（TD/T 1015—2007）等技术标准，积极推进农村集体土地登记数据库建设，进一步完善地籍信息系统。在此基础上，稳步推进全国土地登记信息动态监管查询系统建设，提升土地监管能力和社会化服务水平，为参与宏观调控提供支撑，有效发挥土地登记成果资料服务经济社会发展的积极作用。

各省（区、市）可根据当地实际情况，细化制定农村集体土地确权登记的具体工作程序和政策。

关于对虾岭头西南面争议的土地确权如何适用法律问题的复函

- 1995 年 2 月 24 日国家土地管理局回复
- 1995 年 2 月 24 日施行

广西壮族自治区法制局：

你局关于广西灵山县太平镇那马生产队与钦州市那香乡田西生产队争议的五亩土地确权如何适用法律问题的来函收悉。经研究，现答复如下：

一、该争议地虽位于农村，且周围的土地在土改、合作化、"四固定"等几个时期已分配并确权给生产队集体所有，但不能以此作为确定其为集体土地的依据。另外，一九六二年《人民公社工作条例》发布时，该争议地尚未开发，也从未将其明确划分到附近某个生产队，不属于"生产队范围内的土地"，不应适用该《条例》第二十一条。因此，不宜将该争议地确定为集体所有土地。

二、该争议地在土改、合作化期间均未进行分配，"四固定"期间也没有确权为集体土地。一九六五年那香大队专业队开垦种茶也是在没有取得集体土地所有权的情况下使用该地，并没有为此而取得该地集体土地所有权。

因此，应适用《中华人民共和国土地管理法实施条例》第三条第（三）项"国家未确定为集体所有的林地、草地、山岭、荒地、滩涂、河滩地以及其他土地"属于全民所有即国家所有的规定和国家土地管理局《关于确定土地权属问题的若干意见》（［1989］国土［籍］字第 73 号）第一条"城市市区的土地和土地改革时未分配给农民、没有给农民发土地所有证的土地，包括耕地、林地、水面、荒山、荒地、滩涂等属于国家所有"的规定，将该争议地确定为国有土地。

三、一九六五年那香大队专业队将该争议土地开垦种茶至今已三十年。根据国家土地管理局《关于确定土地权属问题的若干意见》第十六条"土地使用权原则上确定给直接使用土地的单位或个人"的规定，该争议地的国有土地使用权，应当确定给现在使用单位。

四、人民政府对该争议地的土地管理，应当按照行政区划确定。

关于认真做好国家级自然保护区划界立标和土地确权等工作的通知

- 1998 年 8 月 31 日国土资源部通过
- 1998 年 8 月 31 日施行

河北、山西、辽宁、浙江、安徽、福建、河南、湖北、广西、四川、甘肃省（自治区）土地（国土）管理局：

最近，国务院下发了《国务院关于发布红松洼等国家级自然保护区名单的通知》（国函［1998］68 号），确定了红松洼等 12 处国家级自然保护区。按照《中华人民共和国自然保护区条例》和该《通知》中关于"尽快做好划界立标和土地确权工作"的要求，各有关省市要积极配合做好国家级自然保护区划定、保护、建设工作，现就有关事项通知如下：

一、各级土地管理部门要切实重视这项工作，充分认识到做好国家级自然保护区划界立标和土地确权工作是保护好、管理好、建设好自然保护区的一项重要内容，同时也是加强土地统一管理，维护土地管理秩序的重要工作。要积极、主动与有关部门协调、配合，按照当地政府的统一部署，圆满完成上述工作。

二、要充分利用现有土地调查成果和资料，与有关部门一道，做好自然保护区划界工作。要重点做好边界地区土权属确认工作，防止出现土地权属纠纷。划界工作要与土地变更调查相结合，划界结果及时纳入土地详查图，以保证调查成果的完整性、准确性。

三、要按照土地确权的有关规定，在划定自然保护区，严格界定国有土地和集体土地的界限，防止国有土地被侵占和流失。对有纠纷的土地，要优先调处，及时解决。

四、要作好保护区内部土地权属确认和登记发证工作。没有开展权属调查和登记发证的，要尽快开展，优先进行。尚未确定土地使用权的国有土地，由县级以上人民政府土地管理部门登记造册；单位或个人依法使用的土地，由县级以上人民政府注册登记，颁发土地证书，做到权属合法、界址清楚、面积准确、没有纠纷。已经进行权属调查和土地登记发证的，涉及单位或个人搬迁，或改变土地用途等变更事项时，要及时办理变更土地登记手续，明确土地产权和用途。对保护区内土地附有限制性使用条件的，办理土地登记时要在土地登记卡和土地证书上予以注明，以保障自然保护区各项保护措施的落实。今后凡涉及自然保护区土地变化的，要及时办理变更土地登记手续。

五、要按照土地利用总体规划的要求，积极与有关部门协调，做好自然保护区的保护和建设规划与土地利用总体规划的衔接工作，以维护规划的权威性。有关地区在修编土地利用总体规划时，要将自然保护区作为总体规划的一项内容，加以考虑。自然保护区内用地，要服从自然保护区和建设规划。

关于带地入社土地确权问题的复函

- 2002年12月31日国土资源部回复
- 2002年12月31日施行

山东省国土资源厅：

《关于土地权属性质如何确认问题的请示》（鲁国土资发〔2002〕203号）收悉。现函复如下：

按照《农村人民公社工作条例修正草案》第二十一条"生产队范围内的土地都归生产队所有"的规定，经过了带地入社和1962年的"四固定"，生产队范围内的土地，无论其是否原为国有，都应确定为集体所有。

关于印发国有农场土地确权登记工作座谈会纪要的通知

- 2003年6月20日印发

各省、自治区、直辖市国土资源厅、农垦主管部门：

为进一步贯彻落实《国务院办公厅转发国土资源部、农业部关于依法保护国有农场土地合法权益意见的通知》（国办发〔2001〕8号）精神，推动国有农场土地确权登记发证工作，国土资源部和农业部于2003年4月7至8日，在海南召开了部分省、自治区国有农场土地确权登记工作座谈会。现将会议纪要印发你们，请结合实际贯彻落实。

附件：国有农场土地确权登记工作座谈会纪要

二〇〇三年六月十六日

附件：

国有农场土地确权登记工作座谈会纪要

国土资源部　　农业部
二〇〇三年四月

2003年4月7日至8日，国土资源部和农业部在海南蓝洋农场联合召开十五个省、自治区国有农场土地确权登记工作座谈会。会议按照党的十六大精神，总结交流了各地贯彻落实《国务院办公厅转发国土资源部、农业部关于依法保护国有农场土地合法权益意见的通知》（国办发〔2001〕8号，以下简称国办发8号文件）文件的情况和经验，分析研究了国有农场土地确权登记工作中存在的问题和完成好国有农场土地确权登记工作需要进一步采取的措施及需要相关部门进一步帮助解决的问题。现将会议有关情况纪要如下：

一、各地贯彻落实国办发8号文件的基本情况

会议在总结前段工作的基础上认为，国办发8号文件，是关于我国国有农场土地权属问题的一个十常重要的政策性文件。对依法保护国有农场土地合法权益、规范国有土地资产的监督管理、促地农垦系统的改革和发展具有深远意义。文件下发后，各级政府和国土资源、农垦主管部门非常重视，狠抓了落实，使农垦国有土地的确权、勘界、登记、发证工作有了较大进展。截至2002年末，农垦系统49%（不含兵团）的国有土地完成了确权划界登记工作，并领取了土地使用证。发证率在50%以上的有黑龙江、青海、云南、宁夏、重庆、甘肃、江西、上海、天津、四川、北京、新疆（畜）、哈尔滨、昆明、广州等15个垦区；发证率在10%至50%的广西、安徽、陕西、江苏、浙江、山西、辽宁、新疆（农）、河南、海南等10个垦区；发证率在10%以下有湖南、南京、山东、吉林、内蒙古、河北、福建、贵州、广东、湖北等10个垦区。

各地的经验主要有以下几方面：

一是领导重视。国办发8号文件下发后，北京、山西、安徽、广西、山东、河南、湖南、海南、重庆、贵州、陕西、新疆等12个省、自治区、直辖市转发了文件。天津、辽宁、吉林、福建、湖北、广东、广西、陕西等8省、自治区、直辖市还针对农垦企业的实际，进一步明确提出了国有农场土地发证工作程序和收费标准。黑龙江、新疆、内蒙古、江苏、江西、云南、青海、宁夏等8省、区专门开会研究文件的贯彻落实问题。不少省、自治区的国土资源管理部门还按照国办发8号文件的要求，加大了执法力度，坚决制止非法侵占国农场土地的行为，回收了部分被挤占的土地，妥善处理了一批土地纠纷，依法保护了国有农场的土地合法权益。

二是组织专门队伍，抓好落实工作。一些省区专门成立了国有农场土地登记领导小组或协调小组，并在农场配备了专职或兼职的土地管理人员，协助地方国土资源管理部门作了大量的工作。黑龙江、安徽垦区经省政府批准设立了国有土地管理机构，以"部门派出，系统管理"的方式依法管理农场土地，为农场土地的确权、登记工作奠定了组织基础。

三是国土资源管理部门与农垦企业密切配合，为开展土地确权、登记工作创造了良好的工作环境和工作机制。国有农场主动向所在地国土资源管理部门介绍情况，提供土地权属证明文件、土地利用现状图等权属资料，确保土地权属来源合法、界址清楚、面积准确；国土资源管理部门主动上门，把农场作为服务对象，保证了发证工作的顺利进行。

四是典型引路、逐步推开。针对国有农场土地权属情况复杂的特点，安徽、云南、广东、浙江、内蒙古等垦区在试点取得经验的基础上，逐步向面上推开，取得很好的效果。

五是积极协调、相互谅解。国有农场分布面广，有的农场与乡镇村寨交叉相连，土地权属纠纷时有发生。各地在落实8号文件过程中，不回避矛盾，积极寻找权属证据，求助于法律援助，认真帮助村民理解政策，本着尊重历史，照顾现实，双方互利互让的原则，在政府有关部门的协调下，使矛盾得以缓解。

六是创造条件降低土地登记成本。为减轻农场的经济负担，有的省、区按照"优惠、保本、减负"的收费原则，及时调整了农垦土地确权登记收费标准，有的省、区同意由农场自行组织技术力量，按照统一的技术规范进行地籍测量，为国有农场顺利开展土地确权工作创造了良好的外部条件。

会议认为，这些经验对指导各地全面开展确权登记工作具有重要推广意义。各地应进一步深入总结、推广前段工作中积累的好经验,以推动工作的全面开展。同时,还应该清楚地认识到,在贯彻落实国办发8号文件的过程中,各垦区、各农场的进展还很不平衡,有57%的垦区土地发证率在50%以下,其中有10个垦区发证率不足10%,当前主要存在以下几个方面问题:

一是部分地方对国有农场的土地确权、登记、发证工作重要性认识不足,重视不够。有的认为都是农场种的地,发不发证没有多大关系;有的认为确权划界既要投入大量的人力、物力和财力,又要牵涉领导的精力,因此对国有农场的土地确权工作没有积极性;有的认为土地纠纷是历史形成的,过去都没有解决,现在也不用急着去解决;有的地方把农场的土地规划他用,对农场土地的发证工作长期拖着不办。

二是地方利益主义在一些地方还比较严重,不能积极、主动地配合开展工作。主要反映在一些中央和省属农场,在与周边乡村签订土地权属界线协议和进行界址调查时,一些乡村领导或不到场,或是到场也不签字盖章,造成确权难、指界难、办证难。

三是处理土地纠纷难度大。有些农场因隶属关系经常变换、多次移交,建场原始资料丢失,土地权源资料不完整,不能为解决土地纠纷提供依据,给国有农场土地的确权、特别是解决权属争议增加了困难,影响了土地登记的进度。加上有的地方或是怕麻烦、或是不会运用法律手段保护自身的利益,致使一些历史遗留的土地权属争议问题悬而未决。

四是确权、勘界的费用过高,农场难以承受。有的省、自治区、直辖市在办理国有农场的土地证时按平方米收费,而国有农场的土地面积相对农村要大,又以经营农业为主,发证中如果没有特殊政策,很难承担确权过程中的巨额费用。特别是列入国家定向扶持的贫困农场和一些亏损农场,更是难以支付确权、勘界、登记、发证的相关费用,只好暂时不办证。此外,有的垦区由于管理体制变动,影响了工作进度,还有一些地方由于测量勘界的工作质量不高,权属关系仍不很明确。

会议认为,各地在今后工作中,应针对这些问题,采取得力措施予以解决。

二、关于继续贯彻落实国办发 8 号文件精神，加快国有农场土地确权、登记工作的意见

会议认为，深入贯彻落实国办发 8 号文件，进一步加快国有农场土地确权、勘界、登记、发证的工作进程，是国土资源部门和农垦系统的一项非常重要的工作。

（一）充分认识国有农场土地确权、登记工作的重要性

农垦系统拥有土地面积 3515 万公顷，其中耕地 480 万公顷，园地 23 万公顷，林地 275 万公顷、分别占土地面积的 13.7%、0.6%、7.8%，土地总量相当于一个中等省。做好国有农场土地确权登记工作是农垦系统在新时期发挥特殊战略作用的需要，是富裕农民、繁荣农村的需要，也是全面深化农垦改革的需要。

第一，按照《土地管理法》的规定，只有经过依法登记的土地，其所有权和使用权才能受到法律保护。开展国有农场土地的确权、发证工作，就是要从法律上明确国有农场的土地权利，保护国有土地资产不流失、不侵占和不蚕食。这对周边农村和与农场为邻的其他单位来讲，是双向受益的，农垦土地确权登记搞好了，可以减少国有农场与周边农村农民及其他单位的纠纷，使农场周边的农村及其他相邻单位更加稳定、更加祥和。

第二，土地是国有农场经济发展的基本生产资料，是国有农场赖以生存和发展的基础，是建设现代农业产业的必备条件。改革开放以来，国有农场虽然实行了农工商综合经营和产业化经营，但农业仍然是农垦的支柱产业和基础产业，是农场发展农业产业化、实施科技创新、提高经济效益的载体。特别是改革开放后，国有农场在农业上实行了大农场套小农场的双层经营体制，在不改变土地所有权的基础上，通过承包，实现了国有土地所有权和生产经营权的分离，土地从过去的国有国营变为国家所有、职工家庭承包经营，农业职工通过土地承包在一定程度上拥有了土地使用权，土地已成为保障农业职工就业和生存、通过生产发展致富奔小康的最基本条件。因此，国有农场只有办理好土地使用证，才能从法律上确认农场土地的权属界线，才能有效地解决土地纠纷，保护农场的合法权益，农场才可能有安定的发展环境，职工家庭农场的土地承包关系才能稳定，土地经营流转机制才能得以建立和运作。土地还是国有农场开展经营的重要资源，用活用好土地资源，可以把

资源变成资产，把资产变成资金，使农垦实现引领中国农业参与国际竞争的国家队作用。

第三，产权问题是一切经济问题的总根源。土地是国有资产的重要组成部分，通过对国有农场土地的确权，不仅可以有效保护国有资产不流失，而且还可以为明晰国有资产的产权探索经验。产权的明晰，又将推动资产的改革、而资产的改革将推动我国法律制度、甚至政治制度等方方面面的重大变化。

（二）加强领导，精心组织，把确权、登记工作摆到重要工作日程

各级政府，国土资源部门和农垦部门领导，充分认识土地确权、登记工作的重要性和紧迫性，以早动争主动，不因工作滞后为农垦的发展留下隐患。各地国土资源管理部门和农垦管理部门要建立领导责任制，把这项工作作为依法保护国有农场土地的合法权益，促进当地经济发展和社会稳定的重大举措来抓，纳入部门工作日程和年终考核内容，做到工作有安排、人员有保证、资金有着落、质量有检查、任务有落实、结果有成效。国土资源和农垦部门要相互配合，密切协作，积极利用土地详查资料和各种资料，利用现有的法律法规，利用现有的渠道和有关部门的支持，利用国内外有关的制度创新和机制创新，开展好工作。也可以根据各地实际情况，研究制定一些具有操作性、能有效解决土地纠纷的办法和政策规定，确保工作进度和工作质量，把农垦土地确权工作纳入制度化、法制化和规范化的轨道。

（三）抓住关键，明确重点，做好协调，提高土地确权登记工作的有效性

农垦企业要紧紧抓住农村集体土地所有权登记发证工作正在展开的有利时机，认真调查核实农场、镇、村、组之间土地权属界线，主动向所在地国土资源管理部门提供土地使用情况、土地权属来源证明文件等权属资料。对权属来源清楚、无争议的土地，限期登记发证，特别是要充分利用好全国土地详查的成果，凡是在土地详查时面积、地类清楚，界限明确，手续齐备的土地，可以直接发证，不需要重新调查确权；对有争议的土地，要依靠政府和国土资源管理部门，加大调处力度，调处一宗，登记一宗；对一时无法解决的土地，可划出争议区，先将无争议的地域登记发证。国有农场要积极配合当地政府和国土资源部门的调解工作，在"尊重历史、照顾现实，有利于

社会经济发展和社会稳定"的原则下,积极促成土地权属争议的顺利解决。必要时,要用好政策、用好法律武器,尽快完成国有农场土地确权登记发证工作。

在当前经费有限的情况下,要抓住重点垦区、重点地块和重点边界开发工作。即抓住土地面积比较大,发证率比较低的一些垦边界开展工作。如内蒙古、河北、辽宁、江苏、新疆农业等垦区;抓住重点地块。如建设用地、产业开发用地、进入规划的用地等;抓住重点边界。

国有农场土地确权、登记、发证工作要引入新的观念、新的机制。国土资源部正在广东和浙江两省进行土地调查、登记、发证"自我举证"的试点。全国土地登记代理制度也已推开,这些都是符合市场经济规律的新举措,在国有农场土地确权、登记上也要逐渐引入,以提高土地确权登记的效率。

(四) 千方百计筹措经费来源,积极争取财政扶持

当前,农垦经济正处于"爬坡过坎"的关键时期,既要完成新时期国家赋予农垦应对入世挑战、引领中国农业参与国际竞争、在解决"三农"问题中发挥重要作用的历史任务,又要解决自身存在的社会负担重、养老负担重、历史形成的政策性债务负担重等一系列问题,加上国有农场所从事的农业还是弱势产业,经济效益低下。在这种情况下要担负全系统3515万公顷土地的确权、勘界、登记、发证的所有费用,确实有一定的难度。为了将这件事办好,可从以下几个方面来考虑经费问题,一是需要确权划界企业,尽量争取多挤出一些资金,支持土地确权;二是建议各地农垦和国土资源管理部门按财政隶属关系,共同争取财政部门给予专项经费支持;三是请各级国土资源管理部门采取积极措施,尽量节省费用,并争取按照1990年国家土地管理局、国家测绘局、国家物价局、财政部下发的《关于土地登记收费及其管理办法》,比照对特殊困难企业减免土地权属调查、地籍测绘费的规定,给国有农场土地的确权、勘界、登记、发证以更加优惠的政策。总之,要多想办法,多做工作,争取为完成国有农场土地的确权划界提供资金保障。

(五) 加强国有土地管理,做好保值增值工作

土地是不可再生的稀缺资源,是农垦职工的命根子。农垦系统各级领导

要十分珍惜依法获得的土地使用权，不仅要用好土地，而且要管好土地。要严格贯彻执行《中华人民共和国土地管理法》，在加强对国有土地确权、勘界、登记、发证管理和依法维权的同时，还要加强土地发包、出租、转让、征用等环节的监督管理，制定公开、公正的办事规则，努力提高农垦土地的利用率和管理水平，切实保护耕地及其他农用地，积极开发土地资源，努力挖掘土地中蕴藏的巨大经济价值，让国有农场的土地为农场职工、为国家、为社会做出更多的贡献。

三、当前急需做的几项工作

与会代表认为，这次会议主题明确，研究问题集中，达到了预期目的，为下一步工作的深化打下了基础。为做好今后工作，会议决定：

（一）国土资源部与农业部密切配合，归纳会议成果，在进一步调查研究的基础上联合向国务院报告贯彻落实国办发8号文件的情况，提出下一段推动工作的建议。

（二）农业部协助国土资源部根据当前工作中反映的问题，起草一个进一步推动国有农场土地确权、登记工作的文件，争取对一些重点问题做出具有指导性和可操作性的规定，指导各地开展工作。

（三）两部联合积极向国家有关部门反映国有农场在土地确权、勘界、登记、发证工作存在的经费问题，争取在资金支持上有所突破。

（四）各地回去后要认真贯彻会议精神，做好检查督促工作，进一步加快国有农场土地确权、登记的步伐。

会议要求，各级国土资源管理部门和农垦部门继续贯彻落实国办发〔2001〕8号文件，按照中央十六大的精神和两会的精神，与时俱进、改革创新，切切实实地做好国有农场土地确权、勘界、登记、发证工作，把这项工作推向一个新的高度，再上一个新的台阶。

农业部办公厅
2003年6月20日印发

关于自然保护区土地确权问题的复函

- 2003 年 6 月 30 日国家环境保护总局办公厅回复
- 2003 年 6 月 30 日施行

吉林省环保局：

你局《关于自然保护区土地确权问题的请示》收悉，经研究并与有关部门沟通，现就有关问题函复如下：

一、关于职责分工。根据《自然保护区条例》和去年七部门联合发出的《关于进一步加强自然保护区建设和管理工作的通知》（环发〔2002〕163号），环保部门对于土地划界立标和土地确权工作的职责分工，主要负责综合协调和督促检查。自然保护区管理部门负责具体落实，国土部门负责土地确权登记等专门管理工作。

二、1998 年国土资源部印发了《关于认真做好国家级自然保护区划界立标和土地确权等工作的通知》（国土资发〔1998〕108 号），要求有关省市土地管理部门要积极配合做好国家级自然保护区划定、保护、建设工作，利用现有土地调查成果和资料，与有关部门一道，做好自然保护区划界和保护区内部土地权属确认和登记发证工作。因此，此项工作可充分利用土地管理部门已有资料，明确保护区内的土地权属，不需重新登记办证。

三、关于土地登记费用。国家土地管理局等四局（部）印发的《关于土地登记收费及其管理办法》（国土籍字〔1990〕93 号）规定："凡国有土地使用者，集体土地所有者和集体土地建设用地使用者，均交纳土地登记费"。首先，自然保护区及其主管部门依照国家有关法规政策对自然保护区行使管理权，除依法持有自然保护区内土地使用证，否则不在此缴费范围；其次土地登记收费针对的是初始登记和变更登记的行为，国家级自然保护区的土地确权工作在晋级时就需要明确，此项工作即不属初始登记，也不涉及土地权属变更。

二〇〇三年六月三十日

关于进一步规范土地登记工作的通知

- 2003年11月14日国土资源部发布
- 2003年11月14日施行

各省、自治区、直辖市国土资源厅（国土环境资源厅、国土资源和房屋管理局、房屋土地资源管理局、规划和国土资源局），新疆生产建设兵团国土资源局：

  土地登记作为一项重要的法律制度，对明确土地产权关系，保护土地权利人的利益，保障土地交易安全，维护土地市场秩序具有重要的作用。十多年来，我国土地登记制度取得了长足进展，在国民经济和社会发展以及国土资源管理中发挥了重要作用。但也一定程度上存在着违规登记、不规范登记的问题，影响了土地登记的公信力、土地登记的效力，甚至在一定程度上影响了土地市场健康发展，给土地权利人造成损失。规范土地登记行为，是规范土地市场、加强土地管理的一项重要措施，是把"三个代表"重要思想落到实处，真正保障土地权利人合法权益的具体体现。为进一步规范土地登记行为，保证土地登记的合法性、有效性，现将有关事项通知如下：

  一、土地登记的权属必须清楚。土地权属是土地管理的重要内容，是土地登记的核心环节，要把土地权属放在土地登记的首要位置，确保登记的土地权属准确、合法、有效。土地权属的认定，必须严格把握有关法律和政策界限，依据国家有关法律、法规和规章进行，做到依法行政。没有权属来源或权属来源不合法的用地，一律不予登记；权属不清的用地，在权属问题解决前，不得登记。严禁通过登记，使违法用地合法化。经过登记的土地，必须达到"权属合法、界址清楚、面积准确"的要求。登记中遇到的具体权属问题，可根据实际情况，按照原国家土地管理局《确定土地所有权和使用权的若干规定》进行确权；土地权属争议，要在地籍调查和登记过程中及时解决，一时难以解决的，要依照《土地权属争议调查处理办法》依法处理，并以处理结果作为登记的依据；复杂疑难的权属问题，要研究解决办法，妥善处理。

二、土地登记的程序必须合法。土地登记发证要严格依照《土地登记规则》的规定和要求进行，要建立和完善土地登记的工作制度，严格履行土地登记的申请、地籍调查、权属审核、注册登记、核发土地证书的程序，要防止出现在为当事人提供便利时，减少必经的法律程序的作法，确保土地登记的合法性。对不符合登记程序要求的，不能予以登记，不能颁发土地证书；对因指界中相邻一方不签字无法登记发证的，要按照原国家土地管理局《城镇地籍调查规程》有关指界的规定，及时定界，明确相邻方土地权属界线，进行登记发证。不能因一方原因造成土地登记发证久拖不决，影响当事人的合法权益。注册登记的土地所有权、使用权和土地他项权利，在土地权源审批材料中要有事实和法律依据的正确表述，准确记载，以备查验。

三、土地登记的主体必须统一。依照我国有关土地管理的法律规定，土地登记的主体是县级以上人民政府，只有县级以上人民政府才具有土地登记造册，核发证书的权力。人民政府派出性机构，特别是各类开发区，一律不得办理土地登记手续，不得颁发土地证书。已经以开发区名义登记发证的，要坚决予以纠正、换发。土地他项权利如土地抵押权的登记机关，必须与该土地所有权和使用权登记机关一致，不得在另一登记机关分别进行登记。

四、取消"土地权属证明"。土地证书是证明当事人享有土地权属有效的法律凭证。从本文件下发之日起，各类土地权属审核，必须以土地证书作为土地权利的唯一证明材料。取消以前在国企改革等工作中，以出具"土地权属证明"，代替土地证书进行权属审查的作法。今后，凡土地征用、土地开发整理项目立项和国企改革等涉及土地权属认定，必须以土地证书为依据，对以其他材料作为土地权属证明的，一律不予承认。

五、不符合规定不得登记。要严把登记关口，对于出让土地没有支付全部土地使用权出让金的，不得登记；对于经营性土地没有按招、拍、挂方式出让的，不得登记；对协议出让地价明显低于出让底价的，不得登记；对违反规划改变土地用途的，不得登记；未办理土地使用权登记而设定抵押的，不得登记。

六、实行登记人员持证上岗，建立责任追究制度。从事土地登记的人员，要取得全国统一的《土地登记上岗资格证》，方可从事土地登记工作。没有取得该资格证书的人员，不得直接从事土地登记工作，不得在有关登记文件中签字。要建立登记人员责任追究制度，对违规操作造成错登、漏登的，要承担相应责任；因违规登记造成权利人重大损失的，要追究有关人员的行政责任。

七、开展土地登记规范化建设。各地要结合土地市场秩序治理整顿，对现有土地登记进行一次清理，纠正不规范行为，进一步规范和完善该项工作，切实加强规范化制度建设。清理结果请于2004年6月底前报部。

关于依法规范人民法院执行和国土资源房地产管理部门协助执行若干问题的通知

- 2004年2月10日最高人民法院、国土资源部、建设部颁布
- 2004年3月1日施行

各省、自治区、直辖市高级人民法院，解放军军事法院，新疆维吾尔自治区高级人民法院生产建设兵团分院；各省、自治区、直辖市国土资源厅（国土环境资源厅、国土资源和房屋管理局、房屋土地资源管理局、规划和国土资源局），新疆生产建设兵团国土资源局；各省、自治区建设厅，新疆生产建设兵团建设局，各直辖市房地产管理局：

为保证人民法院生效判决、裁定及其他生效法律文书依法及时执行，保护当事人的合法权益，根据《中华人民共和国民事诉讼法》、《中华人民共和国土地管理法》、《中华人民共和国城市房地产管理法》等有关法律规定，现就规范人民法院执行和国土资源、房地产管理部门协助执行的有关问题通知如下：

一、人民法院在办理案件时，需要国土资源、房地产管理部门协助执行的，国土资源、房地产管理部门应当按照人民法院的生效法律文书和协助执

行通知书办理协助执行事项。

国土资源、房地产管理部门依法协助人民法院执行时，除复制有关材料所必需的工本费外，不得向人民法院收取其他费用。登记过户的费用按照国家有关规定收取。

二、人民法院对土地使用权、房屋实施查封或者进行实体处理前，应当向国土资源、房地产管理部门查询该土地、房屋的权属。

人民法院执行人员到国土资源、房地产管理部门查询土地、房屋权属情况时，应当出示本人工作证和执行公务证，并出具协助查询通知书。

人民法院执行人员到国土资源、房地产管理部门办理土地使用权或者房屋查封、预查封登记手续时，应当出示本人工作证和执行公务证，并出具查封、预查封裁定书和协助执行通知书。

三、对人民法院查封或者预查封的土地使用权、房屋，国土资源、房地产管理部门应当及时办理查封或者预查封登记。

国土资源、房地产管理部门在协助人民法院执行土地使用权、房屋时，不对生效法律文书和协助执行通知书进行实体审查。国土资源、房地产管理部门认为人民法院查封、预查封或者处理的土地、房屋权属错误的，可以向人民法院提出审查建议，但不应当停止办理协助执行事项。

四、人民法院在国土资源、房地产管理部门查询并复制或者抄录的书面材料，由土地、房屋权属的登记机构或者其所属的档案室（馆）加盖印章。无法查询或者查询无结果的，国土资源、房地产管理部门应当书面告知人民法院。

五、人民法院查封时，土地、房屋权属的确认以国土资源、房地产管理部门的登记或者出具的权属证明为准。权属证明与权属登记不一致的，以权属登记为准。

在执行人民法院确认土地、房屋权属的生效法律文书时，应当按照人民法院生效法律文书所确认的权利人办理土地、房屋权属变更、转移登记手续。

六、土地使用权和房屋所有权归属同一权利人的，人民法院应当同时查封；土地使用权和房屋所有权归属不一致的，查封被执行人名下的土地使用权或者房屋。

七、登记在案外人名下的土地使用权、房屋,登记名义人(案外人)书面认可该土地、房屋实际属于被执行人时,执行法院可以采取查封措施。

如果登记名义人否认该土地、房屋属于被执行人,而执行法院、申请执行人认为登记为虚假时,须经当事人另行提起诉讼或者通过其他程序,撤销该登记并登记在被执行人名下之后,才可以采取查封措施。

八、对被执行人因继承、判决或者强制执行取得,但尚未办理过户登记的土地使用权、房屋的查封,执行法院应当向国土资源、房地产管理部门提交被执行人取得财产所依据的继承证明、生效判决书或者执行裁定书及协助执行通知书,由国土资源、房地产管理部门办理过户登记手续后,办理查封登记。

九、对国土资源、房地产管理部门已经受理被执行人转让土地使用权、房屋的过户登记申请,尚未核准登记的,人民法院可以进行查封,已核准登记的,不得进行查封。

十、人民法院对可以分割处分的房屋应当在执行标的额的范围内分割查封,不可分割的房屋可以整体查封。

分割查封的,应当在协助执行通知书中明确查封房屋的具体部位。

十一、人民法院对土地使用权、房屋的查封期限不得超过二年。期限届满可以续封一次,续封时应当重新制作查封裁定书和协助执行通知书,续封的期限不得超过一年。确有特殊情况需要再续封的,应当经过所属高级人民法院批准,且每次再续封的期限不得超过一年。

查封期限届满,人民法院未办理继续查封手续的,查封的效力消灭。

十二、人民法院在案件执行完毕后,对未处理的土地使用权、房屋需要解除查封的,应当及时作出裁定解除查封,并将解除查封裁定书和协助执行通知书送达国土资源、房地产管理部门。

十三、被执行人全部缴纳土地使用权出让金但尚未办理土地使用权登记的,人民法院可以对该土地使用权进行预查封。

十四、被执行人部分缴纳土地使用权出让金但尚未办理土地使用权登记的,对可以分割的土地使用权,按已缴付的土地使用权出让金,由国土资源管理部门确认被执行人的土地使用权,人民法院可以对确认后的土地使用权裁定预查封。对不可以分割的土地使用权，可以全部进行预查封。

被执行人在规定的期限内仍未全部缴纳土地出让金的，在人民政府收回土地使用权的同时，应当将被执行人缴纳的按照有关规定应当退还的土地出让金交由人民法院处理，预查封自动解除。

十五、下列房屋虽未进行房屋所有权登记，人民法院也可以进行预查封：

（一）作为被执行人的房地产开发企业，已办理了商品房预售许可证且尚未出售的房屋；

（二）被执行人购买的已由房地产开发企业办理了房屋权属初始登记的房屋；

（三）被执行人购买的办理了商品房预售合同登记备案手续或者商品房预告登记的房屋。

十六、国土资源、房地产管理部门应当依据人民法院的协助执行通知书和所附的裁定书办理预查封登记。土地、房屋权属在预查封期间登记在被执行人名下的，预查封登记自动转为查封登记，预查封转为正式查封后，查封期限从预查封之日起开始计算。

十七、预查封的期限为二年。期限届满可以续封一次，续封时应当重新制作预查封裁定书和协助执行通知书，预查封的续封期限为一年。确有特殊情况需要再续封的，应当经过所属高级人民法院批准，且每次再续封的期限不得超过一年。

十八、预查封的效力等同于正式查封。预查封期限届满之日，人民法院未办理预查封续封手续的，预查封的效力消灭。

十九、两个以上人民法院对同一宗土地使用权、房屋进行查封的，国土资源、房地产管理部门为首先送达协助执行通知书的人民法院办理查封登记手续后，对后来办理查封登记的人民法院作轮候查封登记，并书面告知该土地使用权、房屋已被其他人民法院查封的事实及查封的有关情况。

二十、轮候查封登记的顺序按照人民法院送达协助执行通知书的时间先后进行排列。查封法院依法解除查封的，排列在先的轮候查封自动转为查封；查封法院对查封的土地使用权、房屋全部处理的，排列在后的轮候查封自动失效；查封法院对查封的土地使用权、房屋部分处理的，对剩余部分，排列在后的轮侯查封自动转为查封。

预查封的轮侯登记参照第十九条和本条第一款的规定办理。

二十一、已被人民法院查封、预查封并在国土资源、房地产管理部门办理了查封、预查封登记手续的土地使用权、房屋，被执行人隐瞒真实情况，到国土资源、房地产管理部门办理抵押、转让等手续的，人民法院应当依法确认其行为无效，并可视情节轻重，依法追究有关人员的法律责任。国土资源、房地产管理部门应当按照人民法院的生效法律文书撤销不合法的抵押、转让等登记，并注销所颁发的证照。

二十二、国土资源、房地产管理部门对被人民法院依法查封、预查封的土地使用权、房屋，在查封、预查封期间不得办理抵押、转让等权属变更、转移登记手续。

国土资源、房地产管理部门明知土地使用权、房屋已被人民法院查封、预查封，仍然办理抵押、转让等权属变更、转移登记手续的，对有关的国土资源、房地产管理部门和直接责任人可以依照民事诉讼法第一百零二条的规定处理。

二十三、在变价处理土地使用权、房屋时，土地使用权、房屋所有权同时转移；土地使用权与房屋所有权归属不一致的，受让人继受原权利人的合法权利。

二十四、人民法院执行集体土地使用权时，经与国土资源管理部门取得一致意见后，可以裁定予以处理，但应当告知权利受让人到国土资源管理部门办理土地征用和国有土地使用权出让手续，缴纳土地使用权出让金及有关税费。

对处理农村房屋涉及集体土地的，人民法院应当与国土资源管理部门协商一致后再行处理。

二十五、人民法院执行土地使用权时，不得改变原土地用途和出让年限。

二十六、经申请执行人和被执行人协商同意，可以不经拍卖、变卖，直接裁定将被执行人以出让方式取得的国有土地使用权及其地上房屋经评估作价后交由申请执行人抵偿债务，但应当依法向国土资源和房地产管理部门办理土地、房屋权属变更、转移登记手续。

二十七、人民法院制作的土地使用权、房屋所有权转移裁定送达权利受让人时即发生法律效力，人民法院应当明确告知权利受让人及时到国土资源、房地产管理部门申请土地、房屋权属变更、转移登记。

国土资源、房地产管理部门依据生效法律文书进行权属登记时，当事人的土地、房屋权利应当追溯到相关法律文书生效之时。

二十八、人民法院进行财产保全和先予执行时适用本通知。

二十九、本通知下发前已经进行的查封，自本通知实施之日起计算期限。

三十、本通知自 2004 年 3 月 1 日起实施。

中华人民共和国最高人民法院
中华人民共和国国土资源部
中华人民共和国建设部
二〇〇四年二月十日

对有关土地权属争议调查处理权限问题的复函

- 2004 年 5 月 20 日国土资源部办公厅回复
- 2004 年 5 月 20 日施行

江西省国土资源厅：

你厅《关于有关土地权属争议调查处理权限问题的请示》（赣国土资文字〔2004〕14 号）收悉。经认真研究，现函复如下：

一、县级以上国土资源行政主管部门不包括设区市国土资源行政主管部门依法设立的派出机构。

二、派出机构应当以设立该派出机构的国土资源行政主管部门的名义调查和调解土地权属争议案件；调查和调解的法律后果由设立机关承担。对于需要做出处理决定的，由设立派出机构的国土资源行政主管部门报同级人民政府做出处理决定。

二〇〇四年五月二十日

关于加快推进征地补偿安置争议协调裁决制度的通知

- 2006年6月21日国土资源部通过
- 2006年6月21日施行

各省、自治区、直辖市国土资源厅（国土环境资源厅、国土资源局、国土资源和房屋管理局、房屋土地资源管理局）：

全国推行征地补偿安置争议协调裁决制度座谈会之后，按照部的统一部署，各地采取有效措施，积极推进征地补偿安置争议协调裁决制度建设，取得了一定进展。但是，一些地方对推行征地补偿安置争议协调裁决制度还存在着畏难情绪，思想认识不到位，工作缺乏主动性，协调裁决制度建设尚未在全国取得突破性进展。为进一步统一思想、提高认识，加快推进征地补偿安置争议协调裁决制度，及时化解因征地补偿安置引发的矛盾和纠纷，切实维护社会稳定，现就有关事项通知如下：

一、充分认识推行征地补偿安置争议协调裁决制度的紧迫性和重要性

推行征地补偿安置争议协调裁决制度，是构建社会主义和谐社会的客观需要。当前，我国正处在"发展机遇期"与"矛盾凸显期"，各种矛盾和纠纷纷繁复杂，突出多变。尤其是随着工业化、城市化进程的加快，因征地补偿安置引发的矛盾和纠纷日益突出，已成为人民群众日益关心的社会热点问题。一些地方由于征地补偿安置争议协调裁决制度不落实，致使许多因征地补偿引发的矛盾和纠纷得不到及时处理，部分地方甚至发生了群体性事件，影响了社会的稳定。全面推行征地补偿安置争议协调裁决制度，是建立和完善有效的群众利益诉求机制和权益保障机制的重要手段，对于引导被征地的农村集体经济组织和农民通过法定渠道化解征地矛盾，解决征地纠纷，切实维护社会稳定具有重要意义。

推行征地补偿安置争议协调裁决制度，是实施土地管理法规、完善征地

程序的客观需要。征地补偿安置争议协调裁决制度，是《中华人民共和国土地管理法实施条例》为解决征地补偿安置争议确立的专门制度。2004年《国务院关于深化改革严格土地管理的决定》（国发〔2004〕28号）又提出了"加快建立和完善征地补偿安置争议的协调和裁决机制，维护被征地农民和用地者的合法权益"。当前，随着农民对征地补偿的日益关注和补偿标准的不断提高，在实施征地中发生的矛盾、纠纷和冲突不断增加，迫切需要启动征地补偿安置争议协调裁决程序，来解决矛盾，化解纠纷，这对于保证土地管理法规的顺利实施、完善征地程序、切实强化国土资源管理部门在实施征地中的社会管理和公共服务职能具有重要意义。

推行征地补偿安置争议协调裁决制度，是有效化解征地实施中矛盾和纠纷的有效途径。在市、县政府实施征地过程中，一旦发生纠纷，迫切需要上级政府进行协调和裁决，尽快解决矛盾，避免旷日持久的诉讼、上访，甚至激化矛盾，形成群体事件。湖南、重庆和安徽等省（市）推行征地补偿安置争议协调裁决制度的试点，已经在化解征地纠纷、维护社会稳定，规范政府行为、完善征地程序，普及法律法规、保护被征地农民合法权益等方面取得了良好效果。国务院领导对试点取得的成效给予了高度评价，对国土资源部全面推进这项工作给予了充分肯定。推行征地补偿安置争议协调裁决制度，是法规有要求，现实有需要，实践有经验，应当加快进行。

二、全面把握征地补偿安置争议协调裁决制度的基本内容

征地补偿安置争议协调裁决制度，是一项具有自身特点、专门针对征地补偿安置争议设立的纠纷解决制度，必须坚持政府主导、公众参与、重在协调的原则。各地在制定地方性的征地补偿安置争议协调裁决办法的过程中，要注意全面把握征地补偿安置争议协调裁决制度的基本内容：

（一）必须准确定位。协调裁决的范围是针对被征地农民与实施征地的市、县政府在补偿安置方面的争议。协调裁决不对经依法批准的征地合法性进行审查，不代替行政复议和诉讼。协调裁决的范围主要有：对市、县人民政府批准的征地补偿安置方案有异议的；对适用征地补偿安置方案涉及的对被征土地地类、人均耕地面积、被征土地前三年平均年产值的认定有异议的；实行区片综合地价计算征地补偿费的地区，对区片综合地价的适用标准和计

算有异议的。

（二）必须兼顾合法性与合理性。协调要以土地管理法律、法规、规章和国家、省级人民政府有关政策为依据，主要是对市、县人民政府确定的征地补偿安置方案和实施过程进行合法性审查，同时兼顾合理性审查。合理性审查的标准是保证被征地农民原有生活水平不降低、长远生计有保障。各地要在对被征地农民原有生活水平调查、统计的基础上，逐步引入中立的中介组织对被征地土地进行评估，进一步量化合理性审查的标准。

（三）必须规范协调和裁决的程序。在程序设定上，首先必须贯彻协调前置、重在协调的原则，即当事人应当先向拟定征地补偿安置方案的市、县人民政府的上一级人民政府申请协调。未经协调的案件，不能进行裁决。裁决机关受理裁决案件后，也要先行组织协调。经协调达不成一致意见的，依法作出裁决决定。协调意见书经双方当事人签字同意后，即发生法律效力。其次要体现便民、高效和公开的原则。裁决机关接受裁决申请的方式要多种多样，传真，电子邮件等形式都应当允许；协调和裁决都必须要有明确的时限要求，防止裁决案件久拖不决；协调和裁决的程序、过程和结果都要公开透明。

（四）必须建立灵活多样的协调裁决机制。各地要结合本地区的实际情况，大胆探索，按照居中协调和裁决的要求，积极探索灵活多样、符合本地区特点、有利于化解征地补偿安置纠纷的协调裁决机制。要借鉴国务院《信访条例》确立的政府主导、社会参与、有利于迅速解决纠纷的工作机制，在协调裁决工作中组织相关社会团体、法律援助机构、相关专业人员、社会志愿者等共同参与，综合运用咨询、教育、协商、调解、听证等方法，依法、及时处理征地补偿安置争议。

（五）必须依法告知当事人诉权。当事人对裁决机关作出的裁决决定不服的，可以在法定期限内依照《中华人民共和国行政复议法》和《中华人民共和国行政诉讼法》的有关规定申请行政复议或者提起行政诉讼。裁决决定中应当告知当事人诉权。

三、切实加强对推行征地补偿安置争议协调裁决制度的组织领导

明确职责任务，加强组织领导。各级国土资源管理部门要切实加强对推行征地补偿安置争议协调裁决制度的领导，从思想上高度重视，要把推行征地补偿安置争议协调裁决制度作为一项重要的政治任务，摆上重要的议事日程，专题研究部署，明确职责任务，主要负责同志负总责，分管领导亲自抓，建立健全领导责任制。要积极与当地政府沟通协调，争取政府的支持，尽快确立起分工明确、相互配合、规范运作、权责一致的工作机制。部决定将推行征地补偿安置争议协调裁决制度作为"完善体制、提高素质"活动的一项重要内容，作为考核省级国土资源管理部门主要领导执政能力和依法行政水平的重要指标。

采取有效措施，实现四个到位。征地补偿安置争议协调裁决制度涉及面广，问题复杂，推行这项制度，需要耗费大量的人力、物力和财力。各地要采取切实有效的措施，努力实现机构、人员、经费、责任四到位。省、自治区、直辖市国土资源管理部门在机构编制比较紧张的情况下，要按照转变国土资源管理方式，强化国土资源管理职能的要求，通过内部调剂，为协调裁决机构增加编制，充实人员。同时，各地也可根据当地的实际情况，通过协调裁决委员会制来落实裁决机构，即由分管法制工作的领导牵头，聘请部分人大代表、政协委员、国土资源监察专员、政府有关部门的领导和工作人员、土地估价师和律师等作为协调裁决员，对协调裁决案件提出处理意见。

加强监督检查，确保年底到位。各地要按照本通知的要求，切实做好推行征地补偿安置争议协调裁决制度的各项工作，确保2006年底前，征地补偿安置争议协调裁决制度在全国省级国土资源管理部门全面到位。部将加大监督检查工作的力度，对全国各省级国土资源管理部门推行裁决制度的进行全面检查，要以是否出台裁决办法、是否落实裁决机构和人员、是否依法受理和办理裁决案件作为裁决制度是否到位的重要标志。

总结交流情况，推广先进经验。2007年，部将召开全国推行征地补偿安置争议协调裁决制度经验交流会，总结、交流各地推行征地补偿安置争议协调裁决制度中所取得的好的经验和做法，认真研究解决存在的问题，不断完善制度建设，使征地补偿安置争议协调裁决制度成为化解征地矛盾的有效途径。

加快推行征地补偿安置争议协调裁决制度，事关社会主义和谐社会建设，事关社会稳定，事关广大农民的切身利益，意义十分重大，任务相当艰巨。各级国土资源管理部门要以坚定不移的决心和众志成城的信心，勇于担当，勇于实践，确保征地补偿安置争议协调裁决制度全面到位。

国土资源部

二〇〇六年六月二十一日

关于加强土地权属争议调处工作的通知

- 2007年4月13日国土资源部通过
- 2007年4月13日施行

各省、自治区、直辖市国土资源厅（国土环境资源厅、国土资源局、国土资源和房屋管理局、房屋土地资源管理局），计划单列市国土资源行政主管部门、解放军土地管理局、新疆生产建设兵团国土资源局：

为贯彻落实《中共中央办公厅国务院办公厅关于预防和化解行政争议健全行政争议解决机制的意见》（中办发〔2006〕27号）精神，加强土地权属争议调处工作，建立健全调处工作机制，现将有关事项通知如下。

一、充分认识新形势下加强土地权属争议调处工作的必要性

当前，我国正处在全面建设小康社会和着力构建和谐社会的关键时期，依法及时解决土地权属争议具有十分重要的现实意义。近年来，特别是《国务院关于2005年深化经济体制改革的意见》（国发〔2005〕9号）提出"建立土地权属争议调处机制"的要求以来，各地土地权属争议调处工作取得一定成效，对保护土地权利人合法权益，促进社会和谐发展发挥了积极作用。但是，由于目前调处工作机制尚不完善，一些地方还存在重视程度不够、人员不能到位、经费不能落实、办案水平不高、纠纷不能及时解决等问题。这与构建社会主义和谐社会、建设社会主义新农村、贯彻落实《物权法》的新形势不相适应。

各级国土资源管理部门要充分认识到，依法调处土地权属争议是国土资

源管理部门的重要职责，加强争议调处工作、建立健全调处机制是践行"三个代表"重要思想、维护群众合法权益的具体体现，是建设社会主义新农村、保障经济社会科学发展的前提条件，是全面推进依法行政、构建和谐社会的必然要求。土地权属争议调处工作是一项政策性、法律性很强的工作，处理结果涉及群众重大民事权益，直接影响社会的和谐和稳定。因此，必须坚持以科学发展观统领土地权属争议调处工作，增强自觉性和紧迫感，采取一切必要的措施和办法，推动和实现和谐稳定格局。

二、加强组织领导，抓好土地权属争议的应急机制建设

各级国土资源管理部门要在当地人民政府的领导下，切实加强对调处工作的组织领导，积极采取措施维护社会稳定，努力避免由土地权属争议引发突发性、群体性事件，同时为即将开展的第二次全国土地调查中的权属调查工作打好基础。

（一）加强组织领导。一是要成立土地权属争议调处工作委员会或领导小组，主要领导担任负责人，亲自指导协调调处工作。二是要把调处工作列入年度目标责任制进行部署，加强对典型案件的指导，及时解决调处工作中的实际困难，对已经发生的土地权属争议案件要进行认真梳理分析，加大调处力度，确保第二次全国土地调查中权属争议调处工作顺利开展。三是要与政府法制部门、法院等进行经常性沟通协调，妥善处理土地权属争议，争取获得理解和支持，做好与行政复议和行政诉讼的衔接。四是加大法制宣传力度，从源头上预防和减少土地权属争议，积极宣传有关土地确权政策法规，引导群众"有序"维权、依法合理表达诉求，提高干部群众依法解决土地权属争议的法律意识。

（二）抓好应急基础建设。一是对本地区土地权属争议案件进行常规排查，加强信息收集，充分运用现代技术手段，建立土地权属争议案件信息库，全面掌握土地权属争议基本情况。二是加强对土地权属争议案件难点问题和趋势的调查研究，为早期预防和制定政策提供参考依据。三是土地权属争议调处工作委员会或领导小组要搞好预警机制建设，抓紧制定应急处理预案，明确应急预案的启动条件，明确工作职能、工作程序和责任。四是提高应对和处理群体性突发性事件的能力，加强应急业务培训，一旦因土地权属争议引发群体突发事件，立即启动应急预案，防止事态扩大和矛盾激化。

（三）建立情况上报制度。一是遇有紧急情况要快速上报，对于发生群体性事件并造成人员死亡或财产重大损失的特别严重的土地权属争议案件，必须立即向所在地人民政府和省级国土资源管理部门报告，省级国土资源管理部门须在接到报告后48小时内以书面形式报国土资源部，并提出初步处理意见。二是抓好年度常规情况上报，各级国土资源管理部门每年要如实逐级上报土地权属争议案件数量及处理情况，根据情况定期开展案件清理检查工作，集中力量解决陈案、难案和大案。

（四）注重热点案件处理。在推进社会主义新农村建设和贯彻落实《物权法》中，特别要加强涉及社会热点的土地权属争议的调查和处理，对于涉及农民土地权益、城市拆迁等土地权属争议案件，要善于发挥基层组织就地化解矛盾纠纷的作用，做好耐心细致的思想工作。通过联合接待、集中处理、限期办理等措施，力争把矛盾化解在当地、化解在基层，维护社会的和谐稳定。

三、建立健全机制，保障土地权属争议调处工作有效开展

完善的土地权属争议调处机制是履行调处职责、实现"定分止争"、化解社会矛盾的制度保证，机制不全、体制不顺将直接阻碍土地权属争议调处工作的有效开展。各级国土资源管理部门要从队伍建设、经费保障、规范程序等各方面，切实采取有力措施，建立健全土地权属争议调处机制。

（一）加强队伍建设。加强队伍建设、提高人员素质是保证土地权属争议调处工作质量的关键。一是要逐步使调处队伍专业化、专职化，切实采取措施，确保从事土地权属争议调处工作的人员具备调处案件的专业能力。二是要提高土地权属争议调处业务人员的法律政策水平，每年定期进行业务培训，特别是对国家新出台的法律法规和政策文件的培训。三是有条件的地方要成立土地权属争议调处工作机构，集中力量解决纠纷。

（二）保障办案经费。土地权属争议调处需要进行争议现场土地利用现状勘测、调查取证、案件处理甚至行政复议和行政诉讼应诉等大量工作，这些工作都需要充足的经费保障，要下大力气、多渠道解决制约办案效率和办案质量的经费不到位问题。一是要积极争取财政的支持，将土地权属争议调处经费列入政府财政预算，专项用于争议的调查处理。二是要协调有关部门，根据土地权属争议调处的实际经费需求，积极研究探讨解决土地权属争议案件的收费问题。

（三）做到程序合法。土地权属争议的案件管辖、举证责任、办案时限、处理依据、文书格式等要严格依据法律、法规和国土资源部《土地权属争议调查处理办法》以及原国家土地管理局《确定土地所有权和使用权的若干规定》等有关规定，做到程序合法，适用法律正确。各地要及时出台有关土地权属争议调处规定，确保调处工作依法进行。

（四）发挥调解作用。用调解的方式解决争议，是处理土地权属争议案件行之有效的方法，也是处理土地权属争议的一贯作法。调解对于解决纠纷，减少行政复议与行政诉讼，及时有效化解矛盾发挥着重要作用。各级国土资源管理部门要对争议案件先行依法调解，注意从源头上减少土地权属争议升级的可能性。

（五）进行巡视指导。上级国土资源管理部门要定期对土地权属争议案件的调处工作进行检查和指导，特别要对土地权属争议案件的办案质量和办案效率进行定期考核，确保调处工作有效进行，努力实现"案结事了"。

国土资源部将对各地贯彻落实情况进行检查。

二〇〇七年四月十三日

国土资源部关于贯彻实施《中华人民共和国物权法》的通知

- 2007 年 5 月 8 日国土资源部颁布
- 2007 年 5 月 8 日施行

各省、自治区、直辖市国土资源厅（国土环境资源厅、国土资源局、国土资源和房屋管理局、房屋土地资源局），计划单列市国土资源行政主管部门，国家海洋局，国家测绘局，新疆生产建设兵团国土资源局，部机关各司局：

《中华人民共和国物权法》（以下简称《物权法》）已经第十届全国人民

代表大会第五次会议审议通过，将于 2007 年 10 月 1 日起施行。为切实做好《物权法》的贯彻实施工作，进一步坚持和完善国土资源管理制度，维护国家、集体和个人的国土资源权益，促进经济社会的可持续发展，现就有关事项通知如下：

一、充分认识《物权法》颁布实施的重大意义

《物权法》是维护社会主义基本经济制度，维护广大人民群众切身利益，规范社会主义市场经济秩序和财产关系的民事基本法律。国土资源是最重要和最有价值的"物"。规定土地权利和矿权行使和管理的基本原则，是《物权法》最主要的内容。各级国土资源管理部门要从坚持依法治国基本方略、全面推进依法行政的高度，充分认识《物权法》颁布实施的重大意义。

（一）《物权法》是构建社会主义和谐社会的重要保障

《物权法》的基本功能是明确物的归属，定纷止争，物尽其用。构建和谐社会的核心是以人为本。《物权法》始终以维护最广大人民群众的根本利益为出发点，对关系广大人民群众切身利益的重大问题都作出了明确规定，为实践中各种纠纷的解决明确了法律规则，有利于化解社会矛盾，维护社会稳定。同时，《物权法》也高度重视农民权益的保护，将与农民的生产、生活关系最为密切的两项权利，即农村土地承包经营权与宅基地使用权第一次明确地规定为物权，有力地保护了八亿农民最基本的财产权利，为构建社会主义和谐社会奠定了坚实的法律基础。

（二）《物权法》是提升国土资源管理水平的有力武器

《物权法》在现行《土地管理法》、《城市房地产管理法》、《农村土地承包法》以及《矿产资源法》等法律规定的基础上，对国土资源管理法律制度进行了改革创新。《物权法》建立了不动产统一登记制度，完善了土地征收补偿制度，构建了以土地所有权、土地承包经营权、建设用地使用权和宅基地使用权为主要内容的土地物权体系，明确了探矿权、采矿权的物权性质。《物权法》的颁布实施，为国土资源管理部门"保护资源、保障发展、维护权益、服务社会"提供了有力武器。

（三）《物权法》是推进依法行政的强大动力

《物权法》不仅仅是维护国家基本经济制度、保护人民群众财产权利的民事基本法，也是规范行政机关公权力、保障人民财产权利的一部重要民事法律。物权是具有"排他性"的权利，物权可以约束、限制公权利的滥用。《物权法》规定的财产权是依法行政的基础，是否尊重《物权法》所确定的财产权，是检验和衡量行政机关是否依法行政的重要标准。各级国土资源管理部门要充分认识到《物权法》对推进依法行政提出的新要求，更多地从维护交易秩序、促进财富增长、保护合法权益的角度全面推进依法行政，不断提高国土资源对经济社会发展的保证能力。

二、准确把握《物权法》对国土资源管理法律制度的改革创新

《物权法》与国土资源管理息息相关。《物权法》中关于土地权利和矿权的规定，既有对现行法律制度和政策措施的肯定和继承，更有许多创新和突破。各级国土资源管理部门要准确理解和全面把握《物权法》的基本原则和主要内容，特别是与国土资源管理相关的内容和条款，并在国土资源管理工作中贯彻落实。

（一）《物权法》完善了不动产登记制度

《物权法》颁布以前，我国关于不动产登记的规定，主要散见在《土地管理法》、《城市房地产管理法》等行政管理法中。《物权法》贯彻不动产物权公示、公信的原则，在不动产登记方面作出了多项创新性规定：一是《物权法》确立了不动产统一登记制度；二是《物权法》确立了不动产登记生效原则；三是《物权法》对更正登记、异议登记和预告登记制度作出了明确规定；四是《物权法》明确了不动产登记簿的效力和登记机构的职责；五是《物权法》明确了不动产登记机构的赔偿责任。

（二）《物权法》完善了土地征收补偿制度

土地征收补偿制度，关系广大人民群众的切身利益，关系社会稳定，关系和谐社会建设。《物权法》依据宪法，按照党和国家关于征地补偿安置必须保证被征地农民原有生活水平不降低、长远生计有保障的原则，对土地征收补偿制度进行了完善：一是《物权法》明确土地征收必须以保护耕地为前提；二是《物权法》明确土地征收必须具备法定条件，即：必须是为了公共利益的需要，必须依照法定的权限和程序，必须依法给予征收补偿；三是《物权法》明确了土地征收的法定补偿范围，包括：土地补偿费、安置补助费、地上附着物补偿费和社会保障费用。

（三）《物权法》建立了土地物权体系

《物权法》贯彻平等保护的原则，在土地物权体系方面作出了多项创新性规定：一是《物权法》明确了集体土地的产权代表；二是《物权法》明确了建设用地使用权可以在地表、地面或者地下分别设立；三是《物权法》明确建设用地使用权可以通过出让或者划拨的方式设立；四是《物权法》明确住宅建设用地使用权期间届满的，自动续期。非住宅建设用地使用权届满后的续期，依照法律规定办理，并明确了地上建筑物的归属问题。

（四）《物权法》明确了探矿权采矿权的用益物权性质

《物权法》在第三编"用益物权"中明确：依法取得的探矿权、采矿权受法律保护。这是重大的法律制度创新，它表明《物权法》认可探矿权、采矿权的物权性质，对保护权利人的合法权益具有重要意义。

三、按照贯彻实施《物权法》的要求全面推进依法行政

贯彻实施《物权法》，对国土资源管理部门提出了新的、更高的要求。适应《物权法》贯彻实施的需要，各级国土资源管理部门要转变国土资源管理理念，深化国土资源管理方式变革，全面推进依法行政：

（一）牢固树立物权观念

在国土资源管理工作中牢固树立物权观念，就是要求各级国土资源管理部门在行使国土资源管理职权的过程中，要以尊重行政管理相对人的物权为前提，不能随意干预当事人之间的财产关系和民事关系，不能随意取消当事人通过合法手段取得的行政许可，更不能打着维护公共利益的幌子损害集体和公民个人的财产权利。要把国土资源管理行政管理职权严格限制在法律法规规定的范围内，强化国土资源管理部门的监督和服务职能。要彻底改变过去主要依靠行政审批和行政执法手段行使管理权的做法，更多地将行政指导、行政奖励、行政合同等现代管理手段和人性化的执法方式运用到国土资源管理工作中，全面推进依法行政。

（二）更加自觉地坚持从严管理不动摇

实行世界上最严格的国土资源管理制度，是党中央、国务院根据我国的基本国情作出的重大决策，也是贯彻落实科学发展观、保证经济社会又好又快发展的必然要求。《物权法》全面肯定了近年来严格保护资源的制度性成果，将国土资源管理法律制度特别是土地管理法律制度，包括耕地保护制度、用途管制制度、土地征收补偿制度、资源有偿使用制度等以民事基本法的形式确定下来，这必将增强全系统严格管理国土资源的决心。各级国土资源管理部门要结合《物权法》的颁布实施，继续贯彻落实好严格管理国土资源的各项法律制度和政策措施，进一步从严管理不动摇。

（三）更加积极地推进国土资源管理改革

《物权法》在诸多方面对国土资源管理改革的方向予以了肯定。贯彻落实《物权法》，要求各级国土资源管理部门要更加积极地推进国土资源管理改革。要加快土地登记发证的步伐，努力实现土地登记全覆盖；要全面落实工业用地招拍挂出让制度，使招拍挂成为政府出让工业用地的唯一合法方式；要积极配合劳动保障部门抓紧落实被征地农民的社会保障费用，确保被征地农民"生活水平不降低、长远生计有保障"；要加快推进《矿产资源法》的修改工作，切实保护探矿权人、采矿权人的合法权益。同时，要结合国土资源管理工作的实践，与时俱进地研究落实《物权法》提出的创新性要求，如住宅建设用地使用权期满如何续期、征地补偿中如何处理被征地农民既得利益、建设用地使用权如何在地表、地上和地下分别设立、建筑物区分所有权如何分割登记等，并积极开展试点工作。

四、采取切实有效的措施，保障《物权法》的顺利实施

（一）加强组织领导，深入开展《物权法》的宣传和培训

各级国土资源管理部门要加强组织，切实做好《物权法》的学习、宣传和培训工作。要把学习宣传《物权法》作为"完善体制、提高素质"的重要内容，做出具体部署，提出明确要求。主要领导要亲自抓，要认真组织好《物权法》的学习培训工作。要加强对领导干部的学习培训，一级抓一级，一级培训一级。要将宣传《物权法》作为"五五"普法的重要内容，运用各种宣传工具、宣传方法，在全社会深入宣传《物权法》的立法宗旨、基本内容和各项规定，特别是要宣传《物权法》中与国土资源管理有关的内容和制度，在全社会广泛倡导用法律明辨是非、用法律解决纠纷的理念，加快形成和谐的资源关系，推进和谐社会建设。

（二）按照《物权法》的要求，抓紧做好法规清理工作

根据《物权法》的规定，现行不少法律、行政法规、地方性法规、规章以及规范性文件中有关物权的规定都要依照《物权法》进行修改或者废止。目前，国务院已经对法规规章的清理工作进行了全面部署，是否符合《物权法》的规定，是这次法规清理工作的重要内容。地方各级国土资源管理部门也要抓紧进行地方性法规、规章，特别是规范性文件的清理工作，对于超越权限制定的，以及与《物权法》规定不相一致的，要及时废止或者修改。清理工作要在2007年10月1日前全部完成，清理结果要向全社会公开。

（三）分清轻重缓急，推进《物权法》的配套立法

实施《物权法》将是一个长期的任务。要分清轻重缓急，稳步推进《物权法》的配套立法工作。凡是对《物权法》实施有重大影响的，要抓紧研究出台；凡是关系长远制度建设的，要深入研究，积极试点，认真准备。今年，结合《物权法》的颁布实施，部将重点做好《确定土地所有权和使用权规定》、《土地登记规定》和《划拨土地使用权管理办法》等部门规章的制定工作。地方各级国土资源管理部门也要根据本地区的实际情况，积极稳妥地推进地方性配套法规、规章的立法工作。

《物权法》的颁布实施，关系国家基本经济制度，关系亿万人民群众的切身利益，更关系和谐社会建设。各级国土资源管理部门要把贯彻实施《物权法》作为当前和今后一段时期国土资源管理工作的重要内容，切实加强领导，调整工作思路，改进工作方法，增强服务意识和责任意识，为努力提高国土资源管理能力和水平、促进经济社会又好又快发展作出新贡献。各地在贯彻实施过程中，要加强组织协调、调查研究和检查落实工作。有关贯彻实施情况和实施过程中遇到的新情况、新问题，请及时报部。

二〇〇七年五月八日

关于依法加快华侨农场
土地确权登记发证工作的通知

- 2007年5月30日国土资源部、国务院侨务办公室颁布
- 2007年5月30日施行

吉林、福建、江西、广东、广西、海南、云南省（自治区）国土资源厅、侨务办公室：

　　国务院近期印发了《国务院关于推进华侨农场改革和发展的意见》（国发〔2007〕6号），对全面推进华侨农场土地确权登记工作提出了明确要求。为深入贯彻落实国务院文件精神，国土资源部和国务院侨务办公室决定用两年时间，全面完成全国华侨农场土地确权登记发证工作。现将有关事项通知如下：

　　一、充分认识华侨农场土地确权登记工作的重要意义

　　党中央、国务院历来高度重视华侨农场的改革和发展，十分关心归难侨的生产和生活，先后采取一系列措施维护华侨农场职工特别是归难侨的合法权益。华侨农场成立以来，土地是农场发展生产、搞活经济和安置归难侨的重要载体和依托，是职工赖以生存的生产资料和生活资料。《国务院关于推进华侨农场改革和发展的意见》把全面推进华侨农场土地确权登记工作，作为推进华侨农场改革和发展的一项重要措施进行了部署。开展华侨农场土地确权登记发证工作，对于依法明确和保护华侨农场土地权益，促进社会和谐稳定，推进华侨农场改革和发展具有重要意义。各级国土资源部门要站在全局和政治的高度，认真学习领会国务院文件精神，统一思想，提高认识，切实做好本地区华侨农场土地登记发证工作。

　　二、采取措施，加快推进华侨农场土地确权登记发证工作

　　各地国土资源部门和侨务部门要在地方党委和政府的统一领导下，积极与有关部门沟通协调、密切配合，采取措施加快推进华侨农场土地确权登记

发证工作。按照"先易后难、先简后繁"的原则，制定切实可行的华侨农场土地确权登记发证工作计划，使各项工作真正落实到位，确保按时完成任务。对于在体制改革中仍保留华侨农场主体资格的，土地仍确权登记给农场；对于华侨农场主体不存在，但组建成立了继受原来农场全部债权债务的实业公司的，土地确权登记给该公司。在体制改革中不能将华侨农场土地确权登记给改制后成立的乡镇政府或办事处。对存在权属争议且一时难以解决的华侨农场土地，可将有权属争议的部分划出，对无争议的农场土地先行确权登记发证。

三、主动服务，依法调处华侨农场土地权属争议

各地要对华侨农场土地权属争议进行一次全面排查，明确争议范围、数量和种类，建立土地权属争议调处工作责任制，明确分工和办理时限。在调处华侨农场土地权属争议中，要按照"尊重历史、承认现实、互利互让"的原则，依法妥善处理土地权属争议，坚决制止非法侵占国有农场土地的行为。要及时总结各地调处华侨农场土地权属争议的好经验、好做法，以点带面、逐步推进，力争在土地确权登记工作中将历史遗留的华侨农场土地权属争议解决好，并及时办理登记发证手续，维护当地社会稳定。

四、落实经费，全面完成华侨农场土地确权登记发证任务

华侨农场土地确权登记所需工作经费，由中央、地方和华侨农场共同负担。各地国土资源部门和侨务部门要积极与财政部门沟通协调，认真落实华侨农场土地确权登记工作经费，以保证工作的顺利开展。为提高效率，减少成本，华侨农场土地登记中除可沿用由国土资源管理部门统一负责地籍调查的方式外，也可由华侨农场自行组织地籍调查，提供符合土地登记要求的成果资料，国土资源部门直接办理土地登记，不再收取地籍调查费用。

五、加强宣传，维护土地确权登记的权威性

各地要大力宣传土地管理法律法规和《归侨侨眷权益保护法》及其实施办法，树立和维护土地确权登记的权威性、严肃性。对于已经依法确权登记给华侨农场的土地，任何单位和个人不得侵占，不得随意收回华侨农场土地，要依法制止和严肃处理侵犯华侨农场土地权益的违法行为。确因当地经济社会发展需要使用华侨农场土地的，要参照征收集体土地标准给予补偿，不得侵害华侨农场职工利益，切实保护归难侨合法权益。

省级国土资源部门要将本地华侨农场土地确权登记发证工作计划于 2007 年 6 月 15 日前报国土资源部地籍司。各地要加强对华侨农场土地确权登记发证工作的检查指导，及时解决工作中出现的问题。国土资源部、国务院侨办将会同有关部门对各地华侨农场土地确权登记发证工作进行督促检查。

国土资源部、国务院侨务办公室
二〇〇七年五月三十日

关于加快供销合作社土地确权登记工作的通知

- 2009 年 12 月 7 日国土资源部、中华全国供销合作总社颁布
- 2009 年 12 月 7 日施行

各省、自治区、直辖市国土资源厅（国土环境资源厅、国土资源局、国土资源和房屋管理局、规划和国土资源管理局）、供销合作社，新疆生产建设兵团国土资源局、供销合作社：

为贯彻落实《国务院关于加快供销合作社改革发展的若干意见》（国发〔2009〕40 号）（以下简称国务院 40 号文），加快供销合作社（包括所属企事业单位）土地确权登记工作，现就有关事项通知如下：

一、提高认识，加快推进供销合作社土地确权登记工作

供销合作社是为农服务的合作经济组织，是推动农村经济发展和社会进步的重要力量。多年来，供销合作社在党和政府领导下，形成了比较完整的组织体系和遍布城乡的经营服务网络，在为农服务、促进城乡物资交流、保障市场供应、稳定物价等方面发挥了重要作用。当前，我国农村正在发生深刻变革，在发展现代农业，活跃农村流通，拉动国内需求，推进社会主义新农村建设中，供销合作社还将继续发挥重要作用。

土地是供销合作社为农服务和自身发展的基础，是社有资产的重要组成

部分。根据法律规定，未经登记的土地所有权和使用权不受法律保护。由于各种原因，供销合作社历史上长期使用的土地部分尚未确权登记，一定程度上影响了供销合作社为农服务作用的发挥。国务院40号文把加快供销社土地确权登记工作，作为推进供销合作社改革发展的一项重要措施进行了部署，对于依法保护供销合作社土地权益，促进社会主义新农村建设，推进供销合作社改革发展具有重要意义。各级国土资源管理部门和供销合作社要提高认识，切实把供销合作社土地确权登记工作抓紧抓好。

二、加大土地权属争议调处力度，依法确认供销合作社土地使用权

要本着尊重历史、注重现实的原则，根据实际使用情况，依照国家有关土地管理法律、法规和政策，妥善解决历史遗留的土地权属争议，依法确认供销合作社土地使用权。

（一）供销合作社土地确权，适用《确定土地所有权和使用权的若干规定》（〔1995〕国土〔籍〕字第26号）和《国土资源部关于供销合作社使用土地权属问题的复函》（国土资厅函〔2002〕328号）。

（二）对于存在权属争议的土地，依照《土地管理法》和《土地权属争议调查处理办法》（国土资源部令第17号）进行调处。经协商、调解不成的，依法报人民政府做出处理决定。

（三）对于权属来源合法、无争议的土地，要依法、及时办理登记手续。

三、加强组织领导，确保供销合作社土地确权登记顺利进行

各级国土资源管理部门要认真贯彻国务院40号文件精神，加强组织领导，加大工作力度，强化服务意识，积极履行职责，采取有效措施，加快工作进度，于2010年底前基本完成供销合作社土地确权登记发证任务。土地登记收费应严格执行国家有关标准。

各级供销合作社要抓住有利时机，认真学习土地管理法律法规，积极申请土地登记，提供真实有效的土地权属资料，主动配合国土资源管理部门工作。

各级国土资源管理部门和供销合作社要加强沟通，密切协作，共同推进供销合作社土地确权登记工作。国土资源部将会同中华全国供销合作总社对本通知贯彻执行情况进行监督检查。

二〇〇九年十二月七日

关于进一步做好军用土地
确权登记发证工作的通知

- 2010年12月13日国土资源部、解放军总后勤部颁布
- 2010年12月13日施行

各省、自治区、直辖市第二次土地调查领导小组办公室，国土资源厅（国土环境资源厅、国土资源局、国土资源和房屋管理局、规划和国土资源管理局），新疆生产建设兵团国土资源局，各军区联勤部，各军兵种后勤部，总参三部、管理保障部，总政直工部，总装后勤部，军事科学院院务部，国防大学、国防科技大学校务部，总后所属直供单位：

　　军用土地调查是全国土地调查的组成部分，是城镇和农村地籍调查的重要内容。按照国土资源部、总参谋部、总后勤部《关于做好第二次全国土地调查中军用土地调查工作的通知》（国土资发〔2008〕108号，以下简称通知）要求，第二次军用土地调查工作于2008年7月全面展开。两年来，在地方人民政府和各级国土资源行政主管部门的大力支持下，军用土地调查工作总体进展顺利，取得了阶段性成果。为进一步加强军用土地管理，切实做好军用土地确权登记发证工作，现将有关事项通知如下。

　　一、密切配合，加快军用土地确权工作

　　确定军用土地权属界线，是军地双方的共同任务。军用土地调查时，军队单位要主动联系所在地的县级以上国土资源行政主管部门，提出确权申请；国土资源行政主管部门要积极做好服务，组织相邻单位对军用土地进行指界确认。对于权属界线清楚的，各方应当在地籍调查表或权属协议书上签字盖章，如四邻单位无故缺席指界或不签字盖章确认的，依法由县级以上人民政府确认；无权属来源相关文件或权源资料不齐全、土地权属无争议的，解放军土地管理局出具证明，经国土资源行政主管部门核实后，依法由县级以上人民政府确认。权属界线有争议的，应按照《国务院、中央军委关于妥善处

理军队与地方部分房地产权属问题的通知》（国发〔1988〕46号）等有关法律和政策规定办理；一时难以解决的，要划定工作界线，但不作为确权依据。

二、相互支持，加快军用土地地籍测量工作

军用土地地籍测量和内部调查工作由军队单位自行组织。军用土地地籍测量中，地方国土资源行政主管部门要给予技术支持，地方土地调查形成的成果可无偿向军队提供。涉及军地接边的军用土地调查成果由军队业务主管部门会同地方县以上国土资源行政主管部门，共同组织验收。军用土地内部调查成果由军队业务主管部门组织验收，地方县以上国土资源行政主管部门可参与验收。由军队专业队伍自行组织的地籍测量成果，符合国家和军队有关技术规程（规定）要求的，经各级国土资源行政主管部门审核后予以承认，并作为军用土地登记发证的依据。

三、依法依规，加快军用土地登记发证工作

军用土地登记发证工作，实行属地管理。军队单位要主动向县级以上国土资源行政主管部门申请办理土地登记手续，积极配合国土资源行政主管部门开展土地登记发证工作。办理军用土地登记时，军队单位应依据《土地登记办法》有关规定提交土地登记申请材料，涉及军事设施用地的可不提供营区平面图、部队番号。地方各级国土资源行政主管部门要依据国家有关规定，加快军用土地登记发证工作。登记资料中土地使用权人栏统一填写为"中国人民解放军总后勤部（部队代号，无代号的填写部队单位名称）"。军用土地范围内的机关、公寓住房、自有住房（住宅，包括军队经济适用住房以及从军用土地中划为售房区出售的现住房等）、独立院落的招待所等土地用途问题，应当根据不同情况区别对待。自有住房用地，土地用途按照分类标准划归城镇住宅用地，在办理土地登记时，地类（用途）栏填写"城镇住宅用地"；其他军用土地划归军事设施用地，在办理军用土地登记时，地类（用途）栏填写"军事设施用地"。对于权属界线未改变、界址明晰、重新测量后实际面积与原证不符的，以重新测量后的实际面积为准，可直接办理变更登记手续。

军队经济适用住房建设用地以及从军用土地中划为售房区出售现住房占用的土地登记时，军队单位应当提供解放军总后勤部批复的征地计划（划分售房区方案)、建设(售房)计划以及地方人民政府的规划要求等有关文件。

地方国土资源行政主管部门要加快城镇住房登记发证进度,积极为军用土地住房权利人办理土地登记发证手续。

新增军队建设项目用地应按有关规定依法办理供地手续后,再办理土地确权登记手续。

军用土地调查、登记发证等工作,应严格执行国家和军队有关保密规定,国土资源部门和军队单位应共同做好军用土地调查、登记等成果资料的保密工作。

二〇一〇年十二月十三日

关于加快推进农村集体土地确权
登记发证工作的通知

- 2011 年 5 月 6 日国土资源部、财政部、农业部颁布
- 2011 年 5 月 6 日施行

各省、自治区、直辖市国土资源厅(国土环境资源厅、国土资源局、国土资源和房屋管理局、规划和国土资源管理局)、财政厅(局)、农业(农牧、农村经济)厅(局、委、办),新疆生产建设兵团国土资源局、财务局、农业局:

为贯彻落实十七届三中全会精神和《中共中央国务院关于加大统筹城乡发展力度进一步夯实农业农村发展基础的若干意见》(中发〔2010〕1 号,以下简称中央 1 号文件)有关要求,切实加快推进农村集体土地确权登记发证工作,现将有关事项通知如下:

一、充分认识加快农村集体土地确权登记发证的重要意义

《土地管理法》实施以来,各地按照国家法律法规和政策积极开展土地登记工作,取得了显著的成绩,对推进土地市场建设,维护土地权利人合法权益,促进经济社会发展发挥了重要作用。但是,受当时条件的限制,农村

集体土地确权登记发证工作总体滞后,有的地区登记发证率还很低,已颁证的农村集体土地所有权大部分只确权登记到行政村农民集体一级,没有确认到每一个具有所有权的农民集体,这与中央的要求和农村经济社会发展的现实需求不相适应。明晰集体土地财产权,加快推进农村集体土地确权登记发证工作任务十分紧迫繁重。

(一)加快推进农村集体土地确权登记发证工作是维护农民权益、促进农村社会和谐稳定的现实需要。通过农村集体土地确权登记发证,有效解决农村集体土地权属纠纷,化解农村社会矛盾,依法确认农民土地权利,强化农民特别是全社会的土地物权意识,有助于在城镇化、工业化和农业现代化推进过程中,切实维护农民权益。

(二)加快推进农村集体土地确权登记发证工作是落实最严格的耕地保护制度和节约用地制度、提高土地管理和利用水平的客观需要。土地确权登记发证的过程,是进一步查清宗地的权属、面积、用途、空间位置,建立土地登记簿的过程,也是摸清土地利用情况的过程,从而改变农村土地管理基础薄弱的状况,夯实管理和改革的基础,确认农民集体、农民与土地长期稳定的产权关系,将农民与土地物权紧密联系起来,可以进一步激发农民保护耕地、节约集约用地的积极性。

(三)加快推进农村集体土地确权登记发证工作是夯实农业农村发展基础、促进城乡统筹发展的迫切需要。加快农村集体土地确权登记发证,依法确认和保障农民的土地物权,进而通过深化改革,还权赋能,最终形成产权明晰、权能明确、权益保障、流转顺畅、分配合理的农村集体土地产权制度,是建设城乡统一的土地市场的前提,是促进农村经济社会发展、实现城乡统筹的动力源泉。

二、切实加快农村集体土地确权登记发证工作,强化成果应用

各地要认真落实中央1号文件精神,加快农村集体土地所有权、宅基地使用权、集体建设用地使用权等确权登记发证工作,力争到2012年底把全国范围内的农村集体土地所有权证确认到每个具有所有权的集体经济组织,做到农村集体土地确权登记发证全覆盖。要按照土地总登记模式,集中人员、时间和地点开展工作,坚持依法依规、便民高效、因地制宜、急需优先和全面覆盖的原则，注重解决难点问题。

（一）完善相关政策。认真总结在农村集体土地确权登记发证工作方面的经验，围绕地籍调查、土地确权、争议调处、登记发证工作中存在的问题，深入研究，创新办法，细化和完善加快农村集体土地确权登记发证的政策。严禁通过土地登记将违法违规用地合法化。

（二）加快地籍调查。地籍调查是土地登记发证的前提，各地要加快地籍调查，严格按照地籍调查有关规程规范的要求，开展农村集体土地所有权、宅基地使用权、集体建设用地使用权调查工作，查清农村每一宗土地的权属、界址、面积和用途等基本情况。有条件的地方要制作农村集体土地所有权地籍图，以大比例尺地籍调查为基础，制作农村集体土地使用权，特别是建设用地使用权、宅基地使用权地籍图。县级以上城镇以及有条件的一般建制镇、村庄，要建立地籍信息系统，将地籍调查成果上图入库，纳入规范化管理，在此基础上，开展土地总登记及初始登记和变更登记。建立地籍成果动态更新机制，以土地登记为切入点，动态更新地籍调查成果资料，保持调查成果的现势性，确保土地登记结果的准确性。

（三）加强争议调处。要及时调处土地权属争议，建立土地权属争议调处信息库，及时掌握集体土地所有权、宅基地使用权和集体建设用地使用权权属争议动态，有效化解争议，为确权创造条件。

（四）规范已有成果。结合全国土地登记规范化和土地权属争议调处检查工作，凡是农村集体土地所有权证没有确认到具有所有权的农民集体经济组织的，应当确认到具有所有权的农民集体经济组织；已经登记发证的宗地缺失档案资料以及不规范的，尽快补正完善；已经登记的宗地测量精度不够的，及时进行修补测；对于发现登记错误的，及时予以更正。

（五）加强信息化建设。把农村集体土地确权登记发证同地籍信息化建设结合起来，在应用现代信息技术加快确权登记发证的同时，一并将地籍档案数字化，实现确权登记发证成果的信息化管理。建设全国土地登记信息动态监管查询系统，逐步实现土地登记资料网上实时更新，动态管理，建立共享机制，全面提高地籍管理水平，大幅度提高地籍工作的社会化服务程度。

（六）强化证书应用。实行凭证管地用地制度。土地权利证书要发放到权利人手中，严禁以统一保管等名义扣留、延缓发放土地权利证书。各地根据当地实际，可以要求凡被征收的农村集体所有土地，在办理征地手续之前，必须完成农村集体土地确权登记发证，在征地拆迁时，要依据农村集体土地所有证和农村集体土地使用证进行补偿；凡是依法进入市场流转的经营性集体建设用地使用权，必须经过确权登记，做到产权明晰、四至清楚、没有纠纷，没有经过确权登记的集体建设用地使用权一律禁止流转；农用地流转需与集体土地所有权确权登记工作做好衔接，确保承包地流转前后的集体所有性质不改变，土地用途不改变，农民土地承包权益不受损害；对新农村建设和农村建设用地整治涉及宅基地调整的，必须以确权登记发证为前提。

充分发挥农村土地确权登记发证工作成果在规划、耕保、利用、执法等国土资源管理各个环节的基础作用。农村集体土地登记发证与集体建设用地流转、城乡建设用地增减挂钩、农用地流转、土地征收等各项重点工作挂钩。凡是到 2012 年底未按时完成农村集体土地所有权登记发证工作的，农转用、土地征收审批暂停，农村土地整治项目不予立项。

三、加强组织领导，强化督促落实

（一）加强组织领导。国土资源部会同财政部、农业部成立全国加快推进农村集体土地确权登记发证工作领导小组，办公室设在国土资源部地籍管理司，由成员单位有关方面负责人、联络员及工作人员组成，具体负责推进农村集体土地确权登记发证的日常工作。省级人民政府国土资源部门要牵头成立相应的领导小组，负责本地区工作的组织和实施。市（县）政府是农村集体土地登记的法定主体，市（县）成立以政府领导为组长的工作领导小组，国土资源部门承担领导小组的日常工作，负责编制实施方案，分解任务，落实责任，明确进度，定期检查，抓好落实。农村集体土地所有权确权登记发证应当覆盖到本行政区内全部集体土地。

（二）周密部署安排。各省要抓紧摸清本地区集体土地确权登记发证现状，研究制定具体工作方案，明确年度工作目标和任务，加强人员培训，落实责任制，加快农村集体土地所有权、宅基地使用权、集体建设用地使用权等确权登记颁证工作，2012 年底基本完成把农村集体土地所有权证确认到每个具有所有权的农民集体经济组织的任务。

建立全国农村集体土地确权登记发证工作进度汇总统计分析和通报制度。请省级领导小组办公室于 2011 年 6 月底将本地区农村集体土地确权登记发证工作进展情况报办公室，此后按季度定期上报工作进度情况，并逐步建立网上动态上报机制，办公室将采取多种方式加强督促检查。

（三）切实保障经费。相关地方政府要按照中央 1 号文件要求，统筹安排，将农村集体土地确权登记发证有关工作经费足额纳入财政预算，保障工作开展。

（四）加强土地登记代理机构队伍建设。借助土地登记代理机构等专业力量，提高确权登记发证的效率和规范化程度。

（五）宣传动员群众。各地要通过报纸、电视、广播、网络等媒体，大力宣传农村集体土地确权登记发证的重要意义、工作目标和法律政策，创造良好的舆论环境和工作氛围。争取广大农民群众和社会各界的理解支持，充分发挥农村基层组织在登记申报、土地确权、纠纷调处等工作中的重要作用，调动广大农民群众参与的积极性。国土资源部将适时召开加快推进农村集体土地确权登记发证工作现场会，总结、推广、宣传典型经验，为全国提供示范典型。

国土资源部、财政部、农业部
二〇一一年五月六日

关于进一步加强林地确权登记发证工作的通知

- 2012 年 3 月 12 日国家林业局颁布
- 2012 年 3 月 12 日施行

各省、自治区、直辖市林业厅（局），内蒙古、吉林、龙江、大兴安岭森工（林业）集团公司，新疆生产建设兵团林业局：

近日，多省林业主管部门向我局询问国土资源部《关于加快推进农村集

体土地确权登记发证工作的通知》（国土资发〔2011〕60号）和《关于农村集体土地确权登记发证的若干意见》（国土资发〔2011〕178号）两个文件所规范的农村集体土地确权登记发证是否包括林地。对此，我局明确回复不包括林地。对林地的确权登记发证，要严格按照《森林法》及其实施条例的规定执行。为进一步明确林地确权登记发证事宜，切实依法维护林权证的法律地位，现将有关事项通知如下：

一、依法行政，严格执行林权登记发证制度

国家依法实行森林、林木和林地登记发证制度。林权证是依据《森林法》第三条第二款、《森林法实施条例》第三条至第七条、《土地管理法》第十一条第四款和《农村土地承包法》第二十三条第一款、《物权法》第一百二十七条第二款的有关规定，由县级以上地方人民政府和国务院林业主管部门对林地、林木进行登记造册，颁发的确认林地、林木所有权或者使用权的法律证书。各级林业主管部门作为林地登记申请的受理机关，要认真履行职责，严格按照《国家林业局关于进一步加强和规范林权登记发证管理工作的通知》（林资发〔2007〕33号）要求，依法做好同级人民政府交办的林权登记造册、核发证书、档案管理、林权纠纷调处等工作。

对已经县级以上人民政府规划为林地的应当核发林权证，不得核发其他证书。我国森林资源多集中在贫困山区和边疆少数民族地区，权属问题处理不好，极易引发林区和民族地区社会不稳定。对已经依法由县级以上地方人民政府颁发林权证的集体林地，重复确权登记核发土地证，必然造成"一地两证"，以及各级地方政府和广大林农对国家政策的不理解；对因重复发证引发的林地权属纠纷，也必然会造成地方政府调处山林纠纷或者法院审理案件时，对林权证和土地证法律效力认定的困难，出现法律适用混乱。全国人大常委会法制工作委员会法工办发文〔89〕1号、6号和14号均已明确"对林地所有权或者使用权的登记造册和核发证书，应按森林法的规定执行。县级以上地方人民政府依照森林法的有关规定核发的确认林地所有权或者使用权的证书，也就是关于该土地所有权或者使用权的证书"。据此，凡违反国家法律规定在林地上重复发证，造成"一地两证"或者"一地多证"的，按照"谁发证、谁负责"的原则处理。

二、强化管理，确保巩固集体林权制度改革成果

2000年我局依法启用全国统一式样林权证以来，各地对1981年林业"三定"时期的确定集体林地所有权的林权证进行了换发。2003年以来，为了贯彻落实《中共中央国务院关于加快林业发展的决定》（中发〔2003〕9号）和《中共中央国务院关于全面推进集体林权制度改革的意见》（中发〔2008〕10号）精神，我局部署开展了全国范围内的集体林地确权登记发证工作，要求尊重历史、照顾现实、认真梳理并调处林权纠纷，把集体林地所有权落实到每一个具有所有权的乡镇、村、组集体经济组织和获得林地承包经营权的农户。截至目前，全国27亿亩集体林地已勘界确权面积26亿亩，占集体林地总面积的95%，其中，经登记核发林权证确认林地所有权和使用权的面积达22.65亿亩，发放林权证9785万本，8397万农户领取了林权证。本次集体林权制度改革，全国累计调处林权纠纷80多万起，调处率达97%，群众满意率达98%。

当前，集体林权制度改革主体改革任务基本完成，配套改革正在深化，必须确保集体林权制度改革成果的巩固与发展。林权证是集体林权制度改革惠民政策落实的根本保障，是权利人享有林地林木权益的法律凭证，尚未完成集体林地确权登记发证任务的少数地区要抓紧完成扫尾工作。各级林业主管部门要认真落实《国家林业局关于进一步加快林权登记发证工作的通知》（林资发〔2003〕199号）要求，强化用证管理。对林地占用征收审核审批、林木采伐管理、林地流转监管、林权抵押贷款办理、森林保险投保等各个管理环节必须以林权证为凭证，以确保林地权属清楚，林农合法权益不受侵害。

自本通知下发之日起，各地要对林地确权登记发证情况进行全面检查，并于4月底前将检查情况上报我局。检查中发现重复登记发证和"一地多证"等违法情况的，要及时报告本级人民政府予以依法纠正。遇到重大问题要及时向我局报告。

国家林业局
二〇一二年三月十二日

关于加强农村土地整治权属管理的通知

- 2012年6月12日国土资源部颁布
- 2012年6月12日施行

各省、自治区、直辖市及副省级城市国土资源主管部门，新疆生产建设兵团国土资源局，解放军土地管理局，各派驻地方的国家土地督察局：

为贯彻落实《国务院关于严格规范城乡建设用地增减挂钩试点切实做好农村土地整治工作的通知》（国发〔2010〕47号）和经国务院批准实施的《全国土地整治规划（2011～2015年）》，规范推进农村土地整治工作，维护农民群众合法土地权益，现就加强农村土地整治权属管理通知如下：

一、明确农村土地整治权属管理的总体要求

（一）高度重视农村土地整治权属管理。

随着农村土地整治规模逐步扩大，涉及集体土地所有权和土地用益物权的土地权属调整日益增多，土地权属管理作为保护权利人合法权益、保证农村土地整治顺利进行的基础作用越发凸显，理顺土地权属关系，加强农村土地整治权属管理，显得尤为必要和迫切。各级国土资源主管部门要以科学发展观为指导，站在推进农业现代化、建设社会主义新农村、统筹城乡发展的高度，紧紧围绕健全最严格的耕地保护制度和节约用地制度，增强做好农村土地整治权属管理的紧迫感和责任感。农村土地整治权属管理要以维护和实现农民集体与群众合法土地权益为核心，为有序推进农村土地整治提供政策支持和制度保障，切实做到有利于加强农村社会管理，促进农村和谐稳定。

（二）把握农村土地整治权属管理的基本要求。

各级国土资源主管部门要将土地权属管理作为农村土地整治的重要工作内容，统筹安排，明确任务和责任主体，确保各项措施落到实处。农村土地整治项目涉及土地权属调整的，要尊重农民群众意愿、保障农民群众参与，不得强行调整土地权属，不得损害农民土地权益。要保障农村土地整治权属管理工作经费,确保土地调查、权属调整、确权登记等环节工作落实到位。要切实履行工作职责,组织做好土地权属管理工作,依法明确整治前后的土地权属,避免发生土地纠纷。对违反相关程序、疏于履行职责、侵害农民权益的行为,要依法依规追究有关责任人的责任,坚决防止由于土地权属调整引发突发性、群体性事件。

二、规范农村土地整治权属管理和程序

(三)坚持农村土地整治权属管理的原则。

1. 依法依规原则。要依据法律法规和政策抓好土地权属管理各项工作,特别是不得以土地权属调整的名义、擅自将农村集体土地转为国有土地。

2. 确权在先原则。对列入整治范围特别是建设高标准基本农田的区域,要按照集体土地确权登记的要求优先开展工作,确保土地整治在权属明晰的基础上进行。

3. 自愿协商原则。农村土地整治涉及土地权属调整的,要按照政府引导、村组协调、农民自愿的要求协商解决,尊重权利人意愿,维护其合法权益。

4. 公开公平原则。整治前后的土地权属状况和权属调整情况要实行公告,保障权利人的知情权、参与权、受益权和监督权。

5. 维护稳定原则。涉及土地权属调整的,应由权利人签订协议并依法报经有批准权机关批准,土地权属状况在整治后要较整治前更清晰、调配更合理有序,不发生新的纠纷。

(四)理顺农村土地整治权属管理程序。农村土地整治涉及权属调整的,由当地国土资源主管部门组织各类项目的申报单位,根据土地整治项目的不同阶段按照以下步骤进行:

1. 在项目可行性研究或申报阶段,查清拟开展整治区域的土地利用和权属现状,调查了解权利人权属调整意愿,分析、统计权属调整的初步意向,作为申报项目的依据。

2. 在项目规划设计阶段,结合整治项目规划设计方案,编制土地权属调整方案,协调签订土地权属调整协议。

3. 在项目实施阶段,禁止除土地整治活动外任何改变土地利用现状的行为，土地权属调整方案需要作适当修改的，应协调签订补充协议。

4. 在项目竣工验收阶段，组织落实土地权属调整方案，对新的权属界线进行勘测定界形成图件，并由权利人签字确认，编写土地整治权属调整报告。

农村土地整治不涉及土地权属调整的，在申报项目时须出具土地权属不作调整的说明并附项目范围内农村集体经济组织提供的书面证明，可以简化相关程序。

三、做好农村土地整治权属管理各项重点工作

（五）切实做好整治前土地调查和确权登记工作。土地调查、确权登记是开展农村土地整治的前提和条件。在项目可行性研究或申报阶段，国土资源主管部门要依据最新年度土地调查、土地确权登记等地籍资料，开展土地调查，查清拟开展土地整治范围内土地的权属、地类、面积、权利类型等，标注到与农村土地整治或确权登记要求相适应的同等比例尺图件上，形成整治前土地利用和权属状况图文资料报告。拟开展土地整治的地区存在土地权属争议的，应当加大调处力度及时妥善解决，不得将争议土地纳入整治范围。

（六）认真抓好土地权属调整方案的编制和报批工作。农村土地整治项目涉及权属调整的，在项目规划设计阶段要认真编制土地权属调整方案，主要内容包括：土地权属调整的原则和依据；土地权属调整的对象和范围；项目区域内土地利用和权属现状（权利主体、权利类型、位置、地类和面积等）；土地归并和分配办法以及土地权属调整相关图件。

土地权属调整方案应当征得涉及调整的土地权利人的同意，编制完成后应当在项目所在地的乡镇、村组进行公告，公告期不少于15天。权利人对土地权属调整方案中的土地权属有异议的，先行协商解决，协商不成的，应向当地国土资源主管部门申请调处。土地权属调整方案经公告无异议或者争议已解决的，在报经县级以上人民政府批准后，由乡镇人民政府组织权利人签订土地权属调整协议。

土地权属调整方案是批准农村土地整治项目实施的必备要件，凡方案内容不完整、不符合要求的，项目不予批准实施。农村土地整治项目建设完成后，要将土地权属管理的有关事项作为项目验收的重要内容之一，凡土地权属调整方案未落实、调整后出现新的权属纠纷以及没有编制完成权属调整报告的，项目不得通过验收。

（七）准确把握土地权属调整相关政策。

1. 除飞地、插花地外，土地整治范围内的土地所有权原则上不做调整；除依法征收外，土地所有权性质不得改变。

2. 农村土地整治项目涉及跨村组安臵或者占用其他农民集体土地用于建新区时，在符合土地整治规划和相关政策，所调换土地权属明确、面积相当、权利人书面同意，并依法报经县级以上人民政府批准的，可以进行集体土地之间的所有权调整，整治后重新确权登记发证。

3. 宅基地使用权、集体建设用地使用权确需调整的，应当符合规划与节约集约用地的要求，基础设施条件和居住环境要有明显改善；整治范围内依法设立的地役权的调整，应当征得需役地权利人的同意。

4. 整治后的土地分配，应当按照土地权属调整方案及有关调整协议，经所在农民集体通过基层民主自治程序决定，及时对分配结果进行公告，保证分配结果公平、合理；涉及土地承包经营权调整的，要依据法律法规和相关主管部门规定执行。

省级国土资源主管部门要加强对土地权属调整方案编制和权属调整的政策指导、监督检查。市县国土资源主管部门要在同级人民政府的领导下，组织做好编制和落实土地权属调整方案工作，协调乡镇人民政府以及农民集体签订土地权属调整协议、实施土地权属调整。

（八）及时做好整治后的土地调查、确权登记和信息化建设工作。项目竣工验收后，国土资源主管部门要根据经批准的土地权属调整方案和有关调整协议以及其他合法用地批准文件，认真核实整治前后的土地利用和权属状况、土地权属调整情况，依法确定集体土地所有权、宅基地使用权、集体建设用地使用权等土地权利，涉及其他主管部门管理权限的，按照职能分工依法办理；要及时开展土地变更调查和地籍调查，更新相关图件、数据库和统计台帐，做好土地变更登记，建立或更新地籍档案并上图入库，做到权属明确、地类正确、位置清楚、面积准确，确保地籍信息系统的准确性、现势性和完整性。

为全面掌握土地整治权属管理状况，各级各类农村土地整治项目均须纳入农村土地整治监测监管系统实行统一监管,部将进一步完善系统,把土地权属管理纳入信息化范畴。各级国土资源主管部门应当按照要求认真填报农村土地整治权属管理信息,做到整治前后土地利用和权属状况以及土地权属调整情况等信息完整、准确,切实提高农村土地整治权属管理信息化水平。

省级国土资源主管部门可以根据本通知要求,结合本地实际情况,研究制定本区域内土地权属调整方案规范文本,进一步细化农村土地整治权属管理的政策措施和相关规范。

本通知自下发之日起实施,有效期为8年。本通知下发之日起,《关于做好土地开发整理权属管理工作的意见》(国土资发〔2003〕287号)停止实施。

二〇一二年六月

关于进一步加快农村地籍调查推进集体土地确权登记发证工作的通知

- 2013年9月3日国土资源部颁布
- 2013年9月3日施行

各省、自治区、直辖市国土资源主管部门,新疆生产建设兵团国土资源局,解放军土地管理局,部有关直属单位,各派驻地方的国家土地督察局,部机关各司局:

按照党的"十八大"关于推进新型城镇化建设和城乡发展一体化的要求,全面贯彻落实中共中央、国务院《关于加快发展现代农业 进一步增强农村发展活力的若干意见》(中发〔2013〕1号)精神,部研究决定,在现有工作的基础上,采取切实有效措施,进一步加快农村地籍调查,全面推进集体土地确权登记发证工作。现将有关事项通知如下。

一、加快农村地籍调查,保障集体土地确权登记发证工作

(一)充分认识农村地籍调查工作重要意义。农村地籍调查是土地管理

中打基础、利长远的工作，是实现土地精细化管理，促进城乡地政统一管理的重要保障，是维护广大农民土地合法权益，促进社会和谐稳定的重要支撑。各地要充分认识农村地籍调查工作的重要意义，通过组织开展农村地籍调查，全面掌握农村范围内每一宗土地的利用类型、数量、分布及权属、界址等产权状况，为当前开展的集体土地确权登记发证工作提供基础支撑，确保全国农村集体土地确权登记发证工作有序推进。同时，也为下一步不动产统一登记奠定坚实的基础。

（二）进一步明确农村地籍调查工作内容。农村地籍调查作为今后一段时期地籍管理工作的重点，主要任务是对农村范围内包括农村宅基地、农村集体建设用地等在内的每一宗地的权属、界址、位置、面积、用途等进行调查。主要内容包括土地权属调查和地籍测量，土地权属调查是调查土地的权属状况和界址，地籍测量是测量宗地的界址边界。各地要严格依据《地籍调查规程》（TD/T1001-2012），按照"统筹谋划，科学组织；需求带动，服务推动；立足基础，节约高效；息纷止争，维权维稳"的总体指导原则，坚持政府主导，建立稳定的长效投入机制，调动各方积极性，加快推进本地区农村地籍调查的各项调查工作。

（三）统筹有序安排农村地籍调查各项任务。各地要客观分析现有工作条件，有计划、有步骤、分阶段稳妥推进本地区的农村地籍调查工作。各地在开展农村地籍调查工作时，要与现有工作统筹安排，当前尤其要充分结合农村集体土地确权登记发证工作的总体部署和要求，在已基本完成集体土地所有权登记发证工作的基础上，继续做好调查成果的整理完善工作，尽快组织开展农村集体建设用地调查和宅基地调查，全力保证农村集体土地确权登记发证工作。

二、因地制宜，严格规范，确保农村地籍调查成果质量

（一）因地制宜加快农村地籍调查工作。地方应根据本地区的特点，制定地籍调查方案，采用切实可行的调查方法开展调查。有条件地区要着眼于地籍管理和国土资源事业的长远发展，兼顾需要和可能，尽可能采用高精度的调查标准和调查方法实测界址点坐标并计算宗地面积，制作大比例尺地籍图；条件不具备的地区，界址点的测量可采用图解法，实地丈量界址边长及界址点与邻近地物的相关距离或条件距离，确保相邻关系的准确。

对于已经调查的宗地实地情况发生变化的，开展日常变更地籍调查及变更登记，保持地籍调查成果的现势性；对已经调查的宗地测量精度不满足需要的，要及时进行修补测；对于已经调查的宗地档案资料缺失及不规范的，应尽快补正完善；对于未开展过地籍调查的地区，按照地籍总调查的模式开展调查。

（二）严格规范开展农村地籍调查工作。各地应以"权属合法、界址清楚、面积准确"为原则，依据《地籍调查规程》，查清农村每一宗土地的权属、界址、面积和用途（地类）等，建立完备的地籍调查数据库。地籍调查工作中，各地要积极探索新技术、新方法的应用，结合已有的宅基地、集体建设用地调查成果，并充分利用第二次全国土地调查成果、年度土地变更调查成果以及最新的遥感影像，开展农村地籍调查工作，并做好与现有调查资料的充分衔接。

同时，各地可结合开展不动产统一登记的新形势、新要求，适时开展涵盖各种权利类型的农村地籍调查工作，探索形成操作性强的工作流程和切实可行的技术方法，为即将开展的不动产统一登记进行积极主动的探索。

（三）加强农村地籍调查成果的信息化。各地应以集体土地确权登记发证工作为契机，采取积极有效措施，加快推进农村地籍调查成果的信息化。要在第二次全国土地调查成果的基础上，以年度土地变更调查数据库为平台，开展农村集体土地所有权调查成果的上图入库工作，补充完善农村集体建设用地调查和宅基地调查成果，建立农村地籍调查数据库，更新土地变更调查数据库中权属、界址、面积等地籍信息。同时，建立农村地籍调查成果动态更新长效机制，以土地登记为切入点，动态更新农村地籍调查成果资料，保持调查成果的现势性。

（四）探索农村地籍调查成果的应用。各地要积极探索农村地籍调查成果的应用，切实为国土资源精细化管理提供支撑和保障。农村宅基地地籍调查成果要充分应用于宅基地审批、城乡建设用地增减挂钩、农村土地整治等工作中，农村集体建设用地调查成果要与年度土地变更调查、土地执法等工作相结合，做到相互印证，相互支撑。

三、采取有效措施，全面推进各项工作

（一）加强组织领导。各地要高度重视，加强对农村地籍调查的组织领导，将加快推进农村地籍调查工作作为夯实农村土地管理基础，特别是农村集体土地确权登记发证的重要内容，统一领导、统一部署、统一组织实施。各地在推进地籍调查工作的过程中，要立足当地工作基础和实际需求，对重点区域和城乡结合部以需求带动为主，体现急需优先的原则，对其他地区，则应加大政府投入力度，以服务推动为主，体现全面开展的要求。各地国土资源主管部门要积极主动地向同级党委、政府汇报调查工作进度，加强与各有关部门的协调联动，建立政府主导的工作推动机制。各省要及时将加快推进农村地籍调查工作的省级实施方案报部备案，部将适时开展督导检查。

（二）保障工作经费。农村地籍调查是一项基础性工作，各地要积极开拓思路，多渠道筹措资金，确保地籍调查所需经费。县级以上地方国土资源主管部门应当配合同级财政部门，根据2013年中央1号文件精神和《土地调查条例实施办法》的有关规定落实经费。必要时，可以与同级财政部门共同制定调查经费从新增建设用地土地有偿使用费、国有土地使用权有偿出让收入中列支的管理办法。已经完成地籍调查的地区，要积极争取地方政府财政支持，将地籍成果更新和系统建设与维护资金足额纳入年度财政预算。

（三）强化队伍建设。各级国土资源主管部门要有计划地开展地籍调查业务培训，逐步建立地籍调查人员学习培训长效机制，不断提高执行政策和规范开展业务的能力，以及沟通协调和解决实际问题的能力。县级以上国土资源主管部门应明确专门的机构和人员，具体负责地籍调查工作，建立调查队伍人员的定期考核制度。各地要积极引导建立社会化地籍调查中介机构，提高农村地籍调查效率和规范化水平，逐步建立市场化的地籍调查工作机制。

（四）加大宣传力度。各地要采取多种形式，在农村集体土地确权发证工作中，大力宣传农村地籍调查的重要意义，创造良好的舆论环境和工作氛围。部将根据农村集体土地确权登记发证工作进展，适时召开加快推进农村地籍调查工作现场会，总结推广典型经验，促进农村地籍调查工作规范有序开展。

此通知自下发之日起实施，有效期为5年。

四、政策及技术规范

中共中央关于推进农村改革发展若干重大问题的决定

● 2008年10月12日中国共产党第十七届中央委员会第三次全体会议通过

中国共产党第十七届中央委员会第三次全体会议全面分析了形势和任务，认为在改革开放三十周年之际，系统回顾总结我国农村改革发展的光辉历程和宝贵经验，进一步统一全党全社会认识，加快推进社会主义新农村建设，大力推动城乡统筹发展，对于全面贯彻党的十七大精神，深入贯彻落实科学发展观，夺取全面建设小康社会新胜利、开创中国特色社会主义事业新局面，具有重大而深远的意义。全会研究了新形势下推进农村改革发展的若干重大问题，作出如下决定。

一、新形势下推进农村改革发展的重大意义

农业、农村、农民问题关系党和国家事业发展全局。在革命、建设、改革各个历史时期，我们党坚持把马克思主义基本原理同我国具体实际相结合，始终高度重视、认真对待、着力解决农业、农村、农民问题，成功开辟了新民主主义革命胜利道路和社会主义事业发展道路。

一九七八年，党的十一届三中全会作出把党和国家工作中心转移到经济建设上来、实行改革开放的历史性决策。我们党全面把握国内外发展大局，尊重农民首创精神，率先在农村发起改革，并以磅礴之势推向全国，领导人民谱写了改革发展的壮丽史诗。在波澜壮阔的改革开放进程中，我们党坚持

以马克思列宁主义、毛泽东思想、邓小平理论和"三个代表"重要思想为指导，深入贯彻落实科学发展观，解放思想、实事求是、与时俱进，不断推进农村改革发展，使我国农村发生了翻天覆地的巨大变化。废除人民公社，确立以家庭承包经营为基础、统分结合的双层经营体制，全面放开农产品市场，取消农业税，对农民实行直接补贴，初步形成了适合我国国情和社会生产力发展要求的农村经济体制；粮食生产不断跃上新台阶，农产品供应日益丰富，农民收入大幅增加，扶贫开发成效显著，依靠自己力量稳定解决了十三亿人口吃饭问题；乡镇企业异军突起，小城镇蓬勃发展，农村市场兴旺繁荣，农村劳动力大规模转移就业，亿万农民工成为产业工人重要组成部分，中国特色工业化、城镇化、农业现代化加快推进，切实巩固了新时期工农联盟；农村社会主义民主政治建设和精神文明建设不断加强，社会事业加速发展，显著提高了广大农民思想道德素质、科学文化素质和健康素质；农村党的建设不断加强，以村党组织为核心的村级组织配套建设全面推进，有效夯实了党在农村的执政基础。农村改革发展的伟大实践，极大调动了亿万农民积极性，极大解放和发展了农村社会生产力，极大改善了广大农民物质文化生活。更为重要的是，农村改革发展的伟大实践，为建立和完善我国社会主义初级阶段基本经济制度和社会主义市场经济体制进行了创造性探索，为实现人民生活从温饱不足到总体小康的历史性跨越、推进社会主义现代化作出了巨大贡献，为战胜各种困难和风险、保持社会大局稳定奠定了坚实基础，为成功开辟中国特色社会主义道路、形成中国特色社会主义理论体系积累了宝贵经验。

实践充分证明，只有坚持把解决好农业、农村、农民问题作为全党工作重中之重，坚持农业基础地位，坚持社会主义市场经济改革方向，坚持走中国特色农业现代化道路，坚持保障农民物质利益和民主权利，才能不断解放和发展农村社会生产力，推动农村经济社会全面发展。

当前，国际形势继续发生深刻变化，我国改革发展进入关键阶段。我们要抓住和用好重要战略机遇期，胜利实现全面建设小康社会的宏伟目标，加快推进社会主义现代化，就要更加自觉地把继续解放思想落实到坚持改革开放、推动科学发展、促进社会和谐上来，毫不动摇地推进农村改革发展。继续解放思想，必须结合农村改革发展这个伟大实践，大胆探索、勇于开拓，以新的理念和思路破解农村发展难题,为推动党的理论创新、实践创新提供不竭源泉。坚持改革开放,必须把握农村改革这个重点,在统筹城乡改革上取得重大突破,给农村发展注入新的动力,为整个经济社会发展增添新的活力。推动科学发展,必须加强农业发展这个基础,确保国家粮食安全和主要农产品有效供给,促进农业增产、农民增收、农村繁荣,为经济社会全面协调可持续发展提供有力支撑。促进社会和谐,必须抓住农村稳定这个大局,完善农村社会管理,促进社会公平正义,保证农民安居乐业,为实现国家长治久安打下坚实基础。

我国农村正在发生新的变革,我国农业参与国际合作和竞争正面临新的局面,推进农村改革发展具备许多有利条件,也面对不少困难和挑战,特别是城乡二元结构造成的深层次矛盾突出。农村经济体制尚不完善,农业生产经营组织化程度低,农产品市场体系、农业社会化服务体系、国家农业支持保护体系不健全,构建城乡经济社会发展一体化体制机制要求紧迫;农业发展方式依然粗放,农业基础设施和技术装备落后,耕地大量减少,人口资源环境约束增强,气候变化影响加剧,自然灾害频发,国际粮食供求矛盾突出,保障国家粮食安全和主要农产品供求平衡压力增大;农村社会事业和公共服务水平较低,区域发展和城乡居民收入差距扩大,改变农村落后面貌任务艰巨;农村社会利益格局深刻变化,一些地方农村基层组织软弱涣散,加强农村民主法制建设、基层组织建设、社会管理任务繁重。总之,农业基础仍然薄弱,最需要加强;农村发展仍然滞后,最需要扶持;农民增收仍然困难,最需要加快。我们必须居安思危、加倍努力,不断巩固和发展农村好形势。

全党必须深刻认识到,农业是安天下、稳民心的战略产业,没有农业现代化就没有国家现代化,没有农村繁荣稳定就没有全国繁荣稳定,没有农民全面小康就没有全国人民全面小康。我国总体上已进入以工促农、以城带乡的发展阶段,进入加快改造传统农业、走中国特色农业现代化道路的关键时刻,进入着力破除城乡二元结构、形成城乡经济社会发展一体化新格局的重要时期。我们要牢牢把握我国社会主义初级阶段的基本国情和当前发展的阶段性特征,适应农村改革发展新形势,顺应亿万农民过上美好生活新期待,抓住时机、乘势而上,努力开辟中国特色农业现代化的广阔道路,奋力开创社会主义新农村建设的崭新局面。

二、推进农村改革发展的指导思想、目标任务、重大原则

新形势下推进农村改革发展，要全面贯彻党的十七大精神，高举中国特色社会主义伟大旗帜，以邓小平理论和"三个代表"重要思想为指导，深入贯彻落实科学发展观，把建设社会主义新农村作为战略任务，把走中国特色农业现代化道路作为基本方向，把加快形成城乡经济社会发展一体化新格局作为根本要求，坚持工业反哺农业、城市支持农村和多予少取放活方针，创新体制机制，加强农业基础，增加农民收入，保障农民权益，促进农村和谐，充分调动广大农民的积极性、主动性、创造性，推动农村经济社会又好又快发展。

根据党的十七大提出的实现全面建设小康社会奋斗目标的新要求和建设生产发展、生活宽裕、乡风文明、村容整洁、管理民主的社会主义新农村要求，到二○二○年，农村改革发展基本目标任务是：农村经济体制更加健全，城乡经济社会发展一体化体制机制基本建立；现代农业建设取得显著进展，农业综合生产能力明显提高，国家粮食安全和主要农产品供给得到有效保障；农民人均纯收入比二○○八年翻一番，消费水平大幅提升，绝对贫困现象基本消除；农村基层组织建设进一步加强，村民自治制度更加完善，农民民主权利得到切实保障；城乡基本公共服务均等化明显推进，农村文化进一步繁荣，农民基本文化权益得到更好落实，农村人人享有接受良好教育的机会，农村基本生活保障、基本医疗卫生制度更加健全，农村社会管理体系进一步完善；资源节约型、环境友好型农业生产体系基本形成，农村人居和生态环境明显改善，可持续发展能力不断增强。

实现上述目标任务，要遵循以下重大原则。

——必须巩固和加强农业基础地位，始终把解决好十几亿人口吃饭问题作为治国安邦的头等大事。坚持立足国内实现粮食基本自给方针，加大国家对农业支持保护力度，深入实施科教兴农战略，加快现代农业建设，实现农业全面稳定发展，为推动经济发展、促进社会和谐、维护国家安全奠定坚实基础。

——必须切实保障农民权益，始终把实现好、维护好、发展好广大农民根本利益作为农村一切工作的出发点和落脚点。坚持以人为本，尊重农民意愿，着力解决农民最关心最直接最现实的利益问题，保障农民政治、经济、文化、社会权益，提高农民综合素质，促进农民全面发展，充分发挥农民主体作用和首创精神，紧紧依靠亿万农民建设社会主义新农村。

——必须不断解放和发展农村社会生产力，始终把改革创新作为农村发展的根本动力。坚持不懈推进农村改革和制度创新，提高改革决策的科学性，增强改革措施的协调性，充分发挥市场在资源配置中的基础性作用，加强和改善国家对农业农村发展的调控和引导，健全符合社会主义市场经济要求的农村经济体制，调整不适应农村社会生产力发展要求的生产关系和上层建筑，使农村经济社会发展充满活力。

——必须统筹城乡经济社会发展，始终把着力构建新型工农、城乡关系作为加快推进现代化的重大战略。统筹工业化、城镇化、农业现代化建设，加快建立健全以工促农、以城带乡长效机制，调整国民收入分配格局，巩固和完善强农惠农政策，把国家基础设施建设和社会事业发展重点放在农村，推进城乡基本公共服务均等化，实现城乡、区域协调发展，使广大农民平等参与现代化进程、共享改革发展成果。

——必须坚持党管农村工作，始终把加强和改善党对农村工作的领导作为推进农村改革发展的政治保证。坚持一切从实际出发，坚持党在农村的基本政策，加强农村基层组织和基层政权建设，完善党管农村工作体制机制和方式方法，保持党同农民群众的血肉联系，巩固党在农村的执政基础，形成推进农村改革发展强大合力。

三、大力推进改革创新，加强农村制度建设

实现农村发展战略目标，推进中国特色农业现代化，必须按照统筹城乡发展要求，抓紧在农村体制改革关键环节上取得突破，进一步放开搞活农村经济，优化农村发展外部环境，强化农村发展制度保障。

（一）稳定和完善农村基本经营制度。以家庭承包经营为基础、统分结合的双层经营体制，是适应社会主义市场经济体制、符合农业生产特点的农村基本经营制度，是党的农村政策的基石，必须毫不动摇地坚持。赋予农民更加充分而有保障的土地承包经营权，现有土地承包关系要保持稳定并长久不变。推进农业经营体制机制创新,加快农业经营方式转变。家庭经营要向采用先进科技和生产手段的方向转变,增加技术、资本等生产要素投入,着力提高集约化水平;统一经营要向发展农户联合与合作,形成多元化、多层次、多形式经营服务体系的方向转变,发展集体经济、增强集体组织服务功能,培育农民新型合作组织,发展各种农业社会化服务组织,鼓励龙头企业与农民建立紧密型利益联结机制,着力提高组织化程度。按照服务农民、进退自由、权利平等、管理民主的要求,扶持农民专业合作社加快发展,使之成为引领农民参与国内外市场竞争的现代农业经营组织。全面推进集体林权制度改革,扩大国有林场和重点国有林区林权制度改革试点。推进国有农场体制改革。稳定和完善草原承包经营制度。

(二)健全严格规范的农村土地管理制度。土地制度是农村的基础制度。按照产权明晰、用途管制、节约集约、严格管理的原则,进一步完善农村土地管理制度。坚持最严格的耕地保护制度,层层落实责任,坚决守住十八亿亩耕地红线。划定永久基本农田,建立保护补偿机制,确保基本农田总量不减少、用途不改变、质量有提高。继续推进土地整理复垦开发,耕地实行先补后占,不得跨省区市进行占补平衡。搞好农村土地确权、登记、颁证工作。完善土地承包经营权权能,依法保障农民对承包土地的占有、使用、收益等权利。加强土地承包经营权流转管理和服务,建立健全土地承包经营权流转市场,按照依法自愿有偿原则,允许农民以转包、出租、互换、转让、股份合作等形式流转土地承包经营权,发展多种形式的适度规模经营。有条件的地方可以发展专业大户、家庭农场、农民专业合作社等规模经营主体。土地承包经营权流转,不得改变土地集体所有性质,不得改变土地用途,不得损害农民土地承包权益。实行最严格的节约用地制度,从严控制城乡建设用地总规模。完善农村宅基地制度,严格宅基地管理,依法保障农户宅基地用益物权。农村宅基地和村庄整理所节约的土地,首先要复垦为耕地,调剂为建设用地的必须符合土地利用规划、纳入年度建设用地计划,并优先满足集体建设用地。改革征地制度,严格界定公益性和经营性建设用地,逐步缩小征地范围,完善征地补偿机制。依法征收农村集体土地,按照同地同价原则及时足额给农村集体组织和农民合理补偿,解决好被征地农民就业、住房、社会保障。在土地利用规划确定的城镇建设用地范围外，经批准占用农村集体土地建设非公益性项目，允许农民依法通过多种方式参与开发经营并保障农民合法权益。逐步建立城乡统一的建设用地市场，对依法取得的农村集体经营性建设用地，必须通过统一有形的土地市场、以公开规范的方式转让土地使用权，在符合规划的前提下与国有土地享有平等权益。抓紧完善相关法律法规和配套政策，规范推进农村土地管理制度改革。

（三）完善农业支持保护制度。健全农业投入保障制度，调整财政支出、固定资产投资、信贷投放结构，保证各级财政对农业投入增长幅度高于经常性收入增长幅度，大幅度增加国家对农村基础设施建设和社会事业发展的投入，大幅度提高政府土地出让收益、耕地占用税新增收入用于农业的比例，大幅度增加对中西部地区农村公益性建设项目的投入。国家在中西部地区安排的病险水库除险加固、生态建设等公益性建设项目，逐步取消县及县以下资金配套。拓宽农业投入来源渠道，整合投资项目，加强投资监管，提高资金使用效益。健全农业补贴制度，扩大范围，提高标准，完善办法，特别要支持增粮增收，逐年较大幅度增加农民种粮补贴。完善与农业生产资料价格上涨挂钩的农资综合补贴动态调整机制。健全农产品价格保护制度，完善农产品市场调控体系，稳步提高粮食最低收购价，改善其他主要农产品价格保护办法，充实主要农产品储备，优化农产品进出口和吞吐调节机制，保持农产品价格合理水平。完善粮食等主要农产品价格形成机制，理顺比价关系，充分发挥市场价格对增产增收的促进作用。健全农业生态环境补偿制度，形成有利于保护耕地、水域、森林、草原、湿地等自然资源和农业物种资源的激励机制。

（四）建立现代农村金融制度。农村金融是现代农村经济的核心。创新农村金融体制，放宽农村金融准入政策，加快建立商业性金融、合作性金融、政策性金融相结合，资本充足、功能健全、服务完善、运行安全的农村金融体系。加大对农村金融政策支持力度，拓宽融资渠道，综合运用财税杠杆和货币政策工具，定向实行税收减免和费用补贴，引导更多信贷资金和社会资金投向农村。各类金融机构都要积极支持农村改革发展。坚持农业银行为农服务的方向，强化职能、落实责任，稳定和发展农村服务网络。拓展农业发展银行支农领域，加大政策性金融对农业开发和农村基础设施建设中长期信贷支持。扩大邮政储蓄银行涉农业务范围。县域内银行业金融机构新吸收的存款，主要用于当地发放贷款。改善农村信用社法人治理结构，保持县（市）社法人地位稳定，发挥为农民服务主力军作用。规范发展多种形式的新型农村金融机构和以服务农村为主的地区性中小银行。加强监管，大力发展小额信贷，鼓励发展适合农村特点和需要的各种微型金融服务。允许农村小型金融组织从金融机构融入资金。允许有条件的农民专业合作社开展信用合作。规范和引导民间借贷健康发展。加快农村信用体系建设。建立政府扶持、多方参与、市场运作的农村信贷担保机制。扩大农村有效担保物范围。发展农村保险事业，健全政策性农业保险制度，加快建立农业再保险和巨灾风险分散机制。加强农产品期货市场建设。

（五）建立促进城乡经济社会发展一体化制度。尽快在城乡规划、产业布局、基础设施建设、公共服务一体化等方面取得突破，促进公共资源在城乡之间均衡配置、生产要素在城乡之间自由流动，推动城乡经济社会发展融合。统筹土地利用和城乡规划，合理安排市县域城镇建设、农田保护、产业聚集、村落分布、生态涵养等空间布局。统筹城乡产业发展，优化农村产业结构，发展农村服务业和乡镇企业，引导城市资金、技术、人才、管理等生产要素向农村流动。统筹城乡基础设施建设和公共服务，全面提高财政保障农村公共事业水平，逐步建立城乡统一的公共服务制度。统筹城乡劳动就业，加快建立城乡统一的人力资源市场，引导农民有序外出就业，鼓励农民就近转移就业，扶持农民工返乡创业。加强农民工权益保护，逐步实现农民工劳动报酬、子女就学、公共卫生、住房租购等与城镇居民享有同等待遇，改善农民工劳动条件，保障生产安全，扩大农民工工伤、医疗、养老保险覆盖面，尽快制定和实施农民工养老保险关系转移接续办法。统筹城乡社会管理，推进户籍制度改革，放宽中小城市落户条件，使在城镇稳定就业和居住的农民有序转变为城镇居民。推动流动人口服务和管理体制创新。扩大县域发展自主权，增加对县的一般性转移支付、促进财力与事权相匹配，增强县域经济活力和实力。推进省直接管理县（市）财政体制改革，优先将农业大县纳入改革范围。有条件的地方可依法探索省直接管理县（市）的体制。坚持走中国特色城镇化道路,发挥好大中城市对农村的辐射带动作用,依法赋予经济发展快、人口吸纳能力强的小城镇相应行政管理权限,促进大中小城市和小城镇协调发展,形成城镇化和新农村建设互促共进机制。积极推进统筹城乡综合配套改革试验。

（六）健全农村民主管理制度。坚持党的领导、人民当家作主、依法治国有机统一,发展农村基层民主,以扩大有序参与、推进信息公开、健全议事协商、强化权力监督为重点,加强基层政权建设,扩大村民自治范围,保障农民享有更多更切实的民主权利。逐步实行城乡按相同人口比例选举人大代表,扩大农民在县乡人大代表中的比例,密切人大代表同农民的联系。继续推进农村综合改革,二〇一二年基本完成乡镇机构改革任务,着力增强乡镇政府社会管理和公共服务职能。完善与农民政治参与积极性不断提高相适应的乡镇治理机制,实行政务公开,依法保障农民知情权、参与权、表达权、监督权。健全村党组织领导的充满活力的村民自治机制,深入开展以直接选举、公正有序为基本要求的民主选举实践,以村民会议、村民代表会议、村民议事为主要形式的民主决策实践,以自我教育、自我管理、自我服务为主要目的的民主管理实践,以村务公开、财务监督、群众评议为主要内容的民主监督实践,推进村民自治制度化、规范化、程序化。加强农村法制建设,完善涉农法律法规,增强依法行政能力,强化涉农执法监督和司法保护。加强农村法制宣传教育,搞好法律服务,提高农民法律意识,推进农村依法治理。培育农村服务性、公益性、互助性社会组织,完善社会自治功能。采取多种措施增强基层财力,逐步解决一些行政村运转困难问题,积极稳妥化解乡村债务。继续做好农民负担监督管理工作,完善村民一事一议筹资筹劳办法,健全农村公益事业建设机制。

四、积极发展现代农业,提高农业综合生产能力

发展现代农业,必须按照高产、优质、高效、生态、安全的要求,加快转变农业发展方式,推进农业科技进步和创新,加强农业物质技术装备,健全农业产业体系,提高土地产出率、资源利用率、劳动生产率,增强农业抗风险能力、国际竞争能力、可持续发展能力。要明确目标、制定规划、加大投入,集中力量办好关系全局、影响长远的大事。

(一)确保国家粮食安全。粮食安全任何时候都不能放松,必须长抓不懈。加快构建供给稳定、储备充足、调控有力、运转高效的粮食安全保障体系。把发展粮食生产放在现代农业建设的首位,稳定播种面积,优化品种结构,提高单产水平,不断增强综合生产能力。各地区都要明确和落实粮食发展目标,强化扶持政策,落实储备任务,分担国家粮食安全责任。抓紧实施粮食战略工程,推进国家粮食核心产区和后备产区建设,加快落实全国新增千亿斤粮食生产能力建设规划,以县为单位集中投入、整体开发,今年起组织实施。支持粮食生产的政策措施向主产区倾斜,建立主产区利益补偿制度,加大对产粮大县财政奖励和粮食产业建设项目扶持力度,加快实现粮食增产、农民增收、财力增强相协调,充分调动农民种粮、地方抓粮的积极性。完善粮食风险基金政策,逐步取消主产区资金配套。产销平衡区和主销区要加强产粮大县建设,确保区域内粮田面积不减少、粮食自给水平不下降。坚持放开市场,积极搞活流通,完善产销衔接。提高全社会节粮意识,强化从生产到消费全过程节粮措施。加强粮食领域国际交流合作,为改善全球粮食供给作出贡献。

(二)推进农业结构战略性调整。以市场需求为导向、科技创新为手段、质量效益为目标,构建现代农业产业体系。搞好产业布局规划,科学确定区域农业发展重点,形成优势突出和特色鲜明的产业带,引导加工、流通、储运设施建设向优势产区聚集。采取有力措施支持发展油料生产,提高食用植物油自给水平。鼓励和支持优势产区集中发展棉花、糖料、马铃薯等大宗产品,推进蔬菜、水果、茶叶、花卉等园艺产品集约化、设施化生产,因地制宜发展特色产业和乡村旅游业。加快发展畜牧业,支持规模化饲养,加强品种改良和疫病防控。推进水产健康养殖,扶持和壮大远洋渔业。发展林业产业,繁荣山区经济。发展农业产业化经营,促进农产品加工业结构升级,扶持壮大龙头企业,培育知名品牌。强化主要农产品生产大县财政奖励政策,完善农产品加工业发展税收支持政策。加强农业标准化和农产品质量安全工作,严格产地环境、投入品使用、生产过程、产品质量全程监控,切实落实农产品生产、收购、储运、加工、销售各环节的质量安全监管责任,杜绝不合格产品进入市场。支持发展绿色食品和有机食品,加大农产品注册商标和地理标志保护力度。加强海峡两岸农业合作。

（三）加快农业科技创新。农业发展的根本出路在科技进步。顺应世界科技发展潮流，着眼于建设现代农业，大力推进农业科技自主创新，加强原始创新、集成创新和引进消化吸收再创新，不断促进农业技术集成化、劳动过程机械化、生产经营信息化。加大农业科技投入，建立农业科技创新基金，支持农业基础性、前沿性科学研究，力争在关键领域和核心技术上实现重大突破。加强农业技术研发和集成，重点支持生物技术、良种培育、丰产栽培、农业节水、疫病防控、防灾减灾等领域科技创新，实施转基因生物新品种培育科技重大专项，尽快获得一批具有重要应用价值的优良品种。适应农业规模化、精准化、设施化等要求，加快开发多功能、智能化、经济型农业装备设施，重点在田间作业、设施栽培、健康养殖、精深加工、储运保鲜等环节取得新进展。推进农业信息服务技术发展，重点开发信息采集、精准作业和管理信息、农村远程数字化和可视化、气象预测预报和灾害预警等技术。深化科技体制改革，加快农业科技创新体系和现代农业产业技术体系建设，加强对公益性农业科研机构和农业院校的支持。依托重大农业科研项目、重点学科、科研基地，加强农业科技创新团队建设，培育农业科技高层次人才特别是领军人才。稳定和壮大农业科技人才队伍，加强农业技术推广普及，开展农民技术培训。加快农业科技成果转化，促进产学研、农科教结合，支持高等学校、科研院所同农民专业合作社、龙头企业、农户开展多种形式技术合作。继续办好国家农业高新技术产业示范区。发挥国有农场运用先进技术和建设现代农业的示范作用。

（四）加强农业基础设施建设。以农田水利为重点的农业基础设施是现代农业的重要物质条件。大规模实施土地整治，搞好规划、统筹安排、连片推进，加快中低产田改造，鼓励农民开展土壤改良，推广测土配方施肥和保护性耕作，提高耕地质量，大幅度增加高产稳产农田比重。搞好水利基础设施建设，加强大江大河大湖治理，集中建成一批大中型水利骨干工程，加快大中型灌区、排灌泵站配套改造、水源工程建设，力争二〇二〇年基本完成大型灌区续建配套和节水改造任务。加快病险水库除险加固，确保二〇一〇年底完成大中型和重点小型水库除险加固任务。创新投资机制，采取以奖代补等形式，鼓励和支持农民广泛开展小型农田水利设施、小流域综合治理等项目建设。推广节水灌溉，搞好旱作农业示范工程。支持农用工业发展，加快推进农业机械化。按照现代化水平高、覆盖范围广的要求，加强良种繁育体系和农产品批发市场网络建设，加快建设现代粮食物流体系和鲜活农产品冷链物流系统。

（五）建立新型农业社会化服务体系。建设覆盖全程、综合配套、便捷高效的社会化服务体系，是发展现代农业的必然要求。加快构建以公共服务机构为依托、合作经济组织为基础、龙头企业为骨干、其他社会力量为补充，公益性服务和经营性服务相结合、专项服务和综合服务相协调的新型农业社会化服务体系。加强农业公共服务能力建设，创新管理体制，提高人员素质，力争三年内在全国普遍健全乡镇或区域性农业技术推广、动植物疫病防控、农产品质量监管等公共服务机构，逐步建立村级服务站点。支持供销合作社、农民专业合作社、专业服务公司、专业技术协会、农民经纪人、龙头企业等提供多种形式的生产经营服务。开拓农村市场，推进农村流通现代化。健全农产品市场体系，完善农业信息收集和发布制度，发展农产品现代流通方式，减免运销环节收费，长期实行绿色通道政策，加快形成流通成本低、运行效率高的农产品营销网络。保障农用生产资料供应，整顿和规范农村市场秩序，严厉惩治坑农害农行为。

（六）促进农业可持续发展。按照建设生态文明的要求，发展节约型农业、循环农业、生态农业，加强生态环境保护。继续推进林业重点工程建设，延长天然林保护工程实施期限，完善政策、巩固退耕还林成果，开展植树造林，提高森林覆盖率。实施草原建设和保护工程，推进退牧还草，发展灌溉草场，恢复草原生态植被。强化水资源保护。加强水生生物资源养护，加大增殖放流力度。推进重点流域和区域水土流失综合防治，加快荒漠化石漠化治理，加强自然保护区建设。保护珍稀物种和种质资源，防范外来动植物疫病和有害物种入侵。多渠道筹集森林、草原、水土保持等生态效益补偿资金，逐步提高补偿标准。积极培育以非粮油作物为原料的生物质产业，推进农林副产品和废弃物能源化、资源化利用。推广节能减排技术，加强农村工业、生活污染和农业面源污染防治。

（七）扩大农业对外开放。坚持"引进来"和"走出去"相结合，提高统筹利用国际国内两个市场、两种资源能力，拓展农业对外开放广度和深度。按照鼓励出口劳动密集型和技术密集型产品、适度进口结构性短缺产品的原则，完善农产品进出口战略规划和调控机制，加强国际市场研究和信息服务。强化农产品进出口检验检疫和监管，提高出口优势产品附加值和质量安全水平。引导外商投资发展现代农业。健全符合世界贸易组织规则的外商经营农产品和农业生产资料准入制度，建立外资并购境内涉农企业安全审查机制。统筹开展对外农业合作，培育农业跨国经营企业，逐步建立农产品国际产销加工储运体系。积极参与国际农产品贸易规则和标准制定，促进形成公平合理的贸易秩序。

五、加快发展农村公共事业，促进农村社会全面进步

建设社会主义新农村，形成城乡经济社会发展一体化新格局，必须扩大公共财政覆盖农村范围，发展农村公共事业，使广大农民学有所教、劳有所得、病有所医、老有所养、住有所居。

（一）繁荣发展农村文化。社会主义文化建设是社会主义新农村建设的重要内容和重要保证。坚持用社会主义先进文化占领农村阵地，满足农民日益增长的精神文化需求，提高农民思想道德素质。扎实开展社会主义核心价值体系建设，坚持用中国特色社会主义理论体系武装农村党员、教育农民群众，引导农民牢固树立爱国主义、集体主义、社会主义思想。推进广播电视村村通、文化信息资源共享、乡镇综合文化站和村文化室建设、农村电影放映、农家书屋等重点文化惠民工程，建立稳定的农村文化投入保障机制，尽快形成完备的农村公共文化服务体系。扶持农村题材文化产品创作生产，开展农民乐于参与、便于参与的文化活动，建立文化科技卫生"三下乡"长效机制，支持农民兴办演出团体和其他文化团体，引导城市文化机构到农村拓展服务。重视丰富农民工文化生活，帮助他们提高素质。广泛开展文明村镇、文明集市、文明户、志愿服务等群众性精神文明创建活动，倡导农民崇尚科学、诚信守法、抵制迷信、移风易俗，遵守公民基本道德规范，养成健康文明生活方式，形成男女平等、尊老爱幼、邻里和睦、勤劳致富、扶贫济困的社会风尚。加强农村文物、非物质文化遗产、历史文化名镇名村保护。发展农村体育事业，开展农民健身活动。

（二）大力办好农村教育事业。发展农村教育，促进教育公平，提高农民科学文化素质，培育有文化、懂技术、会经营的新型农民。巩固农村义务教育普及成果，提高义务教育质量，完善义务教育免费政策和经费保障机制，保障经济困难家庭儿童、留守儿童特别是女童平等就学、完成学业，改善农村学生营养状况，促进城乡义务教育均衡发展。加快普及农村高中阶段教育，重点加快发展农村中等职业教育并逐步实行免费。健全县域职业教育培训网络，加强农民技能培训，广泛培养农村实用人才。大力扶持贫困地区、民族地区农村教育。增强高校为农输送人才和服务能力，办好涉农学科专业，鼓励人才到农村第一线工作，对到农村履行服务期的毕业生代偿学费和助学贷款，在研究生招录和教师选聘时优先。保障和改善农村教师工资待遇和工作条件，健全农村教师培养培训制度，提高教师素质。健全城乡教师交流机制，继续选派城市教师下乡支教。发展农村学前教育、特殊教育、继续教育。加强远程教育，及时把优质教育资源送到农村。

（三）促进农村医疗卫生事业发展。基本医疗卫生服务关系广大农民幸福安康，必须尽快惠及全体农民。巩固和发展新型农村合作医疗制度，提高筹资标准和财政补助水平，坚持大病住院保障为主、兼顾门诊医疗保障。完善农村医疗救助制度。坚持政府主导，整合城乡卫生资源，建立健全农村三级医疗卫生服务网络，重点办好县级医院并在每个乡镇办好一所卫生院，支持村卫生室建设，向农民提供安全价廉的基本医疗服务。加强农村卫生人才队伍建设，定向免费培养培训农村卫生人才，妥善解决乡村医生补贴，完善城市医师支援农村制度。坚持预防为主，扩大农村免费公共卫生服务和免费免疫范围，加大地方病、传染病及人畜共患病防治力度。加强农村药品配送和监管。积极发展中医药和民族医药服务。广泛开展爱国卫生运动，重视健康教育。加强农村妇幼保健，逐步推行住院分娩补助政策。坚持计划生育的基本国策，推进优生优育，稳定农村低生育水平，完善和落实计划生育奖励扶助制度，有效治理出生人口性别比偏高问题。

（四）健全农村社会保障体系。贯彻广覆盖、保基本、多层次、可持续原则，加快健全农村社会保障体系。按照个人缴费、集体补助、政府补贴相结合的要求,建立新型农村社会养老保险制度。创造条件探索城乡养老保险制度有效衔接办法。做好被征地农民社会保障,做到先保后征,使被征地农民基本生活长期有保障。完善农村最低生活保障制度,加大中央和省级财政补助力度,做到应保尽保,不断提高保障标准和补助水平。全面落实农村五保供养政策,确保供养水平达到当地村民平均生活水平。完善农村受灾群众救助制度。落实好军烈属和伤残病退伍军人等优抚政策。发展以扶老、助残、救孤、济困、赈灾为重点的社会福利和慈善事业。发展农村老龄服务。加强农村残疾预防和残疾人康复工作,促进农村残疾人事业发展。

(五)加强农村基础设施和环境建设。把农村建设成为广大农民的美好家园,必须切实改善农民生产生活条件。科学制定乡镇村庄建设规划。加快农村饮水安全工程建设,五年内解决农村饮水安全问题。加强农村公路建设,确保"十一五"期末基本实现乡镇通油(水泥)路,进而普遍实现行政村通油(水泥)路,逐步形成城乡公交资源相互衔接、方便快捷的客运网络。推进农村能源建设,扩大电网供电人口覆盖率,推广沼气、秸秆利用、小水电、风能、太阳能等可再生能源技术,形成清洁、经济的农村能源体系。实施农村清洁工程,加快改水、改厨、改厕、改圈,开展垃圾集中处理,不断改善农村卫生条件和人居环境。推进广电网、电信网、互联网"三网融合",积极发挥信息化为农服务作用。发展农村邮政服务。健全农村公共设施维护机制,提高综合利用效能。

(六)推进农村扶贫开发。搞好新阶段扶贫开发,对确保全体人民共享改革发展成果具有重大意义,必须作为长期历史任务持之以恒抓紧抓好。完善国家扶贫战略和政策体系,坚持开发式扶贫方针,实现农村最低生活保障制度和扶贫开发政策有效衔接。实行新的扶贫标准,对农村低收入人口全面实施扶贫政策,把尽快稳定解决扶贫对象温饱并实现脱贫致富作为新阶段扶贫开发的首要任务。重点提高农村贫困人口自我发展能力,对没有劳动力或劳动能力丧失的贫困人口实行社会救助。加大对革命老区、民族地区、边疆地区、贫困地区发展扶持力度。继续开展党政机关定点扶贫和东西扶贫协作,充分发挥企业、学校、科研院所、军队和社会各界在扶贫开发中的积极作用。加强反贫困领域国际交流合作。

（七）加强农村防灾减灾能力建设。我国农村自然灾害多、受灾地域广、防灾抗灾力量弱，必须切实加强农村防灾减灾工作。加强灾害性天气、地质灾害、地震监测预警，提高监测水平，完善处置预案，加强专业力量建设，提高应急救援能力，宣传普及防灾减灾知识，提高灾害处置能力和农民避灾自救能力。加强防洪排涝抗旱设施和监测预警能力建设，加快农村危房改造，提高农村道路、供电、供水、通信设施抗灾保障能力，提高农村学校、医院等公共设施建筑质量，落实安全标准和责任。全力做好汶川地震灾区农村恢复重建工作，加大投入，对口支援，发动群众，加快受灾农户住房重建，搞好农业生产设施重建，尽早恢复农业生产和农村经济。采取综合措施，促进灾区生态环境尽快修复并不断改善。

（八）强化农村社会管理。坚持服务农民、依靠农民，完善农村社会管理体制机制，加强农村社区建设，保持农村社会和谐稳定。健全党和政府主导的维护农民权益机制，拓宽农村社情民意表达渠道，做好农村信访工作，加强人民调解，及时排查化解矛盾纠纷。农村广大干部要进村入户做好下访工作，切实把矛盾和问题解决在基层、化解在萌芽状态。深入开展平安创建活动，加强农村政法工作，推进农村警务建设，实行群防群治，搞好社会治安综合治理。建立健全农村应急管理体制，提高危机处置能力。巩固和发展平等团结互助和谐的社会主义民族关系。全面贯彻党的宗教工作基本方针，依法管理宗教事务。反对和制止利用宗教、宗族势力干预农村公共事务，坚决取缔邪教组织，严厉打击黑恶势力。

六、加强和改善党的领导，为推进农村改革发展提供坚强政治保证

推进农村改革发展，关键在党。要把党的执政能力建设和先进性建设作为主线，以改革创新精神全面推进农村党的建设，认真开展深入学习实践科学发展观活动，增强各级党组织的创造力、凝聚力、战斗力，不断提高党领导农村工作水平。

（一）完善党领导农村工作体制机制。强化党委统一领导、党政齐抓共管、农村工作综合部门组织协调、有关部门各负其责的农村工作领导体制和工作机制。各级党委和政府要坚持把农村工作摆上重要议事日程，在政策制定、工作部署、财力投放、干部配备上切实体现全党工作重中之重的战略思

想，加强对农村改革发展理论和实践问题的调查研究，坚持因地制宜、分类指导，创造性地开展工作。党委和政府主要领导要亲自抓农村工作，省市县党委要有负责同志分管农村工作，县（市）党委要把工作重心和主要精力放在农村工作上。加强党委农村工作综合部门建设，建立职能明确、权责一致、运转协调的农业行政管理体制。注重选好配强县乡党政领导班子特别是主要负责人。坚持和完善"米袋子"省长负责制、"菜篮子"市长负责制。完善体现科学发展观和正确政绩观要求的干部考核评价体系，把粮食生产、农民增收、耕地保护、环境治理、和谐稳定作为考核地方特别是县（市）领导班子绩效的重要内容。支持人大、政协履行职能，发挥民主党派、人民团体和社会组织积极作用，共同推进农村改革发展。

（二）加强农村基层组织建设。党的农村基层组织是党在农村工作的基础。以领导班子建设为重点、健全党组织为保证、三级联创活动为载体，把党组织建设成为推动科学发展、带领农民致富、密切联系群众、维护农村稳定的坚强领导核心。改革和完善农村基层组织领导班子选举办法，抓好以村党组织为核心的村级组织配套建设，领导和支持村委会、集体经济组织、共青团、妇代会、民兵等组织和乡镇企业工会组织依照法律法规和章程开展工作。创新农村党的基层组织设置形式，推广在农村社区、农民专业合作社、专业协会和产业链上建立党组织的做法。加强农民工中党的工作。健全城乡党的基层组织互帮互助机制，构建城乡统筹的基层党建新格局。抓紧村级组织活动场所建设，两年内覆盖全部行政村。

（三）加强农村基层干部队伍建设。建设一支守信念、讲奉献、有本领、重品行的农村基层干部队伍，对做好农村工作至关重要。着力拓宽农村基层干部来源，提高他们的素质，解除他们的后顾之忧，调动他们的工作积极性。注重从农村致富能手、退伍军人、外出务工返乡农民中选拔村干部。引导高校毕业生到村任职，实施一村一名大学生计划。鼓励党政机关和企事业单位优秀年轻干部到村帮助工作。加大从优秀村干部中考录乡镇公务员和选任乡镇领导干部力度。探索村党组织书记跨村任职。通过财政转移支付和党费补助等途径，形成农村基层组织建设、村干部报酬和养老保险、党员干部培训资金保障机制。整合培训资源，广泛培训农村基层干部，增强他们带领农民建设社会主义新农村的本领。扎实推进农村党员干部现代远程教育，两年内实现全国乡村网络基本覆盖。

（四）加强农村党员队伍建设。巩固和发展先进性教育活动成果，做好发展党员工作，改进党员教育管理，增强党员意识，建设高素质农村党员队伍。扩大党内基层民主，尊重党员主体地位，保证党员按照党章规定履行义务、行使权利。组织农村党员学习党的理论和路线方针政策、法律法规、实用技术。广泛开展党员设岗定责、依岗承诺、创先争优等活动。关心爱护党员，建立健全党内激励、关怀、帮扶机制，增强党组织的亲和力。加强和改进流动党员管理，建立健全城乡一体党员动态管理机制。加大在优秀青年农民中发展党员力度。探索发展党员新机制，不断提高发展党员质量。

（五）加强农村党风廉政建设。大力发扬党的优良传统和作风，密切党群干群关系，是做好农村改革发展工作的重要保证。坚持教育、制度、监督、改革、纠风、惩治相结合，推进农村惩治和预防腐败体系建设。以树立理想信念和加强思想道德建设为基础，深入开展反腐倡廉教育，弘扬求真务实、公道正派、艰苦奋斗的作风，筑牢党员、干部服务群众、廉洁自律的思想基础。以规范和制约权力运行为核心，全面推进政务公开、村务公开、党务公开，健全农村集体资金、资产、资源管理制度，做到用制度管权、管事、管人。以维护农民权益为重点，围绕党的农村政策落实情况加强监督检查，切实纠正损害农民利益的突出问题，严肃查处涉农违纪违法案件。广大党员、干部要坚持权为民所用、情为民所系、利为民所谋，关心群众疾苦，倾听群众呼声，集中群众智慧，讲实话、办实事、求实效，坚决反对形式主义、官僚主义，努力创造实实在在的业绩。

实现全面建设小康社会的宏伟目标，最艰巨最繁重的任务在农村，最广泛最深厚的基础也在农村。全党同志要紧密团结在以胡锦涛同志为总书记的党中央周围，锐意改革，加快发展，在推进中国特色社会主义伟大事业进程中努力开创农村工作新局面！

中共中央、国务院关于加大统筹城乡发展力度进一步夯实农业农村发展基础的若干意见

（2010年中央一号文件）

- 2009年12月31日中共中央、国务院通过
- 2010年1月31日发布

  2009年，是新世纪以来我国经济发展最为困难的一年。面对历史罕见国际金融危机的严重冲击，面对多年不遇自然灾害的重大考验，面对国内外农产品市场异常波动的不利影响，各地区各部门在党中央、国务院的坚强领导下，迎难而上，奋力拼搏，巩固和发展了农业农村好形势。粮食生产再获丰收，连续6年实现增产；农民工就业快速回升，农民收入连续6年较快增长；集体林权制度改革全面推进，农村体制创新取得新的突破；农村水电路气房建设继续加强，农民生产生活条件加快改变；农村教育、医疗、社保制度不断健全，农村民生状况明显改善；农村基层组织进一步巩固，农村社会和谐稳定。这为党和国家战胜困难、共克时艰赢得了战略主动，为保增长保民生保稳定提供了基础支撑。

  当前，我国农业的开放度不断提高，城乡经济的关联度显著增强，气候变化对农业生产的影响日益加大，农业农村发展的有利条件和积极因素在积累增多，各种传统和非传统的挑战也在叠加凸显。面对复杂多变的发展环境，促进农业生产上新台阶的制约越来越多，保持农民收入较快增长的难度越来越大，转变农业发展方式的要求越来越高，破除城乡二元结构的任务越来越重。全党务必居安思危，切实防止忽视和放松"三农"工作的倾向，努力确保粮食生产不滑坡、农民收入不徘徊、农村发展好势头不逆转。必须不断深化把解决好"三农"问题作为全党工作重中之重的基本认识，稳定和完善党在农村的基本政策，突出强化农业农村的基础设施，建立健全农业社会化服务的基层体系，大力加强农村以党组织为核心的基层组织，夯实打牢农业农

村发展基础，协调推进工业化、城镇化和农业现代化，努力形成城乡经济社会发展一体化新格局。

2010年农业农村工作的总体要求是：全面贯彻党的十七大和十七届三中、四中全会以及中央经济工作会议精神，高举中国特色社会主义伟大旗帜，以邓小平理论和"三个代表"重要思想为指导，深入贯彻落实科学发展观，把统筹城乡发展作为全面建设小康社会的根本要求，把改善农村民生作为调整国民收入分配格局的重要内容，把扩大农村需求作为拉动内需的关键举措，把发展现代农业作为转变经济发展方式的重大任务，把建设社会主义新农村和推进城镇化作为保持经济平稳较快发展的持久动力，按照稳粮保供给、增收惠民生、改革促统筹、强基增后劲的基本思路，毫不松懈地抓好农业农村工作，继续为改革发展稳定大局作出新的贡献。

一、健全强农惠农政策体系，推动资源要素向农村配置

1. 继续加大国家对农业农村的投入力度。按照总量持续增加、比例稳步提高的要求，不断增加"三农"投入。要确保财政支出优先支持农业农村发展，预算内固定资产投资优先投向农业基础设施和农村民生工程，土地出让收益优先用于农业土地开发和农村基础设施建设。各级财政对农业的投入增长幅度都要高于财政经常性收入增长幅度。预算内固定资产投资要继续向重大农业农村建设项目倾斜。耕地占用税税率提高后，新增收入全部用于农业。严格按照有关规定计提和使用用于农业土地开发的土地出让收入，严格执行新增建设用地土地有偿使用费全部用于耕地开发和土地整理的规定。对各地土地收入用于农业农村的各项资金征收和使用情况进行专项检查。继续增加现代农业生产发展资金和农业综合开发资金规模。

2. 完善农业补贴制度和市场调控机制。坚持对种粮农民实行直接补贴。增加良种补贴，扩大马铃薯补贴范围，启动青稞良种补贴，实施花生良种补贴试点。进一步增加农机具购置补贴，扩大补贴种类，把牧业、林业和抗旱、节水机械设备纳入补贴范围。落实和完善农资综合补贴动态调整机制。按照存量不动、增量倾斜的原则，新增农业补贴适当向种粮大户、农民专业合作社倾斜。逐步完善适合牧区、林区、垦区特点的农业补贴政策。加强对农业补贴对象、种类、资金结算的监督检查，确保补贴政策落到实处，不准将补贴资金用于抵扣农民交费。落实小麦最低收购价政策,继续提高稻谷最低收购价。扩大销区粮食储备规模。适时采取玉米、大豆、油菜籽等临时收储政策,支持企业参与收储,健全国家收储农产品的拍卖机制,做好棉花、食糖、猪肉调控预案,保持农产品市场稳定和价格合理水平。

3. 提高农村金融服务质量和水平。加强财税政策与农村金融政策的有效衔接,引导更多信贷资金投向"三农",切实解决农村融资难问题。落实和完善涉农贷款税收优惠、定向费用补贴、增量奖励等政策。进一步完善县域内银行业金融机构新吸收存款主要用于当地发放贷款政策。加大政策性金融对农村改革发展重点领域和薄弱环节支持力度,拓展农业发展银行支农领域,大力开展农业开发和农村基础设施建设中长期政策性信贷业务。农业银行、农村信用社、邮政储蓄银行等银行业金融机构都要进一步增加涉农信贷投放。积极推广农村小额信用贷款。加快培育村镇银行、贷款公司、农村资金互助社,有序发展小额贷款组织,引导社会资金投资设立适应"三农"需要的各类新型金融组织。抓紧制定对偏远地区新设农村金融机构费用补贴等办法,确保3年内消除基础金融服务空白乡镇。针对农业农村特点,创新金融产品和服务方式,搞好农村信用环境建设,加强和改进农村金融监管。建立农业产业发展基金。积极扩大农业保险保费补贴的品种和区域覆盖范围,加大中央财政对中西部地区保费补贴力度。鼓励各地对特色农业、农房等保险进行保费补贴。发展农村小额保险。健全农业再保险体系,建立财政支持的巨灾风险分散机制。支持符合条件的涉农企业上市。

4. 积极引导社会资源投向农业农村。各部门各行业要主动服务"三农",在制定规划、安排项目、增加资金时切实向农村倾斜。大中城市要发挥对农村的辐射带动作用。鼓励各种社会力量开展与乡村结对帮扶,参与农村产业发展和公共设施建设。企业通过公益性社会团体、县级以上人民政府及其部门或者设立专项的农村公益基金会,用于建设农村公益事业项目的捐赠支出,不超过年度利润总额12%的部分准予在计算企业所得税前扣除。有关部门要抓紧健全科技、教育、文化、卫生等下乡支农制度,通过完善精神物质奖励、职务职称晋升、定向免费培养等措施,引导更多城市教师下乡支教、城市文化和科研机构到农村拓展服务、城市医师支援农村。健全农业气象服务体系和农村气象灾害防御体系，充分发挥气象服务"三农"的重要作用。

5. 大力开拓农村市场。针对经济发展和农民生产生活需要，适时出台刺激农村消费需求的新办法新措施。加大家电、汽车、摩托车等下乡实施力度，大幅度提高家电下乡产品最高限价，对现行限价内的产品继续实行13%的补贴标准，超出限价的实行定额补贴，允许各省（自治区、直辖市）根据本地实际增选一个品种纳入补贴范围，补贴对象扩大到国有农林场（区）职工。改善售后服务，加强市场监管，严禁假冒伪劣产品流入农村。大力发展物流配送、连锁超市、电子商务等现代流通方式，支持商贸、邮政等企业向农村延伸服务，建设日用消费品、农产品、生产资料等经营网点，继续支持供销合作社新农村现代流通网络工程建设，提升"万村千乡"超市和农家店服务功能质量。鼓励农村金融机构对农民建房、购买汽车和家电等提供消费信贷，加大对兴办农家店的信贷投放。

二、提高现代农业装备水平，促进农业发展方式转变

6. 稳定发展粮食等大宗农产品生产。在稳定粮食播种面积基础上，大力优化品种结构，着力提高粮食单产和品质。全面实施全国新增千亿斤粮食生产能力规划，尽快形成生产能力。加快建立健全粮食主产区利益补偿制度，增加产粮大县奖励补助资金，提高产粮大县人均财力水平。有关扶持政策要向商品粮调出量大、对国家粮食安全贡献突出的产粮大县（农场）倾斜。继续减少直至取消主产区粮食风险基金地方资金配套。大力发展油料生产，加快优质油菜、花生生产基地县建设，积极发展油茶、核桃等木本油料。支持优势产区发展棉花、糖料生产。继续实施粮食丰产科技工程。扩大粮棉油糖高产创建实施规模，年内覆盖全国所有农业县（农场）。大力推进农作物病虫害专业化统防统治。支持垦区率先发展现代化大农业，建设大型农产品基地，带动周边农村经济社会发展。

7. 推进菜篮子产品标准化生产。实施新一轮菜篮子工程建设，加快园艺作物生产设施化、畜禽水产养殖规模化。支持建设生猪、奶牛规模养殖场（小区），发展园艺作物标准生产基地和水产健康养殖示范场，开展标准化创建活动，推进畜禽养殖加工一体化。支持畜禽良种繁育体系建设。加强重大动物疫病防控，完善扑杀补贴政策，推进基层防疫体系建设，健全工作经费保障机制。增加渔政、渔港、渔船安全设施等建设投入,搞好水生生物增殖放流,支持发展远洋渔业。加快农产品质量安全监管体系和检验检测体系建设,积极发展无公害农产品、绿色食品、有机农产品。

8. 突出抓好水利基础设施建设。国家固定资产投资要把水利建设放在重要位置。继续加强大江大河大湖治理,逐步推进重点中小河流治理。加快大中型水利枢纽工程建设,搞好蓄滞洪区建设和山洪灾害防治。大力推进大中型灌区续建配套和节水改造,加快末级渠系建设。按期完成规划内病险水库除险加固任务,统筹安排其余病险水库除险加固。在科学规划论证基础上,启动大中型病险水闸除险加固。加快大型灌排泵站更新改造。拓宽水利建设基金筹资渠道。大幅度增加中央和省级财政小型农田水利设施建设补助专项资金规模,新增一批小型农田水利建设重点县。大力发展高效节水灌溉,支持山丘区建设雨水集蓄等小微型水利设施。通过一事一议、财政补助等办法,鼓励农民自愿投工投劳开展直接受益的小型水利设施建设。深化水利工程管理体制改革。推广农民用水户参与管理模式,加大财政对农民用水合作组织的扶持力度。加强基层抗旱排涝和农村水利技术服务体系建设。

9. 大力建设高标准农田。按照统筹规划、分工协作、集中投入、连片推进的要求,加快建设高产稳产基本农田。重视耕地质量建设,加大投入力度,安排中长期政策性贷款,支持农田排灌、土地整治、土壤改良、机耕道路和农田林网建设,把800个产粮大县的基本农田加快建成高标准农田,建立稳固的商品粮基地。继续增加农业综合开发、农村土地整治投入,有计划分片推进中低产田改造。扩大测土配方施肥、土壤有机质提升补贴规模和范围。推广保护性耕作技术,实施旱作农业示范工程,对应用旱作农业技术给予补助。

10. 提高农业科技创新和推广能力。切实把农业科技的重点放在良种培育上,加快农业生物育种创新和推广应用体系建设。继续实施转基因生物新品种培育科技重大专项,抓紧开发具有重要应用价值和自主知识产权的功能基因和生物新品种,在科学评估、依法管理基础上,推进转基因新品种产业化。推动国内种业加快企业并购和产业整合,引导种子企业与科研单位联合,抓紧培育有核心竞争力的大型种子企业。培养农业科技领军人才,发展农业产学研联盟,加强农业重点实验室、工程技术中心、科技基础条件平台建设。实施农村科技创业行动、科技富民强县专项行动计划、科普惠农兴村计划,推进现代农业产业技术体系建设。抓紧建设乡镇或区域性农技推广等公共服务机构,扩大基层农技推广体系改革与建设示范县范围。积极发展多元化、社会化农技推广服务组织。启动基层农技推广机构特设岗位计划,鼓励高校涉农专业毕业生到基层农技推广机构工作。推进农用工业技术改造。加快发展农业机械化,大力推广机械深松整地,支持秸秆还田、水稻育插秧等农机作业。创建国家现代农业示范区。

11. 健全农产品市场体系。统筹制定全国农产品批发市场布局规划,支持重点农产品批发市场建设和升级改造,落实农产品批发市场用地等扶持政策,发展农产品大市场大流通。加大力度建设粮棉油糖等大宗农产品仓储设施,完善鲜活农产品冷链物流体系,支持大型涉农企业投资建设农产品物流设施。加快发展农产品期货市场,逐步拓展交易品种,鼓励生产经营者运用期货交易机制规避市场风险。发展农业会展经济,支持农产品营销。全面推进双百市场工程和农超对接,重点扶持农产品生产基地与大型连锁超市、学校及大企业等产销对接,减少流通环节,降低流通成本。大力培育农村经纪人,充分运用地理标志和农产品商标促进特色农业发展。加强市场动态监测和信息服务。完善全国鲜活农产品绿色通道政策。

12. 构筑牢固的生态安全屏障。巩固退耕还林成果,在重点生态脆弱区和重要生态区位,结合扶贫开发和库区移民,适当增加安排退耕还林。延长天然林保护工程实施期限,抓紧制定实施办法。继续推进三北、沿海、长江等防护林体系和京津风沙源治理、湿地保护与恢复等重点林业生态工程建设。统筹推进青海三江源生态保护和建设。加大力度筹集森林、草原、水土保持等生态效益补偿资金。从 2010 年起提高中央财政对属集体林的国家级公益林森林生态效益补偿标准。建立造林、抚育、保护、管理投入补贴制度,开展造林苗木、森林抚育补贴试点,中央财政对林木良种生产使用、中幼林和低产林抚育给予补贴。编制林地保护利用规划,启动森林经营工程,增强森林生态服务功能,提高林地综合产出能力。大力增加森林碳汇。切实加强草原生态保护建设,加大退牧还草工程实施力度,延长实施年限,适当提高补贴标准。落实草畜平衡制度,继续推行禁牧休牧轮牧,发展舍饲圈养,搞好人工饲草地和牧区水利建设。推进西藏草原生态保护奖励机制试点工作。加大草原鼠虫害防治力度。加强草原监理体系建设,强化草原执法监督。实施国家水土保持重点建设工程,加快岩溶地区石漠化和南方崩岗治理,启动坡耕地水土流失综合治理工程,搞好清洁小流域建设。加强农业面源污染治理,发展循环农业和生态农业。

三、加快改善农村民生,缩小城乡公共事业发展差距

13. 努力促进农民就业创业。建立覆盖城乡的公共就业服务体系,积极开展农业生产技术和农民务工技能培训,整合培训资源,规范培训工作,增强农民科学种田和就业创业能力。因地制宜发展特色高效农业、林下种养业,挖掘农业内部就业潜力。推进乡镇企业结构调整和产业升级,扶持发展农产品加工业,积极发展休闲农业、乡村旅游、森林旅游和农村服务业,拓展农村非农就业空间。完善促进创业带动就业的政策措施,将农民工返乡创业和农民就地就近创业纳入政策扶持范围。加大农民外出务工就业指导和服务力度,切实维护农民工合法权益,促进农村劳动力平稳有序转移。健全农民工社会保障制度,深入开展工伤保险全覆盖行动,加强职业病防治和农民工健康服务,将与企业建立稳定劳动关系的农民工纳入城镇职工基本医疗保险,抓紧落实包括农民工在内的城镇企业职工基本养老保险关系转移接续办法。落实以公办学校为主、以输入地为主解决好农民工子女入学问题的政策,关心农村留守儿童。

14. 提高农村教育卫生文化事业发展水平。巩固和完善农村义务教育经费保障机制,落实好教师培训制度和绩效工资制度。农村学校布局要符合实际,方便学生上学,保证学生安全。继续实施中小学校舍安全工程。逐步改善贫困地区农村学生营养状况。大力发展中等职业教育,继续推进农村中等职业教育免费进程。逐步实施农村新成长劳动力免费劳动预备制培训。完善农村三级医疗卫生服务网络,落实乡镇卫生院人员绩效工资和乡村医生公共卫生服务补助政策,逐步实施免费为农村定向培养全科医生和招聘执业医师计划。搞好农村地区妇幼卫生工作和疾病防治,加强农村食品和药品监管。积极发展农村远程教育、远程医疗。稳定农村低生育水平,继续推进新农村新家庭计划和少生快富工程,完善农村部分计划生育家庭奖励扶助制度和计划生育家庭特别扶持制度,加强和创新农村流动人口计划生育服务管理。建立稳定的农村文化投入保障机制,推进广播电视村村通、文化信息资源共享、乡镇综合文化站和村文化室、农村电影放映、农家书屋等重点文化惠民工程建设和综合利用,广泛开展群众性精神文明创建活动和农民健身活动。

15. 提高农村社会保障水平。逐步提高新型农村合作医疗筹资水平、政府补助标准和保障水平。做好新型农村合作医疗、农村医疗救助、城镇居民基本医疗保险、城镇职工基本医疗保险制度的政策衔接。继续抓好新型农村社会养老保险试点,有条件的地方可加快试点步伐。积极引导试点地区适龄农村居民参保,确保符合规定条件的老年居民按时足额领取养老金。合理确定农村最低生活保障标准和补助水平,实现动态管理下的应保尽保。落实和完善被征地农民社会保障政策。健全临时救助制度。逐步提高农村五保户集中供养水平。搞好农村养老院建设,发展农村养老服务,探索应对农村人口老龄化的有效办法。加大对农村残疾人生产扶助和生活救助力度,农村各项社会保障政策优先覆盖残疾人。做好农村防灾减灾工作。

16. 加强农村水电路气房建设。搞好新农村建设规划引导,合理布局,完善功能,加快改变农村面貌。加大农村饮水安全工程投入,加强水源保护、水质监测和工程运行管理,确保如期完成规划任务。鼓励有条件的地方推行城乡区域供水。适应农村用电需求快速增长的趋势,结合推进农村电力体制改革,抓紧实施新一轮农村电网改造升级工程,提升农网供电可靠性和供电能力。继续实施小水电代燃料工程,推进水电新农村电气化县建设。全面完成"十一五"农村公路建设任务,落实农村公路管理养护责任,推进城乡客运交通一体化。加快推进农村户用沼气、大中型沼气和集中供气工程建设,加强沼气技术创新、维护管理和配套服务。支持农村开发利用新能源,推进农林废弃物资源化、清洁化利用。加快推进农村危房改造和国有林区(场)、垦区棚户区改造,继续实施游牧民定居工程。抓住当前农村建房快速增长和建筑材料供给充裕的时机,把支持农民建房作为扩大内需的重大举措,采取有效措施推动建材下乡,鼓励有条件的地方通过多种形式支持农民依法依规建设自用住房。加强村镇规划,引导农民建设富有地方特点、民族特色、传统风貌的安全节能环保型住房。实行以奖促治政策，稳步推进农村环境综合整治，开展农村排水、河道疏浚等试点，搞好垃圾、污水处理，改善农村人居环境。采取有效措施防止城市、工业污染向农村扩散。推进农村信息化，积极支持农村电信和互联网基础设施建设，健全农村综合信息服务体系。

17. 继续抓好扶贫开发工作。坚持农村开发式扶贫方针，加大投入力度，逐步扩大扶贫开发和农村低保制度有效衔接试点，对农村低收入人口全面实施扶贫政策，着力提高贫困地区群众自我发展能力，确保扶贫开发工作重点县农民人均纯收入增长幅度高于全国平均水平。因地制宜加大整村推进、劳动力转移培训、产业化扶贫、以工代赈等各项扶贫工作力度，加快贫困地区基础设施建设和社会事业发展。积极稳妥实行扶贫易地搬迁，妥善解决移民后续发展问题。对特殊类型贫困地区进行综合治理。扩大贫困村互助资金、连片开发以及彩票公益金支持革命老区建设等试点。动员社会各界参与扶贫事业，充分发挥行业扶贫作用，积极开展反贫困领域国际交流合作。研究制定未来10年扶贫开发纲要和相关规划。

四、协调推进城乡改革，增强农业农村发展活力

18. 稳定和完善农村基本经营制度。完善农村土地承包法律法规和政策，加快制定具体办法，确保农村现有土地承包关系保持稳定并长久不变。继续做好土地承包管理工作，全面落实承包地块、面积、合同、证书"四到户"，扩大农村土地承包经营权登记试点范围，保障必要的工作经费。加强土地承包经营权流转管理和服务，健全流转市场，在依法自愿有偿流转的基础上发展多种形式的适度规模经营。严格执行农村土地承包经营纠纷调解仲裁法，加快构建农村土地承包经营纠纷调解仲裁体系。按照权属明确、管理规范、承包到户的要求，继续推进草原基本经营制度改革。稳定渔民水域滩涂养殖使用权。鼓励有条件的地方开展农村集体产权制度改革试点。

19. 有序推进农村土地管理制度改革。坚决守住耕地保护红线，建立保护补偿机制，加快划定基本农田，实行永久保护。落实政府耕地保护目标责任制，上级审计、监察、组织等部门参与考核。加快农村集体土地所有权、宅基地使用权、集体建设用地使用权等确权登记颁证工作，工作经费纳入财政预算。力争用3年时间把农村集体土地所有权证确认到每个具有所有权的农民集体经济组织。有序开展农村土地整治，城乡建设用地增减挂钩要严格限定在试点范围内，周转指标纳入年度土地利用计划统一管理，农村宅基地和村庄整理后节约的土地仍属农民集体所有，确保城乡建设用地总规模不突破，确保复垦耕地质量，确保维护农民利益。按照严格审批、局部试点、封闭运行、风险可控的原则，规范农村土地管理制度改革试点。加快修改土地管理法。

20. 着力提高农业生产经营组织化程度。推动家庭经营向采用先进科技和生产手段的方向转变，推动统一经营向发展农户联合与合作，形成多元化、多层次、多形式经营服务体系的方向转变。壮大农村集体经济组织实力，为农民提供多种有效服务。大力发展农民专业合作社，深入推进示范社建设行动，对服务能力强、民主管理好的合作社给予补助。各级政府扶持的贷款担保公司要把农民专业合作社纳入服务范围，支持有条件的合作社兴办农村资金互助社。扶持农民专业合作社自办农产品加工企业。积极发展农业农村各种社会化服务组织，为农民提供便捷高效、质优价廉的各种专业服务。支持龙头企业提高辐射带动能力，增加农业产业化专项资金，扶持建设标准化生产基地，建立农业产业化示范区。推进"一村一品"强村富民工程和专业示范村镇建设。

21. 积极推进林业改革。健全林业支持保护体系，建立现代林业管理制度。深化以明晰产权、承包到户为重点的集体林权制度改革，加快推进配套改革。规范集体林权流转，支持发展林农专业合作社。深化集体林采伐管理改革，建立森林采伐管理新机制和森林可持续经营新体系。完善林权抵押贷款办法，建立森林资源资产评估制度和评估师制度。逐步扩大政策性森林保险试点范围。扶持林业产业发展，促进林农增收致富。启动国有林场改革，支持国有林场基础设施建设。开展国有林区管理体制和国有森林资源统一管理改革试点。

22. 继续深化农村综合改革。深入推进乡镇机构改革。继续推进省直管县财政管理体制改革，提高县乡基本财力保障水平，落实村级组织运转经费保障政策。按相关规划和要求，中央和省级财政继续支持农村义务教育历史债务的清理化解，推进其他公益性乡村债务清理化解试点，防止发生新的乡村债务。坚持政府引导、分级负责、农民自愿、上限控制、财政补助的原则，探索建立新形势下村级公益事业建设的有效机制，认真总结一事一议财政奖补试点经验，加大财政奖补力度，扩大试点范围。继续开展农民负担重点治理，坚决防止农民负担反弹。加快落实推进供销合作社改革发展的相关政策，加强基层社建设，强化县联合社服务功能。深化农垦体制改革，分离企业办社会职能，健全社会保障制度。加强对新形势下农村改革试验区工作的指导。

23. 推进城镇化发展的制度创新。积极稳妥推进城镇化，提高城镇规划水平和发展质量，当前要把加强中小城市和小城镇发展作为重点。深化户籍制度改革，加快落实放宽中小城市、小城镇特别是县城和中心镇落户条件的政策，促进符合条件的农业转移人口在城镇落户并享有与当地城镇居民同等的权益。多渠道多形式改善农民工居住条件，鼓励有条件的城市将有稳定职业并在城市居住一定年限的农民工逐步纳入城镇住房保障体系。采取有针对性的措施，着力解决新生代农民工问题。统筹研究农业转移人口进城落户后城乡出现的新情况新问题。大力发展县域经济，抓住产业转移有利时机，促进特色产业、优势项目向县城和重点镇集聚，提高城镇综合承载能力，吸纳农村人口加快向小城镇集中。完善加快小城镇发展的财税、投融资等配套政策，安排年度土地利用计划要支持中小城市和小城镇发展。农村宅基地和村庄整理所节约的土地首先要补充耕地，调剂为建设用地的，在县域内按照土地利用总体规划使用，纳入年度土地利用计划，主要用于产业集聚发展，方便农民就近转移就业。继续推进扩权强县改革试点，推动经济发展快、人口吸纳能力强的镇行政管理体制改革，根据经济社会发展需要，下放管理权限，合理设置机构和配备人员编制。

24. 提高农业对外开放水平。支持优势农产品扩大出口，提供出口通关、检验检疫便利和优惠。推进农产品质量可追溯体系建设，支持建设出口基地。推动农产品出口信贷创新，探索建立出口信用保险与农业保险相结合的风险防范机制。积极应对国际贸易壁垒，支持行业协会和龙头企业维护自身权益。充分利用海关特殊监管区域及保税加工物流等措施，发展农产品加工贸易。

加强国际农业科技和农业资源开发合作，制定鼓励政策，支持有条件的企业"走出去"。引导外资投向鼓励类产业，提高农业利用外资水平。加强农产品进出口调控，实行灵活高效的农产品进出口政策，建立健全农产品和农用物资进出口监测预警机制，严厉打击农产品走私违法犯罪行为，切实加强进出口农产品质量监督。

五、加强农村基层组织建设，巩固党在农村的执政基础

25. 加强和改进农村基层党的建设。推动农村基层党组织工作创新，扩大基层党组织对农村新型组织的覆盖面，推广在农民专业合作社、专业协会、外出务工经商人员相对集中点建立党组织的做法。加强乡镇党委书记队伍建设，选好配强乡镇党委班子。提高村党组织带头人队伍素质，注重从转业退伍军人、务工回乡青年、致富能手等党员中选拔村党组织书记。以明确责任、考核监督、保障服务为重点，加强乡、村党组织领导班子管理，及时调整软弱涣散农村基层党组织班子。抓紧落实对长期在基层和艰苦边远地区工作的干部、长期担任县乡党政领导职务的干部实行工资福利倾斜的政策，进一步完善村干部"一定三有"政策，推进从优秀村干部中考录乡镇公务员、选任乡镇领导干部工作。建立稳定规范的农村基层组织工作经费保障制度，加快村级组织活动场所、农村党员干部现代远程教育网络建设。继续选聘高校毕业生到村任职，完善下得去、待得住、干得好、流得动的长效机制。不断深化农村党的建设三级联创活动，统筹城乡基层党建工作，创新完善农村流动党员教育管理服务制度，切实加强农民工中党的工作。深入开展党性党风党纪教育，加强农村基层党风廉政建设。

26. 进一步完善符合国情的农村基层治理机制。发展和完善党领导的村级民主自治机制，规范村级民主选举、民主决策、民主管理、民主监督程序。总结各地实践经验，因地制宜推广本村重大事项由村党支部提议、支委会和村委会联席会议商议、全村党员大会审议、村民代表会议或村民会议决议，以及决议公开、实施结果公开等做法。加强对村党支部、村委会换届选举的领导和指导，严肃查处拉票、贿选等行为，确保选举平稳有序，防范和制止利用宗教、宗族等势力干预农村公共事务。加强农村集体资金、资产、资源管理，推进村务公开和民主管理"难点村"治理。开展农村社区建设创建活动,加强服务设施建设,培育发展社区服务性、公益性、互助性社会组织。强化乡镇政府社会管理和公共服务职能,建立综合服务平台,有条件的乡镇要设立便民服务中心、村设立代办点,为农民提供一站式服务。

27. 切实维护农村社会稳定。完善党和政府主导的维护群众权益机制,切实解决好农村征地、环境污染、移民安置、集体资产管理等方面损害农民利益的突出问题。加强农村法制教育,畅通农村信访渠道,引导农民群众依法理性表达合理诉求、维护自身权益。推进农业综合执法。深入开展农村平安创建活动,坚持群防群治、依靠群众,加强和改进农村社会治安综合治理,进一步推进农村警务建设,严厉打击黑恶势力和各类违法犯罪活动。加强农村消防工作,健全农村应急反应机制。全面贯彻落实党的民族政策和宗教工作基本方针,加快民族地区经济社会发展,依法管理农村宗教事务。

各级党委和政府要站在经济社会发展全局和巩固党的执政基础的战略高度,切实加强和改善党对农村工作的领导。巩固农村基层深入学习实践科学发展观活动成果,建立党员干部受教育、科学发展上水平、农民群众得实惠的长效机制。按照促进科学发展的党政领导班子和领导干部考核评价办法的要求,指导地方细化考核指标,把粮食生产、农民增收、耕地保护、环境治理、和谐稳定等纳入地方党政领导班子绩效考核。完善农村工作领导体制和工作机制,把重中之重的要求落实到领导分工、机构设置、干部配备上,不断提高农村工作领导水平。切实加大农村政策落实力度,及时组织专项督查。各级领导干部要弘扬党的优良作风,密切联系群众,创造性开展工作。充分发挥民主党派、人民团体、社会组织和工商企业的作用,形成发展现代农业和建设社会主义新农村的强大合力。

做好2010年农业农村工作意义十分重大。我们要紧密团结在以胡锦涛同志为总书记的党中央周围,振奋精神,开拓进取,扎实工作,奋力开创农业农村工作新局面!

关于农村集体土地确权登记发证的若干意见

- 2011年11月2日国土资源部、中央农村工作领导小组办公室、财政部、农业部发布
- 2011年11月2日施行

各省、自治区、直辖市及副省级城市国土资源主管部门、农办（农工部、农委、农工委、农牧办）、财政厅（局）、农业（农牧、农村经济）厅（局、委、办），新疆生产建设兵团国土资源局、财务局、农业局，解放军土地管理局：

为切实落实《中共中央 国务院关于加大统筹城乡发展力度进一步夯实农业农村发展基础的若干意见》（中发〔2010〕1号），国土资源部、财政部、农业部联合下发了《关于加快推进农村集体土地确权登记发证工作的通知》（国土资发〔2011〕60号），进一步规范和加快推进农村集体土地确权登记发证工作，现提出以下意见：

一、明确农村集体土地确权登记发证的范围

农村集体土地确权登记发证是对农村集体土地所有权和集体土地使用权等土地权利的确权登记发证。农村集体土地使用权包括宅基地使用权、集体建设用地使用权等。农村集体土地所有权确权登记发证要覆盖到全部农村范围内的集体土地，包括属于农民集体所有的建设用地、农用地和未利用地，不得遗漏。

二、依法依规开展农村集体土地确权登记发证工作

按照《中华人民共和国物权法》、《中华人民共和国土地管理法》、《土地登记办法》、《土地权属争议调查处理办法》、《确定土地所有权和使用权的若干规定》等有关法律政策文件以及地方性法规、规章的规定，本着尊重历史、注重现实、有利生产生活、促进社会和谐稳定的原则，在全国土地调查成果以及年度土地利用变更调查成果基础上，依法有序开展确权登记发证工作。

农村集体土地确权登记依据的文件资料包括：人民政府或者有关行政主管部门的批准文件、处理决定；县级以上人民政府国土资源行政主管部门的调解书；人民法院生效的判决、裁定或者调解书；当事人之间依法达成的协议；履行指界程序形成的地籍调查表、土地权属界线协议书等地籍调查成果；法律、法规等规定的其他文件等。

三、加快农村地籍调查工作

各地应以"权属合法、界址清楚、面积准确"为原则，依据《土地利用现状分类》（GB/T 21010－2007）、《集体土地所有权调查技术规定》、《城镇地籍调查规程》等相关技术规定和标准，充分利用全国土地调查等已有成果，以大比例尺地籍调查成果为基础，查清农村每一宗土地的权属、界址、面积和用途（地类）等，按照统一的宗地编码模式，形成完善的地籍调查成果，为农村集体土地确权登记发证提供依据。同时，要注意做好变更地籍调查及变更登记，保持地籍成果的现势性。

凡有条件的地区，农村集体土地所有权宗地地籍调查应采用解析法实测界址点坐标并计算宗地面积；条件不具备的地区，可以全国土地调查成果为基础，核实并确定权属界线，对界址走向进行详细描述，采用图上量算或数据库计算的方法计算宗地面积。农村集体土地所有权宗地图和地籍图比例尺不小于1：10000。牧区等特殊地区在报经省级国土资源主管部门同意后，地籍图比例尺可以放宽至1：50000。

宅基地使用权、集体建设用地使用权宗地地籍调查，应采用解析法实测界址点坐标和计算宗地面积，宗地图和地籍图比例尺不小于1：2000。使用勘丈法等其他方法已发证的宅基地、集体建设用地，在变更登记时，应采用解析法重新测量并计算宗地面积。

四、把农村集体土地所有权确认到每个具有所有权的农民集体

确定农村集体土地所有权主体遵循"主体平等"和"村民自治"的原则，按照乡（镇）、村和村民小组农民集体三类所有权主体，将农村集体土地所有权确认到每个具有所有权的农民集体。凡是村民小组（原生产队）土地权属界线存在的，土地应确认给村民小组农民集体所有，发证到村民小组农民集体；对于村民小组（原生产队）土地权属界线不存在、并得到绝大多

数村民认可的，应本着尊重历史、承认现实的原则，对这部分土地承认现状，明确由村农民集体所有；属于乡（镇）农民集体所有的，土地所有权应依法确认给乡（镇）农民集体。

属于村民小组集体所有的土地应当由其集体经济组织或村民小组依法申请登记并持有土地权利证书。对于村民小组组织机构不健全的，可以由村民委员会代为申请登记、保管土地权利证书。

涉及依法"合村并组"的，"合村并组"后土地所有权主体保持不变的，所有权仍然确权给原农民集体；"合村并组"后土地所有权主体发生变化、并得到绝大多数村民认可的，履行集体土地所有权变更的法定程序后，按照变化后的主体确定集体土地所有权，并在土地登记簿和土地证书上备注各原农民集体的土地面积。

涉及依法开展城乡建设用地增减挂钩试点和农村土地整治的，原则上应维持原有土地权属不变；依法调整土地的，按照调整协议确定集体土地权利归属，并依法及时办理土地变更登记手续。

对于"撤村建居"后，未征收的原集体土地，只调查统计，不登记发证。调查统计时在新建单位名称后载明原农民集体名称。

在土地登记簿的"权利人"和土地证书的"土地所有权人"一栏，集体土地所有权主体按"××组（村、乡）农民集体"填写。

五、依法明确农村集体土地所有权主体代表

属于村农民集体所有的，由村集体经济组织或者村民委员会受本农民集体成员的委托行使所有权；分别属于村内两个以上农民集体所有的，由村内各该集体经济组织或者村民小组代表集体行使所有权；属于乡镇农民集体所有的，由乡镇集体经济组织代表集体行使所有权；没有乡（镇）农民集体经济组织的，乡（镇）集体土地所有权由乡（镇）政府代管。在办理土地确权登记手续时，由农民集体所有权主体代表申请办理。

集体经济组织的具体要求和形式，可以由各省（区、市）根据本地有关规定和实际情况依法确定。

六、严格规范确认宅基地使用权主体

宅基地使用权应该按照当地省级人民政府规定的面积标准，依法确认给本农民集体成员。非本农民集体的农民，因地质灾害防治、新农村建设、移民安置等集中迁建，在符合当地规划的前提下，经本农民集体大多数成员同意并经有权机关批准异地建房的，可按规定确权登记发证。已拥有一处宅基地的本农民集体成员、非本农民集体成员的农村或城镇居民，因继承房屋占用农村宅基地的，可按规定登记发证，在《集体土地使用证》记事栏应注记"该权利人为本农民集体原成员住宅的合法继承人"。非农业户口居民（含华侨）原在农村合法取得的宅基地及房屋，房屋产权没有变化的，经该农民集体出具证明并公告无异议的，可依法办理土地登记，在《集体土地使用证》记事栏应注记"该权利人为非本农民集体成员"。

对于没有权属来源证明的宅基地，应当查明土地历史使用情况和现状，由村委会出具证明并公告30天无异议，经乡（镇）人民政府审核，报县级人民政府审定，属于合法使用的，确定宅基地使用权。

七、按照不同的历史阶段对超面积的宅基地进行确权登记发证

1982年《村镇建房用地管理条例》实施前，农村村民建房占用的宅基地，在《村镇建房用地管理条例》实施后至今未扩大用地面积的，可以按现有实际使用面积进行确权登记；1982年《村镇建房用地管理条例》实施起至1987年《土地管理法》实施时止，农村村民建房占用的宅基地，超过当地规定的面积标准的，超过部分按当时国家和地方有关规定处理后，可以按实际使用面积进行确权登记；1987年《土地管理法》实施后，农村村民建房占用的宅基地，超过当地规定的面积标准的，按照实际批准面积进行确权登记。其面积超过各地规定标准的，可在土地登记簿和土地权利证书记事栏内注明超过标准的面积，待以后分户建房或现有房屋拆迁、改建、翻建、政府依法实施规划重新建设时，按有关规定作出处理，并按照各地规定的面积标准重新进行确权登记。

八、认真做好集体建设用地的确权登记发证工作

村委会办公室、医疗教育卫生等公益事业和公共设施用地、乡镇企业用地及其他经依法批准用于非住宅建设的集体土地，应当依法进行确权登记发证，确认集体建设用地使用权。将集体土地使用权依法确认到每个权利主体。凡依法使用集体建设用地的单位或个人应申请确权登记。

对于没有权属来源证明的集体建设用地，应查明土地历史使用情况和现状，认定合法使用的，由村委会出具证明并公告30天无异议的，经乡（镇）人民政府审核，报县级人民政府审批，确权登记发证。

九、妥善处理农村违法宅基地和集体建设用地问题

违法宅基地和集体建设用地必须依法依规处理后方可登记。对于违法宅基地和集体建设用地，应当查明土地历史使用情况和现状，对符合土地利用总体规划与村镇规划以及有关用地政策的，依法补办用地批准手续后，进行登记发证。

十、严格规范农村集体土地确权登记发证行为

结合全国土地登记规范化检查工作，全面加强土地登记规范化建设。严格禁止搞虚假土地登记，严格禁止对违法用地未经依法处理就登记发证。对于借户籍管理制度改革或者擅自通过"村改居"等方式非经法定征收程序将农民集体所有土地转为国有土地、农村集体经济组织非法出让或出租集体土地用于非农业建设、城镇居民在农村购置宅基地、农民住宅或"小产权房"等违法用地，不得登记发证。对于不依法依规进行土地确权登记发证或登记不规范造成严重后果的，严肃追究有关人员责任。

十一、加强土地权属争议调处

各地要从机构建设、队伍建设、经费保障、规范程序等各方面，切实采取有力措施，建立健全土地权属争议调处机制，妥善处理农村集体土地权属争议。

十二、规范完善已有土地登记资料

严格按照有关法律、法规和政策规定，全面核查整理和完善已有土地登记资料。凡是已经登记发证的宗地缺失资料以及不规范的，尽快补正完善；对于发现登记错误的，及时予以更正。各地要做好农村集体土地登记资料的收集整理工作，保证登记资料的全面、完整和规范。各地要进一步建立健全有关制度和标准，统一规范管理土地登记资料。

十三、推进农村集体土地登记信息化

要参照《城镇地籍数据库标准》（TD/T 1015—2007）等技术标准，积极推进农村集体土地登记数据库建设，进一步完善地籍信息系统。在此基础上，

稳步推进全国土地登记信息动态监管查询系统建设，提升土地监管能力和社会化服务水平，为参与宏观调控提供支撑，有效发挥土地登记成果资料服务经济社会发展的积极作用。

各省（区、市）可根据当地实际情况，细化制定农村集体土地确权登记的具体工作程序和政策。

关于加大改革创新力度加快农业现代化建设的若干意见

- 2015 年 2 月 1 日中共中央、国务院发布
- 2015 年 2 月 1 日施行

2014 年，各地区各部门认真贯彻落实党中央、国务院决策部署，加大深化农村改革力度，粮食产量实现"十一连增"，农民收入继续较快增长，农村公共事业持续发展，农村社会和谐稳定，为稳增长、调结构、促改革、惠民生作出了突出贡献。

当前，我国经济发展进入新常态，正从高速增长转向中高速增长，如何在经济增速放缓背景下继续强化农业基础地位、促进农民持续增收，是必须破解的一个重大课题。国内农业生产成本快速攀升，大宗农产品价格普遍高于国际市场，如何在"双重挤压"下创新农业支持保护政策、提高农业竞争力，是必须面对的一个重大考验。我国农业资源短缺，开发过度、污染加重，如何在资源环境硬约束下保障农产品有效供给和质量安全、提升农业可持续发展能力，是必须应对的一个重大挑战。城乡资源要素流动加速，城乡互动联系增强，如何在城镇化深入发展背景下加快新农村建设步伐、实现城乡共同繁荣，是必须解决好的一个重大问题。破解这些难题，是今后一个时期"三农"工作的重大任务。必须始终坚持把解决好"三农"问题作为全党工作的重中之重，靠改革添动力，以法治作保障，加快推进中国特色农业现代化。

2015年，农业农村工作要全面贯彻落实党的十八大和十八届三中、四中全会精神，以邓小平理论、"三个代表"重要思想、科学发展观为指导，深入贯彻习近平总书记系列重要讲话精神，主动适应经济发展新常态，按照稳粮增收、提质增效、创新驱动的总要求，继续全面深化农村改革，全面推进农村法治建设，推动新型工业化、信息化、城镇化和农业现代化同步发展，努力在提高粮食生产能力上挖掘新潜力，在优化农业结构上开辟新途径，在转变农业发展方式上寻求新突破，在促进农民增收上获得新成效，在建设新农村上迈出新步伐，为经济社会持续健康发展提供有力支撑。

一、围绕建设现代农业，加快转变农业发展方式

中国要强，农业必须强。做强农业，必须尽快从主要追求产量和依赖资源消耗的粗放经营转到数量质量效益并重、注重提高竞争力、注重农业科技创新、注重可持续的集约发展上来，走产出高效、产品安全、资源节约、环境友好的现代农业发展道路。

1. 不断增强粮食生产能力。进一步完善和落实粮食省长负责制。强化对粮食主产省和主产县的政策倾斜，保障产粮大县重农抓粮得实惠、有发展。粮食主销区要切实承担起自身的粮食生产责任。全面开展永久基本农田划定工作。统筹实施全国高标准农田建设总体规划。实施耕地质量保护与提升行动。全面推进建设占用耕地剥离耕作层土壤再利用。探索建立粮食生产功能区，将口粮生产能力落实到田块地头、保障措施落实到具体项目。创新投融资机制，加大资金投入，集中力量加快建设一批重大引调水工程、重点水源工程、江河湖泊治理骨干工程，节水供水重大水利工程建设的征地补偿、耕地占补平衡实行与铁路等国家重大基础设施项目同等政策。加快大中型灌区续建配套与节水改造，加快推进现代灌区建设，加强小型农田水利基础设施建设。实施粮食丰产科技工程和盐碱地改造科技示范。深入推进粮食高产创建和绿色增产模式攻关。实施植物保护建设工程，开展农作物病虫害专业化统防统治。

2. 深入推进农业结构调整。科学确定主要农产品自给水平，合理安排农业产业发展优先序。启动实施油料、糖料、天然橡胶生产能力建设规划。加快发展草牧业，支持青贮玉米和苜蓿等饲草料种植，开展粮改饲和种养结合模式试点，促进粮食、经济作物、饲草料三元种植结构协调发展。立足各地资源优势，大力培育特色农业。推进农业综合开发布局调整。支持粮食主产区发展畜牧业和粮食加工业，继续实施农产品产地初加工补助政策，发展农产品精深加工。继续开展园艺作物标准园创建，实施园艺产品提质增效工程。加大对生猪、奶牛、肉牛、肉羊标准化规模养殖场（小区）建设支持力度，实施畜禽良种工程，加快推进规模化、集约化、标准化畜禽养殖，增强畜牧业竞争力。完善动物疫病防控政策。推进水产健康养殖，加大标准池塘改造力度，继续支持远洋渔船更新改造，加强渔政渔港等渔业基础设施建设。

3. 提升农产品质量和食品安全水平。加强县乡农产品质量和食品安全监管能力建设。严格农业投入品管理，大力推进农业标准化生产。落实重要农产品生产基地、批发市场质量安全检验检测费用补助政策。建立全程可追溯、互联共享的农产品质量和食品安全信息平台。开展农产品质量安全县、食品安全城市创建活动。大力发展名特优新农产品，培育知名品牌。健全食品安全监管综合协调制度，强化地方政府法定职责。加大防范外来有害生物力度，保护农林业生产安全。落实生产经营者主体责任，严惩各类食品安全违法犯罪行为，提高群众安全感和满意度。

4. 强化农业科技创新驱动作用。健全农业科技创新激励机制，完善科研院所、高校科研人员与企业人才流动和兼职制度，推进科研成果使用、处置、收益管理和科技人员股权激励改革试点，激发科技人员创新创业的积极性。建立优化整合农业科技规划、计划和科技资源协调机制，完善国家重大科研基础设施和大型科研仪器向社会开放机制。加强对企业开展农业科技研发的引导扶持，使企业成为技术创新和应用的主体。加快农业科技创新，在生物育种、智能农业、农机装备、生态环保等领域取得重大突破。建立农业科技协同创新联盟，依托国家农业科技园区搭建农业科技融资、信息、品牌服务平台。探索建立农业科技成果交易中心。充分发挥科研院所、高校及其新农村发展研究院、职业院校、科技特派员队伍在科研成果转化中的作用。积极推进种业科研成果权益分配改革试点，完善成果完成人分享制度。继续实施种子工程，推进海南、甘肃、四川三大国家级育种制种基地建设。加强农业转基因生物技术研究、安全管理、科学普及。支持农机、化肥、农药企业技术创新。

5. 创新农产品流通方式。加快全国农产品市场体系转型升级，着力加强设施建设和配套服务，健全交易制度。完善全国农产品流通骨干网络，加大重要农产品仓储物流设施建设力度。加快千亿斤粮食新建仓容建设进度，尽快形成中央和地方职责分工明确的粮食收储机制，提高粮食收储保障能力。继续实施农户科学储粮工程。加强农产品产地市场建设，加快构建跨区域冷链物流体系，继续开展公益性农产品批发市场建设试点。推进合作社与超市、学校、企业、社区对接。清理整顿农产品运销乱收费问题。发展农产品期货交易，开发农产品期货交易新品种。支持电商、物流、商贸、金融等企业参与涉农电子商务平台建设。开展电子商务进农村综合示范。

6. 加强农业生态治理。实施农业环境突出问题治理总体规划和农业可持续发展规划。加强农业面源污染治理，深入开展测土配方施肥，大力推广生物有机肥、低毒低残留农药，开展秸秆、畜禽粪便资源化利用和农田残膜回收区域性示范，按规定享受相关财税政策。落实畜禽规模养殖环境影响评价制度，大力推动农业循环经济发展。继续实行草原生态保护补助奖励政策，开展西北旱区农牧业可持续发展、农牧交错带已垦草原治理、东北黑土地保护试点。加大水生生物资源增殖保护力度。建立健全规划和建设项目水资源论证制度、国家水资源督察制度。大力推广节水技术，全面实施区域规模化高效节水灌溉行动。加大水污染防治和水生态保护力度。实施新一轮退耕还林还草工程，扩大重金属污染耕地修复、地下水超采区综合治理、退耕还湿试点范围，推进重要水源地生态清洁小流域等水土保持重点工程建设。大力推进重大林业生态工程，加强营造林工程建设，发展林产业和特色经济林。推进京津冀、丝绸之路经济带、长江经济带生态保护与修复。摸清底数、搞好规划、增加投入，保护好全国的天然林。提高天然林资源保护工程补助和森林生态效益补偿标准。继续扩大停止天然林商业性采伐试点。实施湿地生态效益补偿、湿地保护奖励试点和沙化土地封禁保护区补贴政策。加快实施退牧还草、牧区防灾减灾、南方草地开发利用等工程。建立健全农业生态环境保护责任制，加强问责监管，依法依规严肃查处各种破坏生态环境的行为。

7. 提高统筹利用国际国内两个市场两种资源的能力。加强农产品进出口调控，积极支持优势农产品出口，把握好农产品进口规模、节奏。完善粮食、棉花、食糖等重要农产品进出口和关税配额管理，严格执行棉花滑准税政策。严厉打击农产品走私行为。完善边民互市贸易政策。支持农产品贸易做强，加快培育具有国际竞争力的农业企业集团。健全农业对外合作部际联席会议制度，抓紧制定农业对外合作规划。创新农业对外合作模式，重点加强农产品加工、储运、贸易等环节合作，支持开展境外农业合作开发，推进科技示范园区建设，开展技术培训、科研成果示范、品牌推广等服务。完善支持农业对外合作的投资、财税、金融、保险、贸易、通关、检验检疫等政策，落实到境外从事农业生产所需农用设备和农业投入品出境的扶持政策。充分发挥各类商会组织的信息服务、法律咨询、纠纷仲裁等作用。

二、围绕促进农民增收，加大惠农政策力度

中国要富，农民必须富。富裕农民，必须充分挖掘农业内部增收潜力，开发农村二三产业增收空间，拓宽农村外部增收渠道，加大政策助农增收力度，努力在经济发展新常态下保持城乡居民收入差距持续缩小的势头。

8. 优先保证农业农村投入。增加农民收入，必须明确政府对改善农业农村发展条件的责任。坚持把农业农村作为各级财政支出的优先保障领域，加快建立投入稳定增长机制，持续增加财政农业农村支出，中央基建投资继续向农业农村倾斜。优化财政支农支出结构，重点支持农民增收、农村重大改革、农业基础设施建设、农业结构调整、农业可持续发展、农村民生改善。转换投入方式，创新涉农资金运行机制，充分发挥财政资金的引导和杠杆作用。改革涉农转移支付制度，下放审批权限，有效整合财政农业农村投入。切实加强涉农资金监管，建立规范透明的管理制度，杜绝任何形式的挤占挪用、层层截留、虚报冒领，确保资金使用见到实效。

9. 提高农业补贴政策效能。增加农民收入，必须健全国家对农业的支持保护体系。保持农业补贴政策连续性和稳定性，逐步扩大"绿箱"支持政策实施规模和范围，调整改进"黄箱"支持政策，充分发挥政策惠农增收效应。继续实施种粮农民直接补贴、良种补贴、农机具购置补贴、农资综合补贴等政策。选择部分地方开展改革试点，提高补贴的导向性和效能。完善农机具购置补贴政策，向主产区和新型农业经营主体倾斜，扩大节水灌溉设备购置补贴范围。实施农业生产重大技术措施推广补助政策。实施粮油生产大县、粮食作物制种大县、生猪调出大县、牛羊养殖大县财政奖励补助政策。扩大现代农业示范区奖补范围。健全粮食主产区利益补偿、耕地保护补偿、生态补偿制度。

10. 完善农产品价格形成机制。增加农民收入,必须保持农产品价格合理水平。继续执行稻谷、小麦最低收购价政策,完善重要农产品临时收储政策。总结新疆棉花、东北和内蒙古大豆目标价格改革试点经验,完善补贴方式,降低操作成本,确保补贴资金及时足额兑现到农户。积极开展农产品价格保险试点。合理确定粮食、棉花、食糖、肉类等重要农产品储备规模。完善国家粮食储备吞吐调节机制,加强储备粮监管。落实新增地方粮食储备规模计划,建立重要商品商贸企业代储制度,完善制糖企业代储制度。运用现代信息技术,完善种植面积和产量统计调查,改进成本和价格监测办法。

11. 强化农业社会化服务。增加农民收入,必须完善农业服务体系,帮助农民降成本、控风险。抓好农业生产全程社会化服务机制创新试点,重点支持为农户提供代耕代收、统防统治、烘干储藏等服务。稳定和加强基层农技推广等公益性服务机构,健全经费保障和激励机制,改善基层农技推广人员工作和生活条件。发挥农村专业技术协会在农技推广中的作用。采取购买服务等方式,鼓励和引导社会力量参与公益性服务。加大中央、省级财政对主要粮食作物保险的保费补贴力度。将主要粮食作物制种保险纳入中央财政保费补贴目录。中央财政补贴险种的保险金额应覆盖直接物化成本。加快研究出台对地方特色优势农产品保险的中央财政以奖代补政策。扩大森林保险范围。支持邮政系统更好服务"三农"。创新气象为农服务机制,推动融入农业社会化服务体系。

12. 推进农村一二三产业融合发展。增加农民收入,必须延长农业产业链、提高农业附加值。立足资源优势,以市场需求为导向,大力发展特色种养业、农产品加工业、农村服务业,扶持发展一村一品、一乡(县)一业,壮大县域经济,带动农民就业致富。积极开发农业多种功能,挖掘乡村生态休闲、旅游观光、文化教育价值。扶持建设一批具有历史、地域、民族特点的特色景观旅游村镇,打造形式多样、特色鲜明的乡村旅游休闲产品。加大对乡村旅游休闲基础设施建设的投入，增强线上线下营销能力，提高管理水平和服务质量。研究制定促进乡村旅游休闲发展的用地、财政、金融等扶持政策，落实税收优惠政策。激活农村要素资源，增加农民财产性收入。

13. 拓宽农村外部增收渠道。增加农民收入，必须促进农民转移就业和创业。实施农民工职业技能提升计划。落实同工同酬政策，依法保障农民工劳动报酬权益，建立农民工工资正常支付的长效机制。保障进城农民工及其随迁家属平等享受城镇基本公共服务，扩大城镇社会保险对农民工的覆盖面，开展好农民工职业病防治和帮扶行动，完善随迁子女在当地接受义务教育和参加中高考相关政策，探索农民工享受城镇保障性住房的具体办法。加快户籍制度改革，建立居住证制度，分类推进农业转移人口在城镇落户并享有与当地居民同等待遇。现阶段，不得将农民进城落户与退出土地承包经营权、宅基地使用权、集体收益分配权相挂钩。引导有技能、资金和管理经验的农民工返乡创业，落实定向减税和普遍性降费政策，降低创业成本和企业负担。优化中西部中小城市、小城镇产业发展环境，为农民就地就近转移就业创造条件。

14. 大力推进农村扶贫开发。增加农民收入，必须加快农村贫困人口脱贫致富步伐。以集中连片特困地区为重点，加大投入和工作力度，加快片区规划实施，打好扶贫开发攻坚战。推进精准扶贫，制定并落实建档立卡的贫困村和贫困户帮扶措施。加强集中连片特困地区基础设施建设、生态保护和基本公共服务，加大用地政策支持力度，实施整村推进、移民搬迁、乡村旅游扶贫等工程。扶贫项目审批权原则上要下放到县，省市切实履行监管责任。建立公告公示制度，全面公开扶贫对象、资金安排、项目建设等情况。健全社会扶贫组织动员机制，搭建社会参与扶贫开发平台。完善干部驻村帮扶制度。加强贫困监测，建立健全贫困县考核、约束、退出等机制。经济发达地区要不断提高扶贫开发水平。

三、围绕城乡发展一体化，深入推进新农村建设

中国要美，农村必须美。繁荣农村，必须坚持不懈推进社会主义新农村建设。要强化规划引领作用，加快提升农村基础设施水平，推进城乡基本公共服务均等化，让农村成为农民安居乐业的美丽家园。

15. 加大农村基础设施建设力度。确保如期完成"十二五"农村饮水安全工程规划任务,推动农村饮水提质增效,继续执行税收优惠政策。推进城镇供水管网向农村延伸。继续实施农村电网改造升级工程。因地制宜采取电网延伸和光伏、风电、小水电等供电方式,2015年解决无电人口用电问题。加快推进西部地区和集中连片特困地区农村公路建设。强化农村公路养护管理的资金投入和机制创新,切实加强农村客运和农村校车安全管理。完善农村沼气建管机制。加大农村危房改造力度,统筹搞好农房抗震改造。深入推进农村广播电视、通信等村村通工程,加快农村信息基础设施建设和宽带普及,推进信息进村入户。

16. 提升农村公共服务水平。全面改善农村义务教育薄弱学校基本办学条件,提高农村学校教学质量。因地制宜保留并办好村小学和教学点。支持乡村两级公办和普惠性民办幼儿园建设。加快发展高中阶段教育,以未能继续升学的初中、高中毕业生为重点,推进中等职业教育和职业技能培训全覆盖,逐步实现免费中等职业教育。积极发展农业职业教育,大力培养新型职业农民。全面推进基础教育数字教育资源开发与应用,扩大农村地区优质教育资源覆盖面。提高重点高校招收农村学生比例。加强乡村教师队伍建设,落实好集中连片特困地区乡村教师生活补助政策。国家教育经费要向边疆地区、民族地区、革命老区倾斜。建立新型农村合作医疗可持续筹资机制,同步提高人均财政补助和个人缴费标准,进一步提高实际报销水平。全面开展城乡居民大病保险,加强农村基层基本医疗、公共卫生能力和乡村医生队伍建设。推进各级定点医疗机构与省内新型农村合作医疗信息系统的互联互通,积极发展惠及农村的远程会诊系统。拓展重大文化惠民项目服务"三农"内容。加强农村最低生活保障制度规范管理,全面建立临时救助制度,改进农村社会救助工作。落实统一的城乡居民基本养老保险制度。支持建设多种农村养老服务和文化体育设施。整合利用现有设施场地和资源,构建农村基层综合公共服务平台。

17. 全面推进农村人居环境整治。完善县域村镇体系规划和村庄规划,强化规划的科学性和约束力。改善农民居住条件,搞好农村公共服务设施配套,推进山水林田路综合治理。继续支持农村环境集中连片整治,加快推进农村河塘综合整治，开展农村垃圾专项整治，加大农村污水处理和改厕力度，加快改善村庄卫生状况。加强农村周边工业"三废"排放和城市生活垃圾堆放监管治理。完善村级公益事业一事一议财政奖补机制，扩大农村公共服务运行维护机制试点范围，重点支持村内公益事业建设与管护。完善传统村落名录和开展传统民居调查，落实传统村落和民居保护规划。鼓励各地从实际出发开展美丽乡村创建示范。有序推进村庄整治，切实防止违背农民意愿大规模撤并村庄、大拆大建。

18. 引导和鼓励社会资本投向农村建设。鼓励社会资本投向农村基础设施建设和在农村兴办各类事业。对于政府主导、财政支持的农村公益性工程和项目，可采取购买服务、政府与社会资本合作等方式，引导企业和社会组织参与建设、管护和运营。对于能够商业化运营的农村服务业，向社会资本全面开放。制定鼓励社会资本参与农村建设目录，研究制定财税、金融等支持政策。探索建立乡镇政府职能转移目录，将适合社会兴办的公共服务交由社会组织承担。

19. 加强农村思想道德建设。针对农村特点，围绕培育和践行社会主义核心价值观，深入开展中国特色社会主义和中国梦宣传教育，广泛开展形势政策宣传教育，提高农民综合素质，提升农村社会文明程度，凝聚起建设社会主义新农村的强大精神力量。深入推进农村精神文明创建活动，扎实开展好家风好家训活动，继续开展好媳妇、好儿女、好公婆等评选表彰活动，开展寻找最美乡村教师、医生、村官等活动，凝聚起向上、崇善、爱美的强大正能量。倡导文艺工作者深入农村，创作富有乡土气息、讴歌农村时代变迁的优秀文艺作品，提供健康有益、喜闻乐见的文化服务。创新乡贤文化，弘扬善行义举，以乡情乡愁为纽带吸引和凝聚各方人士支持家乡建设，传承乡村文明。

20. 切实加强农村基层党建工作。认真贯彻落实党要管党、从严治党的要求，加强以党组织为核心的农村基层组织建设，充分发挥农村基层党组织的战斗堡垒作用，深入整顿软弱涣散基层党组织，不断夯实党在农村基层执政的组织基础。创新和完善农村基层党组织设置，扩大组织覆盖和工作覆盖。加强乡村两级党组织班子建设，进一步选好管好用好带头人。严肃农村基层党内政治生活,加强党员日常教育管理,发挥党员先锋模范作用。严肃处理违反党规党纪的行为,坚决查处发生在农民身边的不正之风和腐败问题。以农村基层服务型党组织建设为抓手,强化县乡村三级便民服务网络建设,多为群众办实事、办好事,通过服务贴近群众、团结群众、引导群众、赢得群众。严格落实党建工作责任制,全面开展市县乡党委书记抓基层党建工作述职评议考核。

四、围绕增添农村发展活力,全面深化农村改革

全面深化改革,必须把农村改革放在突出位置。要按照中央总体部署,完善顶层设计,抓好试点试验,不断总结深化,加强督查落实,确保改有所进、改有所成,进一步激发农村经济社会发展活力。

21. 加快构建新型农业经营体系。坚持和完善农村基本经营制度,坚持农民家庭经营主体地位,引导土地经营权规范有序流转,创新土地流转和规模经营方式,积极发展多种形式适度规模经营,提高农民组织化程度。鼓励发展规模适度的农户家庭农场,完善对粮食生产规模经营主体的支持服务体系。引导农民专业合作社拓宽服务领域,促进规范发展,实行年度报告公示制度,深入推进示范社创建行动。推进农业产业化示范基地建设和龙头企业转型升级。引导农民以土地经营权入股合作社和龙头企业。鼓励工商资本发展适合企业化经营的现代种养业、农产品加工流通和农业社会化服务。土地经营权流转要尊重农民意愿,不得硬性下指标、强制推动。尽快制定工商资本租赁农地的准入和监管办法,严禁擅自改变农业用途。

22. 推进农村集体产权制度改革。探索农村集体所有制有效实现形式,创新农村集体经济运行机制。出台稳步推进农村集体产权制度改革的意见。对土地等资源性资产,重点是抓紧抓实土地承包经营权确权登记颁证工作,扩大整省推进试点范围,总体上要确地到户,从严掌握确权确股不确地的范围。对非经营性资产,重点是探索有利于提高公共服务能力的集体统一运营管理有效机制。对经营性资产,重点是明晰产权归属,将资产折股量化到本集体经济组织成员,发展多种形式的股份合作。开展赋予农民对集体资产股份权能改革试点,试点过程中要防止侵蚀农民利益,试点各项工作应严格限制在本集体经济组织内部。健全农村集体"三资"管理监督和收益分配制度。

充分发挥县乡农村土地承包经营权、林权流转服务平台作用,引导农村产权流转交易市场健康发展。完善有利于推进农村集体产权制度改革的税费政策。

23. 稳步推进农村土地制度改革试点。在确保土地公有制性质不改变、耕地红线不突破、农民利益不受损的前提下,按照中央统一部署,审慎稳妥推进农村土地制度改革。分类实施农村土地征收、集体经营性建设用地入市、宅基地制度改革试点。制定缩小征地范围的办法。建立兼顾国家、集体、个人的土地增值收益分配机制,合理提高个人收益。完善对被征地农民合理、规范、多元保障机制。赋予符合规划和用途管制的农村集体经营性建设用地出让、租赁、入股权能,建立健全市场交易规则和服务监管机制。依法保障农民宅基地权益,改革农民住宅用地取得方式,探索农民住房保障的新机制。加强对试点工作的指导监督,切实做到封闭运行、风险可控,边试点、边总结、边完善,形成可复制、可推广的改革成果。

24. 推进农村金融体制改革。要主动适应农村实际、农业特点、农民需求,不断深化农村金融改革创新。综合运用财政税收、货币信贷、金融监管等政策措施,推动金融资源继续向"三农"倾斜,确保农业信贷总量持续增加、涉农贷款比例不降低。完善涉农贷款统计制度,优化涉农贷款结构。延续并完善支持农村金融发展的有关税收政策。开展信贷资产质押再贷款试点,提供更优惠的支农再贷款利率。鼓励各类商业银行创新"三农"金融服务。农业银行三农金融事业部改革试点覆盖全部县域支行。农业发展银行要在强化政策性功能定位的同时,加大对水利、贫困地区公路等农业农村基础设施建设的贷款力度,审慎发展自营性业务。国家开发银行要创新服务"三农"融资模式,进一步加大对农业农村建设的中长期信贷投放。提高农村信用社资本实力和治理水平,牢牢坚持立足县域、服务"三农"的定位。鼓励邮政储蓄银行拓展农村金融业务。提高村镇银行在农村的覆盖面。积极探索新型农村合作金融发展的有效途径,稳妥开展农民合作社内部资金互助试点,落实地方政府监管责任。做好承包土地的经营权和农民住房财产权抵押担保贷款试点工作。鼓励开展"三农"融资担保业务,大力发展政府支持的"三农"融资担保和再担保机构,完善银担合作机制。支持银行业金融机构发行"三农"专项金融债,鼓励符合条件的涉农企业发行债券。开展大型农机具融资租赁试点。完善对新型农业经营主体的金融服务。强化农村普惠金融。继续加大小额担保财政贴息贷款等对农村妇女的支持力度。

25. 深化水利和林业改革。建立健全水权制度，开展水权确权登记试点，探索多种形式的水权流转方式。推进农业水价综合改革，积极推广水价改革和水权交易的成功经验，建立农业灌溉用水总量控制和定额管理制度，加强农业用水计量，合理调整农业水价，建立精准补贴机制。吸引社会资本参与水利工程建设和运营。鼓励发展农民用水合作组织，扶持其成为小型农田水利工程建设和管护主体。积极发展农村水利工程专业化管理。建立健全最严格的林地、湿地保护制度。深化集体林权制度改革。稳步推进国有林场改革和国有林区改革，明确生态公益功能定位，加强森林资源保护培育。建立国家用材林储备制度。积极发展符合林业特点的多种融资业务，吸引社会资本参与碳汇林业建设。

26. 加快供销合作社和农垦改革发展。全面深化供销合作社综合改革，坚持为农服务方向，着力推进基层社改造，创新联合社治理机制，拓展为农服务领域，把供销合作社打造成全国性为"三农"提供综合服务的骨干力量。抓紧制定供销合作社条例。加快研究出台推进农垦改革发展的政策措施，深化农场企业化、垦区集团化、股权多元化改革，创新行业指导管理体制、企业市场化经营体制、农场经营管理体制。明晰农垦国有资产权属关系，建立符合农垦特点的国有资产监管体制。进一步推进农垦办社会职能改革。发挥农垦独特优势，积极培育规模化农业经营主体，把农垦建成重要农产品生产基地和现代农业的示范带动力量。

27. 创新和完善乡村治理机制。在有实际需要的地方，扩大以村民小组为基本单元的村民自治试点，继续搞好以社区为基本单元的村民自治试点，探索符合各地实际的村民自治有效实现形式。进一步规范村"两委"职责和村务决策管理程序，完善村务监督委员会的制度设计，健全村民对村务实行有效监督的机制，加强对村干部行使权力的监督制约，确保监督务实管用。激发农村社会组织活力，重点培育和优先发展农村专业协会类、公益慈善类、社区服务类等社会组织。构建农村立体化社会治安防控体系，开展突出治安问题专项整治，推进平安乡镇、平安村庄建设。

五、围绕做好"三农"工作,加强农村法治建设

农村是法治建设相对薄弱的领域,必须加快完善农业农村法律体系,同步推进城乡法治建设,善于运用法治思维和法治方式做好"三农"工作。同时要从农村实际出发,善于发挥乡规民约的积极作用,把法治建设和道德建设紧密结合起来。

28. 健全农村产权保护法律制度。完善相关法律法规,加强对农村集体资产所有权、农户土地承包经营权和农民财产权的保护。抓紧修改农村土地承包方面的法律,明确现有土地承包关系保持稳定并长久不变的具体实现形式,界定农村土地集体所有权、农户承包权、土地经营权之间的权利关系,保障好农村妇女的土地承包权益。统筹推进与农村土地有关的法律法规制定和修改工作。抓紧研究起草农村集体经济组织条例。加强农业知识产权法律保护。

29. 健全农业市场规范运行法律制度。健全农产品市场流通法律制度,规范市场秩序,促进公平交易,营造农产品流通法治化环境。完善农产品市场调控制度,适时启动相关立法工作。完善农产品质量和食品安全法律法规,加强产地环境保护,规范农业投入品管理和生产经营行为。逐步完善覆盖农村各类生产经营主体方面的法律法规,适时修改农民专业合作社法。

30. 健全"三农"支持保护法律制度。研究制定规范各级政府"三农"事权的法律法规,明确规定中央和地方政府促进农业农村发展的支出责任。健全农业资源环境法律法规,依法推进耕地、水资源、森林草原、湿地滩涂等自然资源的开发保护,制定完善生态补偿和土壤、水、大气等污染防治法律法规。积极推动农村金融立法,明确政策性和商业性金融支农责任,促进新型农村合作金融、农业保险健康发展。加快扶贫开发立法。

31. 依法保障农村改革发展。加强农村改革决策与立法的衔接。农村重大改革都要于法有据,立法要主动适应农村改革和发展需要。实践证明行之有效、立法条件成熟的,要及时上升为法律。对不适应改革要求的法律法规,要及时修改和废止。需要明确法律规定具体含义和适用法律依据的,要及时作出法律解释。实践条件还不成熟、需要先行先试的,要按照法定程序作出授权。继续推进农村改革试验区工作。深化行政执法体制改革,强化基层执

法队伍，合理配置执法力量，积极探索农林水利等领域内的综合执法。健全涉农行政执法经费财政保障机制。统筹城乡法律服务资源，健全覆盖城乡居民的公共法律服务体系，加强对农民的法律援助和司法救助。

32. 提高农村基层法治水平。深入开展农村法治宣传教育，增强各级领导、涉农部门和农村基层干部法治观念，引导农民增强学法尊法守法用法意识。健全依法维权和化解纠纷机制，引导和支持农民群众通过合法途径维权，理性表达合理诉求。依法加强农民负担监督管理。依靠农民和基层的智慧，通过村民议事会、监事会等，引导发挥村民民主协商在乡村治理中的积极作用。

各级党委和政府要从全面建成小康社会、加快推进社会主义现代化的战略高度出发，进一步加强和改善对"三农"工作的领导，切实防止出现放松农业的倾向，勇于直面挑战，敢于攻坚克难，努力保持农业农村持续向好的局面。各地区各部门要深入研究农业农村发展的阶段性特征和面临的风险挑战，科学谋划、统筹设计"十三五"时期农村改革发展的重大项目、重大工程和重大政策。加强督促检查，确保各项"三农"政策不折不扣落实到位。巩固和拓展党的群众路线教育实践活动成果，坚持不懈改进工作作风，努力提高"三农"工作的能力和水平。

让我们紧密团结在以习近平同志为总书记的党中央周围，开拓创新，扎实工作，加快农村改革发展，为全面建成小康社会作出新的贡献！

农村地籍和房屋调查技术方案（试行）

● 2014 年 8 月 15 日国土资源部、财政部、住房和城乡建设部、农业部、国家林业局发布

为深入贯彻《中共中央国务院关于加快发展现代农业进一步增强农村发展活力的若干意见》（中发〔2013〕1 号），切实落实《国土资源部关于进一步加快农村地籍调查推进集体土地确权登记发证工作的通知》（国土资发〔2013〕97 号）要求，进一步积极稳妥、规范、有序地推进农村地籍调查工

作,全力保障农村宅基地和集体建设用地确权登记发证工作顺利进行,制定本技术方案。

一、工作目标

全面查清农村范围内包括宅基地、集体建设用地等每一宗土地的权属、位置、界址、面积、用途、地上房屋等建筑物、构筑物的基本情况,为农村集体土地确权登记发证工作提供基础资料,为实施不动产统一登记奠定基础。

二、工作任务

紧密围绕农村集体土地确权登记发证,依据《地籍调查规程》等要求,以"权属合法、界址清楚、面积准确"为原则,重点完成农村范围内宅基地、集体建设用地的权属调查和地籍测量,同步开展地上房屋及其附属设施的调查工作,建立农村地籍调查数据库,并通过农村日常地籍调查、土地登记等工作,保持调查成果的现势性,满足国土资源管理及经济社会发展的需要。农村范围内国有土地、地上房屋及附属设施可参照本技术方案执行。

(一)宅基地和集体建设用地调查。以集体土地所有权成果为基础,调查农村范围内的宅基地、集体建设用地的权属状况,获取每宗宅基地和集体建设用地权属、位置、用途等信息,测量宅基地和集体建设用地的地籍要素,填写地籍调查表,测绘地籍图,制作宗地图。

(二)农村房屋调查。在开展宅基地和集体建设用地调查的同时,调查地上房屋产权状况,测量房屋的房角点和房屋边长,量算房屋面积,并将房屋调查成果记载在地籍调查表等地籍资料中,实现农村房、地调查的同步开展和调查成果的统一管理。

(三)农村地籍调查数据库建设。充分利用已有的软、硬件平台,参照城镇地籍数据库建设的相关技术规范,建设农村地籍调查数据库,实现对农村地籍调查成果的图形、属性、档案等信息的一体化存储、管理与应用。

三、技术路线与方法

(一)主要技术依据。

《土地利用现状分类》(GB/T 21010 - 2007)

《地籍调查规程》(TD/T 1001 - 2012)

《房产测量规范》(GB/T 17986.1 - 2000)

《城镇地籍数据库标准》（TD/T 1015－2007）

（二）技术路线。

以满足农村集体土地确权登记发证工作为出发点，立足于已有的工作基础，严格依据国家有关调查规程和标准，借助航天航空遥感、地理信息系统、卫星定位和数据库等技术手段，充分利用已有土地调查成果和登记成果，通过外业调查、复核审查、内业建库，完成宅基地和集体建设用地及房屋等地上建筑物和构筑物的权属调查和地籍测量等工作，为农村集体土地确权登记发证提供依据。

（三）调查方法。

农村地籍调查方法的选择要充分兼顾宅基地管理制度改革、集体建设用地入市等农村土地制度改革的迫切需要，以充分保护土地权益、维护交易安全为基础，统筹考虑基础条件、工作需求和经济技术可行性，避免重复投入，因事、因地、因物，审慎科学地选择符合本地区实际的调查方法。原则上，同一地区内可以采用多种调查方法共同开展调查工作。对于调查精度影响土地产权人切身利益的，可采用解析法或部分解析法，确保权属清晰，面积准确，以保障土地权益，维护交易安全，如集体建设用地流转试点、征地拆迁地区等；对于偏远地区或分散、独立的宅基地和集体建设用地，或不动产生命周期较短，建筑物、构筑物更新速度较快，且调查精度不影响权利人切身利益的，可采用更为简便易行的调查方法，在做好指界工作基础上，在确保宗地界址清楚、空间相对位置关系明确的前提下，实地丈量界址边长，计算宗地面积，以尽快完成调查工作，避免不必要的浪费，如按户补偿的增减挂钩拆旧地区等。

四、工作程序和内容

农村地籍调查工作主要包括：准备工作、权属调查、地籍测量、房屋调查和成果归档与建库等内容。

（一）准备工作。

准备工作主要包括组织准备、宣传发动、资料收集、技术设计、表册与工具器材准备、队伍落实和人员培训等。各地应围绕集体土地使用权确权登记发证工作目标，统一部署，同步开展。调查前，应系统收集整理土地及房屋权属来源资料，开展实地踏勘、资料分析等，并结合地方工作基础，做好技术设计，准备调查所需的表册与工具器材，落实调查人员和队伍。权属调查应由县（市、区）国土部门组织，发挥乡镇政府、国土所和农村集体经济组织、村民自治组织等基层力量，共同配合完成，也可选择专业队伍、聘任农村集体经济组织负责人、村民委员会成员或村民代表参与权属调查。地籍测量可根据需要由专业作业单位协助完成。

（二）权属调查。

权属调查是地籍调查的核心，是保障土地确权登记发证的关键。权属调查主要包括：核实宗地的权属情况，实地指界，丈量界址边长及相关距离，绘制宗地草图，填写地籍调查表。

1. 制作工作底图。选用大比例尺（1∶500～1∶2000）的地形图、正射影像图或已有地籍图作为基础图件，充分采用集体土地所有权登记发证已形成的地籍区、地籍子区界线和集体土地所有权界线，并标注乡镇、村、村民小组及重要地物的名称。参考已有的地籍调查、土地登记等资料，会同农村集体经济组织负责人、村民委员会成员或村民代表，在工作底图上划分宗地，并预编宗地号。对新型农村社区或搬迁上楼等无法确定独立使用面积的，可定为共用宗。

2. 权属状况调查。借助工作底图，结合现场核实，调查每宗地的土地坐落与四至；调查核实权利人的姓名或者名称、单位性质、行业代码、组织机构代码、法定代表人（或负责人）姓名及其身份证明、代理人姓名及其身份证明等，对于宅基地调查，除了调查记录土地权利人的情况外，还应调查权利人家庭成员情况，复印权利人家庭户口簿等资料，对无权属来源的集体建设用地，根据实际情况调查记录实际使用人；调查核实宗地的土地权属来源资料，确定土地权属性质、土地使用权类型、使用期限等，以及宗地是否有抵押权、地役权等他项权利和共有情况；调查核实宗地批准用途和实际用途。

3. 界址调查。对土地权属来源资料齐全，界址明确，经实地核实界址无变化的宗地，无需重新开展界址调查；对土地权属来源资料中的界址不明确的宗地，以及界址与实地不一致的宗地，需要现场指界；对于无土地权属资料的，根据法律法规及有关政策规定，经核实为合法拥有或使用的土地，可根据双方协商，实际利用状况及地方习惯，经农村集体经济组织认可并公示无异议后，进行现场指界。实地指界前，通过送达指界通知书、公告、广播、电话等方式提前通知，确保土地权利人及相邻宗地权利人按时到现场指界。指界时，调查员、本宗地指界人及相邻宗地指界人同时到场，根据指界人指定的界址点，现场设置界标，确认界址线类型、位置；指界后，将实际用地界线和批准用地界线标绘到工作底图上，并在地籍调查表的权属调查记事栏中予以说明；实地丈量宗地的界址边长。同时，应丈量界址点与邻近地物的相关距离或条件距离。

4. 宗地草图绘制。根据权属状况调查信息、指界与界址点设置情况、界址边长及相关距离丈量结果、房屋调查情况，按概略比例尺绘制宗地草图。宗地草图必须现场绘制（可直接在地籍调查表上绘制，也可另附纸绘制），有基础图件资料的地区，可持打印的相关图件到现场，根据指界和丈量情况做好现场记录，形成宗地草图。

（三）地籍测量。

在权属调查结果的基础上，通过地籍测量准确获取界址点位置，并计算宗地面积。地籍测量包括控制测量、界址点测量、地籍图测绘和面积量算等。控制测量可根据需要确定是否开展，对于仅丈量界址边长不测量界址点坐标的地区，无需开展地籍控制测量。

界址点测量完成后，按照要求，测绘地籍图，编制宗地图。其中，对于不测量界址点坐标的地区，应依据权属调查结果，绘制宗地相对位置关系图，以满足登记发证的急需。由图解法测量获取的界址点坐标，不得用于放样确定实地界址点的精确位置，可利用宗地草图上实际丈量的界址边长，采用几何要素法计算宗地面积。

（四）房屋调查。

在农村地籍调查中，针对农村房屋实际情况，实地调查农村宅基地和农村集体建设用地地上建筑物和构筑物的产权状况，结合地籍测量一并开展房屋测量。房屋调查要重点调查房屋的权利人、权属来源情况、建筑结构、建成年份、批准用途与实际用途、批准面积与实际面积等要素，形成房地一体的农村地籍调查成果。

对尚未开展农村地籍调查或有房地一体化调查需求的地区，可将农村房屋及附属设施的调查工作统一纳入农村地籍调查工作中。已经完成农村地籍调查或工作尚未完成但已全面部署推进的地区，可结合本地实际，或统一开展农村房屋及附属设施的补充调查，或待日后通过日常变更调查的方式逐步补充完善房屋及附属设施信息，逐步实现房、地调查成果的统一管理。其中，对已登记的房屋，只需要记录房屋登记的相关信息，无需重新开展调查。

1. 房屋产权状况调查。依据房屋产权人提供的准建证、村镇规划选址意见书、乡村建设规划许可证，或房屋买卖、互换、赠与、受遗赠、继承、查封、抵押等其他房屋产权证明，记录产权人，并将产权证明留复印件或拍照留存。产权共有或有争议的，记录共有或争议情况。其中，对于在现行规划建设管理制度实施前建设的房屋，应提供村镇规划选址意见书等资料，对于实施之后建设的，应提供乡村建设规划许可证等资料。

依据《房产测量规范》的有关规定和要求，调查房产建筑结构、层数、建成年份、批准用途与实际用途，核对房产面积是否批建一致等；对村民整体搬迁上楼的，还应该调查记录房屋所在自然层次和房屋编号。对于农房中的一房多户，应现场确定房屋分户界址和权属情况，需要现场指界的，应经房屋产权人现场指界，明确界址并现场确认签字。房屋产权状况调查形成的结果可记录在地籍调查表的"权属调查记事"栏内。

2. 房屋测量。房脚点测量宜采取与宗地界址点测量同样的技术方法，一并开展。房屋边长丈量在宗地的界址边长丈量时一并开展，对确实无法丈量房屋边长时，应丈量至少两条房脚点与界址点或房脚点与邻近地物的相关距离，便于间接解算房屋边长和求解房屋面积。对于新型农村社区或搬迁上楼等高层多户的，可参照《房产测量规范》开展房屋测量。对于已有户型图的，可通过核实户型图获取房屋内部边长，对于没有户型图的，需实地测量房屋内部边长。

3. 面积量算。依据实地丈量的房屋边长计算房屋占地面积，结合房屋层数计算房屋建筑面积。对于高层多户，有户型图的，可通过实地丈量的房屋边长和核实户型图获取的房屋内部边长计算房屋建筑面积和套内面积，无户型图的，需要实地丈量的房屋边长和实地测量房屋内部边长计算房屋建筑面积和套内面积。

4. 调查结果记录。一是要将房屋权属状况信息和房屋测量结果记载在地籍调查表中；二是要在宗地草图中标识房屋，并标注房屋边长，房屋的楼层、结构以及争议情况等信息；三是要在地籍图的测绘中将房屋要素纳入；四是成果资料的整理归档以及数据库的建设都要将房屋调查的信息包含在内。

（五）资料整理归档与数据库建设。

调查工作完成后，应按照数据库标准，建立地籍数据库，并由县级国土资源主管部门及时组织对地籍调查成果进行验收。调查成果主要包括地籍调查表、宗地图、地籍图、农村地调查总结报告以及地籍数据库等。验收通过后，要及时将调查成果和资料整理归档，并结合土地登记等日常业务做好更新维护。

第二部分
集体土地所有权确权依据

一、部门规章及相关文件
二、政策及技术规范

02

一、部门规章及相关文件

确定土地所有权和使用权的若干规定

- 1995年3月11日国家土地管理局颁布
- 1995年5月1日施行

第一章 总 则

第一条 为了确定土地所有权和使用权，依法进行土地登记，根据有关的法律、法规和政策，制订本规定。

第二条 土地所有权和使用权由县级以上人民政府确定，土地管理部门具体承办。

土地权属争议，由土地管理部门提出处理意见，报人民政府下达处理决定或报人民政府批准后由土地管理部门下达处理决定。

第二章 国家土地所有权

第三条 城市市区范围内的土地属于国家所有。

第四条 依据一九五〇年《中华人民共和国土地改革法》及有关规定，凡当时没有将土地所有权分配给农民的土地属于国家所有；实施一九六二年《农村人民公社工作条例修正草案》（以下简称《六十条》未划入农民集体范围内的土地属于国家所有。

第五条 国家建设征用的土地，属于国家所有。

第六条 开发利用国有土地,开发利用者依法享有土地使用权,土地所有权仍属国家。

第七条 国有铁路线路、车站、货场用地以及依法留用的其他铁路用地属于国家所有。土改时已分配给农民所有的原铁路用地和新建铁路两侧未经征用的农民集体所有土地属于农民集体所有。

第八条 县级以上(含县级)公路线路用地属于国家所有。公路两侧保护用地和公路其他用地凡未经征用的农民集体所有的土地仍属于农民集体所有。

第九条 国有电力、通讯设施用地属于国家所有。但国有电力通讯杆塔占用农民集体所有的土地,未办理征用手续的,土地仍属于农民集体所有,对电力通讯经营单位可确定为他项权利。

第十条 军队接收的敌伪地产及解放后经人民政府批准征用、划拨的军事用地属于国家所有。

第十一条 河道堤防内的土地和堤防外的护堤地,无堤防河道历史最高洪水位或者设计洪水位以下的土地,除土改时已将所有权分配给农民,国家未征用,且迄今仍归农民集体使用的外,属于国家所有。

第十二条 县级以上(含县级)水利部门直接管理的水库、渠道等水利工程用地属于国家所有。水利工程管理和保护范围内未经征用的农民集体土地仍属于农民集体所有。

第十三条 国家建设对农民集体全部进行移民安置并调剂土地后,迁移农民集体原有土地转为国家所有。但移民后原集体仍继续使用的集体所有土地,国家未进行征用的,其所有权不变。

第十四条 因国家建设征用土地,农民集体建制被撤销或其人口全部转为非农业人口,其未经征用的土地,归国家所有。继续使用原有土地的原农民集体及其成员享有国有土地使用权。

第十五条 全民所有制单位和城镇集体所有制单位兼并农民集体企业的,办理有关手续后,被兼并的原农民集体企业使用的集体所有土地转为国家所有。乡(镇)企业依照国家建设征用土地的审批程序和补偿标准使用的非本乡(镇)村农民集体所有的土地,转为国家所有。

第十六条　一九六二年九月《六十条》公布以前，全民所有制单位，城市集体所有制单位和集体所有制的华侨农场使用的原农民集体所有的土地（含合作化之前的个人土地），迄今没有退给农民集体的，属于国家所有。

《六十条》公布时起至一九八二年五月《国家建设征用土地条例》公布时止，全民所有制单位、城市集体所有制单位使用的原农民集体所有的土地，有下列情形之一的，属于国家所有：

1. 签订过土地转移等有关协议的；
2. 经县级以上人民政府批准使用的；
3. 进行过一定补偿或安置劳动力的；
4. 接受农民集体馈赠的；
5. 已购买原集体所有的建筑物的；
6. 农民集体所有制企事业单位转为全民所有制或者城市集体所有制单位的。

一九八二年五月《国家建设征用土地条例》公布时起至一九八七年《土地管理法》开始施行止，全民所有制单位、城市集体所有制单位违反规定使用的农民集体土地，依照有关规定进行了清查处理后仍由全民所有制单位、城市集体所有制单位使用的，确定为国家所有。

凡属上述情况以外未办理征地手续使用的农民集体土地，由县级以上地方人民政府根据具体情况，按当时规定补办征地手续，或退还农民集体。

一九八七年《土地管理法》施行后违法占用的农民集体土地，必须依法处理后，再确定土地所有权。

第十七条　一九八六年三月中共中央、国务院《关于加强土地管理、制止乱占耕地的通知》发布之前，全民所有制单位、城市集体所有制租用农民集体所有的土地，按照有关规定处理后，能够恢复耕种的，退还农民集体耕种，所有权仍属于农民集体；已建成永久性建筑物的，由用地单位按租用时的规定，补办手续，土地归国家所有。凡已经按照有关规定处理了的，可按处理决定确定所有权和使用权。

第十八条　土地所有权有争议，不能依法证明争议土地属于农民集体所有的，属于国家所有。

第三章　集体土地所有权

第十九条　土地改革时分给农民并颁发了土地所有证的土地，属于农民集体所有；实施《六十条》时确定为集体所有的土地，属农民集体所有。

依照第二章规定属于国家所有的除外。

第二十条　村农民集体所有的土地，按目前该村农民集体实际使用的本集体土地所有权界线确定所有权。

根据《六十条》确定的农民集体土地所有权，由于下列原因发生变更的，按变更后的现状确定集体土地所有权。

（一）由于村、队、社、场合并或分割等管理体制的变化引起土地所有权变更的；

（二）由于土地开发、国家征地、集体兴办企事业或者自然灾害等原因进行过土地调整的；

（三）由于农田基本建设和行政区划变动等原因重新划定土地所有权界线的。行政区划变动未涉及土地权属变更的，原土地权属不变。

第二十一条　农民集体连续使用其他农民集体所有的土地已满二十年的，应视为现使用者所有；连续使用不满二十年，或者虽满二十年但在二十年期满之前所有者曾向现使用者或有关部门提出归还的，由县级以上人民政府根据具体情况确定土地所有权。

第二十二条　乡（镇）或村在集体所有的土地上修建并管理的道路、水利设施用地，分别属于乡（镇）或农村农民集体所有。

第二十三条　乡（镇）或村办企事业单位使用的集体土地，《六十条》公布以前使用的，分别属于该乡（镇）或村农民集体所有；《六十条》公布时起至一九八二年国务院《村镇建房用地管理条例》发布时止使用的，有下情况之一的，分别属于该乡（镇）或村农民集体所有：

1. 签订过用地协议的（不含租借）；

2. 经县、乡（公社）、村（大队）批准或同意，并进行了适当的土地调整或者经过一定补偿的；

3. 通过购买房屋取得的；

4. 原集体企事业单位体制经批准变更的。

一九八二年国务院《村镇建房用地管理条例》发布时起至一九八七年《土地管理法》开始施行时止,乡(镇)、村办企事业单位违反规定使用的集体土地按照有关规定清查处理后,乡(镇)、村集体单位继续使用的,可确定为该乡(镇)或村集体所有。

乡(镇)、村办企事业单位采用上述以外的方式占用的集体土地,或虽采用上述方式,应将其全部或部分土地退还原村或乡农民集体,或按有关规定进行处理。一九八七年《土地管理法》施行后违法占用的土地,须依法处理后再确定所有权。

第二十四条 乡(镇)企业使用本乡(镇)、村集体所有的土地,依照有关规定进行补偿和安置的,土地所有权转为乡(镇)农民集体所有。经依法批准的乡(镇)、村公共设施、公益事业使用的农民集体土地,分别属于乡(镇)、村农民集体所有。

第二十五条 农民集体经依法批准以土地使用权作为联营条件与其他单位或个人举办联营企业的,或者农民集体经依法批准以集体所有的土地的使用权作价入股,举办外商投资企业和内联乡镇企业的,集体土地所有权不变。

第四章 国有土地使用权

第二十六条 土地使用权确定给直接使用土地的具有法人资格的单位或个人。但法律、法规、政策和本规定另有规定的除外。

第二十七条 土地使用者经国家依法划拨、出让或解放初期接收、沿用,或通过依法转让、继承、接受地上建筑物等方式使用国有土地的,可确定其国有土地使用权。

第二十八条 土地公有制之前,通过购买房屋或土地及租赁土地方式使用私有的土地,土地转为国有后迄今仍继续使用的,可确定现使用者国有土地使用权。

第二十九条 因原房屋拆除、改建或自然坍塌等原因,已经变更了实际土地使用者的,经依法审核批准,可将土地使用权确定给实际土地使用者;空地及房屋坍塌或拆除后两年以上仍未恢复使用的土地,由当地县级以上人民政府收回土地使用权。

第三十条 原宗教团体、寺观教堂宗教活动用地，被其他单位占用，原使用单位因恢复宗教活动需要退还使用的，应按有关规定予以退还。确属无法退还或土地使用权有争议的，经协商、处理后确定土地使用权。

第三十一条 军事设施用地（含靶场、试验场、训练场）依照解放初土地接收文件和人民政府批准征用或划拨土地的文件确定土地使用权。土地使用权有争议的，按照国务院、中央军委有关文件规定处理后，再确定土地使用权。

国家确定的保留或地方代管的军事设施用地的土地使用权确定给军队，现由其他单位使用的，可依照有关规定确定为他项权利。

经国家批准撤销的军事设施，其土地使用权依照有关规定由当地县级以上人民政府收回并重新确定使用权。

第三十二条 依法接收、征用、划拨的铁路线路用地及其他铁路设施用地，现仍由铁路单位使用的，其使用权确定给铁路单位。铁路线路路基两侧依法取得使用权的保护用地，使用权确定给铁路单位。

第三十三条 国家水利、公路设施用地依照征用、划拨文件和有关法律、法规划定用地界线。

第三十四条 驻机关、企事业单位内的行政管理和服务性单位，经政府批准使用的土地，可以由土地管理部门商被驻单位规定土地的用途和其他限制条件后分别确定实际土地使用者的土地使用权。但租用房屋的除外。

第三十五条 原由铁路、公路、水利、电力、军队及其他单位和个人使用的土地，一九八二年五月《国家建设征用土地条例》公布之前，已经转由其他单位或个人使用的，除按照国家法律和政策应当退还的外，其国有土地使用权可确定给实际土地使用者，但严重影响上述部门的设施安全和正常使用的，暂不确定土地使用权，按照有关规定处理后，再确定土地使用权。一九八二年五月以后非法转让的，经依法处理后再确定使用权。

第三十六条 农民集体使用的国有土地，其使用权按县级以上人民政府主管部门审批、划拨文件确定；没有审批、划拨文件的，依照当时规定补办手续后，按使用现状确定；过去未明确划定使用界线的，由县级以上人民政府参照土地实际使用情况确定。

第三十七条 未按规定用途使用的国有土地，由县级以上人民政府收回重新安排使用，或者按有关规定处理后确定使用权。

第三十八条 一九八七年一月《土地管理法》施行之前重复划拨或重复征用的土地，可按目前实际使用情况或者根据最后一次划拨或征用文件确定使用权。

第三十九条 以土地使用权为条件与其他单位或个人合建房屋的，根据此准文件、合建协议或者投资数额确定土地使用权，但一九八二年《国家建设征用土地条例》公布后合建的，应依法办理土地转让手续后再确定土地使用权。

第四十条 以出让方式取得的土地使用权或以划拨方式取得的土地使用权补办出让手续后作为资产入股的，土地使用权确定给股份制企业。

国家以土地使用权作价入股的，土地使用权确定给股份制企业。

国家将土地使用权租赁给股份制企业的，土地使用权确定给股份制企业。企业以出让方式取得的土地使用权或以划拨方式取得的土地使用权补办出让手续后，出租给股份制企业的，土地使用权不变。

第四十一条 企业以出让方式取得的土地使用权，企业破产后，经依法处置，确定给新的受让人；企业通过划拨方式取得的土地使用权，企业破产时，其土地使用权由县级以上人民政府收回后，根据有关规定进行处置。

第四十二条 法人之间合并，依法属于应当以有偿方式取得土地使用权的，原土地使用权应当办理有关手续，有偿取得土地使用权；依法可以以划拨形式取得土地使用权的，可以办理划拨土地权属变更登记，取得土地使用权。

第五章 集体土地建设用地使用权

第四十三条 乡（镇）村办企业事业单位和个人依法使用农民集体土地进行非农业建设的，可依法确定使用者集体土地建设用地使用权。对多占少用、占而不用的，其闲置部分不予确定使用权，并退还农民集体，另行安排使用。

第四十四条　依照本规定第二十五条规定的农民集体土地，集体土地建设用地使用权确定给联营或股份企业。

第四十五条　一九八二年二月国务院发布《村镇建房用地管理条例》之前农村居民建房中用的宅基地，超过当地政府规定的面积，在《村镇建房用地管理条例》施行后未经拆迁、改建、翻建的，可以暂按现有实际使用面积确定集体土地建设用地使用权。

第四十六条　一九八二年二月《村镇建房用地管理条例》发布时起至一九八七年一月《土地管理法》开始施行时止，农村居民建房占用的宅基地，其面积超过当地政府规定标准的，超过部分按一九八六年三月中共中央、国务院《关于加强土地管理、制止乱占耕地的通知》及地方人民政府的有关规定处理后，按处理后实际使用面积确定集体土地建设用地使用权。

第四十七条　符合当地政府分户建房规定而尚未分户的农村居民，其现有的宅基地没有超过分户建房用地合计面积标准的，可按现有宅基地面积确定集体土地建设用地使用权。

第四十八条　非农业户口居民（含华侨）原在农村的宅基础，房屋产权没有变化的，可依法确定其集体土地建设用地使用权。房屋拆除后没有批准重建的，土地使用权由集体收回。

第四十九条　接受转让、购买房屋取得的宅基地，与原有宅基地合计面积超过当地政府规定标准，按照有关规定处理后允许继续使用的，可暂确定其集体土地建设用地使用权。继承房屋取得的宅基地，可确定集体土地建设用地使用权。

第五十条　农村专业户宅基地以外的非农业建设用地与宅基地分别确定集体土地建设用地使用权。

第五十一条　按照本规定第四十五条至第四十九条的规定确定农村居民宅基地集体土地建设用地使用权时，其面积超过当地政府规定标准的，可在土地登记卡和土地证书内注明超过标准面积的数量。以后分户建房或现有房屋拆迁、改建、翻建或政府依法实施规划重新建设时，按当地政府规定的面积标准重新确定使用权，其超过部分退还集体。

第五十二条　空闲或房屋坍塌、拆除两年以上未恢复使用的宅基地，不确定土地使用权。已经确定使用权的，由集体报经县级人民政府批准，注销其土地登记，土地由集体收回。

第六章 附 则

第五十三条 一宗地由两个以上单位或个人共同使用的，可确定为共有土地使用权。共有土地使用权面积可以在共有使用人之间分摊。

第五十四条 地面与空中、地面与地下立体交叉使用土地的（楼房除外），土地使用权确定给地面使用者，空中和地下可确定为他项权利。

平面交叉使用土地的，可以确定为共有土地使用权；也可以将土地使用权确定给主要用途或优先使用单位，次要和服从使用单位可确定为他项权利。

上述两款中的交叉用地，如属合法批准征用、划拨的，可按批准文件确定使用权，其他用地单位确定为他项权利。

第五十五条 依法划定的铁路、公路、河道、水利工程、军事设施、危险品生产和储存地、风景区等区域的管理和保护范围内的土地，其土地的所有权和使用权依照土地管理有关法规确定。但对上述范围内的土地的用途，可以根据有关的规定增加适当的限制条件。

第五十六条 土地所有权或使用权证明文件上的四至界线与实地一致，但实地面积与批准面积不一致的，按实地四至界线计算土地面积，确定土地的所有权或使用权。

第五十七条 他项权利依照法律或当事人约定设定。他项权利可以与土地所有权或使用权同时确定，也可以土地所有权或使用权确定之后增设。

第五十八条 各级人民政府或人民法院已依法处理的土地权属争议，按处理决定确定土地所有权或使用权。

第五十九条 本规定由国家土地管理局负责解释。

第六十条 本规定自一九九五年五月一日起施行。一九八九年七月五日国家土地管理局印发的《关于确定土地权属问题的若干意见》同时停止执行。

关于依法加快集体土地
所有权登记发证工作的通知

- 2001 年 11 月 9 日国土资源部通过
- 2001 年 11 月 9 日施行

各省、自治区、直辖巾及计划单列市国土资源厅（国土环境资源厅、国土资源和房屋管理局、房屋土地资源管理局、规划和国土资源局）：

为深入贯彻实施《中华人民共和围土地管理法》（以下简称《土地管理法》），强化耕地保护机制，调动广大农民自觉保护耕地的积极性，加强农村土地产权制度建设、依法保护国家和农民集体土地权益，维护农村社会稳定，部决定在已有集体土地所有权登记发证工作的基础上，进一步加大力度，全面部署开展全国集体土地所有权初始登记工作。现将有关事项通知如下：

一、高度重视，提高对集体土地所有权登记发证工作重要地位的认识

（一）依法加快集体土地所有权登记发证工作，是强化耕地保护机制，调功亿万农民自觉保护耕地积极性的重要举措。当前我国农村土地产权制度建设相对滞后，农民对自身的权利不清，义务模糊，不能从自身利益出发，主动抵制乱占滥用耕地等违法行为，同时，民对土地投入的积极性也受到很大程度的影响：通过加快集体土地所有权登记发证工作、明确集体的产权主体地位以及农民与集体土地所有权的法律关系，将农民与土地财产权紧密联系起来，就会激发农民和农村集体经济组织保护耕地的积极性，从而在机制上将保护耕地变成农民的自觉行动。

（二）依法加快集体土地所有权登记发证工作，是保护农民土地合法权益，维护农村社会稳定的根本途径。集体土地所有权，是法律确定的农民集体的重要财产权。通过加快集体土地所有权登记发证工作，依法确认农民集体长期而稳定的土地所有权及其范围，保障农民土地合法权益，是保护农民的根本利益，贯彻落实党的农村政策的需要。同时，通过集体土地所有权登

记发证，依法对存在争议的土地进行调解、确权，将从根本上解决农村土地权属纠纷，消除影响农村稳定的消极因素。

（三）依法加快集体土地所有权登记发证工作，是解决农村土地管理问题的有效措施。由于缺乏有效的管理手段，目前农村土地管理工作相对薄弱。理顺农村土地产权关系，加强土地权属管理，是解决农村土地问题，加强农村土地管理的突破口。通过尽快完成集体土地所有权登记发证工作，明确集体土地产权主体，明确国家、集体之间的权属界线，明确集体土地的权利义务，将有助于农村土地管理工作的全面到位，保证各项管理手段的充分落实。

（四）依法加快集体土地所有权登记发证工作，是国土资源统一管理的要求。集体土地所有权登记发证工作相对滞后，影响了土地统一登记的进行，也造成了土地统一管理的困难。集体土地所有权是我国农村土地产权制度的核心，尽快开展并完成集体土地所有权登记发证工作，将林地、草地、耕地及建设用地等各类用地纳入到统一的登记体系中，避免各类用地的权属纠纷，保证土地登记的统一性，将为全国城乡地政统一管理奠定坚实的基础。

（五）依法加快集体土地所有权登记发证工作，是全面落实《土地管理法》和宣传有关土地政策的重要措施。保护和合理利用土地，必须依靠以土地为生存之本的农民，通过提高农民的法律意识，促进土地基本国策的落实；完成集体土地所有权登记发证工作，将土地证书发放到农民集体手中，是贯彻落实《土地管理法》的重要内容，必将使农民更加重视自身权利，增强其学习、掌握土地管理法律和政策知识的积极性，从而在广大农村掀起宣传、普及《土地管理法》及有关土地政策规定的热潮。

为此，各级国土资源管理部门一定要站在加强国土资源统一管理，建立亿万农民自觉保护耕地机制，切实保护农民利益，维护农村社会稳定的全局高度，从国土资源管理长远发展的战略出发，充分认识集体土地所有权登记发证工作的重要意义，采取切实可行的措施，集中力量，克服困难，确保工作如期、圆满完成。

二、严格按照《土地管理法》的规定，确定集体土地所有权主体

具体确权要求如下：

（一）凡是土地家庭联产承包中未打破村民小组（原生产队）界线，不论是以村的名义还是以组的名义与农户签订承包合同，土地应确认给村民小组农民集体所有。

考虑到各地的差异和村民小组组织机构不健全的实际，在具体登记发证时，可采取两种方式进行：一是，有条件的地区，可将《集体土地所有证》直接发放到村民小组农民集体；二是采取"组有村管"的方式，将《集体土地所有证》发放到村，由村委会代管。为体现村民小组农民集体的所有权主体地位，土地证书所有者一栏仍填写村内各村民小组农民集体的名称，并注明土地所有权分别由村内各村民小组农民集体所有。待条件成熟时，可将《集体土地所有证》换发到组。

对于已经打破了村民小组农民集体土地界线的地区，应本着尊重历史、承认现实的原则，对这部分土地承认现状，明确由村农民集体所有。

（二）能够证明土地已经属于乡（镇）农民集体所有的，土地所有权应依法确认给乡（镇）农民集体。没有乡（镇）农民集体经济组织的，乡（镇）集体土地所有权由乡（镇）政府代管。

（三）不能证明属于乡（镇）农民集体所有或村民小组农民集体所有的集体土地，应依法确认给村农民集体所有。

土地所有权主体以"××村（组、乡）农民集体"表示。

三、加强领导，周密部署，狠抓落实

各级国土资源管理部门要积极争取当地政府的支持和领导，成立工作领导小组，层层落实责任制。各省、自治区、直辖市要因地制宜，做好本地区集体土地所有权登记发证的政策和技术指导工作。要结合启用新版土地证书的契机，大力宣传集体土地所有权登记发证工作的重要意义和便民措施，争取全社会对这项工作的支持。要积极与有关部门沟通，做好外部协调，创造一个良好的外部环境。国土资源管理部门要建穴完善内部工作制度和协调机制，相互支持、积极配合。今后，转用、征用集体土地和土地开发复垦整理建设项目立项时，应当提供《集体土地所有证》，作为项目审查、征地补偿的依据。要做好登记人员的业务培训工作，保证登记发证工作的质量。

各地要结合本地实际，合理安排工作进度，力争用三年的时间，基本完成本地区集体地地所有权登记发证工作。要按照《中华人民共和国土地管理

法》、《土地登记规则》、《确定土地所有权和使用权若干规定》、《日常地籍管理办法》(农村部分) 等法律、法规和技术规程要求,依据《集体土地所有权调查技术规定》(附件),制定详尽、周密的工作方案和工作计划,保证工作有计划、分步骤实施。要按照急用先办的原则,优先办理涉及农地转用、征用、土地开发整理项目以及城乡结合部集体土地所有权登记发证工作。

集体土地所有权登记发证工作量大,涉及面广,技术性强。各地要采取措施,积极落实经费,保证这项工作的顺利进行。各级国土资源管理部门要积极开通经费渠道,争取当地财政部门的支持,解决农村土地登记发证经费问题。在征得地方财政部门同意后,有关费用可从相关土地收益中列支。

二〇〇一年十一月九日

关于供销合作社能否享有集体土地所有权问题的复函

- 2002 年 1 月 24 日国务院法制办公室秘书行政司发布
- 2002 年 1 月 24 日施行

内蒙古自治区人民政府法制办:

你办内政复规转字〔2001〕2 号文收悉。经研究,并商农业部、全国供销合作总社,答复如下:

根据土地管理法第十条关于"农民集体所有的土地依法属于村农民集体所有的,由村集体经济组织或者村民委员会经营、管理;已经分别属于村内两个以上农村集体经济组织的农民集体所有的,由村内各该农村集体经济组织或者村民小组经营、管理;已经属于乡(镇)农民集体所有的,由乡(镇)农村集体经济组织经营、管理"的规定,乡(镇)农民集体、村农民集体和村民小组可以享有集体土地所有权。

供销合作社是由部分农民集资或者以资金参股形式成立的合作经济组织,

在性质上与乡（镇）农民集体、村农民集体和村民小组有着本质的区别，不享有集体土地所有权。

附：内蒙古自治区人民政府法制办公室请示

（2001年12月18日，内政复规转字〔2001〕2号）

国务院法制办公室：

我区通辽市人民政府在审查行政复议案件时，遇到法律适用的问题，现将有关材料转去，并请示：

《中华人民共和国土地管理法》第八条第二款规定"农村和城市郊区的土地，除由法律规定属于国家所有的以外，属于农民集体所有"，哪些农民集体可以享有集体土地所有权？供销合作社这样的合作经济组织是否属于"农民集体"，能否享有集体土地所有权？

关于对农民集体土地确权有关问题的复函

- 2005年1月17日国土资源部办公厅回复
- 2005年1月17日施行

海南省国土环境资源厅：

你厅《关于解释土地权属争议处理有关规章条款的请示》（琼土环资〔2004〕162号）收悉。经研究，现对原国家土地管理局《确定土地所有权和使用权的若干规定》（国土〔籍〕字第26号）第二十一条中有关问题解释如下：

一、第二十一条中的"农民集体"是指乡（镇）农民集体、村农民集体和村内两个以上农业集体经济组织的农民集体，包括由原基本核算单位的生产队延续下来的农民集体经济组织。

二、第二十一条中的"使用"是指土地使用人直接占用土地，并加以利用的行为，但不包括租用、借用和承包他人土地等形式。

国土资源部办公厅

二〇〇五年一月十七日

关于加快推进农村集体
土地确权登记发证工作的通知

- 2011年5月6日国土资源部、财政部、农业部通过
- 2011年5月6日施行

各省、自治区、直辖市国土资源厅（国土环境资源厅、国土资源局、国土资源和房屋管理局、规划和国土资源管理局）、财政厅（局）、农业（农牧、农村经济）厅（局、委、办），新疆生产建设兵团国土资源局、财务局、农业局：

为贯彻落实十七届三中全会精神和《中共中央国务院关于加大统筹城乡发展力度进一步夯实农业农村发展基础的若干意见》（中发〔2010〕1号，以下简称中央1号文件）有关要求，切实加快推进农村集体土地确权登记发证工作，现将有关事项通知如下：

一、充分认识加快农村集体土地确权登记发证的重要意义

《土地管理法》实施以来，各地按照国家法律法规和政策积极开展土地登记工作，取得了显著的成绩，对推进土地市场建设，维护土地权利人合法权益，促进经济社会发展发挥了重要作用。但是，受当时条件的限制，农村集体土地确权登记发证工作总体滞后，有的地区登记发证率还很低，已颁证的农村集体土地所有权大部分只确权登记到行政村农民集体一级，没有确认到每一个具有所有权的农民集体，这与中央的要求和农村经济社会发展的现实需求不相适应。明晰集体土地财产权，加快推进农村集体土地确权登记发证工作任务十分紧迫繁重。

（一）加快推进农村集体土地确权登记发证工作是维护农民权益、促进农村社会和谐稳定的现实需要。通过农村集体土地确权登记发证，有效解决农村集体土地权属纠纷，化解农村社会矛盾，依法确认农民土地权利，强化农民特别是全社会的土地物权意识，有助于在城镇化、工业化和农业现代化

推进过程中，切实维护农民权益。

（二）加快推进农村集体土地确权登记发证工作是落实最严格的耕地保护制度和节约用地制度、提高土地管理和利用水平的客观需要。土地确权登记发证的过程，是进一步查清宗地的权属、面积、用途、空间位置，建立土地登记簿的过程，也是摸清土地利用情况的过程，从而改变农村土地管理基础薄弱的状况，夯实管理和改革的基础，确认农民集体、农民与土地长期稳定的产权关系，将农民与土地物权紧密联系起来，可以进一步激发农民保护耕地、节约集约用地的积极性。

（三）加快推进农村集体土地确权登记发证工作是夯实农业农村发展基础、促进城乡统筹发展的迫切需要。加快农村集体土地确权登记发证，依法确认和保障农民的土地物权，进而通过深化改革，还权赋能，最终形成产权明晰、权能明确、权益保障、流转顺畅、分配合理的农村集体土地产权制度，是建设城乡统一的土地市场的前提，是促进农村经济社会发展、实现城乡统筹的动力源泉。

二、切实加快农村集体土地确权登记发证工作，强化成果应用

各地要认真落实中央 1 号文件精神，加快农村集体土地所有权、宅基地使用权、集体建设用地使用权等确权登记发证工作，力争到 2012 年底把全国范围内的农村集体土地所有权证确认到每个具有所有权的集体经济组织，做到农村集体土地确权登记发证全覆盖。要按照土地总登记模式，集中人员、时间和地点开展工作，坚持依法依规、便民高效、因地制宜。

（一）完善相关政策。认真总结在农村集体土地确权登记发证工作方面的经验，围绕地籍调查、土地确权、争议调处、登记发证工作中存在的问题，深入研究，创新办法，细化和完善加快农村集体土地确权登记发证的政策。严禁通过土地登记将违法违规用地合法化。

（二）加快地籍调查。地籍调查是土地登记发证的前提，各地要加快地籍调查，严格按照地籍调查有关规程规范的要求，开展农村集体土地所有权、宅基地使用权、集体建设用地使用权调查工作，查清农村每一宗土地的权属、界址、面积和用途等基本情况。有条件的地方要制作农村集体土地所有权地籍图，以大比例尺地籍调查为基础，制作农村集体土地使用权，特别是建设用地使用权、宅基地使用权地籍图。县级以上城镇以及有条件的一般建制镇、村庄,要建立地籍信息系统,将地籍调查成果上图入库,纳入规范化管理,在此基础上,开展土地总登记及初始登记和变更登记。建立地籍成果动态更新机制,以土地登记为切入点,动态更新地籍调查成果资料,保持调查成果的现势性,确保土地登记结果的准确性。

(三)加强争议调处。要及时调处土地权属争议,建立土地权属争议调处信息库,及时掌握集体土地所有权、宅基地使用权和集体建设用地使用权权属争议动态,有效化解争议,为确权创造条件。

(四)规范已有成果。结合全国土地登记规范化和土地权属争议调处检查工作,凡是农村集体土地所有权证没有确认到具有所有权的农民集体经济组织的,应当确认到具有所有权的农民集体经济组织;已经登记发证的宗地缺失档案资料以及不规范的,尽快补正完善;已经登记的宗地测量精度不够的,及时进行修补测;对于发现登记错误的,及时予以更正。

(五)加强信息化建设。把农村集体土地确权登记发证同地籍信息化建设结合起来,在应用现代信息技术加快确权登记发证的同时,一并将地籍档案数字化,实现确权登记发证成果的信息化管理。建设全国土地登记信息动态监管查询系统,逐步实现土地登记资料网上实时更新,动态管理,建立共享机制,全面提高地籍管理水平,大幅度提高地籍工作的社会化服务程度。

(六)强化证书应用。实行凭证管地用地制度。土地权利证书要发放到权利人手中,严禁以统一保管等名义扣留、延缓发放土地权利证书。各地根据当地实际,可以要求凡被征收的农村集体所有土地,在办理征地手续之前,必须完成农村集体土地确权登记发证,在征地拆迁时,要依据农村集体土地所有证和农村集体土地使用证进行补偿;凡是依法进入市场流转的经营性集体建设用地使用权,必须经过确权登记,做到产权明晰、四至清楚、没有纠纷,没有经过确权登记的集体建设用地使用权一律禁止流转;农用地流转需与集体土地所有权确权登记工作做好衔接,确保承包地流转前后的集体所有性质不改变,土地用途不改变,农民土地承包权益不受损害;对新农村建设和农村建设用地整治涉及宅基地调整的,必须以确权登记发证为前提。

充分发挥农村土地确权登记发证工作成果在规划、耕保、利用、执法等国土资源管理各个环节的基础作用。农村集体土地登记发证与集体建设用地流转、城乡建设用地增减挂钩、农用地流转、土地征收等各项重点工作挂钩。凡是到 2012 年底未按时完成农村集体土地所有权登记发证工作的，农转用、土地征收审批暂停，农村土地整治项目不予立项。

三、加强组织领导，强化督促落实

（一）加强组织领导。国土资源部会同财政部、农业部成立全国加快推进农村集体土地确权登记发证工作领导小组，办公室设在国土资源部地籍管理司，由成员单位有关方面负责人、联络员及工作人员组成，具体负责推进农村集体土地确权登记发证的日常工作。省级人民政府国土资源部门要牵头成立相应的领导小组，负责本地区工作的组织和实施。市（县）政府是农村集体土地登记的法定主体，市（县）成立以政府领导为组长的工作领导小组，国土资源部门承担领导小组的日常工作，负责编制实施方案，分解任务，落实责任，明确进度，定期检查，抓好落实。农村集体土地所有权确权登记发证应当覆盖到本行政区内全部集体土地。

（二）周密部署安排。各省要抓紧摸清本地区集体土地确权登记发证现状，研究制定具体工作方案，明确年度工作目标和任务，加强人员培训，落实责任制，加快农村集体土地所有权、宅基地使用权、集体建设用地使用权等确权登记颁证工作，2012 年底基本完成把农村集体土地所有权证确认到每个具有所有权的农民集体经济组织的任务。

建立全国农村集体土地确权登记发证工作进度汇总统计分析和通报制度。请省级领导小组办公室于 2011 年 6 月底将本地区农村集体土地确权登记发证工作进展情况报办公室，此后按季度定期上报工作进度情况，并逐步建立网上动态上报机制，办公室将采取多种方式加强督促检查。

（三）切实保障经费。相关地方政府要按照中央 1 号文件要求，统筹安排，将农村集体土地确权登记发证有关工作经费足额纳入财政预算，保障工作开展。

（四）加强土地登记代理机构队伍建设。借助土地登记代理机构等专业力量，提高确权登记发证的效率和规范化程度。

（五）宣传动员群众。各地要通过报纸、电视、广播、网络等媒体，大力宣传农村集体土地确权登记发证的重要意义、工作目标和法律政策,创造良好的舆论环境和工作氛围。争取广大农民群众和社会各界的理解支持,充分发挥农村基层组织在登记申报、土地确权、纠纷调处等工作中的重要作用,调动广大农民群众参与的积极性。国土资源部将适时召开加快推进农村集体土地确权登记发证工作现场会,总结、推广、宣传典型经验,为全国提供示范典型。

国土资源部、财政部、农业部
二〇一一年五月六日

二、政策及技术规范

农村集体土地所有权确权登记发证成果检查验收办法

- 2012年11月18日国土资源部办公厅通过
- 2012年11月18日施行

1 总 则

1.1 目的

为保证全国农村集体土地所有权确权登记发证成果质量，规范统一自查、验收、检查和抽查（统称为检查验收）的程序、内容和方法，特制定本办法。

1.2 适用范围

本办法适用于本次农村集体土地所有权确权登记发证成果的自查、验收、检查和抽查，国土资发［2011］60号文件下发前形成的农村集体土地所有权确权登记发证成果，按当时的规范和标准一并检查验收。

1.3 检查验收依据

a)《土地调查条例》（中华人民共和国国务院令第518号，2008年）。

b)《土地登记办法》（中华人民共和国国土资源部令第40号，2007年）。

c)《确定土地所有权和使用权的若干规定》（［1995］国土［籍］字第

26 号，1995 年）。

d)《国土资源部、财政部、农业部关于加快推进农村集体土地确权登记发证工作的通知》（国土资发［2011］60 号）。

e)《国土资源部、中央农村工作领导小组办公室、财政部、农业部关于农村集体土地确权登记发证的若干意见》（国土资发［2011］178 号）。

f)《国土资源部关于严格落实农村集体土地所有权确权登记发证全覆盖的通知》（国土资电发［2012］41 号）。

g)《国土资源部关于依法加快集体土地所有权登记发证工作的通知》（国土资发［2001］359 号）。

h)《土地权属争议调查处理办法》（中华人民共和国国土资源部令第 17 号，2003 年）。

i)《土地调查条例实施办法》（中华人民共和国国土资源部令第 45 号，2009 年）。

j)《土地利用现状分类标准》（GB/T 21010 - 2007）。

k)《城镇地籍数据库标准》（TD/T 1015 - 2007）。

l)《土地利用数据库标准》（TD/T 1016 - 2007）。

m)《地籍调查规程》（TD/T 1001 - 2012）。

2　检查验收的组织

农村集体土地所有权确权登记发证成果采取四级逐级检查验收，即县级自查、地市级验收、省级检查和国家级抽查，组织工作由同级加快推进农村集体土地确权登记发证工作领导小组办公室负责，具体检查验收范围和比例由同级加快推进农村集体土地确权登记发证工作领导小组办公室依据本办法的要求，结合本地实际情况，按村、组或面积或宗地数确定。

设区的市统一实施农村集体土地所有权确权登记发证工作的，由市级单位统一开展自查工作，省级单位组织验收。

各省（区、市）已有规定统一实施省级验收的，要与本办法做好衔接。

2.1 县级自查

a) 县级自查应100%覆盖所有成果,并编制自查报告。

b) 县级加快推进农村集体土地确权登记发证工作领导小组办公室应及时申请地市级验收。申请时应提交县级成果自查报告。

2.2 地市级验收

a) 地市级验收以县（区、市）为单位开展,要覆盖本地市所辖全部县级单位。

b) 地市级验收的外业抽查率不小于3%,内业抽查率不小于4%,并形成验收报告。验收后,被验收单位应按照验收报告的要求进行整改,编制整改报告,并提交地市级加快推进农村集体土地确权登记发证工作领导小组办公室备案。

c) 地市级加快推进农村集体土地确权登记发证工作领导小组办公室应及时向省级加快推进农村集体土地确权登记发证工作领导小组办公室提交地级市验收报告。

2.3 省级检查

a) 省级检查覆盖全部地市（包括省直管县级市）,每个地市不少于2个县级单位,每个县级单位外业抽查率不小于2%,内业抽查率不小于3%。

b) 省级检查要形成检查报告,并及时将省级检查报告报全国加快推进农村集体土地确权登记发证工作领导小组办公室备案并做好接受国家级抽查的准备。

2.4 国家级抽查

a) 国家级抽查由全国加快推进农村集体土地确权登记发证工作领导小组办公室负责组织,以省（市、区）为单位开展。

b) 对一个省（市、区）国家级抽查的县级单位数量不小于5%且不少于5个。

c) 抽查完成后应编制国家级抽查评价意见,并反馈省级农村集体土地确权登记发证工作领导小组办公室。

2.5 检查验收后处理

d) 自查、验收、检查、抽查过程中发现有不符合技术标准或政策要求成果时，应及时提出处理意见，并督促被检查验收单位进行整改。

e) 验收不合格的，被验收单位整改后再申请验收。

f) 检查验收工作完成后，被检查验收单位应建立检查验收工作档案。档案的内容包括验收申请、验收通知、各种检查表、检查报告或验收报告、整改报告等。

3 检查验收资料准备

检查验收资料由县级加快推进农村集体土地确权登记发证工作领导小组办公室统一组织制备。具体包括下列资料：

a) 地籍调查资料。主要包括地籍调查表（集体土地权属调查表、土地权属界线协议书）宗地图、土地权属争议原由书、控制测量成果、地籍图、界址点测量成果、面积分类统计汇总成果等。

b) 土地登记资料。主要包括土地登记申请书、土地登记审批表、土地登记卡、土地归户卡等。

c) 信息化成果。主要包括农村集体土地所有权登记数据库、数字化档案等。

d) 文件资料。主要包括工作方案、实施方案、技术设计书、工作报告、技术报告、检查验收文件、工作简报、自查报告、检查记录、整改记录、工作日志，各类通知、意见、纪要等工作组织实施和技术政策规范文件等。

4 检查验收的程序

一般按照检查验收准备、内外业检查、形成检查验收报告、检查验收总结的步骤开展检查验收工作。

4.1 检查验收准备

a) 检查验收组工作准备。

1) 推荐确定检查验收组长。

2）确定外业小组和内业小组的专家。

3）确定外业巡查、抽样检测的区域、内容、线路、方法和所需的仪器设备。

4）确定内业资料检查的重点和方法。

5）告知项目承担单位需要做的准备工作。

b) 检查验收组开展内外业检查之前,应召开检查验收工作布置会议。会议内容包括。

1）介绍参加会议的领导、代表等情况,宣布验收组成员。

2）被检查验收单位做工作报告、技术报告、检查验收报告或整改报告。

3）检查验收组质询。

4）被检查验收单位答疑。

5）布置内外业检查工作。

4.2 内外业检查

a) 外业小组按验收规定进行巡视对照、检测、审查成果资料,并做好检查记录。

b) 内业小组按验收规定审查成果资料,并做好检查记录。

c) 检查验收组针对内外业检查情况提出质询,被检查验收单位答疑。

4.3 形成检查验收报告

a) 检查验收组召开内外业验收情况碰头会,形成验收报告。

b) 检查验收报告的主要内容和要求如下。

（一）检查验收的组织形式、时间、对象。

（二）检查验收依据。

（三）提交检查验收的成果资料。

（四）检查验收数量。

（五）总体评价。

1. 工作评价。组织领导、经费落实、工作计划安排以及加快推进农村集体土地确权登记发证工作领导小组在确权和登记发证工作中的业务指导和质量监管等方面的情况。

2. 成果评价。根据检查验收情况，实事求是地对成果进行评价。

3. 整改意见。列出所发现的问题或缺陷，要求在规定的时间内进行整改。

4. 检查验收结论。确定是否通过验收或出具检查结论。

（六）检查验收组签名。

组长：

组员：

4.4 检查验收总结

形成检查验收报告后，应召开检查验收总结会，会议的主要内容包括。

1）介绍内外业检查情况。

2）宣读检查验收报告。

3）被检查验收单位负责人发言。

4）相关领导讲话。

4.5 终止验收

有下列情形之一的，应评定为不合格，验收组可决定终止验收。

a）农村集体土地所有权地籍调查未全面完成（表1中指标6地籍调查完成率小于90%）。

b）农村集体土地所有权土地权属争议底数（表1中指标5权属争议地面积和宗地数）不清。

c）农村集体土地所有权确权登记未全面完成（表1中指标7确权登记完成率小于90%）。

d）无技术设计书（技术方案、工作方案）或作业过程和方法不符合技术设计书（技术方案、工作方案）要求。

e）起算数据错误或界址点测量存在系统性错误（表3-1中指标4起算数据错误）。

f）其他不合格的情形。

5 检查验收的方法与内容

检查验收工作主要采用外业巡查、外业抽样检测、内业查看的方法开展，重点检查成果的完整性、规范性和一致性。检查验收的主要内容包括任务完成情况、权属调查成果、地籍测量成果、土地登记成果、文件资料、数据库成果等。

5.1 任务完成情况检查

通过内业统计检查任务完成情况，填写表1。主要内容有应完成地籍调查的面积/宗地数、已完成地籍调查的面积/宗地数、应确权登记的面积/宗地数、已确权登记的面积/宗地数、争议地的面积/宗地数、地籍调查完成率（面积/宗地数）、确权登记完成率（面积/宗地数）等。

5.2 权属调查成果检查

通过内业资料和外业实地查看的方法检查权属调查成果，填写表2。检查的内容如下。

a）宗地代码编制是否正确，做到不重不漏。

b）权源文件是否齐全、有效、合法。

c）权属调查确认的权利人、权属性质、用途、年限等信息与权源材料上的信息是否一致。

d）集体土地权利主体和主体代表认定是否正确。

e）指界手续和材料是否齐备。

f）界址点位和界址线是否正确、有无遗漏，界址点的设置、界址线描述与实地是否一致，界标设置是否规范。

g）界址点和界线描述与宗地草图标绘是否一致。

h）宗地草图内容是否与实地相符、齐全、清晰易读、完整正确。

i）有关表格填写是否完整、清晰，文字描述是否简练、准确，结论是否清楚、正确，手续是否完备。

j）土地权属争议原由是否清楚，争议范围是否准确。

k）地籍图与地籍调查表、集体土地权属调查表、土地权属协议书、土地权属争议原由书的描述是否一致。

l) 集体土地所有权宗地内国有土地、飞地是否扣除。

5.3 地籍测量成果检查

采用外业实地查看和内业资料查看的方法检查地籍测量成果，填写表 3-1 和表 3-2。检查的内容如下。

a) 坐标系统、地图投影、分带是否符合要求。

b) 控制测量资料是否完整规范。

c) 施测方法是否正确，各项误差有无超限。

d) 起算数据是否正确、可靠。

e) 成果精度是否符合规定。

f) 地籍图上地籍、地形要素是否错漏。

g) 图式使用是否正确，图面整饰是否清晰完整，各种符号、注记是否正确。

h) 图廓整饰及图幅接边是否符合要求。

i) 集体土地所有权宗地面积量算方法及结果、分类面积汇总是否正确。

5.4 土地登记成果检查

通过内业资料查看的方法检查土地登记成果，填写表 4。检查的内容如下。

a) 是否使用国家规定的土地登记表格。

b) 是否依据有关法律、法规、规章、规程和规范性文件进行土地确权登记。

c) 土地登记资料是否缺失、不规范或存在错误。

d) 土地登记结果是否正确，是否按规定程序进行公告。

e) 土地登记卡是否填写齐全并加盖人民政府印章或土地登记专用章。

f) 土地登记申请书、审批表、登记卡、归户卡、土地证书是否一致，填写是否规范。

g) 土地登记审批表审核意见是否填写土地登记上岗资格证号。

h) 土地登记程序是否合法。

5.5 文件资料检查

通过内业资料查看的方法检查文件资料,填写表5。检查的内容如下。

a) 组织机构是否健全。

b) 项目经费是否足额并及时到位。

c) 各种管理文件是否齐全。

d) 技术设计书(技术方案、工作方案)是否经过审定。

e) 技术方法、技术手段、作业程序、质量控制是否与技术文件具有一致性。

f) 写的检查记录和检查结论是否真实。

g) 检查比例是否符合规范要求。

5.6 成果信息化检查表

通过内业资料查看的方法检查数据库,填写表6。检查的内容如下。

a) 权属调查数据是否入库。

b) 地籍测量数据是否入库。

c) 登记审批数据是否入库。

d) 地籍档案是否数字化。

e) 是否具有数据浏览功能。

f) 是否具有数据输入与输出功能。

g) 是否具有数据编辑功能。

h) 是否具有数据查询功能。

i) 是否具有数据统计分析功能。

6 检查验收的时间要求

按照本办法,县级自查、地市级验收原则上2012年12月31日前完成,省级检查原则上2013年6月30日前完成,国家级抽查原则上2013年9月30日前完成。

7 附　表

7.1 表1 任务完成情况检查表

表1　工作任务完成情况检查表

单位：公顷、宗

行政区名称：
行政区总面积：　　　　　其中集体土地面积：

序号	指标 / 权利主体		村民小组农民集体	村农民集体	乡镇农民集体	合计	备注
1	应完成地籍调查	面积					
		宗地数					
2	已完成地籍调查	面积					
		宗地数					
3	应确权登记	面积					
		宗地数					
4	已确权登记	面积					
		宗地数					
5	权属争议地	面积					
		宗地数					
6	地籍调查完成率	面积					
		宗地数					
7	确权登记完成率	按面积					
		按宗地数					
结论							

检查员：　　　　　　　　　　　　　　检查日期：

注：1＝3，6＝2÷1，7＝4÷（3－5）

7.2 表2 权属调查成果检查表

表2 权属调查成果检查表

行政区名称：

序号	检查内容	评价
1	宗地代码编制是否正确，做到不重不漏	
2	权源文件是否齐全、有效、合法	
3	权属调查确认的权利人、权属性质、用途、年限等信息与权源材料上的信息是否一致	
4	集体土地权利主体和主体代表认定是否正确	
5	指界手续和材料是否齐备	
6	界址点位和界址线是否正确、有无遗漏，界址点的设置、界址线描述与实地是否一致，界标设置是否规范	
7	界址点和界线描述与宗地草图标绘是否一致	
8	宗地草图内容是否要素齐全、清晰易读、完整正确	
9	有关表格填写完整、清晰，文字描述简练、准确，结论清楚、正确，手续完备、无漏项	
10	土地权属争议原由是否清楚，争议范围是否准确	
11	地籍图与地籍调查表、集体土地权属调查表、土地权属协议书、土地权属争议原由书的描述是否一致	
12	集体土地所有权宗地内国有土地、飞地是否扣除	
结论		

检查员： 检查日期：

7.3 表3 地籍测量成果检查表

表3-1 地籍测量成果检查表

行政区名称：

序号	检查内容	评价
1	坐标系统的选择、地图投影、分带是否符合要求	
2	控制测量资料是否完整规范	
3	施测方法是否正确，各项误差有无超限	
4	起算数据是否正确、可靠	
5	成果精度是否符合规定	
6	地籍图上地籍、地形要素是否错漏	
7	图式使用是否正确，图面整饰是否清晰完整，各种符号、注记是否正确	
8	图廓整饰及图幅接边是否符合要求	
9	集体土地所有权宗地面积量算方法及结果、分类面积汇总是否正确	
结论		

检查员： 检查日期：

表 3-2 界址点精度检查表

行政区名称：

序号	界址点号	界址点坐标		检查坐标		△X	△Y	△L	△L²
		X 值	Y 值	X 值	Y 值				
1									
N									
合计									

中误差 $M = \mathrm{sqrt}(\sum [\triangle L^2]/2N)$

结论

检查员：　　　　　　　　　　　　　　检查日期：

7.4 表4 土地登记成果检查表

表4 土地登记成果检查表

行政区名称：

序号	检查内容	评价
1	是否使用国家规定的土地登记表格	
2	是否依据有关法律、法规、规章、规程和规范性文件进行土地确权登记	
3	土地登记资料是否缺失、不规范或存在错误	
4	土地登记结果审查是否正确，是否按规定程序进行公告	
5	土地登记簿填写齐全并加盖人民政府印章或土地登记专用章	
6	土地登记申请书、审批表、登记卡、归户卡、土地证书是否一致，填写是否规范	
7	土地登记审批表是否填写土地登记上岗资格证号	
8	土地登记程序是否合法	
结论		

检查员： 检查日期：

7.5 表5 文件资料检查表

表5 文件资料检查表

行政区名称：

序号	检查内容	评价
1	组织机构是否健全	
2	项目经费是否足额并及时到位	
3	各种管理文件是否齐全	
4	工作程序和要求是否符合法律、法规、规章和政策文件规定	
5	技术设计书（技术方案、工作方案）是否经过审定	
6	技术方法、技术手段、作业程序、质量控制是否与技术文件具有一致性	
7	填写的检查记录和检查结论是否真实	
8	检查比例是否符合规范要求	
结论		

检查员： 　　　　　　　　　　　　　　　检查日期：

7.6 表6 成果信息化检查表

表6 成果信息化检查表

行政区名称：

序号	检查内容		评价
1	数据库内容检查	权属调查数据是否入库	
2		地籍测量数据是否入库	
3		登记审批数据是否入库	
4		地籍档案是否数字化	
5	功能检查	是否具有数据浏览功能	
6		是否具有数据输入与输出功能	
7		是否具有数据编辑功能	
8		是否具有数据查询功能	
9		是否具有数据统计分析功能	
结论			

检查员： 　　　　　　　　　　　　　检查日期：

关于开展农村集体土地所有权
确权登记发证国家级抽查工作的通知

- 2013 年 8 月 26 日国土资源部办公厅颁布
- 2013 年 8 月 26 日施行

各省、自治区、直辖市国土资源主管部门，部有关直属单位，部机关有关司局：

为贯彻落实《中共中央国务院关于加快发展现代农业进一步增强农村发展活力的若干意见》（中发［2013］1号）要求，进一步规范和完善农村集体土地所有权确权登记发证工作，确保成果质量，加快推进包括宅基地和集体建设用地在内的农村集体土地确权登记发证，依据《关于印发〈农村集体土地所有权确权登记发证成果检查验收办法〉的通知》（国土资厅发［2012］54号，以下简称《验收办法》），全国加快推进农村集体土地确权登记发证工作领导小组办公室将于近期组织开展农村集体土地所有权确权登记发证成果国家级抽查工作。现将有关事项通知如下：

一、抽查的目的和意义

开展农村集体土地所有权确权登记发证成果国家级抽查，对全国农村集体土地所有权确权登记发证工作系统抽样检查，对各地县级自查、市级验收和省级检查工作全面复核检验，是确保农村集体土地确权登记发证成果质量的客观要求。通过国家级抽查工作，进一步规范和完善农村集体土地所有权确权登记发证成果，确保登记成果的权威性和公信力，结合"一省一策"制度，实事求是对地方给予工作和技术上的正确评判，进行阶段性总结，明确下一步工作的重点和方向，是深化和细化成果、加强成果应用的前提，是加快推进宅基地和集体建设用地使用权确权登记发证工作的重要基础，能够为农村土地产权制度建设、农村土地管理制度改革、城乡统筹发展提供重要保障。

二、抽查的内容和方法

本次抽查内容主要包括县级成果质量、工作情况和省级工作情况等。按照《验收办法》的规定，抽查工作将抽取一定数量的县级单位，兼顾内、外业工作，对其成果质量和工作情况进行全面查验，同时对省级工作情况进行检查。在此基础上，将两方面检查情况进行综合，形成国家级抽查评价意见。

（一）县级成果质量和工作情况检查。采用内外业相结合的方法，全面检查被抽查地区的任务完成情况、县级自查情况及权属调查、地籍测量、土地登记、文件资料、数据库等各项成果，填写附件1和附件2。每个省（区、市）国家级抽查的县级单位数量不小于5%且不少于5个（北京、天津、上海、重庆、海南和宁夏不少于2个），每个县级单位外业抽查宗地数不小于5宗，内业抽查数不小于30宗（包括争议宗地），具体程序按照《验收办法》的规定执行。

（二）省级工作情况检查。采取座谈交流方式开展，内容主要包括工作组织、经费落实、宣传培训等。结合省级工作情况和被抽查县级单位成果质量、工作情况，填写附件3，形成国家级抽查评价意见，实事求是地对地方给予工作和技术上的正确评判，并反馈省级加快推进农村集体土地确权登记发证工作领导小组办公室，明确下一步工作重点和方向。

（三）实地调研。结合抽查工作，各抽查组同时要对各地农村集体土地确权登记发证工作开展调研，重点了解农村地籍调查、农村宅基地和集体建设用地确权登记发证工作进展、工作方法、技术路线、经费落实、主要问题、政策需求和工作建议等（调研提纲见附件4），形成调研报告。

三、抽查工作安排

（一）人员组成。抽查工作由全国加快推进农村集体土地确权登记发证工作领导小组办公室负责组织，共组成15个抽查组。抽查组由领导小组办公室成员单位有关人员及地方熟悉业务的同志共同组成。因抽查涉及大量技术工作，被抽查省（区、市）应为抽查组配备内业技术人员、外业技术人员和数据库技术人员各1名。

（二）工作组织。抽查工作于本《通知》下发之日起开始，2013年10月15日前完成。每组负责2个省（区、市）的抽查工作（不包括西藏）。具体抽查人员、行程和被抽查单位由各抽查组提前通知被抽查省（区、市）。抽查所需各类仪器由被抽查单位提供。

四、抽查工作要求

（一）认真抽查，严格要求。各抽查组要严格按照《验收办法》的要求，认真负责地开展抽查工作，不走过场，对被抽查省（区、市）的集体土地所有权确权登记发证工作情况要作出全面客观的评价。要深入基层，了解实情，真正达到发现问题、解决问题和促进工作的目的。在抽查结束后一周内，形成抽查工作报告和调研报告，与抽查形成的有关表格等材料一并上报全国加快推进农村集体土地确权登记发证工作领导小组办公室。抽查情况适时全国通报。

（二）积极准备，全面配合。被抽查单位要认真做好各项准备，积极配合抽查组开展工作，不弄虚作假，对问题不遮掩、不回避，客观真实地反映情况。

（三）轻车简从，廉洁自律。要保持谦虚谨慎的作风，礼貌待人，文明处事，平等交流；要严格遵守党风廉政建设和廉洁从政纪律，严禁借抽查谋私利，办私事。

2013 年 8 月 26 日

附件 1

农村集体土地所有权确权登记发证国家级抽查总体评价表（县级）

县（市、区）：　　　　　　　　　　　　　　　　　　总分：100 分

序号	抽查内容	分值	得分	说明
1	组织机构建立情况	4		成立农村集体土地确权登记发证工作领导小组及其办公室（分值1），制定相关工作制度（分值1），积极推进工作定期召开领导小组会（分值1），领导小组组长由县（区）主要领导担任（分值1）。
2	项目经费落实情况	4		编制了工作经费预算（分值2），财政部门已全额拨付集体土地所有权确权登记发证工作经费（分值2）。

续表

序号	抽查内容		分值	得分	说明
3	制定出台管理文件情况		4		制定出台或转发国家关于推进农村集体土地确权登记发证工作的文件（分值1），制定出台推进农村集体土地确权登记发证工作方案（分值1），制定出台相关技术规定（分值1），制定出台落实工作责任措施（分值1）。
4	宣传培训情况		4		在本级国土资源门户网站上积极宣传农村集体土地确权登记发证工作（分值1），利用"全国土地日"、"地球日"积极开展农村集体土地宣传工作（分值1），印制各类宣传品（分值1），组织开展农村集体土地确权登记发证工作的相关培训（分值1）。
5	工作成效		4		权属争议调处解决占应调处解决总量的80%以上（分值2），将农村集体土地所有权登记成果应用于建设用地征转、开发整理复垦等土地管理工作中（分值2）。
6	地籍调查完成率	按面积	10		地籍调查完成率（按面积或按宗地数）得分等于地籍调查完成率（按面积或按宗地数）*10。
		按宗地数	10		
7	确权登记完成率	按面积	10		确权登记完成率（按面积或按宗地数）得分等于确权登记完成率（按面积或按宗地数）*10。
		按宗地数	10		
8	内、外业评价总得分		40		附件2总得分
国家级抽查（县级）总得分			100		1-8项得分值的总和
评价意见：					总得分90分以上为"优秀"，80-90分为"良好"，60-80分为"合格"。

抽查组组长： 抽查日期：

附件2

农村集体土地所有权确权登记发证国家级抽查内、外业评价表（县级）

县（市、区）： 总分：40分

序号		检查内容	分值	得分	说明
1	外业	界址点位说明符合要求与实地相符	3		根据检查合格宗地数占抽查总宗地数的百分比确定得分。百分比90%以上得3分，80%–90%得2分，60%–80%以上得1分。
		主要权属界线走向说明符合要求与实地相符	3		
		界址点位和界址线正确、有无遗漏，	3		
		宗地图上相邻关系与实地相符	3		
		土地权利证书发放给权利人	3		
2	内业	宗地代码编制正确，做到不重不漏	3		根据检查合格宗地数占抽查总宗地数的百分比确定得分。百分比90%以上得3分，80%–90%得2分，60%–80%以上得1分。
		权源文件齐全、有效、合法	3		
		权属调查确认的权利人、权属性质、用途、年限等信息与权源材料上的信息一致	3		
		使用国家规定的土地登记表格	3		
		土地登记结果审查正确，按规定程序进行公告	3		
		指界手续和材料齐备	3		
		土地登记申请书、审批表、登记卡、归户卡、土地证书一致，填写规范	3		
		土地权属争议原由清楚，争议范围准确	1		全部符合检查要求得1分。
		地籍档案数字化	1		全部符合检查要求得1分。
		建立数据库并具备浏览、编辑、查询、统计等功能	2		全部符合检查要求得2分。
3		总得分	40		各项得分总和。

抽查组组长： 抽查日期：

附件3

农村集体土地所有权确权登记发证国家级抽查总体评价表（省级）

省（区、市）： 总分：100

序号	抽查内容		分值	得分	说明
1	组织机构建立情况		4		成立农村集体土地确权登记发证工作领导小组及其办公室（分值1），制定相关工作制度（分值1），积极推进工作定期召开领导小组会（分值1），领导小组组长由省（区、市）主要领导担任（分值1）。
2	项目经费落实情况		4		编制了工作经费预算（分值2），财政部门已全额拨付集体土地所有权确权登记发证工作经费（分值2）。
3	制定出台管理文件情况		4		制定出台或转发国家关于积极推进农村集体土地确权登记发证工作的文件（分值1），制定出台推进农村集体土地确权登记发证工作方案（分值1），制定出台相关技术规定（分值1），制定出台落实工作责任措施（分值1）。
4	宣传培训情况		4		在本级国土资源门户网站上积极宣传农村集体土地确权登记发证工作（分值1），利用"全国土地日"、"地球日"积极开展农村集体土地宣传工作（分值1），印制各类宣传品（分值1），组织开展农村集体土地确权登记发证工作的相关培训（分值1）。
5	工作成效		4		权属争议调处解决占应调处解决总量的80%以上（分值2），将农村集体土地所有权登记成果应用于建设用地征转、开发整理复垦等土地管理工作中（分值2）。
6	地籍调查完成率	面积	10		地籍调查完成率（按面积或按宗地数）得分等于地籍调查完成率（按面积或按宗地数）*10。
		宗地数	10		

续表

序号	抽查内容		分值	得分	说明
7	确权登记完成率	面积	10		确权登记完成率（按面积或按宗地数）得分等于确权登记完成率（按面积或按宗地数）*10。
		宗地数	10		
8	县级成果抽查质量		40		所有被抽查县的附件1国家级抽查（县级）总得分平均值*0.4。
国家级抽查（省级）总得分			100		1-8各项指标评分值总和。
评价意见：					总得分90分以上为"优秀"等级，80-90分为"良好"，60-80分为"合格"。

抽查组组长：　　　　　　　　　　　抽查日期：

附件4

调 研 提 纲

一、集体土地所有权确权登记发证成果深化、应用的具体打算

1. 是否按照有关文件的要求，将农村集体土地所有权证确认到每个具有所有权的集体经济组织；未确认到的原因；下一步工作打算。

2. 未发证的土地宗数和比例，未发证的具体原因（分类说明），下一步工作打算；证书委托保管（代持证）的数量、比例和具体原因。

3. 地籍档案数字化数量，信息系统数量，加强集体土地所有权发证成果信息化建设方面的主要做法和建议。

4. 工作成果在规划、耕保、利用、执法等国土资源管理各个环节如何发挥作用；在国土系统外拓展应用建议；工作成果如何更好的更新维护。

5. 集体土地所有权遗留土地权属争议的类型和数量，具体处理思路。

二、农村地籍调查、宅基地和集体建设用地确权登记发证工作开展情况，技术路线和方法，存在问题

1. 目前工作进展，调查完成比例和登记发证完成比例；工作经费落实情况及建议。

2. 农民集体成员资格如何认定；集体建设用地使用权的主体主要有哪些；公益性的集体建设用地如何登记发证；乡镇企业集体建设用地如何登记

发证；集体建设用地发生流转，如何登记发证，存在哪些困难；乡镇企业改制，集体建设用地如何办理登记。

3. 一户多宅登记发证情况；农村村民通过继承取得的第二宗宅基地、城镇居民通过合法继承取得的宅基地登记发证情况；宅基地超面积问题如何处理；现行有关"超面积"的规定实施效果如何；违法占地、不符合土地利用总体规划、占用基本农田等情形的宅基地和集体建设用地数量、处理情况及建议。

4. 隐形流转集体建设用地及确权登记发证情况；是否有宅基地使用权抵押登记；抵押权实现时，如何处置宅基地；改变用途集体建设用地的确权登记发证情况。

5. 宅基地、集体建设用地权属争议处理情况；

6. 农村范围内历史遗留建设用地确权登记发证情况，如供销社用地、中小学教育用地、宗教用地等。

三、其他重点问题、建议及政策需求

已经出台并行之有效的农村集体土地确权登记发证的政策和技术规范，对农村集体土地确权登记发证工作中存在的问题提出相关建议和措施，对需要国家在工作中哪些方面予以政策支持提出具体要求。

第三部分
集体土地承包经营权确权依据

一、法律
二、行政法规及相关文件
三、部门规章及相关文件
四、政策及技术规范

一、法律

中华人民共和国农村土地承包法

- 2002年8月29日第九届全国人民代表大会常务委员会第二十九次会议通过
- 2009年8月27日第十一届全国人民代表大会常务委员会第十次会议修订
- 修订后2009年8月27日公布施行

第一章 总 则

第一条 为稳定和完善以家庭承包经营为基础、统分结合的双层经营体制，赋予农民长期而有保障的土地使用权，维护农村土地承包当事人的合法权益，促进农业、农村经济发展和农村社会稳定，根据宪法，制定本法。

第二条 本法所称农村土地，是指农民集体所有和国家所有依法由农民集体使用的耕地、林地、草地，以及其他依法用于农业的土地。

第三条 国家实行农村土地承包经营制度。

农村土地承包采取农村集体经济组织内部的家庭承包方式，不宜采取家庭承包方式的荒山、荒沟、荒丘、荒滩等农村土地，可以采取招标、拍卖、公开协商等方式承包。

第四条 国家依法保护农村土地承包关系的长期稳定。

农村土地承包后，土地的所有权性质不变。承包地不得买卖。

第五条 农村集体经济组织成员有权依法承包由本集体经济组织发包的

农村土地。

任何组织和个人不得剥夺和非法限制农村集体经济组织成员承包土地的权利。

第六条 农村土地承包,妇女与男子享有平等的权利。承包中应当保护妇女的合法权益,任何组织和个人不得剥夺、侵害妇女应当享有的土地承包经营权。

第七条 农村土地承包应当坚持公开、公平、公正的原则,正确处理国家、集体、个人三者的利益关系。

第八条 农村土地承包应当遵守法律、法规,保护土地资源的合理开发和可持续利用。未经依法批准不得将承包地用于非农建设。

国家鼓励农民和农村集体经济组织增加对土地的投入,培肥地力,提高农业生产能力。

第九条 国家保护集体土地所有者的合法权益,保护承包方的土地承包经营权,任何组织和个人不得侵犯。

第十条 国家保护承包方依法、自愿、有偿地进行土地承包经营权流转。

第十一条 国务院农业、林业行政主管部门分别依照国务院规定的职责负责全国农村土地承包及承包合同管理的指导。县级以上地方人民政府农业、林业等行政主管部门分别依照各自职责,负责本行政区域内农村土地承包及承包合同管理。乡(镇)人民政府负责本行政区域内农村土地承包及承包合同管理。

第二章 家庭承包

第一节 发包方和承包方的权利和义务

第十二条 农民集体所有的土地依法属于村农民集体所有的,由村集体经济组织或者村民委员会发包;已经分别属于村内两个以上农村集体经济组织的农民集体所有的,由村内各该农村集体经济组织或者村民小组发包。村集体经济组织或者村民委员会发包的,不得改变村内各集体经济组织农民集体所有的土地的所有权。

国家所有依法由农民集体使用的农村土地,由使用该土地的农村集体经济组织、村民委员会或者村民小组发包。

第十三条　发包方享有下列权利:

(一) 发包本集体所有的或者国家所有依法由本集体使用的农村土地;

(二) 监督承包方依照承包合同约定的用途合理利用和保护土地;

(三) 制止承包方损害承包地和农业资源的行为;

(四) 法律、行政法规规定的其他权利。

第十四条　发包方承担下列义务:

(一) 维护承包方的土地承包经营权,不得非法变更、解除承包合同;

(二) 尊重承包方的生产经营自主权,不得干涉承包方依法进行正常的生产经营活动;

(三) 依照承包合同约定为承包方提供生产、技术、信息等服务;

(四) 执行县、乡(镇)土地利用总体规划,组织本集体经济组织内的农业基础设施建设;

(五) 法律、行政法规规定的其他义务。

第十五条　家庭承包的承包方是本集体经济组织的农户。

第十六条　承包方享有下列权利:

(一) 依法享有承包地使用、收益和土地承包经营权流转的权利,有权自主组织生产经营和处置产品;

(二) 承包地被依法征收、征用、占用的,有权依法获得相应的补偿;

(三) 法律、行政法规规定的其他权利。

第十七条　承包方承担下列义务:

(一) 维持土地的农业用途,不得用于非农建设;

(二) 依法保护和合理利用土地,不得给土地造成永久性损害;

(三) 法律、行政法规规定的其他义务。

第二节　承包的原则和程序

第十八条　土地承包应当遵循以下原则:

(一) 按照规定统一组织承包时,本集体经济组织成员依法平等地行使

承包土地的权利,也可以自愿放弃承包土地的权利;

(二)民主协商,公平合理;

(三)承包方案应当按照本法第十二条的规定,依法经本集体经济组织成员的村民会议三分之二以上成员或者三分之二以上村民代表的同意;

(四)承包程序合法。

第十九条 土地承包应当按照以下程序进行:

(一)本集体经济组织成员的村民会议选举产生承包工作小组;

(二)承包工作小组依照法律、法规的规定拟订并公布承包方案;

(三)依法召开本集体经济组织成员的村民会议,讨论通过承包方案;

(四)公开组织实施承包方案;

(五)签订承包合同。

第三节 承包期限和承包合同

第二十条 耕地的承包期为三十年。草地的承包期为三十年至五十年。林地的承包期为三十年至七十年;特殊林木的林地承包期,经国务院林业行政主管部门批准可以延长。

第二十一条 发包方应当与承包方签订书面承包合同。

承包合同一般包括以下条款:

(一)发包方、承包方的名称,发包方负责人和承包方代表的姓名、住所;

(二)承包土地的名称、坐落、面积、质量等级;

(三)承包期限和起止日期;

(四)承包土地的用途;

(五)发包方和承包方的权利和义务;

(六)违约责任。

第二十二条 承包合同自成立之日起生效。承包方自承包合同生效时取得土地承包经营权。

第二十三条 县级以上地方人民政府应当向承包方颁发土地承包经营权证或者林权证等证书,并登记造册,确认土地承包经营权。

颁发土地承包经营权证或者林权证等证书,除按规定收取证书工本费外,不得收取其他费用。

第二十四条 承包合同生效后,发包方不得因承办人或者负责人的变动而变更或者解除,也不得因集体经济组织的分立或者合并而变更或者解除。

第二十五条 国家机关及其工作人员不得利用职权干涉农村土地承包或者变更、解除承包合同。

第四节 土地承包经营权的保护

第二十六条 承包期内,发包方不得收回承包地。

承包期内,承包方全家迁入小城镇落户的,应当按照承包方的意愿,保留其土地承包经营权或者允许其依法进行土地承包经营权流转。

承包期内,承包方全家迁入设区的市,转为非农业户口的,应当将承包的耕地和草地交回发包方。承包方不交回的,发包方可以收回承包的耕地和草地。

承包期内,承包方交回承包地或者发包方依法收回承包地时,承包方对其在承包地上投入而提高土地生产能力的,有权获得相应的补偿。

第二十七条 承包期内,发包方不得调整承包地。

承包期内,因自然灾害严重毁损承包地等特殊情形对个别农户之间承包的耕地和草地需要适当调整的,必须经本集体经济组织成员的村民会议三分之二以上成员或者三分之二以上村民代表的同意,并报乡(镇)人民政府和县级人民政府农业等行政主管部门批准。承包合同中约定不得调整的,按照其约定。

第二十八条 下列土地应当用于调整承包土地或者承包给新增人口:

(一)集体经济组织依法预留的机动地;

(二)通过依法开垦等方式增加的;

(三)承包方依法、自愿交回的。

第二十九条 承包期内,承包方可以自愿将承包地交回发包方。承包方自愿交回承包地的,应当提前半年以书面形式通知发包方。承包方在承包期内交回承包地的,在承包期内不得再要求承包土地。

第三十条 承包期内,妇女结婚,在新居住地未取得承包地的,发包方不得收回其原承包地；妇女离婚或者丧偶，仍在原居住地生活或者不在原居住地生活但在新居住地未取得承包地的，发包方不得收回其原承包地。

第三十一条 承包人应得的承包收益，依照继承法的规定继承。

林地承包的承包人死亡，其继承人可以在承包期内继续承包。

第五节 土地承包经营权的流转

第三十二条 通过家庭承包取得的土地承包经营权可以依法采取转包、出租、互换、转让或者其他方式流转。

第三十三条 土地承包经营权流转应当遵循以下原则：

（一）平等协商、自愿、有偿，任何组织和个人不得强迫或者阻碍承包方进行土地承包经营权流转；

（二）不得改变土地所有权的性质和土地的农业用途；

（三）流转的期限不得超过承包期的剩余期限；

（四）受让方须有农业经营能力；

（五）在同等条件下，本集体经济组织成员享有优先权。

第三十四条 土地承包经营权流转的主体是承包方。承包方有权依法自主决定土地承包经营权是否流转和流转的方式。

第三十五条 承包期内，发包方不得单方面解除承包合同，不得假借少数服从多数强迫承包方放弃或者变更土地承包经营权，不得以划分"口粮田"和"责任田"等为由收回承包地搞招标承包，不得将承包地收回抵顶欠款。

第三十六条 土地承包经营权流转的转包费、租金、转让费等，应当由当事人双方协商确定。流转的收益归承包方所有，任何组织和个人不得擅自截留、扣缴。

第三十七条 土地承包经营权采取转包、出租、互换、转让或者其他方式流转，当事人双方应当签订书面合同。采取转让方式流转的，应当经发包方同意；采取转包、出租、互换或者其他方式流转的，应当报发包方备案。

土地承包经营权流转合同一般包括以下条款：

（一）双方当事人的姓名、住所；

（二）流转土地的名称、坐落、面积、质量等级；

（三）流转的期限和起止日期；

（四）流转土地的用途；

（五）双方当事人的权利和义务；

（六）流转价款及支付方式；

（七）违约责任。

第三十八条 土地承包经营权采取互换、转让方式流转，当事人要求登记的，应当向县级以上地方人民政府申请登记。未经登记，不得对抗善意第三人。

第三十九条 承包方可以在一定期限内将部分或者全部土地承包经营权转包或者出租给第三方，承包方与发包方的承包关系不变。

承包方将土地交由他人代耕不超过一年的，可以不签订书面合同。

第四十条 承包方之间为方便耕种或者各自需要，可以对属于同一集体经济组织的土地的土地承包经营权进行互换。

第四十一条 承包方有稳定的非农职业或者有稳定的收入来源的，经发包方同意，可以将全部或者部分土地承包经营权转让给其他从事农业生产经营的农户，由该农户同发包方确立新的承包关系，原承包方与发包方在该土地上的承包关系即行终止。

第四十二条 承包方之间为发展农业经济，可以自愿联合将土地承包经营权入股，从事农业合作生产。

第四十三条 承包方对其在承包地上投入而提高土地生产能力的，土地承包经营权依法流转时有权获得相应的补偿。

第三章 其他方式的承包

第四十四条 不宜采取家庭承包方式的荒山、荒沟、荒丘、荒滩等农村土地，通过招标、拍卖、公开协商等方式承包的，适用本章规定。

第四十五条 以其他方式承包农村土地的，应当签订承包合同。当事人的权利和义务、承包期限等，由双方协商确定。以招标、拍卖方式承包的，承包费通过公开竞标、竞价确定；以公开协商等方式承包的，承包费由双方议定。

第四十六条 荒山、荒沟、荒丘、荒滩等可以直接通过招标、拍卖、公开协商等方式实行承包经营，也可以将土地承包经营权折股分给本集体经济组织成员后，再实行承包经营或者股份合作经营。

承包荒山、荒沟、荒丘、荒滩的，应当遵守有关法律、行政法规的规定，防止水土流失，保护生态环境。

第四十七条 以其他方式承包农村土地，在同等条件下，本集体经济组织成员享有优先承包权。

第四十八条 发包方将农村土地发包给本集体经济组织以外的单位或者个人承包，应当事先经本集体经济组织成员的村民会议三分之二以上成员或者三分之二以上村民代表的同意，并报乡（镇）人民政府批准。

由本集体经济组织以外的单位或者个人承包的，应当对承包方的资信情况和经营能力进行审查后，再签订承包合同。

第四十九条 通过招标、拍卖、公开协商等方式承包农村土地，经依法登记取得土地承包经营权证或者林权证等证书的，其土地承包经营权可以依法采取转让、出租、入股、抵押或者其他方式流转。

第五十条 土地承包经营权通过招标、拍卖、公开协商等方式取得的，该承包人死亡，其应得的承包收益，依照继承法的规定继承；在承包期内，其继承人可以继续承包。

第四章 争议的解决和法律责任

第五十一条 因土地承包经营发生纠纷的，双方当事人可以通过协商解决，也可以请求村民委员会、乡（镇）人民政府等调解解决。

当事人不愿协商、调解或者协商、调解不成的，可以向农村土地承包仲裁机构申请仲裁，也可以直接向人民法院起诉。

第五十二条 当事人对农村土地承包仲裁机构的仲裁裁决不服的，可以在收到裁决书之日起三十日内向人民法院起诉。逾期不起诉的，裁决书即发生法律效力。

第五十三条 任何组织和个人侵害承包方的土地承包经营权的，应当承担民事责任。

第五十四条　发包方有下列行为之一的，应当承担停止侵害、返还原物、恢复原状、排除妨害、消除危险、赔偿损失等民事责任：

（一）干涉承包方依法享有的生产经营自主权；

（二）违反本法规定收回、调整承包地；

（三）强迫或者阻碍承包方进行土地承包经营权流转；

（四）假借少数服从多数强迫承包方放弃或者变更土地承包经营权而进行土地承包经营权流转；

（五）以划分"口粮田"和"责任田"等为由收回承包地搞招标承包；

（六）将承包地收回抵顶欠款；

（七）剥夺、侵害妇女依法享有的土地承包经营权；

（八）其他侵害土地承包经营权的行为。

第五十五条　承包合同中违背承包方意愿或者违反法律、行政法规有关不得收回、调整承包地等强制性规定的约定无效。

第五十六条　当事人一方不履行合同义务或者履行义务不符合约定的，应当依照《中华人民共和国合同法》的规定承担违约责任。

第五十七条　任何组织和个人强迫承包方进行土地承包经营权流转的，该流转无效。

第五十八条　任何组织和个人擅自截留、扣缴土地承包经营权流转收益的，应当退还。

第五十九条　违反土地管理法规，非法征收、征用、占用土地或者贪污、挪用土地征收、征用补偿费用，构成犯罪的，依法追究刑事责任；造成他人损害的，应当承担损害赔偿等责任。

第六十条　承包方违法将承包地用于非农建设的，由县级以上地方人民政府有关行政主管部门依法予以处罚。

承包方给承包地造成永久性损害的，发包方有权制止，并有权要求承包方赔偿由此造成的损失。

第六十一条　国家机关及其工作人员有利用职权干涉农村土地承包，变更、解除承包合同，干涉承包方依法享有的生产经营自主权，或者强迫、阻碍承包方进行土地承包经营权流转等侵害土地承包经营权的行为，给承包方造成损失的，应当承担损害赔偿等责任；情节严重的，由上级机关或者所在单位给予直接责任人员行政处分；构成犯罪的，依法追究刑事责任。

第五章　附　则

第六十二条　本法实施前已经按照国家有关农村土地承包的规定承包，包括承包期限长于本法规定的，本法实施后继续有效，不得重新承包土地。未向承包方颁发土地承包经营权证或者林权证等证书的，应当补发证书。

第六十三条　本法实施前已经预留机动地的，机动地面积不得超过本集体经济组织耕地总面积的百分之五。不足百分之五的，不得再增加机动地。

本法实施前未留机动地的，本法实施后不得再留机动地。

第六十四条　各省、自治区、直辖市人民代表大会常务委员会可以根据本法，结合本行政区域的实际情况，制定实施办法。

第六十五条　本法自2003年3月1日起施行。

中华人民共和国农村土地承包经营纠纷调解仲裁法

- 2009年6月27日第十一届全国人民代表大会常务委员会第九次会议通过
- 2010年1月1日施行

第一章　总　则

第一条　为了公正、及时解决农村土地承包经营纠纷，维护当事人的合法权益，促进农村经济发展和社会稳定，制定本法。

第二条　农村土地承包经营纠纷调解和仲裁，适用本法。

农村土地承包经营纠纷包括：

（一）因订立、履行、变更、解除和终止农村土地承包合同发生的纠纷；

（二）因农村土地承包经营权转包、出租、互换、转让、入股等流转发生的纠纷；

（三）因收回、调整承包地发生的纠纷；

（四）因确认农村土地承包经营权发生的纠纷；

（五）因侵害农村土地承包经营权发生的纠纷；

（六）法律、法规规定的其他农村土地承包经营纠纷。

因征收集体所有的土地及其补偿发生的纠纷，不属于农村土地承包仲裁委员会的受理范围，可以通过行政复议或者诉讼等方式解决。

第三条　发生农村土地承包经营纠纷的，当事人可以自行和解，也可以请求村民委员会、乡（镇）人民政府等调解。

第四条　当事人和解、调解不成或者不愿和解、调解的，可以向农村土地承包仲裁委员会申请仲裁，也可以直接向人民法院起诉。

第五条　农村土地承包经营纠纷调解和仲裁，应当公开、公平、公正，便民高效，根据事实，符合法律，尊重社会公德。

第六条　县级以上人民政府应当加强对农村土地承包经营纠纷调解和仲裁工作的指导。

县级以上人民政府农村土地承包管理部门及其他有关部门应当依照职责分工，支持有关调解组织和农村土地承包仲裁委员会依法开展工作。

第二章　调　解

第七条　村民委员会、乡（镇）人民政府应当加强农村土地承包经营纠纷的调解工作，帮助当事人达成协议解决纠纷。

第八条　当事人申请农村土地承包经营纠纷调解可以书面申请，也可以口头申请。口头申请的，由村民委员会或者乡（镇）人民政府当场记录申请人的基本情况、申请调解的纠纷事项、理由和时间。

第九条　调解农村土地承包经营纠纷，村民委员会或者乡（镇）人民政府应当充分听取当事人对事实和理由的陈述，讲解有关法律以及国家政策，耐心疏导，帮助当事人达成协议。

第十条　经调解达成协议的，村民委员会或者乡（镇）人民政府应当制作调解协议书。

调解协议书由双方当事人签名、盖章或者按指印，经调解人员签名并加盖调解组织印章后生效。

第十一条 仲裁庭对农村土地承包经营纠纷应当进行调解。调解达成协议的，仲裁庭应当制作调解书；调解不成的，应当及时作出裁决。

调解书应当写明仲裁请求和当事人协议的结果。调解书由仲裁员签名，加盖农村土地承包仲裁委员会印章，送达双方当事人。

调解书经双方当事人签收后，即发生法律效力。在调解书签收前当事人反悔的，仲裁庭应当及时作出裁决。

第三章 仲　　裁

第一节　仲裁委员会和仲裁员

第十二条 农村土地承包仲裁委员会，根据解决农村土地承包经营纠纷的实际需要设立。农村土地承包仲裁委员会可以在县和不设区的市设立，也可以在设区的市或者其市辖区设立。

农村土地承包仲裁委员会在当地人民政府指导下设立。设立农村土地承包仲裁委员会的，其日常工作由当地农村土地承包管理部门承担。

第十三条 农村土地承包仲裁委员会由当地人民政府及其有关部门代表、有关人民团体代表、农村集体经济组织代表、农民代表和法律、经济等相关专业人员兼任组成，其中农民代表和法律、经济等相关专业人员不得少于组成人员的二分之一。

农村土地承包仲裁委员会设主任一人、副主任一至二人和委员若干人。主任、副主任由全体组成人员选举产生。

第十四条 农村土地承包仲裁委员会依法履行下列职责：

（一）聘任、解聘仲裁员；

（二）受理仲裁申请；

（三）监督仲裁活动。

农村土地承包仲裁委员会应当依照本法制定章程，对其组成人员的产生方式及任期、议事规则等作出规定。

第十五条 农村土地承包仲裁委员会应当从公道正派的人员中聘任仲裁员。

仲裁员应当符合下列条件之一：

（一）从事农村土地承包管理工作满五年；

（二）从事法律工作或者人民调解工作满五年；

（三）在当地威信较高，并熟悉农村土地承包法律以及国家政策的居民。

第十六条 农村土地承包仲裁委员会应当对仲裁员进行农村土地承包法律以及国家政策的培训。

省、自治区、直辖市人民政府农村土地承包管理部门应当制定仲裁员培训计划，加强对仲裁员培训工作的组织和指导。

第十七条 农村土地承包仲裁委员会组成人员、仲裁员应当依法履行职责，遵守农村土地承包仲裁委员会章程和仲裁规则，不得索贿受贿、徇私舞弊，不得侵害当事人的合法权益。

仲裁员有索贿受贿、徇私舞弊、枉法裁决以及接受当事人请客送礼等违法违纪行为的，农村土地承包仲裁委员会应当将其除名；构成犯罪的，依法追究刑事责任。

县级以上地方人民政府及有关部门应当受理对农村土地承包仲裁委员会组成人员、仲裁员违法违纪行为的投诉和举报，并依法组织查处。

第二节 申请和受理

第十八条 农村土地承包经营纠纷申请仲裁的时效期间为二年，自当事人知道或者应当知道其权利被侵害之日起计算。

第十九条 农村土地承包经营纠纷仲裁的申请人、被申请人为当事人。家庭承包的，可以由农户代表人参加仲裁。当事人一方人数众多的，可以推选代表人参加仲裁。

与案件处理结果有利害关系的，可以申请作为第三人参加仲裁，或者由农村土地承包仲裁委员会通知其参加仲裁。

当事人、第三人可以委托代理人参加仲裁。

第二十条 申请农村土地承包经营纠纷仲裁应当符合下列条件：

（一）申请人与纠纷有直接的利害关系；

（二）有明确的被申请人；

（三）有具体的仲裁请求和事实、理由；

（四）属于农村土地承包仲裁委员会的受理范围。

第二十一条 当事人申请仲裁，应当向纠纷涉及的土地所在地的农村土地承包仲裁委员会递交仲裁申请书。仲裁申请书可以邮寄或者委托他人代交。仲裁申请书应当载明申请人和被申请人的基本情况，仲裁请求和所根据的事实、理由，并提供相应的证据和证据来源。

书面申请确有困难的，可以口头申请，由农村土地承包仲裁委员会记入笔录，经申请人核实后由其签名、盖章或者按指印。

第二十二条 农村土地承包仲裁委员会应当对仲裁申请予以审查，认为符合本法第二十条规定的，应当受理。有下列情形之一的，不予受理；已受理的，终止仲裁程序：

（一）不符合申请条件；

（二）人民法院已受理该纠纷；

（三）法律规定该纠纷应当由其他机构处理；

（四）对该纠纷已有生效的判决、裁定、仲裁裁决、行政处理决定等。

第二十三条 农村土地承包仲裁委员会决定受理的，应当自收到仲裁申请之日起五个工作日内，将受理通知书、仲裁规则和仲裁员名册送达申请人；决定不予受理或者终止仲裁程序的，应当自收到仲裁申请或者发现终止仲裁程序情形之日起五个工作日内书面通知申请人，并说明理由。

第二十四条 农村土地承包仲裁委员会应当自受理仲裁申请之日起五个工作日内，将受理通知书、仲裁申请书副本、仲裁规则和仲裁员名册送达被申请人。

第二十五条 被申请人应当自收到仲裁申请书副本之日起十日内向农村土地承包仲裁委员会提交答辩书；书面答辩确有困难的，可以口头答辩，由农村土地承包仲裁委员会记入笔录，经被申请人核实后由其签名、盖章或者按指印。农村土地承包仲裁委员会应当自收到答辩书之日起五个工作日内将答辩书副本送达申请人。被申请人未答辩的，不影响仲裁程序的进行。

第二十六条 一方当事人因另一方当事人的行为或者其他原因，可能使裁决不能执行或者难以执行的，可以申请财产保全。

当事人申请财产保全的，农村土地承包仲裁委员会应当将当事人的申请提交被申请人住所地或者财产所在地的基层人民法院。

申请有错误的，申请人应当赔偿被申请人因财产保全所遭受的损失。

第三节 仲裁庭的组成

第二十七条 仲裁庭由三名仲裁员组成，首席仲裁员由当事人共同选定，其他二名仲裁员由当事人各自选定；当事人不能选定的，由农村土地承包仲裁委员会主任指定。

事实清楚、权利义务关系明确、争议不大的农村土地承包经营纠纷，经双方当事人同意，可以由一名仲裁员仲裁。仲裁员由当事人共同选定或者由农村土地承包仲裁委员会主任指定。

农村土地承包仲裁委员会应当自仲裁庭组成之日起二个工作日内将仲裁庭组成情况通知当事人。

第二十八条 仲裁员有下列情形之一的，必须回避，当事人也有权以口头或者书面方式申请其回避：

（一）是本案当事人或者当事人、代理人的近亲属；

（二）与本案有利害关系；

（三）与本案当事人、代理人有其他关系，可能影响公正仲裁；

（四）私自会见当事人、代理人，或者接受当事人、代理人的请客送礼。

当事人提出回避申请，应当说明理由，在首次开庭前提出。回避事由在首次开庭后知道的，可以在最后一次开庭终结前提出。

第二十九条 农村土地承包仲裁委员会对回避申请应当及时作出决定，以口头或者书面方式通知当事人，并说明理由。

仲裁员是否回避，由农村土地承包仲裁委员会主任决定；农村土地承包仲裁委员会主任担任仲裁员时，由农村土地承包仲裁委员会集体决定。

仲裁员因回避或者其他原因不能履行职责的，应当依照本法规定重新选定或者指定仲裁员。

第四节　开庭和裁决

第三十条　农村土地承包经营纠纷仲裁应当开庭进行。

开庭可以在纠纷涉及的土地所在地的乡（镇）或者村进行，也可以在农村土地承包仲裁委员会所在地进行。当事人双方要求在乡（镇）或者村开庭的，应当在该乡（镇）或者村开庭。

开庭应当公开，但涉及国家秘密、商业秘密和个人隐私以及当事人约定不公开的除外。

第三十一条　仲裁庭应当在开庭五个工作日前将开庭的时间、地点通知当事人和其他仲裁参与人。

当事人有正当理由的，可以向仲裁庭请求变更开庭的时间、地点。是否变更，由仲裁庭决定。

第三十二条　当事人申请仲裁后，可以自行和解。达成和解协议的，可以请求仲裁庭根据和解协议作出裁决书，也可以撤回仲裁申请。

第三十三条　申请人可以放弃或者变更仲裁请求。被申请人可以承认或者反驳仲裁请求，有权提出反请求。

第三十四条　仲裁庭作出裁决前，申请人撤回仲裁申请的，除被申请人提出反请求的外，仲裁庭应当终止仲裁。

第三十五条　申请人经书面通知，无正当理由不到庭或者未经仲裁庭许可中途退庭的，可以视为撤回仲裁申请。

被申请人经书面通知，无正当理由不到庭或者未经仲裁庭许可中途退庭的，可以缺席裁决。

第三十六条　当事人在开庭过程中有权发表意见、陈述事实和理由、提供证据、进行质证和辩论。对不通晓当地通用语言文字的当事人，农村土地承包仲裁委员会应当为其提供翻译。

第三十七条　当事人应当对自己的主张提供证据。与纠纷有关的证据由作为当事人一方的发包方等掌握管理的，该当事人应当在仲裁庭指定的期限内提供，逾期不提供的，应当承担不利后果。

第三十八条　仲裁庭认为有必要收集的证据，可以自行收集。

第三十九条 仲裁庭对专门性问题认为需要鉴定的,可以交由当事人约定的鉴定机构鉴定;当事人没有约定的,由仲裁庭指定的鉴定机构鉴定。

根据当事人的请求或者仲裁庭的要求,鉴定机构应当派鉴定人参加开庭。当事人经仲裁庭许可,可以向鉴定人提问。

第四十条 证据应当在开庭时出示,但涉及国家秘密、商业秘密和个人隐私的证据不得在公开开庭时出示。

仲裁庭应当依照仲裁规则的规定开庭,给予双方当事人平等陈述、辩论的机会,并组织当事人进行质证。

经仲裁庭查证属实的证据,应当作为认定事实的根据。

第四十一条 在证据可能灭失或者以后难以取得的情况下,当事人可以申请证据保全。当事人申请证据保全的,农村土地承包仲裁委员会应当将当事人的申请提交证据所在地的基层人民法院。

第四十二条 对权利义务关系明确的纠纷,经当事人申请,仲裁庭可以先行裁定维持现状、恢复农业生产以及停止取土、占地等行为。

一方当事人不履行先行裁定的,另一方当事人可以向人民法院申请执行,但应当提供相应的担保。

第四十三条 仲裁庭应当将开庭情况记入笔录,由仲裁员、记录人员、当事人和其他仲裁参与人签名、盖章或者按指印。

当事人和其他仲裁参与人认为对自己陈述的记录有遗漏或者差错的,有权申请补正。如果不予补正,应当记录该申请。

第四十四条 仲裁庭应当根据认定的事实和法律以及国家政策作出裁决并制作裁决书。

裁决应当按照多数仲裁员的意见作出,少数仲裁员的不同意见可以记入笔录。仲裁庭不能形成多数意见时,裁决应当按照首席仲裁员的意见作出。

第四十五条 裁决书应当写明仲裁请求、争议事实、裁决理由、裁决结果、裁决日期以及当事人不服仲裁裁决的起诉权利、期限,由仲裁员签名,加盖农村土地承包仲裁委员会印章。

农村土地承包仲裁委员会应当在裁决作出之日起三个工作日内将裁决书送达当事人,并告知当事人不服仲裁裁决的起诉权利、期限。

第四十六条　仲裁庭依法独立履行职责，不受行政机关、社会团体和个人的干涉。

第四十七条　仲裁农村土地承包经营纠纷，应当自受理仲裁申请之日起六十日内结束；案情复杂需要延长的，经农村土地承包仲裁委员会主任批准可以延长，并书面通知当事人，但延长期限不得超过三十日。

第四十八条　当事人不服仲裁裁决的，可以自收到裁决书之日起三十日内向人民法院起诉。逾期不起诉的，裁决书即发生法律效力。

第四十九条　当事人对发生法律效力的调解书、裁决书，应当依照规定的期限履行。一方当事人逾期不履行的，另一方当事人可以向被申请人住所地或者财产所在地的基层人民法院申请执行。受理申请的人民法院应当依法执行。

第四章　附　　则

第五十条　本法所称农村土地，是指农民集体所有和国家所有依法由农民集体使用的耕地、林地、草地，以及其他依法用于农业的土地。

第五十一条　农村土地承包经营纠纷仲裁规则和农村土地承包仲裁委员会示范章程，由国务院农业、林业行政主管部门依照本法规定共同制定。

第五十二条　农村土地承包经营纠纷仲裁不得向当事人收取费用，仲裁工作经费纳入财政预算予以保障。

第五十三条　本法自 2010 年 1 月 1 日起施行。

二、行政法规及相关文件

关于引导农村土地经营权有序流转发展农业适度规模经营的意见

- 2014年11月20日中共中央办公厅、国务院办公厅印发
- 2014年11月20日施行

伴随我国工业化、信息化、城镇化和农业现代化进程，农村劳动力大量转移，农业物质技术装备水平不断提高，农户承包土地的经营权流转明显加快，发展适度规模经营已成为必然趋势。实践证明，土地流转和适度规模经营是发展现代农业的必由之路，有利于优化土地资源配置和提高劳动生产率，有利于保障粮食安全和主要农产品供给，有利于促进农业技术推广应用和农业增效、农民增收，应从我国人多地少、农村情况千差万别的实际出发，积极稳妥地推进。为引导农村土地（指承包耕地）经营权有序流转、发展农业适度规模经营，现提出如下意见。

一、总体要求

（一）指导思想。全面理解、准确把握中央关于全面深化农村改革的精神，按照加快构建以农户家庭经营为基础、合作与联合为纽带、社会化服务为支撑的立体式复合型现代农业经营体系和走生产技术先进、经营规模适度、市场竞争力强、生态环境可持续的中国特色新型农业现代化道路的要求，以保障国家粮食安全、促进农业增效和农民增收为目标，坚持农村土地集体所

有，实现所有权、承包权、经营权三权分置，引导土地经营权有序流转，坚持家庭经营的基础性地位，积极培育新型经营主体，发展多种形式的适度规模经营，巩固和完善农村基本经营制度。改革的方向要明，步子要稳，既要加大政策扶持力度，加强典型示范引导，鼓励创新农业经营体制机制，又要因地制宜、循序渐进，不能搞大跃进，不能搞强迫命令，不能搞行政瞎指挥，使农业适度规模经营发展与城镇化进程和农村劳动力转移规模相适应，与农业科技进步和生产手段改进程度相适应，与农业社会化服务水平提高相适应，让农民成为土地流转和规模经营的积极参与者和真正受益者，避免走弯路。

（二）基本原则

——坚持农村土地集体所有权，稳定农户承包权，放活土地经营权，以家庭承包经营为基础，推进家庭经营、集体经营、合作经营、企业经营等多种经营方式共同发展。

——坚持以改革为动力，充分发挥农民首创精神，鼓励创新，支持基层先行先试，靠改革破解发展难题。

——坚持依法、自愿、有偿，以农民为主体，政府扶持引导，市场配置资源，土地经营权流转不得违背承包农户意愿、不得损害农民权益、不得改变土地用途、不得破坏农业综合生产能力和农业生态环境。

——坚持经营规模适度，既要注重提升土地经营规模，又要防止土地过度集中，兼顾效率与公平，不断提高劳动生产率、土地产出率和资源利用率，确保农地农用，重点支持发展粮食规模化生产。

二、稳定完善农村土地承包关系

（三）健全土地承包经营权登记制度。建立健全承包合同取得权利、登记记载权利、证书证明权利的土地承包经营权登记制度，是稳定农村土地承包关系、促进土地经营权流转、发展适度规模经营的重要基础性工作。完善承包合同，健全登记簿，颁发权属证书，强化土地承包经营权物权保护，为开展土地流转、调处土地纠纷、完善补贴政策、进行征地补偿和抵押担保提供重要依据。建立健全土地承包经营权信息应用平台，方便群众查询，利于服务管理。土地承包经营权确权登记原则上确权到户到地，在尊重农民意愿的前提下，也可以确权确股不确地。切实维护妇女的土地承包权益。

（四）推进土地承包经营权确权登记颁证工作。按照中央统一部署、地方全面负责的要求，在稳步扩大试点的基础上，用5年左右时间基本完成土地承包经营权确权登记颁证工作，妥善解决农户承包地块面积不准、四至不清等问题。在工作中，各地要保持承包关系稳定，以现有承包台账、合同、证书为依据确认承包地归属；坚持依法规范操作，严格执行政策，按照规定内容和程序开展工作；充分调动农民群众积极性，依靠村民民主协商，自主解决矛盾纠纷；从实际出发，以农村集体土地所有权确权为基础，以第二次全国土地调查成果为依据，采用符合标准规范、农民群众认可的技术方法；坚持分级负责，强化县乡两级的责任，建立健全党委和政府统一领导、部门密切协作、群众广泛参与的工作机制；科学制定工作方案，明确时间表和路线图，确保工作质量。有关部门要加强调查研究，有针对性地提出操作性政策建议和具体工作指导意见。土地承包经营权确权登记颁证工作经费纳入地方财政预算，中央财政给予补助。

三、规范引导农村土地经营权有序流转

（五）鼓励创新土地流转形式。鼓励承包农户依法采取转包、出租、互换、转让及入股等方式流转承包地。鼓励有条件的地方制定扶持政策，引导农户长期流转承包地并促进其转移就业。鼓励农民在自愿前提下采取互换并地方式解决承包地细碎化问题。在同等条件下，本集体经济组织成员享有土地流转优先权。以转让方式流转承包地的，原则上应在本集体经济组织成员之间进行，且需经发包方同意。以其他形式流转的，应当依法报发包方备案。抓紧研究探索集体所有权、农户承包权、土地经营权在土地流转中的相互权利关系和具体实现形式。按照全国统一安排，稳步推进土地经营权抵押、担保试点，研究制定统一规范的实施办法，探索建立抵押资产处置机制。

（六）严格规范土地流转行为。土地承包经营权属于农民家庭，土地是否流转、价格如何确定、形式如何选择，应由承包农户自主决定，流转收益应归承包农户所有。流转期限应由流转双方在法律规定的范围内协商确定。没有农户的书面委托，农村基层组织无权以任何方式决定流转农户的承包地，更不能以少数服从多数的名义，将整村整组农户承包地集中对外招商经营。防止少数基层干部私相授受，谋取私利。严禁通过定任务、下指标或将流转面积、流转比例纳入绩效考核等方式推动土地流转。

（七）加强土地流转管理和服务。有关部门要研究制定流转市场运行规范，加快发展多种形式的土地经营权流转市场。依托农村经营管理机构健全土地流转服务平台，完善县乡村三级服务和管理网络，建立土地流转监测制度，为流转双方提供信息发布、政策咨询等服务。土地流转服务主体可以开展信息沟通、委托流转等服务，但禁止层层转包从中牟利。土地流转给非本村（组）集体成员或村（组）集体受农户委托统一组织流转并利用集体资金改良土壤、提高地力的，可向本集体经济组织以外的流入方收取基础设施使用费和土地流转管理服务费，用于农田基本建设或其他公益性支出。引导承包农户与流入方签订书面流转合同，并使用统一的省级合同示范文本。依法保护流入方的土地经营权益，流转合同到期后流入方可在同等条件下优先续约。加强农村土地承包经营纠纷调解仲裁体系建设，健全纠纷调处机制，妥善化解土地承包经营流转纠纷。

（八）合理确定土地经营规模。各地要依据自然经济条件、农村劳动力转移情况、农业机械化水平等因素，研究确定本地区土地规模经营的适宜标准。防止脱离实际、违背农民意愿，片面追求超大规模经营的倾向。现阶段，对土地经营规模相当于当地户均承包地面积10至15倍、务农收入相当于当地二三产业务工收入的，应当给予重点扶持。创新规模经营方式，在引导土地资源适度集聚的同时，通过农民的合作与联合、开展社会化服务等多种形式，提升农业规模化经营水平。

（九）扶持粮食规模化生产。加大粮食生产支持力度，原有粮食直接补贴、良种补贴、农资综合补贴归属由承包农户与流入方协商确定，新增部分应向粮食生产规模经营主体倾斜。在有条件的地方开展按照实际粮食播种面积或产量对生产者补贴试点。对从事粮食规模化生产的农民合作社、家庭农场等经营主体，符合申报农机购置补贴条件的，要优先安排。探索选择运行规范的粮食生产规模经营主体开展目标价格保险试点。抓紧开展粮食生产规模经营主体营销贷款试点，允许用粮食作物、生产及配套辅助设施进行抵押融资。粮食品种保险要逐步实现粮食生产规模经营主体愿保尽保，并适当提高对产粮大县稻谷、小麦、玉米三大粮食品种保险的保费补贴比例。各地区各有关部门要研究制定相应配套办法，更好地为粮食生产规模经营主体提供支持服务。

（十）加强土地流转用途管制。坚持最严格的耕地保护制度，切实保护基本农田。严禁借土地流转之名违规搞非农建设。严禁在流转农地上建设或变相建设旅游度假村、高尔夫球场、别墅、私人会所等。严禁占用基本农田挖塘栽树及其他毁坏种植条件的行为。严禁破坏、污染、圈占闲置耕地和损毁农田基础设施。坚决查处通过"以租代征"违法违规进行非农建设的行为，坚决禁止擅自将耕地"非农化"。利用规划和标准引导设施农业发展，强化设施农用地的用途监管。采取措施保证流转土地用于农业生产，可以通过停发粮食直接补贴、良种补贴、农资综合补贴等办法遏制撂荒耕地的行为。在粮食主产区、粮食生产功能区、高产创建项目实施区，不符合产业规划的经营行为不再享受相关农业生产扶持政策。合理引导粮田流转价格，降低粮食生产成本，稳定粮食种植面积。

四、加快培育新型农业经营主体

（十一）发挥家庭经营的基础作用。在今后相当长时期内，普通农户仍占大多数，要继续重视和扶持其发展农业生产。重点培育以家庭成员为主要劳动力、以农业为主要收入来源，从事专业化、集约化农业生产的家庭农场，使之成为引领适度规模经营、发展现代农业的有生力量。分级建立示范家庭农场名录，健全管理服务制度，加强示范引导。鼓励各地整合涉农资金建设连片高标准农田，并优先流向家庭农场、专业大户等规模经营农户。

（十二）探索新的集体经营方式。集体经济组织要积极为承包农户开展多种形式的生产服务，通过统一服务降低生产成本、提高生产效率。有条件的地方根据农民意愿，可以统一连片整理耕地，将土地折股量化、确权到户，经营所得收益按股分配，也可以引导农民以承包地入股组建土地股份合作组织，通过自营或委托经营等方式发展农业规模经营。各地要结合实际不断探索和丰富集体经营的实现形式。

（十三）加快发展农户间的合作经营。鼓励承包农户通过共同使用农业机械、开展联合营销等方式发展联户经营。鼓励发展多种形式的农民合作组织，深入推进示范社创建活动，促进农民合作社规范发展。在管理民主、运行规范、带动力强的农民合作社和供销合作社基础上，培育发展农村合作金融。引导发展农民专业合作社联合社，支持农民合作社开展农社对接。允许农民以承包经营权入股发展农业产业化经营。探索建立农户入股土地生产性能评价制度，按照耕地数量质量、参照当地土地经营权流转价格计价折股。

（十四）鼓励发展适合企业化经营的现代种养业。鼓励农业产业化龙头企业等涉农企业重点从事农产品加工流通和农业社会化服务，带动农户和农民合作社发展规模经营。引导工商资本发展良种种苗繁育、高标准设施农业、规模化养殖等适合企业化经营的现代种养业，开发农村"四荒"资源发展多种经营。支持农业企业与农户、农民合作社建立紧密的利益联结机制，实现合理分工、互利共赢。支持经济发达地区通过农业示范园区引导各类经营主体共同出资、相互持股，发展多种形式的农业混合所有制经济。

（十五）加大对新型农业经营主体的扶持力度。鼓励地方扩大对家庭农场、专业大户、农民合作社、龙头企业、农业社会化服务组织的扶持资金规模。支持符合条件的新型农业经营主体优先承担涉农项目，新增农业补贴向新型农业经营主体倾斜。加快建立财政项目资金直接投向符合条件的合作社、财政补助形成的资产转交合作社持有和管护的管理制度。各省（自治区、直辖市）根据实际情况，在年度建设用地指标中可单列一定比例专门用于新型农业经营主体建设配套辅助设施，并按规定减免相关税费。综合运用货币和财税政策工具，引导金融机构建立健全针对新型农业经营主体的信贷、保险支持机制，创新金融产品和服务，加大信贷支持力度，分散规模经营风险。鼓励符合条件的农业产业化龙头企业通过发行短期融资券、中期票据、中小企业集合票据等多种方式，拓宽融资渠道。鼓励融资担保机构为新型农业经营主体提供融资担保服务，鼓励有条件的地方通过设立融资担保专项资金、担保风险补偿基金等加大扶持力度。落实和完善相关税收优惠政策，支持农民合作社发展农产品加工流通。

（十六）加强对工商企业租赁农户承包地的监管和风险防范。各地对工商企业长时间、大面积租赁农户承包地要有明确的上限控制，建立健全资格审查、项目审核、风险保障金制度，对租地条件、经营范围和违规处罚等作出规定。工商企业租赁农户承包地要按面积实行分级备案，严格准入门槛，加强事中事后监管，防止浪费农地资源、损害农民土地权益，防范承包农户因流入方违约或经营不善遭受损失。定期对租赁土地企业的农业经营能力、土地用途和风险防范能力等开展监督检查，查验土地利用、合同履行等情况，及时查处纠正违法违规行为，对符合要求的可给予政策扶持。有关部门要抓紧制定管理办法，并加强对各地落实情况的监督检查。

五、建立健全农业社会化服务体系

（十七）培育多元社会化服务组织。巩固乡镇涉农公共服务机构基础条件建设成果。鼓励农技推广、动植物防疫、农产品质量安全监管等公共服务机构围绕发展农业适度规模经营拓展服务范围。大力培育各类经营性服务组织，积极发展良种种苗繁育、统防统治、测土配方施肥、粪污集中处理等农业生产性服务业，大力发展农产品电子商务等现代流通服务业，支持建设粮食烘干、农机场库棚和仓储物流等配套基础设施。农产品初加工和农业灌溉用电执行农业生产用电价格。鼓励以县为单位开展农业社会化服务示范创建活动。开展政府购买农业公益性服务试点，鼓励向经营性服务组织购买易监管、可量化的公益性服务。研究制定政府购买农业公益性服务的指导性目录，建立健全购买服务的标准合同、规范程序和监督机制。积极推广既不改变农户承包关系，又保证地有人种的托管服务模式，鼓励种粮大户、农机大户和农机合作社开展全程托管或主要生产环节托管，实现统一耕作，规模化生产。

（十八）开展新型职业农民教育培训。制定专门规划和政策，壮大新型职业农民队伍。整合教育培训资源，改善农业职业学校和其他学校涉农专业办学条件，加快发展农业职业教育，大力发展现代农业远程教育。实施新型职业农民培育工程，围绕主导产业开展农业技能和经营能力培养培训，扩大农村实用人才带头人示范培养培训规模，加大对专业大户、家庭农场经营者、农民合作社带头人、农业企业经营管理人员、农业社会化服务人员和返乡农民工的培养培训力度，把青年农民纳入国家实用人才培养计划。努力构建新型职业农民和农村实用人才培养、认定、扶持体系，建立公益性农民培养培训制度，探索建立培育新型职业农民制度。

（十九）发挥供销合作社的优势和作用。扎实推进供销合作社综合改革试点，按照改造自我、服务农民的要求，把供销合作社打造成服务农民生产生活的生力军和综合平台。利用供销合作社农资经营渠道,深化行业合作,推进技物结合,为新型农业经营主体提供服务。推动供销合作社农产品流通企业、农副产品批发市场、网络终端与新型农业经营主体对接,开展农产品生产、加工、流通服务。鼓励基层供销合作社针对农业生产重要环节,与农民签订服务协议,开展合作式、订单式服务,提高服务规模化水平。

　　土地问题涉及亿万农民切身利益,事关全局。各级党委和政府要充分认识引导农村土地经营权有序流转、发展农业适度规模经营的重要性、复杂性和长期性,切实加强组织领导,严格按照中央政策和国家法律法规办事,及时查处违纪违法行为。坚持从实际出发,加强调查研究,搞好分类指导,充分利用农村改革试验区、现代农业示范区等开展试点试验,认真总结基层和农民群众创造的好经验好做法。加大政策宣传力度,牢固树立政策观念,准确把握政策要求,营造良好的改革发展环境。加强农村经营管理体系建设,明确相应机构承担农村经管工作职责,确保事有人干、责有人负。各有关部门要按照职责分工,抓紧修订完善相关法律法规,建立工作指导和检查监督制度,健全齐抓共管的工作机制,引导农村土地经营权有序流转,促进农业适度规模经营健康发展。

三、部门规章及相关文件

中华人民共和国农村土地承包经营权证管理办法

- 2003年10月9日农业部第23次常务会议审议通过
- 2004年1月1日施行

第一条 为稳定和完善农村土地承包关系,维护承包方依法取得的土地承包经营权,加强农村土地承包经营权证管理,根据《中华人民共和国农村土地承包法》,制定本办法。

第二条 农村土地承包经营权证是农村土地承包合同生效后,国家依法确认承包方享有土地承包经营权的法律凭证。

农村土地承包经营权证只限承包方使用。

第三条 承包耕地、园地、荒山、荒沟、荒丘、荒滩等农村土地从事种植业生产活动,承包方依法取得农村土地承包经营权后,应颁发农村土地承包经营权证予以确认。

承包草原、水面、滩涂从事养殖业生产活动的,依照《中华人民共和国草原法》、《中华人民共和国渔业法》等有关规定确权发证。

第四条 实行家庭承包经营的承包方,由县级以上地方人民政府颁发农村土地承包经营权证。

实行其它方式承包经营的承包方,经依法登记,由县级以上地方人民政府颁发农村土地承包经营权证。

县级以上地方人民政府农业行政主管部门负责农村土地承包经营权证的备案、登记、发放等具体工作。

第五条 农村土地承包经营权证所载明的权利有效期限，应与依法签订的土地承包合同约定的承包期一致。

第六条 农村土地承包经营权证应包括以下内容：

（一）名称和编号；

（二）发证机关及日期；

（三）承包期限和起止日期；

（四）承包土地名称、坐落、面积、用途；

（五）农村土地承包经营权变动情况；

（六）其他应当注明的事项。

第七条 实行家庭承包的，按下列程序颁发农村土地承包经营权证：

（一）土地承包合同生效后，发包方应在30个工作日内，将土地承包方案、承包方及承包土地的详细情况、土地承包合同等材料一式两份报乡（镇）人民政府农村经营管理部门。

（二）乡（镇）人民政府农村经营管理部门对发包方报送的材料予以初审。材料符合规定的，及时登记造册，由乡（镇）人民政府向县级以上地方人民政府提出颁发农村土地承包经营权证的书面申请；材料不符合规定的，应在15个工作日内补正。

（三）县级以上地方人民政府农业行政主管部门对乡（镇）人民政府报送的申请材料予以审核。申请材料符合规定的，编制农村土地承包经营权证登记簿，报同级人民政府颁发农村土地承包经营权证；申请材料不符合规定的，书面通知乡（镇）人民政府补正。

第八条 实行招标、拍卖、公开协商等方式承包农村土地的，按下列程序办理农村土地承包经营权证：

（一）土地承包合同生效后，承包方填写农村土地承包经营权证登记申请书，报承包土地所在乡（镇）人民政府农村经营管理部门。

（二）乡（镇）人民政府农村经营管理部门对发包方和承包方的资格、发包程序、承包期限、承包地用途等予以初审，并在农村土地承包经营权证登记申请书上签署初审意见。

（三）承包方持乡（镇）人民政府初审通过的农村土地承包经营权登记申请书，向县级以上地方人民政府申请农村土地承包经营权证登记。

（四）县级以上地方人民政府农业行政主管部门对登记申请予以审核。申请材料符合规定的，编制农村土地承包经营权证登记簿，报请同级人民政府颁发农村土地承包经营权证；申请材料不符合规定的，书面通知申请人补正。

第九条　农村土地承包经营权证登记簿记载农村土地承包经营权的基本内容。农村土地承包经营权证、农村土地承包合同、农村土地承包经营权证登记簿记载的事项应一致。

第十条　农村土地承包经营权证登记簿、承包合同登记及其他登记材料，由县级以上地方农业行政主管部门管理。

农村土地承包方有权查阅、复制农村土地承包经营权证登记簿和其他登记材料。县级以上农业行政主管部门不得限制和阻挠。

第十一条　农村土地承包当事人认为农村土地承包经营权证和登记簿记载错误的，有权申请更正。

第十二条　乡（镇）农村经营管理部门和县级以上地方人民政府农业行政主管部门在办理农村土地承包经营权证过程中应当履行下列职责：

（一）查验申请人提交的有关材料；

（二）就有关登记事项询问申请人；

（三）如实、及时地登记有关事项；

（四）需要实地查看的，应进行查验。在实地查验过程中，申请人有义务给予协助。

第十三条　乡（镇）人民政府农村经营管理部门领取农村土地承包经营权证后，应在30个工作日内将农村土地承包经营权证发给承包方。发包方不得为承包方保存农村土地承包经营权证。

第十四条　承包期内，承包方采取转包、出租、入股方式流转土地承包经营权的，不须办理农村土地承包经营权证变更。

采取转让、互换方式流转土地承包经营权的，当事人可以要求办理农村土地承包经营权证变更登记。

因转让、互换以外的其他方式导致农村土地承包经营权分立、合并的，应当办理农村土地承包经营权证变更。

第十五条 办理农村土地承包经营权变更申请应提交以下材料：

（一）变更的书面请求；

（二）已变更的农村土地承包合同或其它证明材料；

（三）农村土地承包经营权证原件。

第十六条 乡（镇）人民政府农村经营管理部门受理变更申请后，应及时对申请材料进行审核。符合规定的，报请原发证机关办理变更手续，并在农村土地承包经营权证登记簿上记载。

第十七条 农村土地承包经营权证严重污损、毁坏、遗失的，承包方应向乡（镇）人民政府农村经营管理部门申请换发、补发。

经乡（镇）人民政府农村经营管理部门审核后，报请原发证机关办理换发、补发手续。

第十八条 办理农村土地承包经营权证换发、补发手续，应以农村土地经营权证登记簿记载的内容为准。

第十九条 农村土地承包经营权证换发、补发，应当在农村土地承包经营权证上注明"换发"、"补发"字样。

第二十条 承包期内，发生下列情形之一的，应依法收回农村土地承包经营权证：

（一）承包期内，承包方全家迁入设区的市，转为非农业户口的。

（二）承包期内，承包方提出书面申请，自愿放弃全部承包土地的。

（三）承包土地被依法征用、占用，导致农村土地承包经营权全部丧失的。

（四）其他收回土地承包经营权证的情形。

第二十一条 符合本办法第二十条规定，承包方无正当理由拒绝交回农村土地承包经营权证的，由原发证机关注销该证（包括编号），并予以公告。

第二十二条 收回的农村土地承包经营权证，应退回原发证机关，加盖"作废"章。

第二十三条 县级人民政府农业行政主管部门和乡（镇）人民政府要完

善农村土地承包方案、农村土地承包合同、农村土地承包经营权证及其相关文件档案的管理制度，建立健全农村土地承包信息化管理系统。

第二十四条 地方各级人民政府农业行政主管部门要加强对农村土地承包经营权证的发放管理，确保农村土地承包经营权证全部落实到户。

第二十五条 对不按规定及时发放农村土地承包经营权证的责任人，予以批评教育；造成严重后果的，应追究行政责任。

第二十六条 颁发农村土地承包经营权证，除工本费外，不得向承包方收取任何费用。

农村土地承包经营权证工本费的支出要严格执行国家有关财务管理的规定。

第二十七条 本办法实施以前颁发的农村土地承包经营权证，符合《农村土地承包法》有关规定，并已加盖县级以上地方人民政府印章的，继续有效。个别条款如承包期限、承包方承担义务等违反《农村土地承包法》规定的，该条款无效，是否换发新证，由承包方决定。

未加盖县级以上地方人民政府印章的，应按本《办法》规定重新颁发。重新颁发农村土地承包经营权证，土地承包期限应符合《农村土地承包法》的有关规定，不得借机调整土地。

第二十八条 农村土地承包经营权证由农业部监制，由省级人民政府农业行政主管部门统一组织印制，加盖县级以上地方人民政府印章。

第二十九条 本办法由农业部负责解释。

第三十条 本办法自 2004 年 1 月 1 日起正式施行。

农村土地承包经营权流转管理办法

- 2005 年 1 月 7 日农业部第 2 次常务会议审议通过
- 2005 年 3 月 1 日施行

第一章 总 则

第一条 为规范农村土地承包经营权流转行为，维护流转双方当事人合法权益，促进农业和农村经济发展，根据《农村土地承包法》及有关规定制定本办法。

第二条 农村土地承包经营权流转应当在坚持农户家庭承包经营制度和稳定农村土地承包关系的基础上，遵循平等协商、依法、自愿、有偿的原则。

第三条 农村土地承包经营权流转不得改变承包土地的农业用途，流转期限不得超过承包期的剩余期限，不得损害利害关系人和农村集体经济组织的合法权益。

第四条 农村土地承包经营权流转应当规范有序。依法形成的流转关系应当受到保护。

第五条 县级以上人民政府农业行政主管（或农村经营管理）部门依照同级人民政府规定的职责负责本行政区域内的农村土地承包经营权流转及合同管理的指导。

第二章 流转当事人

第六条 承包方有权依法自主决定承包土地是否流转、流转的对象和方式。任何单位和个人不得强迫或者阻碍承包方依法流转其承包土地。

第七条 农村土地承包经营权流转收益归承包方所有，任何组织和个人不得侵占、截留、扣缴。

第八条 承包方自愿委托发包方或中介组织流转其承包土地的，应当由承包方出具土地流转委托书。委托书应当载明委托的事项、权限和期限等，并有委托人的签名或盖章。

没有承包方的书面委托，任何组织和个人无权以任何方式决定流转农户的承包土地。

第九条 农村土地承包经营权流转的受让方可以是承包农户，也可以是其他按有关法律及有关规定允许从事农业生产经营的组织和个人。在同等条件下，本集体经济组织成员享有优先权。

受让方应当具有农业经营能力。

第十条 农村土地承包经营权流转方式、期限和具体条件，由流转双方平等协商确定。

第十一条　承包方与受让方达成流转意向后,以转包、出租、互换或者其他方式流转的,承包方应当及时向发包方备案;以转让方式流转的,应当事先向发包方提出转让申请。

第十二条　受让方应当依照有关法律、法规的规定保护土地,禁止改变流转土地的农业用途。

第十三条　受让方将承包方以转包、出租方式流转的土地实行再流转,应当取得原承包方的同意。

第十四条　受让方在流转期间因投入而提高土地生产能力的,土地流转合同到期或者未到期由承包方依法收回承包土地时,受让方有权获得相应的补偿。具体补偿办法可以在土地流转合同中约定或双方通过协商解决。

第三章　流转方式

第十五条　承包方依法取得的农村土地承包经营权可以采取转包、出租、互换、转让或者其他符合有关法律和国家政策规定的方式流转。

第十六条　承包方依法采取转包、出租、入股方式将农村土地承包经营权部分或者全部流转的,承包方与发包方的承包关系不变,双方享有的权利和承担的义务不变。

第十七条　同一集体经济组织的承包方之间自愿将土地承包经营权进行互换,双方对互换土地原享有的承包权利和承担的义务也相应互换,当事人可以要求办理农村土地承包经营权证变更登记手续。

第十八条　承包方采取转让方式流转农村土地承包经营权的,经发包方同意后,当事人可以要求及时办理农村土地承包经营权证变更、注销或重发手续。

第十九条　承包方之间可以自愿将承包土地入股发展农业合作生产,但股份合作解散时入股土地应当退回原承包农户。

第二十条　通过转让、互换方式取得的土地承包经营权经依法登记获得土地承包经营权证后,可以依法采取转包、出租、互换、转让或者其他符合法律和国家政策规定的方式流转。

第四章 流转合同

第二十一条 承包方流转农村土地承包经营权,应当与受让方在协商一致的基础上签订书面流转合同。

农村土地承包经营权流转合同一式四份,流转双方各执一份,发包方和乡(镇)人民政府农村土地承包管理部门各备案一份。

承包方将土地交由他人代耕不超过一年的,可以不签订书面合同。

第二十二条 承包方委托发包方或者中介服务组织流转其承包土地的,流转合同应当由承包方或其书面委托的代理人签订。

第二十三条 农村土地承包经营权流转合同一般包括以下内容:

(一)双方当事人的姓名、住所;

(二)流转土地的四至、座落、面积、质量等级;

(三)流转的期限和起止日期;

(四)流转方式;

(五)流转土地的用途;

(六)双方当事人的权利和义务;

(七)流转价款及支付方式;

(八)流转合同到期后地上附着物及相关设施的处理;

(九)违约责任。

农村土地承包经营权流转合同文本格式由省级人民政府农业行政主管部门确定。

第二十四条 农村土地承包经营权流转当事人可以向乡(镇)人民政府农村土地承包管理部门申请合同鉴证。

乡(镇)人民政府农村土地承包管理部门不得强迫土地承包经营权流转当事人接受鉴证。

第五章 流转管理

第二十五条 发包方对承包方提出的转包、出租、互换或者其他方式流转承包土地的要求,应当及时办理备案,并报告乡(镇)人民政府农村土地承包管理部门。

承包方转让承包土地，发包方同意转让的，应当及时向乡（镇）人民政府农村土地承包管理部门报告，并配合办理有关变更手续；发包方不同意转让的，应当于七日内向承包方书面说明理由。

第二十六条　乡（镇）人民政府农村土地承包管理部门应当及时向达成流转意向的承包方提供统一文本格式的流转合同，并指导签订。

第二十七条　乡（镇）人民政府农村土地承包管理部门应当建立农村土地承包经营权流转情况登记册，及时准确记载农村土地承包经营权流转情况。以转包、出租或者其他方式流转承包土地的，及时办理相关登记；以转让、互换方式流转承包土地的，及时办理有关承包合同和土地承包经营权证变更等手续。

第二十八条　乡（镇）人民政府农村土地承包管理部门应当对农村土地承包经营权流转合同及有关文件、文本、资料等进行归档并妥善保管。

第二十九条　采取互换、转让方式流转土地承包经营权，当事人申请办理土地承包经营权流转登记的，县级人民政府农业行政（或农村经营管理）主管部门应当予以受理，并依照《农村土地承包经营权证管理办法》的规定办理。

第三十条　从事农村土地承包经营权流转服务的中介组织应当向县级以上地方人民政府农业行政（或农村经营管理）主管部门备案并接受其指导，依照法律和有关规定提供流转中介服务。

第三十一条　乡（镇）人民政府农村土地承包管理部门在指导流转合同签订或流转合同鉴证中，发现流转双方有违反法律法规的约定，要及时予以纠正。

第三十二条　县级以上地方人民政府农业行政（或农村经营管理）主管部门应当加强对乡（镇）人民政府农村土地承包管理部门工作的指导。乡（镇）人民政府农村土地承包管理部门应当依法开展农村土地承包经营权流转的指导和管理工作，正确履行职责。

第三十三条　农村土地承包经营权流转发生争议或者纠纷，当事人应当依法协商解决。

当事人协商不成的，可以请求村民委员会、乡（镇）人民政府调解。

当事人不愿协商或者调解不成的，可以向农村土地承包仲裁机构申请仲裁，也可以直接向人民法院起诉。

第六章 附 则

第三十四条 通过招标、拍卖和公开协商等方式承包荒山、荒沟、荒丘、荒滩等农村土地，经依法登记取得农村土地承包经营权证的，可以采取转让、出租、入股、抵押或者其他方式流转，其流转管理参照本办法执行。

第三十五条 本办法所称转让是指承包方有稳定的非农职业或者有稳定的收入来源，经承包方申请和发包方同意，将部分或全部土地承包经营权让渡给其他从事农业生产经营的农户，由其履行相应土地承包合同的权利和义务。转让后原土地承包关系自行终止，原承包方承包期内的土地承包经营权部分或全部灭失。

转包是指承包方将部分或全部土地承包经营权以一定期限转给同一集体经济组织的其他农户从事农业生产经营。转包后原土地承包关系不变，原承包方继续履行原土地承包合同规定的权利和义务。接包方按转包时约定的条件对转包方负责。承包方将土地交他人代耕不足一年的除外。

互换是指承包方之间为方便耕作或者各自需要，对属于同一集体经济组织的承包地块进行交换，同时交换相应的土地承包经营权。

入股是指实行家庭承包方式的承包方之间为发展农业经济，将土地承包经营权作为股权，自愿联合从事农业合作生产经营；其他承包方式的承包方将土地承包经营权量化为股权，入股组成股份公司或者合作社等，从事农业生产经营。

出租是指承包方将部分或全部土地承包经营权以一定期限租赁给他人从事农业生产经营。出租后原土地承包关系不变，原承包方继续履行原土地承包合同规定的权利和义务。承租方按出租时约定的条件对承包方负责。

本办法所称受让方包括接包方、承租方等。

第三十六条 本办法自 2005 年 3 月 1 日起正式施行。

农村土地承包经营纠纷仲裁规则

- 2009 年 12 月 18 日农业部第 10 次常务会议审议通过
- 2010 年 1 月 1 日施行

第一章 总 则

第一条 为规范农村土地承包经营纠纷仲裁活动,根据《中华人民共和国农村土地承包经营纠纷调解仲裁法》,制定本规则。

第二条 农村土地承包经营纠纷仲裁适用本规则。

第三条 下列农村土地承包经营纠纷,当事人可以向农村土地承包经营纠纷仲裁委员会(以下简称仲裁委员会)申请仲裁:

(一)因订立、履行、变更、解除和终止农村土地承包合同发生的纠纷;

(二)因农村土地承包经营权转包、出租、互换、转让、入股等流转发生的纠纷;

(三)因收回、调整承包地发生的纠纷;

(四)因确认农村土地承包经营权发生的纠纷;

(五)因侵害农村土地承包经营权发生的纠纷;

(六)法律、法规规定的其他农村土地承包经营纠纷。

因征收集体所有的土地及其补偿发生的纠纷,不属于仲裁委员会的受理范围,可以通过行政复议或者诉讼等方式解决。

第四条 仲裁委员会依法设立,其日常工作由当地农村土地承包管理部门承担。

第五条 农村土地承包经营纠纷仲裁,应当公开、公平、公正,便民高效,注重调解,尊重事实,符合法律,遵守社会公德。

第二章 申请和受理

第六条 农村土地承包经营纠纷仲裁的申请人、被申请人为仲裁当事人。

第七条　家庭承包的，可以由农户代表人参加仲裁。农户代表人由农户成员共同推选；不能共同推选的，按下列方式确定：

（一）土地承包经营权证或者林权证等证书上记载的人；

（二）未取得土地承包经营权证或者林权证等证书的，为在承包合同上签字的人。

第八条　当事人一方为五户（人）以上的，可以推选三至五名代表人参加仲裁。

第九条　与案件处理结果有利害关系的，可以申请作为第三人参加仲裁，或者由仲裁委员会通知其参加仲裁。

第十条　当事人、第三人可以委托代理人参加仲裁。

当事人或者第三人为无民事行为能力人或者限制民事行为能力人的，由其法定代理人参加仲裁。

第十一条　当事人申请农村土地承包经营纠纷仲裁的时效期间为二年，自当事人知道或者应当知道其权利被侵害之日起计算。

仲裁时效因申请调解、申请仲裁、当事人一方提出要求或者同意履行义务而中断。从中断时起，仲裁时效重新计算。

在仲裁时效期间的最后六个月内，因不可抗力或者其他事由，当事人不能申请仲裁的，仲裁时效中止。从中止时效的原因消除之日起，仲裁时效期间继续计算。

侵害农村土地承包经营权行为持续发生的，仲裁时效从侵权行为终了时计算。

第十二条　申请农村土地承包经营纠纷仲裁，应当符合下列条件：

（一）申请人与纠纷有直接的利害关系；

（二）有明确的被申请人；

（三）有具体的仲裁请求和事实、理由；

（四）属于仲裁委员会的受理范围。

第十三条　当事人申请仲裁，应当向纠纷涉及土地所在地的仲裁委员会递交仲裁申请书。申请书可以邮寄或者委托他人代交。

书面申请有困难的，可以口头申请，由仲裁委员会记入笔录，经申请人核实后由其签名、盖章或者按指印。

仲裁委员会收到仲裁申请材料,应当出具回执。回执应当载明接收材料的名称和份数、接收日期等,并加盖仲裁委员会印章。

第十四条 仲裁申请书应当载明下列内容:

(一)申请人和被申请人的姓名、年龄、住所、邮政编码、电话或者其他通讯方式;法人或者其他组织应当写明名称、地址和法定代表人或者主要负责人的姓名、职务、通讯方式;

(二)申请人的仲裁请求;

(三)仲裁请求所依据的事实和理由;

(四)证据和证据来源、证人姓名和联系方式。

第十五条 仲裁委员会应当对仲裁申请进行审查,符合申请条件的,应当受理。

有下列情形之一的,不予受理;已受理的,终止仲裁程序:

(一)不符合申请条件;

(二)人民法院已受理该纠纷;

(三)法律规定该纠纷应当由其他机构受理;

(四)对该纠纷已有生效的判决、裁定、仲裁裁决、行政处理决定等。

第十六条 仲裁委员会决定受理仲裁申请的,应当自收到仲裁申请之日起五个工作日内,将受理通知书、仲裁规则、仲裁员名册送达申请人,将受理通知书、仲裁申请书副本、仲裁规则、仲裁员名册送达被申请人。

决定不予受理或者终止仲裁程序的,应当自收到仲裁申请或者发现终止仲裁程序情形之日起五个工作日内书面通知申请人,并说明理由。

需要通知第三人参加仲裁的,仲裁委员会应当通知第三人,并告知其权利义务。

第十七条 被申请人应当自收到仲裁申请书副本之日起十日内向仲裁委员会提交答辩书。

仲裁委员会应当自收到答辩书之日起五个工作日内将答辩书副本送达申请人。

被申请人未答辩的,不影响仲裁程序的进行。

第十八条　答辩书应当载明下列内容：

（一）答辩人姓名、年龄、住所、邮政编码、电话或者其他通讯方式；法人或者其他组织应当写明名称、地址和法定代表人或者主要负责人的姓名、职务、通讯方式；

（二）对申请人仲裁申请的答辩及所依据的事实和理由；

（三）证据和证据来源，证人姓名和联系方式。

书面答辩确有困难的，可以口头答辩，由仲裁委员会记入笔录，经被申请人核实后由其签名、盖章或者按指印。

第十九条　当事人提交仲裁申请书、答辩书、有关证据材料及其他书面文件，应当一式三份。

第二十条　因一方当事人的行为或者其他原因可能使裁决不能执行或者难以执行，另一方当事人申请财产保全的，仲裁委员会应当将当事人的申请提交被申请人住所地或者财产所在地的基层人民法院，并告知申请人因申请错误造成被申请人财产损失的，应当承担相应的赔偿责任。

第三章　仲　裁　庭

第二十一条　仲裁庭由三名仲裁员组成。

事实清楚、权利义务关系明确、争议不大的农村土地承包经营纠纷，经双方当事人同意，可以由一名仲裁员仲裁。

第二十二条　双方当事人自收到受理通知书之日起五个工作日内，从仲裁员名册中选定仲裁员。首席仲裁员由双方当事人共同选定，其他二名仲裁员由双方当事人各自选定；当事人不能选定的，由仲裁委员会主任指定。

独任仲裁员由双方当事人共同选定；当事人不能选定的，由仲裁委员会主任指定。

仲裁委员会应当自仲裁庭组成之日起二个工作日内将仲裁庭组成情况通知当事人。

第二十三条　仲裁庭组成后，首席仲裁员应当召集其他仲裁员审阅案件材料，了解纠纷的事实和情节，研究双方当事人的请求和理由，查核证据，整理争议焦点。

仲裁庭认为确有必要的，可以要求当事人在一定期限内补充证据，也可以自行调查取证。自行调查取证的，调查人员不得少于二人。

第二十四条　仲裁员有下列情形之一的，应当回避：

（一）是本案当事人或者当事人、代理人的近亲属；

（二）与本案有利害关系；

（三）与本案当事人、代理人有其他关系，可能影响公正仲裁；

（四）私自会见当事人、代理人，或者接受当事人、代理人请客送礼。

第二十五条　仲裁员有回避情形的，应当以口头或者书面方式及时向仲裁委员会提出。

当事人认为仲裁员有回避情形的，有权以口头或者书面方式向仲裁委员会申请其回避。

当事人提出回避申请，应当在首次开庭前提出，并说明理由；在首次开庭后知道回避事由的，可以在最后一次开庭终结前提出。

第二十六条　仲裁委员会应当自收到回避申请或者发现仲裁员有回避情形之日起二个工作日内作出决定，以口头或者书面方式通知当事人，并说明理由。

仲裁员是否回避，由仲裁委员会主任决定；仲裁委员会主任担任仲裁员时，由仲裁委员会集体决定主任的回避。

第二十七条　仲裁员有下列情形之一的，应当按照本规则第二十二条规定重新选定或者指定仲裁员：

（一）被决定回避的；

（二）在法律上或者事实上不能履行职责的；

（三）因被除名或者解聘丧失仲裁员资格的；

（四）因个人原因退出或者不能从事仲裁工作的；

（五）因徇私舞弊、失职渎职被仲裁委员会决定更换的。

重新选定或者指定仲裁员后，仲裁程序继续进行。当事人请求仲裁程序重新进行的，由仲裁庭决定。

第二十八条　仲裁庭应当向当事人提供必要的法律政策解释，帮助当事人自行和解。

达成和解协议的，当事人可以请求仲裁庭根据和解协议制作裁决书；当事人要求撤回仲裁申请的，仲裁庭应当终止仲裁程序。

第二十九条　仲裁庭应当在双方当事人自愿的基础上进行调解。调解达成协议的，仲裁庭应当制作调解书。

调解书应当载明双方当事人基本情况、纠纷事由、仲裁请求和协议结果，由仲裁员签名，并加盖仲裁委员会印章，送达双方当事人。

调解书经双方当事人签收即发生法律效力。

第三十条　调解不成或者当事人在调解书签收前反悔的，仲裁庭应当及时作出裁决。

当事人在调解过程中的陈述、意见、观点或者建议，仲裁庭不得作为裁决的证据或依据。

第三十一条　仲裁庭作出裁决前，申请人放弃仲裁请求并撤回仲裁申请，且被申请人没有就申请人的仲裁请求提出反请求的，仲裁庭应当终止仲裁程序。

申请人经书面通知，无正当理由不到庭或者未经仲裁庭许可中途退庭的，可以视为撤回仲裁申请。

第三十二条　被申请人就申请人的仲裁请求提出反请求的，应当说明反请求事项及其所依据的事实和理由，并附具有关证明材料。

被申请人在仲裁庭组成前提出反请求的，由仲裁委员会决定是否受理；在仲裁庭组成后提出反请求的，由仲裁庭决定是否受理。

仲裁委员会或者仲裁庭决定受理反请求的，应当自收到反请求之日起五个工作日内将反请求申请书副本送达申请人。申请人应当在收到反请求申请书副本后十个工作日内提交反请求答辩书，不答辩的不影响仲裁程序的进行。仲裁庭应当将被申请人的反请求与申请人的请求合并审理。

仲裁委员会或者仲裁庭决定不予受理反请求的，应当书面通知被申请人，并说明理由。

第三十三条　仲裁庭组成前申请人变更仲裁请求或者被申请人变更反请求的，由仲裁委员会作出是否准许的决定；仲裁庭组成后变更请求或者反请求的，由仲裁庭作出是否准许的决定。

第四章　开　　庭

第三十四条　农村土地承包经营纠纷仲裁应当开庭进行。开庭应当公开，但涉及国家秘密、商业秘密和个人隐私以及当事人约定不公开的除外。

开庭可以在纠纷涉及的土地所在地的乡（镇）或者村进行，也可以在仲裁委员会所在地进行。当事人双方要求在乡（镇）或者村开庭的，应当在该乡（镇）或者村开庭。

第三十五条　仲裁庭应当在开庭五个工作日前将开庭时间、地点通知当事人、第三人和其他仲裁参与人。

当事人请求变更开庭时间和地点的，应当在开庭三个工作日前向仲裁庭提出，并说明理由。仲裁庭决定变更的，通知双方当事人、第三人和其他仲裁参与人；决定不变更的，通知提出变更请求的当事人。

第三十六条　公开开庭的，应当将开庭时间、地点等信息予以公告。

申请旁听的公民，经仲裁庭审查后可以旁听。

第三十七条　被申请人经书面通知，无正当理由不到庭或者未经仲裁庭许可中途退庭的，仲裁庭可以缺席裁决。

被申请人提出反请求，申请人经书面通知，无正当理由不到庭或者未经仲裁庭许可中途退庭的，仲裁庭可以就反请求缺席裁决。

第三十八条　开庭前，仲裁庭应当查明当事人、第三人、代理人和其他仲裁参与人是否到庭，并逐一核对身份。

开庭由首席仲裁员或者独任仲裁员宣布。首席仲裁员或者独任仲裁员应当宣布案由，宣读仲裁庭组成人员名单、仲裁庭纪律、当事人权利和义务，询问当事人是否申请仲裁员回避。

第三十九条　仲裁庭应当保障双方当事人平等陈述的机会，组织当事人、第三人、代理人陈述事实、意见、理由。

第四十条　当事人、第三人应当提供证据，对其主张加以证明。

与纠纷有关的证据由作为当事人一方的发包方等掌握管理的，该当事人应当在仲裁庭指定的期限内提供，逾期不提供的，应当承担不利后果。

第四十一条　仲裁庭自行调查收集的证据，应当在开庭时向双方当事人出示。

第四十二条　仲裁庭对专门性问题认为需要鉴定的，可以交由当事人约定的鉴定机构鉴定；当事人没有约定的，由仲裁庭指定的鉴定机构鉴定。

第四十三条 当事人申请证据保全，应当向仲裁委员会书面提出。仲裁委员会应当自收到申请之日起二个工作日内，将申请提交证据所在地的基层人民法院。

第四十四条 当事人、第三人申请证人出庭作证的，仲裁庭应当准许，并告知证人的权利义务。

证人不得旁听案件审理。

第四十五条 证据应当在开庭时出示，但涉及国家秘密、商业秘密和个人隐私的证据不得在公开开庭时出示。

仲裁庭应当组织当事人、第三人交换证据，相互质证。

经仲裁庭许可，当事人、第三人可以向证人询问，证人应当据实回答。

根据当事人的请求或者仲裁庭的要求，鉴定机构应当派鉴定人参加开庭。经仲裁庭许可，当事人可以向鉴定人提问。

第四十六条 仲裁庭应当保障双方当事人平等行使辩论权，并对争议焦点组织辩论。

辩论终结时，首席仲裁员或者独任仲裁员应当征询双方当事人、第三人的最后意见。

第四十七条 对权利义务关系明确的纠纷，当事人可以向仲裁庭书面提出先行裁定申请，请求维持现状、恢复农业生产以及停止取土、占地等破坏性行为。仲裁庭应当自收到先行裁定申请之日起二个工作日内作出决定。

仲裁庭作出先行裁定的，应当制作先行裁定书，并告知先行裁定申请人可以向人民法院申请执行，但应当提供相应的担保。

先行裁定书应当载明先行裁定申请的内容、依据事实和理由、裁定结果和日期，由仲裁员签名，加盖仲裁委员会印章。

第四十八条 仲裁庭应当将开庭情况记入笔录。笔录由仲裁员、记录人员、当事人、第三人和其他仲裁参与人签名、盖章或者按指印。

当事人、第三人和其他仲裁参与人认为对自己的陈述记录有遗漏或者差错的，有权申请补正。仲裁庭不予补正的，应当向申请人说明情况，并记录该申请。

第四十九条 发生下列情形之一的，仲裁程序中止：

（一）一方当事人死亡，需要等待继承人表明是否参加仲裁的；

（二）一方当事人丧失行为能力，尚未确定法定代理人的；

（三）作为一方当事人的法人或者其他组织终止，尚未确定权利义务承受人的；

（四）一方当事人因不可抗拒的事由，不能参加仲裁的；

（五）本案必须以另一案的审理结果为依据，而另一案尚未审结的；

（六）其他应当中止仲裁程序的情形。

在仲裁庭组成前发生仲裁中止事由的，由仲裁委员会决定是否中止仲裁；仲裁庭组成后发生仲裁中止事由的，由仲裁庭决定是否中止仲裁。决定仲裁程序中止的，应当书面通知当事人。

仲裁程序中止的原因消除后，仲裁委员会或者仲裁庭应当在三个工作日内作出恢复仲裁程序的决定，并通知当事人和第三人。

第五十条 发生下列情形之一的，仲裁程序终结：

（一）申请人死亡或者终止，没有继承人及权利义务承受人，或者继承人、权利义务承受人放弃权利的；

（二）被申请人死亡或者终止，没有可供执行的财产，也没有应当承担义务的人的；

（三）其他应当终结仲裁程序的。

终结仲裁程序的，仲裁委员会应当自发现终结仲裁程序情形之日起五个工作日内书面通知当事人、第三人，并说明理由。

第五章 裁决和送达

第五十一条 仲裁庭应当根据认定的事实和法律以及国家政策作出裁决，并制作裁决书。

首席仲裁员组织仲裁庭对案件进行评议，裁决依多数仲裁员意见作出。少数仲裁员的不同意见可以记入笔录。

仲裁庭不能形成多数意见时，应当按照首席仲裁员的意见作出裁决。

第五十二条 裁决书应当写明仲裁请求、争议事实、裁决理由和依据、裁决结果、裁决日期，以及当事人不服仲裁裁决的起诉权利和期限。

裁决书由仲裁员签名，加盖仲裁委员会印章。

第五十三条 对裁决书中的文字、计算错误，或者裁决书中有遗漏的事项，仲裁庭应当及时补正。补正构成裁决书的一部分。

第五十四条 仲裁庭应当自受理仲裁申请之日起六十日内作出仲裁裁决。受理日期以受理通知书上记载的日期为准。

案情复杂需要延长的，经仲裁委员会主任批准可以延长，但延长期限不得超过三十日。

延长期限的，应当自作出延期决定之日起三个工作日内书面通知当事人、第三人。

期限不包括仲裁程序中止、鉴定、当事人在庭外自行和解、补充申请材料和补正裁决的时间。

第五十五条 仲裁委员会应当在裁决作出之日起三个工作日内将裁决书送达当事人、第三人。

直接送达的，应当告知当事人、第三人下列事项：

（一）不服仲裁裁决的，可以在收到裁决书之日起三十日内向人民法院起诉，逾期不起诉的，裁决书即发生法律效力；

（二）一方当事人不履行生效的裁决书所确定义务的，另一方当事人可以向被申请人住所地或者财产所在地的基层人民法院申请执行。

第五十六条 仲裁文书应当直接送达当事人或者其代理人。受送达人是自然人，但本人不在场的，由其同住成年家属签收；受送达人是法人或者其他组织的，应当由法人的法定代表人、其他组织的主要负责人或者该法人、组织负责收件的人签收。

仲裁文书送达后，由受送达人在送达回证上签名、盖章或者按指印，受送达人在送达回证上的签收日期为送达日期。

受送达人或者其同住成年家属拒绝接收仲裁文书的，可以留置送达。送达人应当邀请有关基层组织或者受送达人所在单位的代表到场，说明情况，在送达回证上记明拒收理由和日期，由送达人、见证人签名、盖章或者按指印，将仲裁文书留在受送达人的住所，即视为已经送达。

直接送达有困难的，可以邮寄送达。邮寄送达的，以当事人签收日期为送达日期。

当事人下落不明，或者以前款规定的送达方式无法送达的，可以公告送达，自发出公告之日起，经过六十日，即视为已经送达。

第六章 附 则

第五十七条 独任仲裁可以适用简易程序。简易程序的仲裁规则由仲裁委员会依照本规则制定。

第五十八条 期间包括法定期间和仲裁庭指定的期间。

期间以日、月、年计算，期间开始日不计算在期间内。

期间最后一日是法定节假日的，以法定节假日后的第一个工作日为期间的最后一日。

第五十九条 对不通晓当地通用语言文字的当事人、第三人，仲裁委员会应当为其提供翻译。

第六十条 仲裁文书格式由农业部、国家林业局共同制定。

第六十一条 农村土地承包经营纠纷仲裁不得向当事人收取费用，仲裁工作经费依法纳入财政预算予以保障。

当事人委托代理人、申请鉴定等发生的费用由当事人负担。

第六十二条 本规则自 2010 年 1 月 1 日起施行。

关于开展农村土地承包经营权登记试点工作的意见

- 2011 年 2 月 26 日农业部颁布
- 2011 年 2 月 26 日施行

为贯彻落实近年来中央关于开展农村土地承包经营权登记试点的要求，做好农村土地承包经营权登记试点工作，现就有关问题提出以下意见：

一、开展农村土地承包经营权登记试点工作的重要意义

以家庭承包经营为基础、统分结合的双层经营体制是我国农村基本经营制度,是党的农村政策的基石。党和国家先后出台了一系列稳定农村土地承包关系的法律法规和政策,各地认真贯彻落实,依法确认了农民对承包土地的占有、使用、收益权利,广大农民获得了长期而有保障的土地承包经营权。由于特殊历史条件的限制,多数地方土地承包不同程度地存在地块不实、四至不清、面积不准等问题,导致不少争议和纠纷。通过试点,进一步完善土地承包管理工作,探索健全农村土地承包经营权登记制度,具有十分重要的意义。

一是健全社会主义市场经济体制的必然要求。归属清晰、保护严格、流转顺畅的产权制度是社会主义市场经济体制的基础。在坚持农村土地集体所有的前提下,依法赋予和保障农民的土地承包经营权,既是健全社会主义市场经济体制的重要内容,也是发展农村市场经济的基础。开展土地承包经营权登记试点,进一步探索依法确认农民对承包土地的占有、使用、收益权利的有效途径和办法,明晰土地承包经营权归属,强化物权登记管理,将为健全农村市场经济体制提供强有力的物权保障。

二是巩固农村基本经营制度的客观需要。巩固农村基本经营制度,关键是赋予农民更加充分而有保障的土地承包经营权,核心是保持现有土地承包关系稳定并长久不变。农村土地承包经营权登记,是国家明确土地承包经营权归属、保持现有土地承包关系稳定并长久不变的基本手段。开展土地承包经营权登记试点,探索对土地承包经营权的设立、变更、转让和灭失等进行登记管理,建立健全土地承包经营权登记簿,把承包地块、面积、空间位置和权属证书全面落实到户,强化承包农户的市场主体地位和家庭承包经营的基础地位,将为巩固农村基本经营制度提供强有力的制度保障。

三是维护农民土地承包合法权益的根本要求。承包地是农民最基本的生产资料和最可靠的生活保障,土地承包经营权是农民最重要的财产权利和物质利益。在城镇化、工业化深入推进的过程中,要防止侵害农民土地承包权益现象发生,避免给农村社会和谐稳定带来不利影响。土地承包经营权登记是明确土地承包经营权归属、定分止争的根本措施;土地承包经营权登记文件是调处土地承包经营纠纷的关键证据。开展土地承包经营权登记试点,将为解决农村土地承包经营纠纷、维护农民土地承包合法权益提供强有力的依据。

四是解决农村土地承包现实问题的紧迫需要。现有土地承包关系是在一轮承包基础上延包形成的，加上承包期内农村依传统习惯调整承包地和经济建设征占用承包地等，原确认的土地承包状况与实际土地承包情况存在一定误差。同时，受当时农民负担重等因素影响，还有少部分农民没有获得承包地或者被违法收回了承包地，少数城郊和征占地频繁的地方农民承包土地的权利没有落实。这些问题不解决，既影响国家土地承包确权颁证的权威，又给稳定现有农村土地承包关系并长久不变带来不利影响，迫切需要通过土地承包经营权登记把农民承包土地的各项权利落实到户。开展土地承包经营权登记试点，将为妥善解决农村土地承包现实问题提供必要的实践经验。

二、开展农村土地承包经营权登记试点工作的指导思想、主要任务和基本原则

指导思想。认真贯彻党的十七届三中、四中和五中全会精神，以邓小平理论和"三个代表"重要思想为指导，深入贯彻落实科学发展观，坚持和完善农村基本经营制度，保持现有农村土地承包关系稳定并长久不变，探索完善农村土地承包经营权确权登记颁证制度，依法赋予农民更加充分而有保障的土地承包经营权，为促进农业现代化和农村和谐稳定提供体制保障。

主要任务。严格执行农村土地承包法律政策，在农村集体土地所有权登记发证的基础上，进一步完善耕地和"四荒地"等农村土地承包确权登记颁证工作，以现有土地承包合同、权属证书和集体土地所有权确权登记成果为依据，查清承包地块的面积和空间位置，建立健全土地承包经营权登记簿，妥善解决承包地块面积不准、四至不清、空间位置不明、登记簿不健全等问题，把承包地块、面积、合同、权属证书全面落实到户，依法赋予农民更加充分而有保障的土地承包经营权。

基本原则。一是保持稳定。在保持现有土地承包关系稳定的前提下开展土地承包经营权登记试点，以已经签订的土地承包合同和已经颁发的土地承包经营权证书为基础，严禁借机违法调整和收回农民承包地。二是依法规范。严格执行《物权法》、《农村土地承包法》、《土地管理法》等有关土地承包经营权登记的规定，参照《农村土地承包经营权证管理办法》规定的登记内

容和程序开展土地承包经营权登记。三是民主协商。充分动员农民群众积极参与试点,试点中的重大事项均应经本集体经济组织成员民主讨论决定,不得强行推动。四是因地制宜。根据试点地方的土地承包实际,缺什么补什么,完善确权登记颁证工作,妥善解决遗留问题。五是地方负责。试点工作实行部省统筹安排,县级组织实施,强化部门协作,形成整体合力,确保试点任务顺利完成。

三、开展农村土地承包经营权登记试点工作的主要内容

(一)开展土地承包档案清理。按照《农业部、国家档案局关于加强农村土地承包档案管理工作的意见》,全面组织清理土地承包档案,着重解决土地承包方案、承包合同、承包台账种类不齐全、管理不规范等问题。严格执行土地承包档案管理规定,实行分级管理、集中保管的原则。建立健全整理立卷、分类归档、安全保管、公开查阅等制度。不具备保管条件的,要移交到具备条件的农村土地承包管理部门或者档案管理部门集中保管。

(二)查清承包地块面积和空间位置。准确把握土地承包经营权登记试点的关键环节,着重查清承包地块的面积和空间位置。在对土地承包情况进行摸底调查的基础上,以第二次全国土地调查成果为基础,以已签订的土地承包合同、发放的土地承包经营权证书和集体土地所有权确权登记成果为依据,因地制宜开展土地承包经营权权属调查勘测,进一步查清承包地块面积、四至和空间位置。对与现有土地承包档案记载的土地承包状况有较大误差且农民群众要求实测的,要以第二次全国土地调查成果为基础,采取科学简便的方式测量查实。查清承包地块面积和空间位置,首要的是群众认可,并尽可能准确。实测结果经乡(镇)、村公示确认后,作为确认、变更、解除土地承包合同以及确认、变更、注销土地承包经营权的依据。

(三)建立健全土地承包经营权登记簿。县级人民政府农村土地承包管理部门要依据《农村土地承包经营权证管理办法》建立土地承包经营权登记簿。已建立登记簿的,要结合试点工作进一步健全,充实完善承包地块的面积、四至、地类和空间位置。未建立的,要在现有土地承包合同、证书的基础上,结合经依法确认的承包地块、面积和空间位置等登记信息,抓紧建立。按照不动产统一登记的原则,进一步探索完善土地承包经营权登记簿。有条

件的地方，农村土地承包管理部门可以根据国土资源部门提供的基本农田有关信息，探索将基本农田落实到户并标注到土地承包经营权证书上。抓紧研发农村土地承包经营权登记管理系统，将登记信息录入到计算机，实行信息化管理。土地承包经营权登记信息资料实行有关部门共享。

（四）开展土地承包经营权变更、注销登记。在建立健全土地承包经营权登记簿的基础上，适时开展土地承包合同变更、解除和土地承包经营权变更、注销等工作，并对土地承包经营权证书进行完善，变更或者补换发土地承包经营权证书。承包期内，因下列情形导致土地承包经营权发生变动或者灭失，根据当事人申请，县（区、市）农村土地承包管理部门依法办理变更、注销登记，并记载于土地承包经营权登记簿：一是因集体土地所有权变化的；二是因承包地被征占用导致承包地块或者面积发生变化的；三是因承包农户分户等导致土地承包经营权分割的；四是因土地承包经营权采取转让、互换方式流转的；五是因结婚等原因导致土地承包经营权合并的；六是承包地块、面积与实际不符的；七是承包地灭失或者承包农户消亡的；八是承包地被发包方依法调整或者收回的；九是其他需要依法变更、注销的情形。试点期间，凡申请登记、变更、注销土地承包经营权的，县（区、市）农村土地承包管理部门应当对涉及的每宗承包地块实测确认，并向申请方提供书面证明。

（五）对其他承包方式开展确权登记颁证。采取招标、拍卖、公开协商等方式承包农村土地的，当事人申请土地承包经营权登记，按照《农村土地承包经营权证管理办法》有关规定办理登记。经县（区、市）农村土地承包管理部门审核，符合登记有关规定的，报请同级人民政府依法颁发农村土地承包经营权证书予以确认。

（六）做好土地承包经营权登记资料归档。要在档案管理部门的支持和指导下，做好土地承包经营权登记文件资料的归档工作。农村土地承包经营权登记档案由土地承包经营权登记机关负责集中保管，并依法按期移交同级国家综合档案馆。不具备保管条件的，可提前移交。

四、开展农村土地承包经营权登记试点工作的有关要求

（一）切实加强组织领导。农业部会同财政部、国土资源部、中农办、

国务院法制办、国家档案局成立全国农村土地承包经营权登记试点工作领导小组，按照各自职责统筹指导登记试点工作，办公室设在农业部农村经济体制与经营管理司。省级人民政府农业部门要牵头成立相应的试点工作指导小组，制定工作方案，明确部门分工，加强工作指导和情况交流，科学调度，支持和帮助试点单位解决遇到的困难和问题。试点县（区、市）成立以政府主要领导为组长的试点工作领导小组，负责组织实施登记试点；农村土地承包管理部门承担领导小组的日常工作，负责编制实施方案，分解任务，落实责任，明确进度，定期检查，抓好落实。

（二）科学选择试点范围。各省（自治区、直辖市）要根据各地实际，选择1—3个代表性强、领导重视、土地承包管理机构健全、工作扎实的县（市、区）开展农村土地承包经营权登记试点。可在若干乡（镇）或村开展先行试验，再扩展到全县（区、市）域。试点工作进度由各地统筹安排，2012年前完成。

（三）准确把握政策界限。严格执行农村土地承包法律政策规定，在现有土地承包合同、证书和集体土地所有权确权登记成果的基础上，开展土地承包经营权登记试点。对实测面积，经公示后据实登记，作为确权变更依据。实测面积不与按延包面积确定的农业补贴基数挂钩，不与农民承担费用、劳务标准挂钩，严禁借机增加农民负担。对延包不完善、权利不落实和管理工作不规范的，予以依法纠正。对存在争议和纠纷的，先依法解决，再予以登记确权。

（四）妥善解决突出问题。对试点工作中遇到的问题按照保持稳定、尊重历史、照顾现实、分类处置的原则依法妥善解决。要组织力量对土地承包问题进行摸底排查，妥善解决可能影响登记工作顺利开展的突出问题。法律政策有明确规定的，要严格执行；没有明确规定的，要依照法律政策基本精神，结合当地实际作出具体规定。要引导当事人依法理性地反映和解决土地承包经营纠纷，通过协商、调解、仲裁和诉讼等渠道妥善化解。

（五）落实工作经费保障。农村土地承包经营权登记试点工作不得向农民收取费用。国土资源部门免费提供第二次全国土地调查成果用于土地承包经营权确权登记。为保障土地承包经营权登记试点工作顺利进行，按照中央要求，登记试点工作经费以地方为主纳入财政预算予以保障。对于财力薄弱县（区、市）保障试点经费存在缺口的，可由地方政府通过上级财政安排的转移支付统筹解决。

各地于 2011 年 3 月底前，将制定的农村土地承包经营权登记试点工作方案报全国农村土地承包经营权登记试点工作领导小组办公室；2012 年底前，将本地区开展农村土地承包经营权登记试点工作总结报送全国农村土地承包经营权登记试点工作领导小组。试点工作启动后，每季度末书面向全国登记试点工作领导小组办公室报送一次情况，试点中遇到的重大问题随时报告。

农村土地承包经营权确权登记颁证档案管理办法

- 2014 年 11 月 20 日农业部、国家档案局颁布
- 2014 年 11 月 20 日施行

第一条 为了规范农村土地承包经营权确权登记颁证工作，加强管理和有效利用农村土地承包经营权确权登记颁证档案，根据《档案法》、《农村土地承包法》和《物权法》等有关法律法规，制定本办法。

第二条 本办法所称农村土地承包经营权确权登记颁证档案是指在农村土地承包经营权确权登记颁证（以下简称承包地确权）工作中形成的，对国家、社会和个人有保存价值的文字、图表、声像、数据等各种形式和载体的文件材料的总称，是承包地确权的重要凭证和历史记录。

第三条 本办法所称承包地确权档案工作是指承包地确权档案的收集、整理、鉴定、保管、编研、利用等工作。

第四条 承包地确权档案工作坚持统一领导、分级实施、分类管理、集中保管的原则。承包地确权档案工作应当与承包地确权工作同步部署、同步实施、同步检查、同步验收。

第五条 县级以上农村土地承包管理部门负责对本级承包地确权档案工作的领导，将档案工作纳入本行政区域内承包地确权工作中统筹规划、组织协调、检查验收；同级档案行政管理部门负责对承包地确权文件材料的形成、积累、归档和移交工作进行业务培训和监督指导。

第六条 县级以上农村土地承包管理部门和档案行政管理部门应当建立健全承包地确权文件材料的收集、整理、归档、保管、利用等各项制度，确保承包地确权档案资料的齐全、完整、真实、有效。

第七条 县、乡（镇）和村应当将承包地确权文件材料的收集、整理、归档纳入总体工作计划。县、乡（镇）要制定相关工作方案、健全档案工作规章制度、落实专项工作经费、指定工作人员、配备必要设施设备，确保档案完整与安全。

第八条 承包地确权档案主要包括综合管理、确权登记、纠纷调处和特殊载体类，其保管期限分为永久和定期。具有重要凭证、依据和查考利用价值的，应当永久保存；具有一般利用保存价值的，应当定期保存，期限为30年或者10年。具体应当按照本办法《农村土地承包经营权确权登记颁证文件材料归档范围和档案保管期限表》（见附件）进行收集并确定保管期限。

县、乡（镇）和村在组织归档时，对同一归档材料，原则上不重复归档。因工作特殊需要的，可以建立副本。

第九条 承包地确权纸质档案应按照《文书档案案卷格式》（GB/T9705－2008）和《归档文件整理规则》（DA/T22－2000）等有关标准要求进行整理。

第十条 确权登记类中具体涉及农户的有关确权申请、身份信息、确认权属、实地勘界、界限图表、登记和权证审核发放等文件材料，应当以农户为单位"一户一卷"进行整理组卷。

第十一条 归档的承包地确权文件材料应当字迹工整、数字准确、图样清晰、手续完备。归档文件材料的印制书写材料、纸张和装订材料等应符合档案保管的要求。

第十二条 归档的非纸质材料，应当单独整理编目，并与纸质材料建立对应关系。

录音、录像材料要保证载体的安全可靠性,电子文件和利用信息系统采集、贮存的数据以及航空航天遥感影像应当用不可擦写光盘等可靠方式保存。

照片和图片应当配有文字说明,标明时间、地点、人物和事由。

电子文件生成的软硬件环境及参数须符合《农村土地承包经营权调查规程》(NY/T2537－2014)、《农村土地承包经营权要素编码规则》(NY/T2538－2014)、《农村土地承包经营权确权登记数据库规范》(NY/T2539－2014)及相关电子档案管理的要求。

第十三条 省、市级土地承包管理部门和档案行政管理部门应组织对承包地确权档案工作的检查,重点检查承包地确权档案的完整、准确、系统情况和档案的安全保管情况。

对于承包地确权档案检查不合格的单位,应督促其及时纠正。

第十四条 县级农村土地承包管理部门应当按照国家有关规定及时向县级国家档案馆移交验收合格的承包地确权档案。经协商同意,承包地确权档案可以提前移交,并按规定办理相关手续。

第十五条 村级承包地确权档案一般由乡(镇)人民政府档案机构代为保管,必要时经县级档案行政管理部门验收后,可移交县级国家档案馆统一保管。

符合档案保管条件的村,经申请并由乡镇人民政府批准后,可自行保管本村承包地确权档案。

第十六条 各级农村土地承包管理部门和国家档案馆应当按照规定向社会开放承包地确权档案,为社会提供利用服务,但涉及国家秘密、个人隐私和法律另有规定的除外。

第十七条 县级以上农村土地承包管理部门和档案行政管理部门应当积极推进承包地确权档案的数字化和信息化建设,加强承包地确权电子文件归档和电子档案的规范化管理,通过农村档案信息资源共享平台,提供网上服务、方便社会查询。

第十八条 各级人民政府及农村土地承包管理部门、档案行政管理部门对在承包地确权档案的收集、整理、利用等各项工作中做出突出成绩的单位和个人,应给予奖励。

第十九条 在承包地确权档案工作中,对于违反有关规定,造成承包地确权档案失真、损毁或丢失的，由有关部门依法追究相关人员的法律责任；涉嫌犯罪的，移送司法机关依法追究刑事责任。

第二十条 各省、自治区、直辖市农村土地承包管理部门、档案行政管理部门可根据本办法，结合本地实际，制定承包地确权档案工作的有关规定。

第二十一条 本办法由农业部、国家档案局负责解释。

第二十二条 本办法自发布之日起施行。

附件：《农村土地承包经营权确权登记颁证文件材料归档范围和档案保管期限表》

附件

《农村土地承包经营权确权登记颁证文件材料归档范围和档案保管期限表》

县（市、区、旗）级		
类别	归档范围	保管期限
综合管理类	1. 关于成立承包地确权领导小组、工作小组及其责任分工的文件，承包地确权颁证指导意见、工作方案，领导小组、工作小组会议记录纪要等重要文件	永久
	2. 本级下发的承包地确权政策性文件和重要业务文件	永久
	3. 重要问题请示与上级批复、重要业务问题往来文件	永久
	4. 承包地确权工作的重要报告、总结、统计报表	永久
	5. 承包地确权重要会议和重大活动记录	30年
	6. 上级下发的有关承包地确权的政策性文件	永久
	7. 本单位在承包地确权、登记颁证工作中形成的一般性、过程性文件、宣传培训资料	10年
	8. 承包地确权工作中形成的招投标文件材料及签订的合同、保密责任书、保密承诺书	永久或30年
确权登记类	1. 农户土地承包经营权登记申请、声明、委托书、身份信息、原土地承包合同等按登记规定提交的材料	永久
	2. 农村土地承包经营权登记簿	永久
	3. 工作底图、调查草图、地块分布图、数字正射影像图、地籍地形图、土地承包经营权空间位置图	永久

续表

县（市、区、旗）级		
类别	归档范围	保管期限
确权登记类	4. 发包方调查表、承包方调查表、承包地块调查表、农村土地承包经营权调查信息公示表、现场勘查确认登记表、农村土地承包经营权公示结果归户表	永久
	5. 农村土地承包经营权调查成果检查验收记录、报告	永久
	6. 全县（市、区、旗）土地承包情况汇总表	永久
	7. 登记核准文件	永久
	8. 登记发证原始材料	永久
	9. 权属变更登记材料	永久
	10. 全县（市、区、旗）承包地确权登记表	永久
	11. 承包地确权信息管理系统备份数据	永久
纠纷调处类	1. 承包地确权问题信访、纠纷调解仲裁形成的原始记录及调处协议书、仲裁案卷	永久
	2. 相关证明材料	永久
特殊载体类	1. 反映承包地确权工作重要活动事件的照片和声像材料	30 年
	2. 承包地确权系统数据库、测量数据文件、元数据以及调查成果的电子数据	永久

乡（镇）级		
类别	归档范围	保管期限
综合管理类	1. 关于成立承包地确权登记领导小组、工作小组及其责任分工的文件，承包地确权工作方案等重要文件	永久
	2. 承包地确权的请示与上级批复、重要业务问题往来文件	永久
	3. 有关的报告、总结、统计报表	永久
	4. 承包地确权工作动员会及宣传材料	10 年
	5. 上级下发的承包地确权政策性文件	30 年
	6. 上级下发的有关承包地确权的一般性文件	10 年
	7. 本单位在承包地确权活动形成的一般性、过程性文件、宣传培训资料	10 年

续表

类别	村（组）级 归档范围	保管期限
确权登记类	1. 农户土地承包经营权登记申请、声明、委托书、身份信息、原土地承包合同等按登记规定提交的材料	永久
	2. 工作底图、调查草图、地块分布图、数字正射影像图、地籍地形图、土地承包经营权空间位置图	永久
	3. 发包方调查表、承包方调查表、承包地块调查表、农村土地承包经营权调查信息公示表（不标记地理信息）、现场勘查确认表、农村土地承包经营权公示结果归户表	永久
	4. 农村土地承包经营权调查成果自检、互检记录和报告	永久
	5. 全乡（镇）土地承包情况汇总表	永久
	6. 承包权证申请变更登记表	永久
	7. 对村级相关工作方案的审核意见	永久
	8. 全乡（镇）农村土地承包经营权证发放登记表	永久
	9. 承包地确权信息管理系统备份数据	永久
	10. 土地承包合同	永久
纠纷调处类	土地承包问题信访、纠纷调解形成的原始记录及相关证明材料、调处协议书	永久
特殊载体类	反映承包地确权工作重要活动事件的照片和声像材料	永久

类别	村（组）级 归档范围	保管期限
确权登记类	1. 村组土地承包经营权确权登记颁证工作小组名单	永久
	2. 村组土地承包经营权确权登记颁证工作方案	永久
	3. 村组承包土地调整方案	永久
	4. 农户承包地确权登记申请、声明、委托书、身份信息等材料	永久
	5. 村民会议或村民代表会议关于承包地确权问题的决议（意见）和会议记录	永久
	6. 承包地确权情况核实公示、公告材料，农户签字确认表	永久
	7. 村组土地承包情况汇总表、承包权证发放登记表	永久

续表

类别	村（组）级 归档范围	保管期限
确权登记类	8. 工作底图、调查草图、地块分布图、地籍地形图、土地承包经营权空间位置图	永久
	9. 农户承包土地互换、转让申请书	永久
	10. 村组土地承包情况统计表、工作总结及汇报材料	永久
	11. 土地承包（流转、互换）合同、协议及台账	永久
纠纷调处类	土地承包问题信访、纠纷调解形成的原始记录及相关证明材料、调处协议书	永久
特殊载体类	反映本村组承包地确权工作中重要活动事件的照片和声像材料	30 年

关于认真做好农村土地承包经营权确权登记颁证工作的意见

- 2015 年 2 月 11 日农业部、中央农村工作领导小组办公室、财政部、国土部、国务院法制办、国家档案局颁布
- 2015 年 2 月 11 日施行

按照 2015 年中央 1 号文件和《中共中央办公厅 国务院办公厅印发〈关于引导农村土地经营权有序流转发展农业适度规模经营的意见〉的通知》（中办发〔2014〕61 号）有关精神要求，现就认真做好农村土地承包经营权确权登记颁证工作提出如下意见。

一、进一步统一思想认识

以家庭承包经营为基础、统分结合的双层经营体制是我国农村的基本经营制度，近年来，各地围绕坚持和完善这一制度，按照有关法律政策要求，积极开展土地承包管理服务工作，保持了现有土地承包关系的稳定，为发展现代农业、维护农村稳定奠定了坚实的制度基础。但是，随着工业化、信息化、城镇化和农业现代化深入发展，因历史原因形成的承包地块面积不准、

四至不清等问题逐渐显现，成为制约农业适度规模经营和"四化"同步发展的突出问题，必须高度重视，认真加以解决。

农村土地承包经营权确权登记颁证是集中开展的土地承包经营权登记，是完善农村基本经营制度、保护农民土地权益、促进现代农业发展、健全农村治理体系的重要基础性工作，事关农村长远发展和亿万农民切身利益。开展这项工作，有利于强化对农民土地承包经营权的物权保护，稳定农民土地经营的预期，增加农民的财产性收入；有利于保持土地承包关系稳定，激发农村生产要素的内在活力，促进土地经营权流转，发展农业适度规模经营；有利于完善农村社会管理，妥善解决土地承包的突出问题，促进农村社会和谐稳定，推进城乡发展一体化。各地区、各部门要进一步统一思想认识，站在战略和全局的高度，把它作为全面深化农村改革的重要任务，作为一件非做不可、必须做好的大事，从农村的实际出发，深刻认识开展土地承包经营权确权登记颁证工作的重大意义，自觉把思想和行动统一到中央的决策部署上来，以高度的政治责任感和历史使命感做实做细这项工作。

二、进一步明确总体要求

开展农村土地承包经营权确权登记颁证工作，必须准确把握中央关于全面深化农村改革的精神，坚持和完善农村基本经营制度，按照保持稳定、依法规范、民主协商、因地制宜的原则，采取中央统一部署、地方全面负责的办法，积极稳妥地推进。要通过确权登记颁证，解决好承包地块面积不准、四至不清、空间位置不明、登记簿不健全等问题，为开展土地经营权流转、调处土地纠纷、完善补贴政策、进行征地补偿和抵押担保提供重要依据；要通过确权登记颁证，建立涉及土地承包经营权的设立、转让、互换、变更、抵押等内容的登记制度，确认农户对承包地的占有、使用、收益等各项权利，强化对土地承包经营权的物权保护；要通过确权登记颁证，建立健全土地承包经营权信息应用平台，实现对土地承包合同、登记簿和权属证书管理的信息化，加强土地承包经营权确权登记成果的应用，方便群众查询，利于服务管理，更好地服务于现代农业和新农村建设。

各地要按照中央要求，在稳步扩大试点的基础上，用5年左右时间基本完成土地承包经营权确权登记颁证工作。要结合当地实际，科学制定工作方案,明确时间表和路线图,先易后难,试点先行,分期分批地推进,既不能急于求成,也不要等待观望,确保进度服从质量。对一些试点工作有基础的地区,要认真总结经验,加强监督检查,抓紧健全制度,为整体推开创造条件;对一些先期已开展过确权登记颁证工作的地方,可以对照这次土地承包经营权确权登记颁证要求,本着缺什么、补什么的原则进行完善;对一些少数民族及边疆地区,可以在确保社会稳定的前提下,从当地实际出发,合理安排时间进度。

2015 年继续扩大试点范围,在 2014 年进行 3 个整省和 27 个整县试点的基础上,再选择江苏、江西、湖北、湖南、甘肃、宁夏、吉林、贵州、河南等 9 个省(区)开展整省试点。其他省(区、市)根据本地情况,扩大开展以县为单位的整体试点。

三、进一步把握政策原则

开展农村土地承包经营权确权登记颁证工作,政策性、专业性强,既要解决问题,又要防止引发矛盾,必须把握好政策原则,得到群众认可,经得起历史检验。

(一)坚持稳定土地承包关系。开展土地承包经营权确权登记颁证,是对现有土地承包关系的进一步完善,不是推倒重来、打乱重分,不能借机调整或收回农户承包地。要以现有承包台账、合同、证书为依据确认承包地归属。对个别村部分群众要求调地的,按照法律法规和政策规定,慎重把握、妥善处理。对于确因自然灾害毁损等原因,需要个别调整的,应当按照法定条件和程序调整后再予确权。

(二)坚持以确权确地为主。土地承包经营权确权,要坚持确权确地为主,总体上要确地到户,从严掌握确权确股不确地的范围,坚持农地农用。对农村土地已经承包到户的,都要确权到户到地。实行确权确股不确地的条件和程序,由省级人民政府有关部门作出规定,切实保障农民土地承包权益。不得违背农民意愿,行政推动确权确股不确地,也不得简单地以少数服从多数的名义,强迫不愿确股的农民确股。

(三)坚持依法依规有序操作。按照物权法定精神,严格执行《物权法》、《农村土地承包法》、《土地管理法》等法律法规和政策规定,按照农业部制发的相关规范和标准，开展土地承包经营权调查，完善承包合同，建立登记簿，颁发权属证书，确保登记成果完整、真实、准确。对确权登记颁证中的争议，有法律政策规定的，依法依政策进行调处。对于一些疑难问题，在不违背法律政策精神的前提下，通过民主协商妥善处理。权属争议未解决的，不进行土地承包经营权确权登记颁证。加强土地承包经营权确权登记颁证成果的保密管理，保护土地承包权利人的隐私。

（四）坚持以农民群众为主体。农民群众主动参与、积极配合是搞好土地承包经营权确权登记颁证的关键。要做深入细致的宣传、动员和解释工作，让农民充分了解确权登记颁证工作的目的、意义、作用和程序要求，充分发挥农民群众的主体作用，变"要我确权"为"我要确权"。特别要注意组织老党员、老干部参与确权登记颁证工作，充分发挥他们熟悉情况、调解纷争的积极作用。村组集体的土地承包经营权确权登记颁证方案，要在本集体成员内部充分讨论，达成一致，切实做到农民的事让农民自己做主。承包地块面积、四至等表格材料要经过农户签字认可。对于外出不在家的农户，要采取多种方式及时通知到户到人，充分保障其知情权、选择权、决策权。

（五）坚持进度服从质量。土地承包经营权确权登记颁证是长久大计，不能怕麻烦、图省事，必须做细做实，确保质量。各地要根据实际，统筹安排资源，科学把握进度，分期分批，积极稳妥推进。先抓好试点，及时发现问题，找到解决办法，然后在总结经验的基础上逐步扩大范围，不搞齐步走，不强求百分之百。要实行全程质量控制，把握关键环节，守好质量关口。

（六）坚持实行地方分级负责。按照中央要求，地方各级尤其是县乡两级对本行政区域内的土地承包经营权确权登记颁证工作全面负责。要强化属地管理，层层落实责任。省级主要承担组织领导责任；地市级主要承担组织协调责任；县乡两级主要承担组织实施责任，是开展土地承包经营权确权登记颁证工作的关键主体，领导要亲自挂帅、精心组织、全面落实。

四、进一步抓好重点任务

开展农村土地承包经营权确权登记颁证，核心是确权，重点在登记，关键在权属调查，各地要从实际出发，一个环节一个环节地做好工作。

（一）开展土地承包档案资料清查。依据农村土地所有权确权登记发证材料、土地承包方案、承包台账、承包合同、承包经营权证书等相关权属档案资料进行清查整理、组卷，按要求进行补建、修复和保全，摸清承包地现状，查清承包地块的名称、坐落、面积、四至、用途、流转等原始记载；摸清农户家庭承包状况，收集、整理、核对承包方代表、家庭成员及其变动等信息。有条件的地方，可以把档案清查、整理与土地承包管理信息化结合起来，推进土地承包原始档案管理数字化。

（二）开展土地承包经营权调查。对农村集体耕地开展土地承包经营权调查，查清承包地权利归属。重点是做好发包方、承包方和承包地块调查，如实准确填写发包方调查表、承包方调查表、承包地块调查表，制作调查结果公示表和权属归户表。以农村集体土地所有权确权登记结果为基础，以第二次全国土地调查成果为依据，充分利用现有的图件、影像等数据，绘制工作底图、调查草图，采用符合标准规范、农民群众认可的技术方法，查清农户承包地块的面积、四至、空间位置，制作承包地块分布图。调查成果经审核公示确认，作为土地承包经营权确实权的现实依据。对公示内容有异议的，进行补测核实。

（三）完善土地承包合同。根据公示确认的调查成果，完善土地承包合同，作为承包户取得土地承包经营权的法定依据。对没有签订土地承包合同的，要重新签订承包合同；对承包合同丢失、残缺的，进行补签、完善。实际承包面积与原土地承包合同、权属证书记载面积不一致的，要根据本集体通过的土地承包经营权确权登记颁证方案进行确权。属于原承包地块四至范围内的，原则上应确权给原承包农户。未经本集体成员协商同意，不得将承包方多出的承包面积转为其他方式承包并收取承包费。土地承包合同记载期限应以当地统一组织二轮延包的时点起算，承包期为30年，本轮土地承包期限届满，按届时的法律和保持现有土地承包关系稳定并长久不变的政策规定执行。

（四）建立健全登记簿。根据这次确权登记颁证完善后的承包合同，以承包农户为基本单位，按照一户一簿原则，明确每块承包地的范围、面积及权利归属，由县级人民政府农村经营管理机构建立健全统一规范的土地承包经营权登记簿，作为今后不动产统一登记的基础依据。登记簿应当记载发包方、承包方的姓名、地址，承包共有人，承包方式，承包地块的面积、坐落、界址、编码、用途、权属、地类及是否基本农田，承包合同编号、成立时间、期限，权利的内容及变化等。已经建立登记簿的，补充完善相关登记信息；未建立的，要抓紧建立。承包农户自愿提出变更、注销登记申请的，经核实确认后，予以变更或注销，并在登记簿中注明。

（五）颁发土地承包经营权证书。根据完善后的土地承包合同和建立健全的土地承包经营权登记簿，在确保信息准确无误、责任权利明确的基础上，按规定程序和修订后的土地承包经营权证书样本，向承包方颁发土地承包经营权证书，原已发的土地承包经营权权属证书收回销毁。承包经营权证书载明的户主或共有人，要体现男女平等的原则，切实保护妇女土地承包权益。实行确权确股不确地的，也要向承包方颁发土地承包经营权证书，并注明确权方式为确权确股；承包方有意愿要求的，发包方可以向承包方颁发农村集体的土地股权证。为与不动产统一登记工作衔接，今后可按照"不变不换"的原则，承包农户可以自愿申请、免费换取与不动产统一登记相衔接的证书，避免工作重复和资金浪费。抓紧研究制定统一的不动产登记簿册和权属证书办法，在条件具备时实施。

（六）推进信息应用平台建设。充分利用现有资源，完善、建立中央与地方互联互通的土地承包经营权信息应用平台，并以县级为单位建立土地承包经营权确权登记颁证数据库和土地承包经营权登记业务系统，实现土地承包合同管理、权属登记、经营权流转和纠纷调处等业务工作的信息化，避免重复建设和各自为政。以县级土地承包经营权确权登记结果和现有资源为基础，逐级汇总，完善、建立中央和省地县四级土地承包经营权确权登记颁证数据汇总和动态管理制度。研究制定土地承包经营权登记业务系统与不动产登记信息平台的数据交换协议，与不动产登记信息平台实现信息共享。

（七）建立健全档案管理制度。土地承包经营权确权登记颁证过程中形成的文字、图表、声像、数据等文件材料，是对国家、社会有保存价值的重要凭证和历史记录。各地要按照农业部、国家档案局制发的《农村土地承包经营权确权登记颁证档案管理办法》，坚持统一领导、分级实施、分类管理、集中保管的原则，认真做好土地承包经营权确权档案的收集、整理、鉴定、保管、编研和利用等工作。档案管理工作应当与土地承包经营权确权登记颁证工作同步部署、实施、检查和验收,做到组织有序、种类齐全、保管安全,确保管有人、存有地、查有序。

五、进一步加强组织领导

农村土地承包经营权确权登记颁证事关重大,各地要强化组织领导,确保各项工作稳步推进,把好事办好。

(一)健全工作机制。各地要按照中央要求,建立健全党委政府统一领导、部门分工协作、群众广泛参与的工作机制,统筹协调,合力推进。各有关部门要按照当地党委政府的任务分工,认真履行好职责。农业部门承担牵头职责,负责综合协调、组织实施和工作指导;财政部门负责根据实际需要统筹安排相关资金,加强资金监管;国土资源部门负责免费提供最新的全国土地调查和农村集体土地所有权确权登记等成果,并配合做好土地承包经营权确权登记颁证与不动产登记工作的有效衔接;农村工作综合部门负责研究有关政策;法制工作部门负责研究完善有关法律法规;档案部门负责指导土地承包档案管理。要加强村组土地承包经营权确权登记颁证工作的组织领导,切实发挥农村基层党组织、村委会和农村集体经济组织的职能作用,动员和组织广大农民群众积极参与到土地承包经营权确权登记颁证工作中。

(二)加大宣传培训。采取多种形式,利用各种媒介,生动形象地开展宣传活动,引导和营造稳步推进土地承包经营权确权登记颁证工作的良好舆论氛围和工作环境。根据当地实际,编印土地承包经营权确权登记颁证的明白纸、宣传册,解读政策,澄清疑惑,明确要求。创新宣传方式方法,把贴标语、刷宣传栏、写公开信等传统手段与电视、电话、广播、网络等现代手段相结合,融合群众喜闻乐见的现场解答、戏曲表演等手段,扩大宣传范围,提高宣传效果。加强培训,形成具有专业素质的政策指导队伍、现场操作队伍。要制定培训计划,编印培训教材,培养师资,分层次、分对象开展培训。创新培训方式,把专家讲解和现场教学有机结合,提高培训的针对性和实用性,确保广大基层干部和相关技术人员得到必要的培训。

(三)严格资金管理。土地承包经营权确权登记颁证工作经费纳入地方财政预算,中央财政给予补助。各地要切实强化土地承包经营权确权登记颁证工作经费管理，严格执行预算法律法规及财政资金管理规定，努力降低工作成本，确保资金使用安全、高效。

（四）探索创新解决问题的方式方法。鼓励各地从实际出发，探索解决土地承包经营权确权登记颁证工作遇到的困难和问题。深入基层，深入群众，深入实际，开展调查研究，及时掌握和反映土地承包经营权确权登记颁证工作出现的新情况、新问题。认真总结试点中各地创造的好做法、好经验，加强交流学习，更好地指导面上工作。对于苗头性、倾向性和具有共性的问题，要在深入研究和广泛论证的基础上，提出政策建议，涉及全国性的重大政策要及时请示。对局部性的问题，鼓励各地按照"一村一策"或"一事一议"的办法，通过实行差异化、区别性的措施予以解决。具体到一个村，要注意依靠群众，用群众接受的办法解决问题。

（五）强化监督检查。建立健全土地承包经营权确权登记颁证工作情况报告、监督检查和成果验收制度。认真执行土地承包经营权确权登记颁证工作进展情况定期上报规定，定期通报各地工作进展情况。加强检查监督和情况调度，及时掌握工作进展情况，对发现的问题及时提出处理意见。研究制定土地承包经营权确权登记颁证成果检查验收办法。土地承包经营权确权登记颁证任务完成后，原则上由县级组织自查，地市级组织核查，省级组织验收，具体由各省确定。全国将适时组织抽查，工作整体完成后向党中央、国务院报告。

各省（区、市）要按照本意见的要求制定具体的实施方案，并报农业部备案。工作中遇到的困难和问题及时报告。

农业部、中央农村工作领导小组办公室、财政部、
国土资源部、国务院法制办、国家档案局
2015 年 1 月 27 日

关于做好当前农村土地承包经营权流转管理和服务工作的通知

- 2008 年 12 月 5 日农业部颁布
- 2008 年 12 月 5 日施行

各省、自治区、直辖市农业（农林、农牧）厅（局、委、办）：

党的十七届三中全会作出的《中共中央关于推进农村改革发展若干重大问题的决定》（以下简称《决定》），是新时期推进农村改革发展的纲领性文件。《决定》把加强土地承包经营权流转管理和服务作为稳定和完善农村基本经营制度、健全严格规范的农村土地管理制度的重要内容，意义重大而深远。各级农业部门要深刻领会，全面贯彻。为切实做好当前农村土地承包经营权流转管理和服务工作，现通知如下：

一、充分认识做好农村土地承包经营权流转管理和服务工作的重要性

在坚持农村基本经营制度和充分尊重农民土地承包经营权的前提下，允许农村土地承包经营权依法自愿有偿流转，是农业发展的客观要求，符合党在农村的一贯政策。平稳有序地流转土地承包经营权，有利于完善农民土地承包经营权权能，发展好实现好农民土地承包权益；有利于合理配置和充分利用土地资源，促进适度规模经营和现代农业发展；有利于解除农村劳动力非农就业的后顾之忧，促进农村劳动力转移，防止土地抛荒和粗放经营。近些年来，各级农业部门特别是农村经营管理部门为正确引导和规范农村土地承包经营权流转做了大量工作，发挥了重要作用。目前我国农村土地承包经营权流转总体是平稳健康的。但必须看到，随着土地承包经营权流转规模扩大、速度加快、流转对象和利益关系日趋多元，迫切需要加强管理和服务，以防止发生违背农民意愿强行流转、侵害农民土地承包权益、改变土地用途出现"非农化"与"非粮化"以及流转不规范引发纠纷等问题。各级农业部门要充分认识做好当前土地承包经营权流转管理和服务工作的重要性和紧迫

性，增强责任感和使命感，把流转管理和服务作为新形势下维护农民土地承包权益，加强农村土地承包管理的重要任务，正确指导农村土地承包经营权流转平稳健康发展。

二、把握总体要求和原则，正确指导农村土地承包经营权规范有序流转

加强农村土地承包经营权流转管理和服务工作，必须深入贯彻落实科学发展观，按照党的十七大和十七届三中全会要求，坚持依法自愿有偿原则，严格执行农村土地承包法律政策，切实维护农民土地承包权益和流转主体地位，以实施流转合同制和备案制为重点，全面建立健全农村土地流转规范管理工作制度、工作机制和工作规程，确保流转规范有序；以建立流转服务组织和网络为平台，逐步完善和加强土地流转信息提供、法律政策咨询、流转价格评估、合同签订指导、利益关系协调等服务，优化流转外部环境，不断健全流转市场；以逐步依法建立纠纷仲裁体系为依托，不断健全流转纠纷调处机制，确保流转纠纷及时化解。

在指导农村土地承包经营权流转工作中，要正确把握流转的主体是农民而不是干部，流转的机制是市场而不是政府，流转的前提是依法自愿有偿，流转的形式可以在法律允许范围内多种多样，流转的底线是不得改变土地集体所有性质、不得改变土地用途、不得损害农民土地承包权益。不得改变土地所有权性质，就是在流转中不能改变土地所有权属性和权属关系。不得改变土地用途，就是农地流转只能用于农业生产，不能用于非农开发和建设。不得损害农民土地承包经营权益，就是土地是否流转和以何种方式流转，完全由农民自己作主，并确保农民的土地流转收益不受侵害。

三、全面落实好农民土地承包经营权，为土地承包经营权流转创造前提

落实和明晰土地承包经营权是进行土地承包经营权流转的基本条件，是健全土地承包经营权流转市场的基础性工作。当前要按照党的十七届三中全会《决定》提出的"现有土地承包关系要保持稳定并长久不变"的要求，抓紧抓好延包后续完善工作，妥善解决一些地方存在的延包遗留问题，将土地承包经营权证书全面发放到户，认真清理、规范整理和永久管理好土地承包档案资料，逐步实现土地承包档案管理信息化，积极探索并建立健全土地承包经营权登记制度。同时，要适应"长久不变"的要求，深入研究并尽快提出完善土地承包政策法律的措施建议。

四、依法规范流转行为，切实解决好土地承包经营权流转中的突出问题

加强农村土地承包经营权流转管理，关键是要依法规范流转行为，确保流转平稳有序进行。流转形式要严格遵循法律和政策规定，采取法定的转包、出租、转让、互换、股份合作等方式进行，有条件的地方可以发展专业大户、家庭农场、农民专业合作社等规模经营主体。各地开展土地流转试点、试验，探索建立健全土地承包经营权流转市场应在法律政策允许的范围内进行，超越现行法律政策规定的试验要依法审批、严格管理。流转的农用地不得改变农业用途，属于基本农田的，流转后不得改变基本农田性质，不得从事种树、挖鱼塘、建造永久性固定设施等破坏耕作层的活动。正确引导和扶持规模经营主体发展粮食生产，促使流转土地向种粮方向发展。要加强与纪检、监察、纠风、司法、信访、国土等部门的沟通协作，完善农村土地突出问题专项治理工作机制，重点纠正和查处严重侵害农民土地承包权益和非法改变流转土地农业用途等问题。

五、以实施流转合同制和备案制为重点，建立健全规范化的流转管理工作制度和规程

全面落实《农村土地承包经营权流转管理办法》（农业部令第47号）的各项规定，推行流转合同规范文本。各省、自治区、直辖市农业部门要抓紧制定规范统一的流转合同文本，争取尽早使用由省级统一规范的流转合同文本。要根据农民的需要，及时指导合同签订。要把指导合同签订同开展流转法律政策宣传、流转咨询、流转价格评估等多项服务结合起来，指导流转双方在充分自主协商的基础上，依法建立合理的流转关系和利益关系，签订规范的流转合同。积极开展流转合同鉴证。乡（镇）农村土地承包管理部门要建立流转合同鉴证制度，明确专人负责这项工作。对流转当事人提出的流转合同鉴证申请，要及时予以办理。在开展鉴证工作中，发现流转双方有违反法律政策的约定，要及时提供咨询，帮助纠正。要重视对流转土地用途的审查，防止改变农业用途。健全登记备案制度。乡（镇）农村土地承包管理部门要对流转合同及有关资料进行归案并妥善保管，建立流转情况登记册，及时记载和反映流转情况。对以转包、出租或其它方式流转的，及时办理相关备案登记；对以转让、互换方式流转的，及时办理有关承包合同和土地承包经营权证变更手续。

六、积极开展流转服务，培育良好的流转市场环境

开展流转服务是健全土地承包经营权流转市场的重要内容。要积极鼓励支持有条件的地方依托基层农村经营管理部门建立流转服务组织，为流转提供有关法律政策宣传、流转信息、流转咨询、价格评估、合同签订指导、利益关系协调、纠纷调处等服务，逐步建立完善流转服务平台和网络，不断健全流转机制。没有建立流转服务组织的地方，也要在搞好流转管理工作的基础上，因地制宜搞好流转服务，把开展流转管理与提供流转服务结合起来，寓管理于服务之中，通过提供服务，培育良好的流转市场环境。

七、健全纠纷调处机制，及时有效解决流转纠纷

已经开展农村土地承包纠纷仲裁试点的地方，要进一步探索完善仲裁程序、仲裁方法和仲裁制度，不断提高工作水平和调处流转纠纷能力。没有开展仲裁试点的地方，要积极创造条件，争取通过试点逐步开展好这项工作。加强与纪检监察、司法、信访等部门的沟通协作，建立起多部门协调解决流转重大问题的工作联动机制，并推动包括协商、调解、信访、仲裁、司法等多渠道调处流转纠纷的调处机制不断健全。

当前，要高度重视解决涉及农民工返乡可能出现的土地承包和流转纠纷，依法维护农民工合法的土地承包权益。各地农业部门要加强对农民工返乡情况的监测，及时了解和掌握涉及农民工的土地承包和流转纠纷发生与调处情况，积极做好工作预案。要畅通纠纷解决渠道，加强宣传教育，引导农民工依法理性地反映问题。因土地承包经营发生纠纷，当事人应当协商解决，协商不成的，可以通过乡村调解，也可以通过仲裁和诉讼解决。

八、加强领导，确保农村土地流转管理和服务工作全面推进

加强土地承包经营权流转管理和服务工作，是一项长期而艰巨的任务。做好这方面的工作，对于稳定和完善农村基本经营制度、维护农民土地承包权益和促进现代农业发展，具有十分重要的意义。各级农业部门特别是农村经营管理部门要积极争取当地党委和政府领导的重视和支持，在当地党委和政府的领导下开展好土地承包经营权流转管理和服务工作。农业部门的主要领导要亲自过问和关心这项工作，要明确一位分管领导具体负责抓。要配备专门人员和力量开展流转管理和服务工作，并建立起明确的工作责任制和经常化、制度化、规范化的工作机制工作规程，把流转管理和服务的各项工作落到实处。要全面掌握土地流转动态，及时总结交流农民群众在土地流转实践中创造的好形式，注重研究土地流转中的新情况、新问题，加强工作指导，不断提高流转管理和服务工作水平。要加强培训，不断提高流转管理和服务工作人员的整体素质和工作能力。积极为基层开展流转管理和服务提供必要的工作条件，不断改进和强化工作手段，保障流转管理和服务工作顺利开展。

贯彻执行本《通知》的情况，要及时向当地党委和政府报告，并向我部反映。

二〇〇八年十二月五日

关于下达 2012 年农村土地承包经营权登记试点工作经费的通知

- 2012 年 7 月 17 日农业部颁布
- 2012 年 7 月 17 日施行

各有关单位：

根据《财政部关于批复农业部 2012 年部门预算的通知》（财预〔2012〕168 号），经研究，现将 2012 年农村土地承包经营权登记试点工作经费下达你单位（详见附件），主要用于试点地区土地承包经营权登记工作及人员培训。请列入 2012 年度政府收支分类科目 2130112 "农业行业管理基本业务经费"。

各项目单位要设置"农村土地承包经营权登记试点工作经费"明细账（财务核算实行统一管理而不单独建账核算的单位，应建立辅助备查账），严格按照项目实施方案及有关财务制度执行，专款专用，合理列支相关费用，项目实施中如有变更事项，应按照申报程序及时履行调整报批手续。省级主管部门要做好组织实施和监督检查工作,并于 2012 年 12 月 31 日前将项目执行情况、资金使用情况(分别按项目内容和经济分类进行分析)报送我部财务司和农村经济体制与经营管理司。

农业部
2012 年 7 月 17 日

关于确定 2013 年全国农村土地承包经营权登记试点地区的通知

- 2013 年 3 月 1 日农业部、财政部、国土资源部、中农办、国务院法制办、国家档案局颁布
- 2013 年 3 月 1 日施行

各省、自治区、直辖市农业(农牧、农村经济)厅(局、委、办)、财政厅、国土资源厅、法制办、档案局:

按照 2012 年中央 1 号文件关于"稳步扩大农村土地承包经营权登记试点,财政适当补助工作经费"要求,各地稳步开展农村土地承包经营权登记试点,积极组织 2013 年全国试点地区申报工作。经全农村土地承包经营权登记试点工作领导小组研究,现确定北京市平谷区等 105 个县(市、区)为 2013 年全国农村土地承包经营权登记试点地区(名单附后)。

各省(自治区、直辖市)登记试点工作指导小组要严格按照农业部、财政部、国土资源部、中农办、国务院法制办、国家档案局等六部门联合印发的《关于开展农村土地承包经营权登记试点工作的意见》(农经发〔2011〕2号)要求,明确部门分工,加强工作指导和情况交流,落实工作经费,及时帮助各试点地区解决遇到的困难和问题,注意总结推广各试点地区的成功做法和经验。

各试点地区要严格按照《农业部办公厅关于印发〈农村土地承包经营权登记试点工作规程(试行)〉的通知》(农办经〔2012〕19 号)要求,加强

组织领导，严格把握法律政策界限，妥善解决遗留问题，保障试点工作经费，确保按时完成试点任务。

各省（自治区、直辖市）登记试点工作指导小组每季度末书面向全国农村土地承包经营权登记试点工作领导小组办公室报送一次情况，试点中遇到的重大问题随时报告，2013年底前将登记试点工作书面总结报送全国农村土地承包经营权登记试点工作领导小组。

四、政策及技术规范

关于引导农村土地经营权有序流转发展农业适度规模经营的意见

- 2014 年 11 月 20 日中共中央办公厅、国务院办公厅印发
- 2014 年 11 月 20 日施行

伴随我国工业化、信息化、城镇化和农业现代化进程,农村劳动力大量转移,农业物质技术装备水平不断提高,农户承包土地的经营权流转明显加快,发展适度规模经营已成为必然趋势。实践证明,土地流转和适度规模经营是发展现代农业的必由之路,有利于优化土地资源配置和提高劳动生产率,有利于保障粮食安全和主要农产品供给,有利于促进农业技术推广应用和农业增效、农民增收,应从我国人多地少、农村情况千差万别的实际出发,积极稳妥地推进。为引导农村土地(指承包耕地)经营权有序流转、发展农业适度规模经营,现提出如下意见。

一、总体要求

(一)指导思想。全面理解、准确把握中央关于全面深化农村改革的精神,按照加快构建以农户家庭经营为基础、合作与联合为纽带、社会化服务为支撑的立体式复合型现代农业经营体系和走生产技术先进、经营规模适度、市场竞争力强、生态环境可持续的中国特色新型农业现代化道路的要求,以保障国家粮食安全、促进农业增效和农民增收为目标,坚持农村土地集体所

有，实现所有权、承包权、经营权三权分置，引导土地经营权有序流转，坚持家庭经营的基础性地位，积极培育新型经营主体，发展多种形式的适度规模经营，巩固和完善农村基本经营制度。改革的方向要明，步子要稳，既要加大政策扶持力度，加强典型示范引导，鼓励创新农业经营体制机制，又要因地制宜、循序渐进，不能搞大跃进，不能搞强迫命令，不能搞行政瞎指挥，使农业适度规模经营发展与城镇化进程和农村劳动力转移规模相适应，与农业科技进步和生产手段改进程度相适应，与农业社会化服务水平提高相适应，让农民成为土地流转和规模经营的积极参与者和真正受益者，避免走弯路。

（二）基本原则

——坚持农村土地集体所有权，稳定农户承包权，放活土地经营权，以家庭承包经营为基础，推进家庭经营、集体经营、合作经营、企业经营等多种经营方式共同发展。

——坚持以改革为动力，充分发挥农民首创精神，鼓励创新，支持基层先行先试，靠改革破解发展难题。

——坚持依法、自愿、有偿，以农民为主体，政府扶持引导，市场配置资源，土地经营权流转不得违背承包农户意愿、不得损害农民权益、不得改变土地用途、不得破坏农业综合生产能力和农业生态环境。

——坚持经营规模适度，既要注重提升土地经营规模，又要防止土地过度集中，兼顾效率与公平，不断提高劳动生产率、土地产出率和资源利用率，确保农地农用，重点支持发展粮食规模化生产。

二、稳定完善农村土地承包关系

（三）健全土地承包经营权登记制度。建立健全承包合同取得权利、登记记载权利、证书证明权利的土地承包经营权登记制度，是稳定农村土地承包关系、促进土地经营权流转、发展适度规模经营的重要基础性工作。完善承包合同，健全登记簿，颁发权属证书，强化土地承包经营权物权保护，为开展土地流转、调处土地纠纷、完善补贴政策、进行征地补偿和抵押担保提供重要依据。建立健全土地承包经营权信息应用平台，方便群众查询，利于服务管理。土地承包经营权确权登记原则上确权到户到地，在尊重农民意愿的前提下，也可以确权确股不确地。切实维护妇女的土地承包权益。

（四）推进土地承包经营权确权登记颁证工作。按照中央统一部署、地方全面负责的要求，在稳步扩大试点的基础上，用5年左右时间基本完成土地承包经营权确权登记颁证工作，妥善解决农户承包地块面积不准、四至不清等问题。在工作中，各地要保持承包关系稳定，以现有承包台账、合同、证书为依据确认承包地归属；坚持依法规范操作，严格执行政策，按照规定内容和程序开展工作；充分调动农民群众积极性，依靠村民民主协商，自主解决矛盾纠纷；从实际出发，以农村集体土地所有权确权为基础，以第二次全国土地调查成果为依据，采用符合标准规范、农民群众认可的技术方法；坚持分级负责，强化县乡两级的责任，建立健全党委和政府统一领导、部门密切协作、群众广泛参与的工作机制；科学制定工作方案，明确时间表和路线图，确保工作质量。有关部门要加强调查研究，有针对性地提出操作性政策建议和具体工作指导意见。土地承包经营权确权登记颁证工作经费纳入地方财政预算，中央财政给予补助。

三、规范引导农村土地经营权有序流转

（五）鼓励创新土地流转形式。鼓励承包农户依法采取转包、出租、互换、转让及入股等方式流转承包地。鼓励有条件的地方制定扶持政策，引导农户长期流转承包地并促进其转移就业。鼓励农民在自愿前提下采取互换并地方式解决承包地细碎化问题。在同等条件下，本集体经济组织成员享有土地流转优先权。以转让方式流转承包地的，原则上应在本集体经济组织成员之间进行，且需经发包方同意。以其他形式流转的，应当依法报发包方备案。抓紧研究探索集体所有权、农户承包权、土地经营权在土地流转中的相互权利关系和具体实现形式。按照全国统一安排，稳步推进土地经营权抵押、担保试点，研究制定统一规范的实施办法，探索建立抵押资产处置机制。

（六）严格规范土地流转行为。土地承包经营权属于农民家庭，土地是否流转、价格如何确定、形式如何选择，应由承包农户自主决定，流转收益应归承包农户所有。流转期限应由流转双方在法律规定的范围内协商确定。没有农户的书面委托，农村基层组织无权以任何方式决定流转农户的承包地，更不能以少数服从多数的名义，将整村整组农户承包地集中对外招商经营。防止少数基层干部私相授受，谋取私利。严禁通过定任务、下指标或将流转面积、流转比例纳入绩效考核等方式推动土地流转。

（七）加强土地流转管理和服务。有关部门要研究制定流转市场运行规范，加快发展多种形式的土地经营权流转市场。依托农村经营管理机构健全土地流转服务平台，完善县乡村三级服务和管理网络，建立土地流转监测制度，为流转双方提供信息发布、政策咨询等服务。土地流转服务主体可以开展信息沟通、委托流转等服务，但禁止层层转包从中牟利。土地流转给非本村（组）集体成员或村（组）集体受农户委托统一组织流转并利用集体资金改良土壤、提高地力的，可向本集体经济组织以外的流入方收取基础设施使用费和土地流转管理服务费，用于农田基本建设或其他公益性支出。引导承包农户与流入方签订书面流转合同，并使用统一的省级合同示范文本。依法保护流入方的土地经营权益，流转合同到期后流入方可在同等条件下优先续约。加强农村土地承包经营纠纷调解仲裁体系建设，健全纠纷调处机制，妥善化解土地承包经营流转纠纷。

（八）合理确定土地经营规模。各地要依据自然经济条件、农村劳动力转移情况、农业机械化水平等因素，研究确定本地区土地规模经营的适宜标准。防止脱离实际、违背农民意愿，片面追求超大规模经营的倾向。现阶段，对土地经营规模相当于当地户均承包地面积10至15倍、务农收入相当于当地二三产业务工收入的，应当给予重点扶持。创新规模经营方式，在引导土地资源适度集聚的同时，通过农民的合作与联合、开展社会化服务等多种形式，提升农业规模化经营水平。

（九）扶持粮食规模化生产。加大粮食生产支持力度，原有粮食直接补贴、良种补贴、农资综合补贴归属由承包农户与流入方协商确定，新增部分应向粮食生产规模经营主体倾斜。在有条件的地方开展按照实际粮食播种面积或产量对生产者补贴试点。对从事粮食规模化生产的农民合作社、家庭农场等经营主体，符合申报农机购置补贴条件的，要优先安排。探索选择运行规范的粮食生产规模经营主体开展目标价格保险试点。抓紧开展粮食生产规模经营主体营销贷款试点，允许用粮食作物、生产及配套辅助设施进行抵押融资。粮食品种保险要逐步实现粮食生产规模经营主体愿保尽保，并适当提高对产粮大县稻谷、小麦、玉米三大粮食品种保险的保费补贴比例。各地区各有关部门要研究制定相应配套办法,更好地为粮食生产规模经营主体提供支持服务。

(十)加强土地流转用途管制。坚持最严格的耕地保护制度,切实保护基本农田。严禁借土地流转之名违规搞非农建设。严禁在流转农地上建设或变相建设旅游度假村、高尔夫球场、别墅、私人会所等。严禁占用基本农田挖塘栽树及其他毁坏种植条件的行为。严禁破坏、污染、圈占闲置耕地和损毁农田基础设施。坚决查处通过"以租代征"违法违规进行非农建设的行为,坚决禁止擅自将耕地"非农化"。利用规划和标准引导设施农业发展,强化设施农用地的用途监管。采取措施保证流转土地用于农业生产,可以通过停发粮食直接补贴、良种补贴、农资综合补贴等办法遏制撂荒耕地的行为。在粮食主产区、粮食生产功能区、高产创建项目实施区,不符合产业规划的经营行为不再享受相关农业生产扶持政策。合理引导粮田流转价格,降低粮食生产成本,稳定粮食种植面积。

四、加快培育新型农业经营主体

(十一)发挥家庭经营的基础作用。在今后相当长时期内,普通农户仍占大多数,要继续重视和扶持其发展农业生产。重点培育以家庭成员为主要劳动力、以农业为主要收入来源,从事专业化、集约化农业生产的家庭农场,使之成为引领适度规模经营、发展现代农业的有生力量。分级建立示范家庭农场名录,健全管理服务制度,加强示范引导。鼓励各地整合涉农资金建设连片高标准农田,并优先流向家庭农场、专业大户等规模经营农户。

(十二)探索新的集体经营方式。集体经济组织要积极为承包农户开展多种形式的生产服务,通过统一服务降低生产成本、提高生产效率。有条件的地方根据农民意愿,可以统一连片整理耕地,将土地折股量化、确权到户,经营所得收益按股分配,也可以引导农民以承包地入股组建土地股份合作组织,通过自营或委托经营等方式发展农业规模经营。各地要结合实际不断探索和丰富集体经营的实现形式。

(十三)加快发展农户间的合作经营。鼓励承包农户通过共同使用农业机械、开展联合营销等方式发展联户经营。鼓励发展多种形式的农民合作组织,深入推进示范社创建活动,促进农民合作社规范发展。在管理民主、运行规范、带动力强的农民合作社和供销合作社基础上,培育发展农村合作金融。引导发展农民专业合作社联合社，支持农民合作社开展农社对接。允许农民以承包经营权入股发展农业产业化经营。探索建立农户入股土地生产性能评价制度，按照耕地数量质量、参照当地土地经营权流转价格计价折股。

（十四）鼓励发展适合企业化经营的现代种养业。鼓励农业产业化龙头企业等涉农企业重点从事农产品加工流通和农业社会化服务，带动农户和农民合作社发展规模经营。引导工商资本发展良种种苗繁育、高标准设施农业、规模化养殖等适合企业化经营的现代种养业，开发农村"四荒"资源发展多种经营。支持农业企业与农户、农民合作社建立紧密的利益联结机制，实现合理分工、互利共赢。支持经济发达地区通过农业示范园区引导各类经营主体共同出资、相互持股，发展多种形式的农业混合所有制经济。

（十五）加大对新型农业经营主体的扶持力度。鼓励地方扩大对家庭农场、专业大户、农民合作社、龙头企业、农业社会化服务组织的扶持资金规模。支持符合条件的新型农业经营主体优先承担涉农项目，新增农业补贴向新型农业经营主体倾斜。加快建立财政项目资金直接投向符合条件的合作社、财政补助形成的资产转交合作社持有和管护的管理制度。各省（自治区、直辖市）根据实际情况，在年度建设用地指标中可单列一定比例专门用于新型农业经营主体建设配套辅助设施，并按规定减免相关税费。综合运用货币和财税政策工具，引导金融机构建立健全针对新型农业经营主体的信贷、保险支持机制，创新金融产品和服务，加大信贷支持力度，分散规模经营风险。鼓励符合条件的农业产业化龙头企业通过发行短期融资券、中期票据、中小企业集合票据等多种方式，拓宽融资渠道。鼓励融资担保机构为新型农业经营主体提供融资担保服务，鼓励有条件的地方通过设立融资担保专项资金、担保风险补偿基金等加大扶持力度。落实和完善相关税收优惠政策，支持农民合作社发展农产品加工流通。

（十六）加强对工商企业租赁农户承包地的监管和风险防范。各地对工商企业长时间、大面积租赁农户承包地要有明确的上限控制，建立健全资格审查、项目审核、风险保障金制度，对租地条件、经营范围和违规处罚等作出规定。工商企业租赁农户承包地要按面积实行分级备案，严格准入门槛，加强事中事后监管，防止浪费农地资源、损害农民土地权益，防范承包农户因流入方违约或经营不善遭受损失。定期对租赁土地企业的农业经营能力、土地用途和风险防范能力等开展监督检查,查验土地利用、合同履行等情况,及时查处纠正违法违规行为,对符合要求的可给予政策扶持。有关部门要抓紧制定管理办法,并加强对各地落实情况的监督检查。

五、建立健全农业社会化服务体系

(十七)培育多元社会化服务组织。巩固乡镇涉农公共服务机构基础条件建设成果。鼓励农技推广、动植物防疫、农产品质量安全监管等公共服务机构围绕发展农业适度规模经营拓展服务范围。大力培育各类经营性服务组织,积极发展良种种苗繁育、统防统治、测土配方施肥、粪污集中处理等农业生产性服务业,大力发展农产品电子商务等现代流通服务业,支持建设粮食烘干、农机场库棚和仓储物流等配套基础设施。农产品初加工和农业灌溉用电执行农业生产用电价格。鼓励以县为单位开展农业社会化服务示范创建活动。开展政府购买农业公益性服务试点,鼓励向经营性服务组织购买易监管、可量化的公益性服务。研究制定政府购买农业公益性服务的指导性目录,建立健全购买服务的标准合同、规范程序和监督机制。积极推广既不改变农户承包关系,又保证地有人种的托管服务模式,鼓励种粮大户、农机大户和农机合作社开展全程托管或主要生产环节托管,实现统一耕作,规模化生产。

(十八)开展新型职业农民教育培训。制定专门规划和政策,壮大新型职业农民队伍。整合教育培训资源,改善农业职业学校和其他学校涉农专业办学条件,加快发展农业职业教育,大力发展现代农业远程教育。实施新型职业农民培育工程,围绕主导产业开展农业技能和经营能力培养培训,扩大农村实用人才带头人示范培养培训规模,加大对专业大户、家庭农场经营者、农民合作社带头人、农业企业经营管理人员、农业社会化服务人员和返乡农民工的培养培训力度,把青年农民纳入国家实用人才培养计划。努力构建新型职业农民和农村实用人才培养、认定、扶持体系,建立公益性农民培养培训制度,探索建立培育新型职业农民制度。

(十九)发挥供销合作社的优势和作用。扎实推进供销合作社综合改革试点,按照改造自我、服务农民的要求,把供销合作社打造成服务农民生产生活的生力军和综合平台。利用供销合作社农资经营渠道,深化行业合作,推进技物结合,为新型农业经营主体提供服务。推动供销合作社农产品流通企业、农副产品批发市场、网络终端与新型农业经营主体对接,开展农产品生产、加工、流通服务。鼓励基层供销合作社针对农业生产重要环节,与农民签订服务协议,开展合作式、订单式服务,提高服务规模化水平。

土地问题涉及亿万农民切身利益,事关全局。各级党委和政府要充分认识引导农村土地经营权有序流转、发展农业适度规模经营的重要性、复杂性和长期性,切实加强组织领导,严格按照中央政策和国家法律法规办事,及时查处违纪违法行为。坚持从实际出发,加强调查研究,搞好分类指导,充分利用农村改革试验区、现代农业示范区等开展试点试验,认真总结基层和农民群众创造的好经验好做法。加大政策宣传力度,牢固树立政策观念,准确把握政策要求,营造良好的改革发展环境。加强农村经营管理体系建设,明确相应机构承担农村经管工作职责,确保事有人干、责有人负。各有关部门要按照职责分工,抓紧修订完善相关法律法规,建立工作指导和检查监督制度,健全齐抓共管的工作机制,引导农村土地经营权有序流转,促进农业适度规模经营健康发展。

关于认真做好农村土地承包经营权确权登记颁证工作的意见

- 2015年1月27日农业部、中央农村工作领导小组办公室、财政部、国土部、国务院法制办、国家档案局颁布
- 2015年1月27日施行

按照2015年中央1号文件和《中共中央办公厅 国务院办公厅印发〈关于引导农村土地经营权有序流转发展农业适度规模经营的意见〉的通知》(中办发〔2014〕61号)有关精神要求,现就认真做好农村土地承包经营权确权登记颁证工作提出如下意见。

一、进一步统一思想认识

以家庭承包经营为基础、统分结合的双层经营体制是我国农村的基本经营制度，近年来，各地围绕坚持和完善这一制度，按照有关法律政策要求，积极开展土地承包管理服务工作，保持了现有土地承包关系的稳定，为发展现代农业、维护农村稳定奠定了坚实的制度基础。但是，随着工业化、信息化、城镇化和农业现代化深入发展，因历史原因形成的承包地块面积不准、四至不清等问题逐渐显现，成为制约农业适度规模经营和"四化"同步发展的突出问题，必须高度重视，认真加以解决。

农村土地承包经营权确权登记颁证是集中开展的土地承包经营权登记，是完善农村基本经营制度、保护农民土地权益、促进现代农业发展、健全农村治理体系的重要基础性工作，事关农村长远发展和亿万农民切身利益。开展这项工作，有利于强化对农民土地承包经营权的物权保护，稳定农民土地经营的预期，增加农民的财产性收入；有利于保持土地承包关系稳定，激发农村生产要素的内在活力，促进土地经营权流转，发展农业适度规模经营；有利于完善农村社会管理，妥善解决土地承包的突出问题，促进农村社会和谐稳定，推进城乡发展一体化。各地区、各部门要进一步统一思想认识，站在战略和全局的高度，把它作为全面深化农村改革的重要任务，作为一件非做不可、必须做好的大事，从农村的实际出发，深刻认识开展土地承包经营权确权登记颁证工作的重大意义，自觉把思想和行动统一到中央的决策部署上来，以高度的政治责任感和历史使命感做实做细这项工作。

二、进一步明确总体要求

开展农村土地承包经营权确权登记颁证工作，必须准确把握中央关于全面深化农村改革的精神，坚持和完善农村基本经营制度，按照保持稳定、依法规范、民主协商、因地制宜的原则，采取中央统一部署、地方全面负责的办法，积极稳妥地推进。要通过确权登记颁证，解决好承包地块面积不准、四至不清、空间位置不明、登记簿不健全等问题，为开展土地经营权流转、调处土地纠纷、完善补贴政策、进行征地补偿和抵押担保提供重要依据；要通过确权登记颁证，建立涉及土地承包经营权的设立、转让、互换、变更、抵押等内容的登记制度，确认农户对承包地的占有、使用、收益等各项权利，强化对土地承包经营权的物权保护；要通过确权登记颁证，建立健全土地承包经营权信息应用平台，实现对土地承包合同、登记簿和权属证书管理的信息化，加强土地承包经营权确权登记成果的应用，方便群众查询，利于服务管理，更好地服务于现代农业和新农村建设。

各地要按照中央要求，在稳步扩大试点的基础上，用 5 年左右时间基本完成土地承包经营权确权登记颁证工作。要结合当地实际，科学制定工作方案，明确时间表和路线图，先易后难，试点先行，分期分批地推进，既不能急于求成，也不要等待观望，确保进度服从质量。对一些试点工作有基础的地区，要认真总结经验，加强监督检查，抓紧健全制度，为整体推开创造条件；对一些先期已开展过确权登记颁证工作的地方，可以对照这次土地承包经营权确权登记颁证要求，本着缺什么、补什么的原则进行完善；对一些少数民族及边疆地区，可以在确保社会稳定的前提下，从当地实际出发，合理安排时间进度。

2015 年继续扩大试点范围，在 2014 年进行 3 个整省和 27 个整县试点的基础上，再选择江苏、江西、湖北、湖南、甘肃、宁夏、吉林、贵州、河南等 9 个省（区）开展整省试点。其他省（区、市）根据本地情况，扩大开展以县为单位的整体试点。

三、进一步把握政策原则

开展农村土地承包经营权确权登记颁证工作，政策性、专业性强，既要解决问题，又要防止引发矛盾，必须把握好政策原则，得到群众认可，经得起历史检验。

（一）坚持稳定土地承包关系。开展土地承包经营权确权登记颁证，是对现有土地承包关系的进一步完善，不是推倒重来、打乱重分，不能借机调整或收回农户承包地。要以现有承包台账、合同、证书为依据确认承包地归属。对个别村部分群众要求调地的，按照法律法规和政策规定，慎重把握、妥善处理。对于确因自然灾害毁损等原因，需要个别调整的，应当按照法定条件和程序调整后再予确权。

（二）坚持以确权确地为主。土地承包经营权确权，要坚持确权确地为主，总体上要确地到户，从严掌握确权确股不确地的范围，坚持农地农用。对农村土地已经承包到户的，都要确权到户到地。实行确权确股不确地的条件和程序,由省级人民政府有关部门作出规定,切实保障农民土地承包权益。不得违背农民意愿,行政推动确权确股不确地,也不得简单地以少数服从多数的名义,强迫不愿确股的农民确股。

(三)坚持依法依规有序操作。按照物权法定精神,严格执行《物权法》、《农村土地承包法》、《土地管理法》等法律法规和政策规定,按照农业部制发的相关规范和标准,开展土地承包经营权调查,完善承包合同,建立登记簿,颁发权属证书,确保登记成果完整、真实、准确。对确权登记颁证中的争议,有法律政策规定的,依法依政策进行调处。对于一些疑难问题,在不违背法律政策精神的前提下,通过民主协商妥善处理。权属争议未解决的,不进行土地承包经营权确权登记颁证。加强土地承包经营权确权登记颁证成果的保密管理,保护土地承包权利人的隐私。

(四)坚持以农民群众为主体。农民群众主动参与、积极配合是搞好土地承包经营权确权登记颁证的关键。要做深入细致的宣传、动员和解释工作,让农民充分了解确权登记颁证工作的目的、意义、作用和程序要求,充分发挥农民群众的主体作用,变"要我确权"为"我要确权"。特别要注意组织老党员、老干部参与确权登记颁证工作,充分发挥他们熟悉情况、调解纷争的积极作用。村组集体的土地承包经营权确权登记颁证方案,要在本集体成员内部充分讨论,达成一致,切实做到农民的事让农民自己做主。承包地块面积、四至等表格材料要经过农户签字认可。对于外出不在家的农户,要采取多种方式及时通知到户到人,充分保障其知情权、选择权、决策权。

(五)坚持进度服从质量。土地承包经营权确权登记颁证是长久大计,不能怕麻烦、图省事,必须做细做实,确保质量。各地要根据实际,统筹安排资源,科学把握进度,分期分批,积极稳妥推进。先抓好试点,及时发现问题,找到解决办法,然后在总结经验的基础上逐步扩大范围,不搞齐步走,不强求百分之百。要实行全程质量控制,把握关键环节,守好质量关口。

(六)坚持实行地方分级负责。按照中央要求,地方各级尤其是县乡两级对本行政区域内的土地承包经营权确权登记颁证工作全面负责。要强化属地管理,层层落实责任。省级主要承担组织领导责任;地市级主要承担组织协调责任;县乡两级主要承担组织实施责任,是开展土地承包经营权确权登记颁证工作的关键主体，领导要亲自挂帅、精心组织、全面落实。

四、进一步抓好重点任务

开展农村土地承包经营权确权登记颁证，核心是确权，重点在登记，关键在权属调查，各地要从实际出发，一个环节一个环节地做好工作。

（一）开展土地承包档案资料清查。依据农村土地所有权确权登记发证材料、土地承包方案、承包台账、承包合同、承包经营权证书等相关权属档案资料进行清查整理、组卷，按要求进行补建、修复和保全，摸清承包地现状，查清承包地块的名称、坐落、面积、四至、用途、流转等原始记载；摸清农户家庭承包状况，收集、整理、核对承包方代表、家庭成员及其变动等信息。有条件的地方，可以把档案清查、整理与土地承包管理信息化结合起来，推进土地承包原始档案管理数字化。

（二）开展土地承包经营权调查。对农村集体耕地开展土地承包经营权调查，查清承包地权利归属。重点是做好发包方、承包方和承包地块调查，如实准确填写发包方调查表、承包方调查表、承包地块调查表，制作调查结果公示表和权属归户表。以农村集体土地所有权确权登记结果为基础，以第二次全国土地调查成果为依据，充分利用现有的图件、影像等数据，绘制工作底图、调查草图，采用符合标准规范、农民群众认可的技术方法，查清农户承包地块的面积、四至、空间位置，制作承包地块分布图。调查成果经审核公示确认，作为土地承包经营权确实权的现实依据。对公示内容有异议的，进行补测核实。

（三）完善土地承包合同。根据公示确认的调查成果，完善土地承包合同，作为承包户取得土地承包经营权的法定依据。对没有签订土地承包合同的，要重新签订承包合同；对承包合同丢失、残缺的，进行补签、完善。实际承包面积与原土地承包合同、权属证书记载面积不一致的，要根据本集体通过的土地承包经营权确权登记颁证方案进行确权。属于原承包地块四至范围内的，原则上应确权给原承包农户。未经本集体成员协商同意，不得将承包方多出的承包面积转为其他方式承包并收取承包费。土地承包合同记载期限应以当地统一组织二轮延包的时点起算，承包期为30年，本轮土地承包期限届满，按届时的法律和保持现有土地承包关系稳定并长久不变的政策规定执行。

（四）建立健全登记簿。根据这次确权登记颁证完善后的承包合同，以承包农户为基本单位，按照一户一簿原则，明确每块承包地的范围、面积及权利归属，由县级人民政府农村经营管理机构建立健全统一规范的土地承包经营权登记簿，作为今后不动产统一登记的基础依据。登记簿应当记载发包方、承包方的姓名、地址，承包共有人，承包方式，承包地块的面积、坐落、界址、编码、用途、权属、地类及是否基本农田，承包合同编号、成立时间、期限，权利的内容及变化等。已经建立登记簿的，补充完善相关登记信息；未建立的，要抓紧建立。承包农户自愿提出变更、注销登记申请的，经核实确认后，予以变更或注销，并在登记簿中注明。

（五）颁发土地承包经营权证书。根据完善后的土地承包合同和建立健全的土地承包经营权登记簿，在确保信息准确无误、责任权利明确的基础上，按规定程序和修订后的土地承包经营权证书样本，向承包方颁发土地承包经营权证书，原已发的土地承包经营权权属证书收回销毁。承包经营权证书载明的户主或共有人，要体现男女平等的原则，切实保护妇女土地承包权益。实行确权确股不确地的，也要向承包方颁发土地承包经营权证书，并注明确权方式为确权确股；承包方有意愿要求的，发包方可以向承包方颁发农村集体的土地股权证。为与不动产统一登记工作衔接，今后可按照"不变不换"的原则，承包农户可以自愿申请、免费换取与不动产统一登记相衔接的证书，避免工作重复和资金浪费。抓紧研究制定统一的不动产登记簿册和权属证书办法，在条件具备时实施。

（六）推进信息应用平台建设。充分利用现有资源，完善、建立中央与地方互联互通的土地承包经营权信息应用平台，并以县级为单位建立土地承包经营权确权登记颁证数据库和土地承包经营权登记业务系统，实现土地承包合同管理、权属登记、经营权流转和纠纷调处等业务工作的信息化，避免重复建设和各自为政。以县级土地承包经营权确权登记结果和现有资源为基础，逐级汇总、完善、建立中央和省地县四级土地承包经营权确权登记颁证数据汇总和动态管理制度。研究制定土地承包经营权登记业务系统与不动产登记信息平台的数据交换协议，与不动产登记信息平台实现信息共享。

（七）建立健全档案管理制度。土地承包经营权确权登记颁证过程中形成的文字、图表、声像、数据等文件材料,是对国家、社会有保存价值的重要凭证和历史记录。各地要按照农业部、国家档案局制发的《农村土地承包经营权确权登记颁证档案管理办法》,坚持统一领导、分级实施、分类管理、集中保管的原则,认真做好土地承包经营权确权档案的收集、整理、鉴定、保管、编研和利用等工作。档案管理工作应当与土地承包经营权确权登记颁证工作同步部署、实施、检查和验收,做到组织有序、种类齐全、保管安全,确保管有人、存有地、查有序。

五、进一步加强组织领导

农村土地承包经营权确权登记颁证事关重大,各地要强化组织领导,确保各项工作稳步推进,把好事办好。

(一)健全工作机制。各地要按照中央要求,建立健全党委政府统一领导、部门分工协作、群众广泛参与的工作机制,统筹协调,合力推进。各有关部门要按照当地党委政府的任务分工,认真履行好职责。农业部门承担牵头职责,负责综合协调、组织实施和工作指导;财政部门负责根据实际需要统筹安排相关资金,加强资金监管;国土资源部门负责免费提供最新的全国土地调查和农村集体土地所有权确权登记等成果,并配合做好土地承包经营权确权登记颁证与不动产登记工作的有效衔接;农村工作综合部门负责研究有关政策;法制工作部门负责研究完善有关法律法规;档案部门负责指导土地承包档案管理。要加强村组土地承包经营权确权登记颁证工作的组织领导,切实发挥农村基层党组织、村委会和农村集体经济组织的职能作用,动员和组织广大农民群众积极参与到土地承包经营权确权登记颁证工作中。

(二)加大宣传培训。采取多种形式,利用各种媒介,生动形象地开展宣传活动,引导和营造稳步推进土地承包经营权确权登记颁证工作的良好舆论氛围和工作环境。根据当地实际,编印土地承包经营权确权登记颁证的明白纸、宣传册,解读政策,澄清疑惑,明确要求。创新宣传方式方法,把贴标语、刷宣传栏、写公开信等传统手段与电视、电话、广播、网络等现代手段相结合,融合群众喜闻乐见的现场解答、戏曲表演等手段,扩大宣传范围,提高宣传效果。加强培训,形成具有专业素质的政策指导队伍、现场操作队伍。要制定培训计划,编印培训教材,培养师资,分层次、分对象开展培训。

创新培训方式，把专家讲解和现场教学有机结合，提高培训的针对性和实用性，确保广大基层干部和相关技术人员得到必要的培训。

（三）严格资金管理。土地承包经营权确权登记颁证工作经费纳入地方财政预算，中央财政给予补助。各地要切实强化土地承包经营权确权登记颁证工作经费管理，严格执行预算法律法规及财政资金管理规定，努力降低工作成本，确保资金使用安全、高效。

（四）探索创新解决问题的方式方法。鼓励各地从实际出发，探索解决土地承包经营权确权登记颁证工作遇到的困难和问题。深入基层，深入群众，深入实际，开展调查研究，及时掌握和反映土地承包经营权确权登记颁证工作出现的新情况、新问题。认真总结试点中各地创造的好做法、好经验，加强交流学习，更好地指导面上工作。对于苗头性、倾向性和具有共性的问题，要在深入研究和广泛论证的基础上，提出政策建议，涉及全国性的重大政策要及时请示。对局部性的问题，鼓励各地按照"一村一策"或"一事一议"的办法，通过实行差异化、区别性的措施予以解决。具体到一个村，要注意依靠群众，用群众接受的办法解决问题。

（五）强化监督检查。建立健全土地承包经营权确权登记颁证工作情况报告、监督检查和成果验收制度。认真执行土地承包经营权确权登记颁证工作进展情况定期上报规定，定期通报各地工作进展情况。加强检查监督和情况调度，及时掌握工作进展情况，对发现的问题及时提出处理意见。研究制定土地承包经营权确权登记颁证成果检查验收办法。土地承包经营权确权登记颁证任务完成后，原则上由县级组织自查，地市级组织核查，省级组织验收，具体由各省确定。全国将适时组织抽查，工作整体完成后向党中央、国务院报告。

各省（区、市）要按照本意见的要求制定具体的实施方案，并报农业部备案。工作中遇到的困难和问题及时报告。

农业部、中央农村工作领导小组办公室、财政部、
国土资源部、国务院法制办、国家档案局
2015 年 1 月 27 日

农村土地承包经营权登记试点工作规程（试行）

- 2012 年 6 月 27 日农业部办公厅颁布
- 2012 年 6 月 27 日施行

为指导各地区做好农村土地承包经营权登记试点工作，根据《物权法》、《农村土地承包法》和农业部等六部门《关于开展农村土地承包经营权登记试点工作的意见》（农经发〔2011〕2 号）等法律政策，制定本工作规程。

一、基本原则

（一）保持稳定。在保持现有农村土地承包关系稳定前提下，以已经签订的土地承包合同和已经颁发的土地承包经营权证书为基础，严禁借机违法调整和收回农户承包地。

（二）依法依规。严格执行《物权法》、《农村土地承包法》有关土地承包经营权登记的规定，参照《农村土地承包经营权证管理办法》规定的登记内容和程序开展土地承包经营权登记。

（三）因地制宜。按照试点地区的土地承包现状，缺什么补什么，探索建立土地承包经营权登记制度，妥善解决遗留问题。

（四）民主协商。充分动员农民群众，充分尊重农民意愿，试点中的重大事项均应经本集体经济组织成员民主讨论决定。

（五）注重实效。充分利用现代空间信息技术，明确承包土地的面积、空间位置和权属等，将农户承包地成图、登记、造册，建立健全农村土地承包管理信息系统。

（六）地方负责。试点工作实行部省统筹安排，县级组织实施，强化部门协作，形成整体合力，确保试点任务顺利完成。

二、基本类型及其操作流程

（一）家庭承包方式登记

1. 准备前期资料

收集整理承包合同、土地台帐、登记簿、农户信息等资料，形成农户承包地登记基本信息表。

处理国土"二调"或航空航天影像数据，形成用于调查和实测的基础工作底图。

2. 入户权属调查

根据基础工作底图和农户承包地登记基本信息表，入户实地进行承包地块权属调查，由农户进行确认。对存在争议的地块，待争议解决后再登记。

3. 测量地块成图

按照农村承包土地调查技术规范（见附件1）对承包地块进行测量和绘图，并标注地块编码（见附件2）和面积，形成承包土地地籍草图。

4. 公示审核

由村、组土地承包经营权登记工作组审核地籍草图后，在村、组公示。

对公示中农户提出的异议，及时进行核实、修正，并再次公示。

公示无异议的，由农户签字确认后作为承包土地地籍图，由村组上报乡（镇）人民政府。乡（镇）人民政府汇总并核对后上报县级人民政府。

5. 建立登记簿

根据乡镇上报的登记资料，由县级农村土地承包管理部门按照统一格式（见附件3）建立土地承包经营权登记簿。

土地承包经营权登记簿应当采用纸质和电子介质。为避免因系统故障而导致登记资料遗失破坏，应当进行异地备份。有条件的地方，应当采取多种方式多地备份。

6. 完善承包经营权证书

各地根据实际，依照土地承包经营权登记簿记载内容，适时对承包经营权证书进行完善（见附件3）。

7. 建立农村土地承包管理信息系统

县级农村土地承包管理部门应当根据登记过程中形成的影像、图表和文字等材料，按照统一的标准建立农村土地承包信息数据库和农村土地承包管理信息系统，实现农村土地承包管理信息化。

8. 资料归档

按照2010年农业部、国家档案局颁发的《关于加强农村土地承包档案管理工作的意见》（农经发〔2010〕12号），由县乡农村土地承包管理部门整理登记相关资料进行归档。

（二）其他承包方式登记

采取招标、拍卖、公开协商等方式，依法承包农村土地的，当事人申请土地承包经营权登记，按照《农村土地承包经营权证管理办法》有关规定办理登记。对境外企业、组织和个人租赁农村集体土地，暂不予登记。开展其他承包方式登记参照家庭承包方式登记的相关程序。

（三）变更登记、注销登记

承包期内，因下列情形导致土地承包经营权发生变动或者灭失，根据当事人申请，县级农村土地承包管理部门依法办理变更、注销登记，并记载于土地承包经营权登记簿：

1. 因集体土地所有权变化的；
2. 因承包地被征收导致承包地块或者面积发生变化的；
3. 因承包农户分户等导致土地承包经营权分割的；
4. 因土地承包经营权采取转让、互换方式流转的；
5. 因结婚等原因导致土地承包经营权合并的；
6. 承包地块、面积与实际不符的；
7. 承包地灭失或者承包农户消亡的；
8. 承包地被发包方依法调整或者收回的；
9. 其他需要依法变更、注销的情形。

开展变更登记、注销登记参照家庭承包方式登记的相关程序。

三、工作要求

（一）明确机构职责

县级人民政府建立工作领导小组，由政府主要领导担任组长，农业（农经）、国土、财政、法制、档案等相关部门领导任成员，负责制定试点工作方案，明确职责分工。领导小组办公室设在农村土地承包管理部门，负责登记工作的日常组织和具体协调。乡（镇）成立相应的工作机构，负责组织登记工作的具体实施。本集体经济组织成员的村民会议选举产生村或组土地承包经营权登记工作组，承担部分调查、汇总、审核等具体工作，负责调解出现的矛盾和纠纷，将登记工作中出现的重大事项提交集体经济组织成员大会或成员代表大会依法决策。

（二）加强宣传培训

按照登记工作方案，召开政策培训会和宣传动员会，充分调动基层干部和农民群众参与登记的积极性，并对登记工作人员和村组干部进行培训。

（三）严格保密制度

对土地承包经营权登记相关资料，特别是地籍信息资料，要严格按照《测绘管理工作国家秘密范围的规定》（见附件4）进行保管，确保不失密、不泄密。

（四）准确把握政策

严格执行农村土地承包法律政策规定，对试点工作中遇到的问题按照保持稳定、尊重历史、照顾现实、分类处置的原则依法妥善解决。法律政策有明确规定的，要严格执行；没有明确规定的，要依照法律政策基本精神，结合当地实际作出具体规定。

各省（区、市）可根据地方实际情况，对本规程进行补充完善后制定适合本地的具体工作规范。

附件1：农村承包土地调查技术规范（参见本书第516页）

附件2：农村土地承包经营权证书（承包合同）和承包地块编码规则（参见本书第520页）

附件3：农村土地承包经营权登记簿（样本）（参见本书第521页）

附件4：测绘管理工作国家秘密范围的规定（参见本书第527页）

农村承包土地调查技术规范

- 2012年6月27日农业部公布
- 2012年6月27日施行

按照位置准确、面积精确、承包农户认可的原则，采用满足精度要求的国土"二调"成果图、正射影像图、数字线划图为工作底图，以村民小组为基本单元,通过地面实测或调绘方法,调查每块承包土地的面积、位置、形状、权属和空间分布等情况,并按照统一的地块编码进行标识,建立覆盖乡镇的县级农村土地承包信息数据库及管理信息系统。

一、基本要求

(一) 充分利用满足比例尺精度要求的国土"二调"成果数据。

(二) 外业调查应按村民小组实地逐地块调查。

(三) 调查应客观、公正,面积、空间位置和权属等信息应得到承包农户充分认可。

(四) 图、数、实地三者应一致。

二、比例尺

农村承包土地调查以 1∶500 – 1∶5000 基本比例尺为主。其中,大中城市郊区规划建设范围内(以政府公布的土地规划和城市规划范围为准)原则上采用 1∶500 比例尺。

三、坐标系统

(一) 统一采用 2000 国家大地坐标系。如采用其他国家坐标系统或地方坐标系统,应与 2000 国家大地坐标系统联测并建立转换关系。

(二) 投影方式:标准分幅图件或数据采用高斯 – 克吕格投影。1∶500、1∶1000、1∶2000 标准分幅图或数据按 1.5 度分带。1∶5000 标准分幅图或数据采用 3 度分带。

(三) 高程系统采用"1985 国家高程基准"。

四、精度指标

(一) 数字正射影像(DOM)平面位置精度

DOM 地物点相对于实地同名点的点位中误差,不得大于表 1 之规定。

表 1 DOM 平面位置精度   单位:米

DOM 比例尺	平原、丘陵地	山地、高山地
1∶500	0.15	0.20
1∶1000	0.30	0.40
1∶2000	0.60	0.80
1∶5000	1.20	1.80

（二）基于胶片相机航空摄影时，DOM 比例尺与摄影比例尺的对应关系见表2。

表 2 不同比例尺与摄影比例尺对应关系　　　　单位：米

DOM 比例尺	摄影比例尺
1：500	1：2000 – 1：3000
1：1000	1：4000 – 1：6000
1：2000	1：8000 – 1：12000
1：5000	1：10000 – 1：20000

（三）基于数码相机航空摄影时，DOM 比例尺与数码相机地面分辨率的对应关系见表 3。

表 3 不同比例尺与数码相机地面分辨率对应关系　　　　单位：米

DOM 比例尺	数码相机地面分辨率
1：500	优于 0.04
1：1000	优于 0.08
1：2000	优于 0.16
1：5000	优于 0.40

（四）基于卫星遥感数据时，DOM 比例尺与卫星影像空间分辨率的对应关系见表4。

表 4 不同比例尺与卫星影像空间分辨率对应关系　　　　单位：米

DOM 比例尺	卫星影像空间分辨率
1：500	暂无
1：1000	暂无
1：2000	不低于 0.50
1：5000	不低于 1.00

（五）地籍图平面位置精度

地籍图上界址点相对于邻近控制点的点位中误差和相邻界址点之间的间距中误差原则上不得超过表5的规定。

表5　地籍图平面位置精度　　　　　　单位：米

地区分类	比例尺	点位中误差	相邻界址点间距中误差
平原、丘陵地	1∶500	0.15	0.12
	1∶1000	0.30	0.24
	1∶2000	0.60	0.48
	1∶5000	1.20	0.96
山地、高山地	1∶500	0.23	0.18
	1∶1000	0.45	0.36
	1∶2000	0.90	0.72
	1∶5000	1.80	1.44

五、计量单位

长度单位采用米（m），面积计算单位采用平方米（m^2）和亩，面积统计汇总单位采用公顷（hm^2）和亩，均保留2位小数。

六、界线来源

县级及县级以上行政区域界线采用全国陆地行政区域勘界成果确定的界限。乡镇村（组）级行政界线，采用各县（市、区）最新确定的界线。县乡镇村（组）级行政界线未予明确或存在纠纷的，应予以标注。

七、面积量算

承包地面积按照实测面积或调绘面积计算，坡地等地块地表倾斜面的面积应通过改正系数计算。

八、调查队伍

县级农村土地承包管理部门负责组织调查人员或聘请有资质的专业技术队伍，采用符合相应比例尺精度要求的仪器设备和技术，完成农村承包土地调查；鼓励有条件的地区通过招投标或协议方式，聘请专业技术队伍完成农村承包土地调查。

九、农村承包土地调查主要成果

（一）乡村级农村承包土地调查成果

1. 基础工作底图

2. 地籍测量原始记录

3. 村、组承包土地地籍图

4. 土地承包台账

(二) 县级农村承包土地调查成果

1. 基础工作底图

2. 地籍测量原始记录

3. 村、组承包土地地籍图

4. 农村土地承包经营权登记簿

5. 覆盖乡镇的县级土地承包信息数据库及管理信息系统

农村土地承包经营权证书（承包合同）和承包地块编码规则

- 2014 年 2 月 19 日农业部公布
- 2014 年 3 月 1 日施行

村及其以上编码采用最新版本统计用区划代码。

1. 县级以上编码按照国家规定编码规则进行编码。

县级编码 = 2 位省级编码 + 2 位市级编码 + 2 位县级编码 = 6 位

2. 县级以下统一按照以下规则补充编码：

镇级编码 = 县级编码 + 3 位 = 9 位

村级编码 = 镇级编码 + 3 位 = 12 位

组级编码 = 村级编码 + 2 位 = 14 位

农户编码 = 组级编码 + 3 位 = 17 位

承包证书（合同）编码 = 农户编码 + J（Q） = 18 位

承包地块编码 = 承包证书（合同）编码 + 4 位 = 22 位

农村土地承包经营权登记簿（样本）

××省（市、区）××县（市）人民政府制

农村土地承包经营权证编号：

发包方全称	
承包方代表姓名	
身份证号码	
承包方式	
承包方住址	县（市）　乡（镇）　村　组
邮政编码	联系电话
土地承包合同编号	
承包期限	年　月　日至　年　月　日止
承包方土地承包经营权共有人情况	

姓名	与户主关系	身份证号码	备注

	承包地二轮合同总面积（亩）		承包地实测总面积（亩）		承包地块总数（块）	
承包地块情况	地块名称	地块编码	承包地二轮合同面积（亩）	实测面积（亩）	是否基本农田	四至
						东： 西： 南： 北：
						东： 西： 南： 北：
						东： 西： 南： 北：
	……	……	……	……	……	……

土地承包经营权证书变动情况			
补发	主管部门签章 年　月　日		
换发	主管部门签章 年　月　日		
变更登记	变更方式	面积（亩）	合同编号	主管部门签章及日期

粘贴（打印）承包地块示意图

农村土地承包经营权证书样本

封皮

底色（红）

国徽

中华人民共和国
农村土地承包经营权证

（字色为金色）

中华人民共和国农业部监制

内页1

《中华人民共和国物权法》有关规定

第一百二十五条　土地承包经营权人依法对其承包经营的耕地、林地、草地等享有占有、使用和收益的权利，有权从事种植业、林业、畜牧业等农业生产。

《中华人民共和国农村土地承包法》有关规定

第三条　国家实行农村土地承包经营制度。

农村土地承包采取农村集体经济组织内部的家庭承包方式，不宜采取家庭承包方式的荒山、荒沟、荒丘、荒滩等农村土地，可以采取招标、拍卖、公开协商等方式承包。

第九条　国家保护集体土地所有者的合法权益，保护承包方的土地承包经营权，任何组织和个人不得侵犯。

第十条　国家保护承包方依法、自愿、有偿地进行土地承包经营权流转。

第二十三条　县级以上地方人民政府应当向承包方颁发土地承包经营权证或者林权证等证书，并登记造册，确认土地承包经营权。

第二十六条　承包期内，发包方不得收回承包地。

第二十七条　承包期内，发包方不得调整承包地。

第三十二条　通过家庭承包取得的土地承包经营权可以依法采取转包、出租、互换、转让或者其它方式流转。

第四十九条　通过招标、拍卖、公开协商等方式承包农村土地，经依法登记取得土地承包经营权证或者林权证等证书的，其土地承包经营权可以依法采取转让、出租、入股、抵押或者其它方式流转。

内页 2

```
编号：


            中华人民共和国
            农村土地承包经营权证




   ××× 人民政府印章
          ××× 人民政府印制
```

内页 3

```
           *1    农地承包权（*2  ）第      号
     （注：*1 处填县级以上人民政府简称；*2 填写年份）



            中华人民共和国
            农村土地承包经营权证
```

内页 4

根据《中华人民共和国物权法》、《中华人民共和国农村土地承包法》规定，为稳定和完善农村土地承包关系，维护土地承包当事人的合法权益，巩固农村基本经营制度，经农业行政主管部门审查登记，人民政府核准，确认承包方依法取得农村土地承包经营权，特发此证。

                        发证机关（印）
                          年   月   日

第三部分 集体土地承包经营权确权依据

四、政策及技术规范

内页 5

发包方全称	
承包方代表姓名	
身份证号码	
承包方式	
承包方住址	县（市） 乡（镇） 村 组
邮政编码	联系电话
土地承包合同编号	
承包期限	年 月 日至 年 月 日止
承包方土地承包经营权共有人情况	

姓名	与户主关系	身份证号码	备注

内页 6

	承包地实测总面积（亩）			承包地块总数（块）		
承包地块情况	地块名称	地块编码	实测面积（亩）	是否基本农田	四至	
					东： 西： 南： 北：	
					东： 西： 南： 北：	
					东： 西： 南： 北：	

内页 7

	地块名称	地块编码	实测面积（亩）	是否基本农田	四 至
承包地块情况					东： 西： 南： 北：
					东： 西： 南： 北：
填表机关	县级以上地方农业行政主管部门印 年　　月　　日				

内页 8

土地承包经营权变更登记							
承包方	受让方	变更方式	面积（亩）	合同编号	地块编码	主管部门签章	

内页 9

粘贴（打印）承包地块示意图

内页 10

> 注 意 事 项
> 一、本证经县级以上地方人民政府盖章生效，由承包方保存。任何组织和个人不得非法收回。法律另有规定的除外。
> 二、本证登记的土地承包经营权受法律保护，任何组织和个人不得侵犯。承包方享有《物权法》、《农村土地承包法》规定的各项权利和义务。
> 三、农村土地承包经营权证记载事项应当与农村土地承包经营权证登记簿记载事项一致。
> 四、农村土地承包当事人有权查阅、复制农村土地承包经营权证书登记簿记载的事项。
> 五、承包期内，承包方采取转包、出租、入股方式流转土地承包经营权的，不需办理农村土地承包经营权证变更。采取转让、互换方式流转部分土地承包经营权的，土地承包经营权共有人自愿放弃土地承包经营权的，承包方需办理农村土地承包经营权证变更。
> 六、承包期内，承包方全家迁入设区的市，并转为非农业户口的；或者承包方提出书面申请，自愿放弃全部承包土地的，应当将农村土地承包经营权证交回。
> 七、本证不得涂改、转借。应妥善保管，如有严重污损、毁坏、遗失，应及时报告发证机关，申请换发、补发。

测绘管理工作国家秘密范围的规定

- 2003 年 12 月 23 日国家测绘局、国家体育局公布
- 2003 年 12 月 23 日施行

第一条 根据《中华人民共和国保守国家秘密法》有关规定，国家测绘局会同国家保密局规定测绘管理工作国家秘密范围。

第二条 测绘管理工作中的国家秘密范围：

一、绝密级范围

（一）公开或泄露会严重损害国家安全、领土主权、民族尊严的；

（二）公开或泄露会导致严重外交纠纷的；

（三）公开或泄露会严重威胁国防战略安全或削弱国家整体军事防御能

力的。

二、机密级范围

（一）公开或泄露会对国家重要军事设施的安全造成严重威胁的；

（二）公开或泄露会对国家安全警卫目标、设施的安全造成严重威胁的。

三、秘密级范围

（一）公开或泄露会使保护国家秘密的措施可靠性降低或者失效的；

（二）公开或泄露会削弱国家局部军事防御能力和重要武器装备克敌效能的；

（三）公开或泄露会对国家军事设施、重要工程安全造成威胁的。

第三条 测绘管理工作中涉及国防和国家其他部门或行业的国家秘密，从其主管部门的国家秘密范围的规定。

第四条 本规定由国家测绘局负责解释。

第五条 本规定自颁布之日起施行。国家测绘（总）局原印发的有关规定与本规定不一致的，以本规定为准。

测绘管理工作国家秘密目录

序号	国家秘密事项名称	密级	保密期限	控制范围
1	国家大地坐标系、地心坐标系以及独立坐标系之间的相互转换参数	绝密	长期	经国家测绘局批准的测绘成果保管单位及用户；经总参谋部测绘局批准的军事测绘成果保管单位及用户
2	分辨率高于$5'\times5'$，精度优于±1毫伽的全国性高精度重力异常成果	绝密	长期	同上
3	1∶1万、1∶5万全国高精度数字高程模型	绝密	长期	同上
4	地形图保密处理技术参数及算法	绝密	长期	同上

第三部分 集体土地承包经营权确权依据

四、政策及技术规范

续表

序号	国家秘密事项名称	密级	保密期限	控制范围
5	国家等级控制点坐标成果以及其他精度相当的坐标成果	机密	长期	经省级以上测绘行政主管部门批准的测绘成果保管单位及用户;经大军区以上军队测绘主管部门批准的军事测绘成果保管单位及用户
6	国家等级天文、三角、导线、卫星大地测量的观测成果	机密	长期	同上
7	国家等级重力点成果及其他精度相当的重力点成果	机密	长期	同上
8	分辨率高于 30′×30′,精度优于 ±5 毫伽的重力异常成果;精度优于 ±1 米的高程异常成果;精度优于 ±3″的垂线偏差成果	机密	长期	同上
9	涉及军事禁区的大于或等于 1∶1 万的国家基本比例尺地形图及其数字化成果	机密	长期	同上
10	1∶2.5 万、1∶5 万和 1∶10 万国家基本比例尺地形图及其数字化成果	机密	长期	同上
11	空间精度及涉及的要素和范围相当于上述机密基础测绘成果的非基础测绘成果	机密	长期	同上;该成果测绘单位及其测绘成果保管单位
12	构成环线或线路长度超过 1000 千米的国家等级水准网成果资料	秘密	长期	经县市级以上测绘行政主管部门批准的测绘成果保管单位及用户;经大军区以上军队测绘主管部门批准的军事测绘成果保管单位及用户
13	重力加密点成果	秘密	长期	同上

529

续表

序号	国家秘密事项名称	密级	保密期限	控制范围
14	分辨率在 30′×30′ 至 1°×1°，精度在 ±5 毫伽至 ±10 毫伽的重力异常成果；精度在 ±1 米至 ±2 米的高程异常成果；精度在 ±3″至 ±6″的垂线偏差成果	秘密	长期	同上
15	非军事禁区 1∶5 千国家基本比例尺地形图；或多张连续的、覆盖范围超过 6 平方千米的大于 1∶5 千的国家基本比例尺地形图及其数字化成果	秘密	长期	同上
16	1∶50 万、1∶25 万、1∶1 万国家基本比例尺地形图及其数字化成果	秘密	长期	同上
17	军事禁区及国家安全要害部门所在地的航摄影像	秘密	长期	同上
18	空间精度及涉及的要素和范围相当于上述秘密基础测绘成果的非基础测绘成果	秘密	长期	同上；该成果测绘单位及其测绘成果保管单位
19	涉及军事、国家安全要害部门的点位名称及坐标；涉及国民经济重要工程设施精度优于 ±100 米的点位坐标	秘密	长期	同上
注：本规定所指"测绘成果"包括纸、光、磁等各类介质所承载的测绘数据、图件及相关资料				

农村土地承包经营权确权登记颁证档案管理办法

- 2014年11月20日农业部、国家档案局颁布
- 2014年11月20日施行

第一条 为了规范农村土地承包经营权确权登记颁证工作，加强管理和有效利用农村土地承包经营权确权登记颁证档案，根据《档案法》、《农村土地承包法》和《物权法》等有关法律法规，制定本办法。

第二条 本办法所称农村土地承包经营权确权登记颁证档案是指在农村土地承包经营权确权登记颁证（以下简称承包地确权）工作中形成的，对国家、社会和个人有保存价值的文字、图表、声像、数据等各种形式和载体的文件材料的总称，是承包地确权的重要凭证和历史记录。

第三条 本办法所称承包地确权档案工作是指承包地确权档案的收集、整理、鉴定、保管、编研、利用等工作。

第四条 承包地确权档案工作坚持统一领导、分级实施、分类管理、集中保管的原则。承包地确权档案工作应当与承包地确权工作同步部署、同步实施、同步检查、同步验收。

第五条 县级以上农村土地承包管理部门负责对本级承包地确权档案工作的领导，将档案工作纳入本行政区域内承包地确权工作中统筹规划、组织协调、检查验收；同级档案行政管理部门负责对承包地确权文件材料的形成、积累、归档和移交工作进行业务培训和监督指导。

第六条 县级以上农村土地承包管理部门和档案行政管理部门应当建立健全承包地确权文件材料的收集、整理、归档、保管、利用等各项制度，确保承包地确权档案资料的齐全、完整、真实、有效。

第七条 县、乡（镇）和村应当将承包地确权文件材料的收集、整理、归档纳入总体工作计划。县、乡（镇）要制定相关工作方案、健全档案工作规章制度、落实专项工作经费、指定工作人员、配备必要设施设备，确保档

案完整与安全。

第八条 承包地确权档案主要包括综合管理、确权登记、纠纷调处和特殊载体类，其保管期限分为永久和定期。具有重要凭证、依据和查考利用价值的，应当永久保存；具有一般利用保存价值的，应当定期保存，期限为30年或者10年。具体应当按照本办法《农村土地承包经营权确权登记颁证文件材料归档范围和档案保管期限表》（见附件）进行收集并确定保管期限。

县、乡（镇）和村在组织归档时，对同一归档材料，原则上不重复归档。因工作特殊需要的，可以建立副本。

第九条 承包地确权纸质档案应按照《文书档案案卷格式》（GB/T 9705-2008）和《归档文件整理规则》（DA/T 22-2000）等有关标准要求进行整理。

第十条 确权登记类中具体涉及农户的有关确权申请、身份信息、确认权属、实地勘界、界限图表、登记和权证审核发放等文件材料，应当以农户为单位"一户一卷"进行整理组卷。

第十一条 归档的承包地确权文件材料应当字迹工整、数字准确、图样清晰、手续完备。归档文件材料的印制书写材料、纸张和装订材料等应符合档案保管的要求。

第十二条 归档的非纸质材料，应当单独整理编目，并与纸质材料建立对应关系。

录音、录像材料要保证载体的安全可靠性，电子文件和利用信息系统采集、贮存的数据以及航空航天遥感影像应当用不可擦写光盘等可靠方式保存。

照片和图片应当配有文字说明，标明时间、地点、人物和事由。

电子文件生成的软硬件环境及参数须符合《农村土地承包经营权调查规程》（NY/T 2537-2014）、《农村土地承包经营权要素编码规则》（NY/T 2538-2014）、《农村土地承包经营权确权登记数据库规范》（NY/T 2539-2014）及相关电子档案管理的要求。

第十三条 省、市级土地承包管理部门和档案行政管理部门应组织对承包地确权档案工作的检查，重点检查承包地确权档案的完整、准确、系统情况和档案的安全保管情况。

对于承包地确权档案检查不合格的单位，应督促其及时纠正。

第十四条　县级农村土地承包管理部门应当按照国家有关规定及时向县级国家档案馆移交验收合格的承包地确权档案。经协商同意，承包地确权档案可以提前移交，并按规定办理相关手续。

第十五条　村级承包地确权档案一般由乡（镇）人民政府档案机构代为保管，必要时经县级档案行政管理部门验收后，可移交县级国家档案馆统一保管。

符合档案保管条件的村，经申请并由乡镇人民政府批准后，可自行保管本村承包地确权档案。

第十六条　各级农村土地承包管理部门和国家档案馆应当按照规定向社会开放承包地确权档案，为社会提供利用服务，但涉及国家秘密、个人隐私和法律另有规定的除外。

第十七条　县级以上农村土地承包管理部门和档案行政管理部门应当积极推进承包地确权档案的数字化和信息化建设，加强承包地确权电子文件归档和电子档案的规范化管理，通过农村档案信息资源共享平台，提供网上服务、方便社会查询。

第十八条　各级人民政府及农村土地承包管理部门、档案行政管理部门对在承包地确权档案的收集、整理、利用等各项工作中做出突出成绩的单位和个人，应给予奖励。

第十九条　在承包地确权档案工作中，对于违反有关规定，造成承包地确权档案失真、损毁或丢失的，由有关部门依法追究相关人员的法律责任；涉嫌犯罪的，移送司法机关依法追究刑事责任。

第二十条　各省、自治区、直辖市农村土地承包管理部门、档案行政管理部门可根据本办法，结合本地实际，制定承包地确权档案工作的有关规定。

第二十一条　本办法由农业部、国家档案局负责解释。

第二十二条　本办法自发布之日起施行。

附件：《农村土地承包经营权确权登记颁证文件材料归档范围和档案保管期限表》

附件

《农村土地承包经营权确权登记颁证文件材料归档范围和档案保管期限表》

县（市、区、旗）级		
类别	归档范围	保管期限
综合管理类	1. 关于成立承包地确权领导小组、工作小组及其责任分工的文件，承包地确权颁证指导意见、工作方案，领导小组、工作小组会议记录纪要等重要文件	永久
	2. 本级下发的承包地确权政策性文件和重要业务文件	永久
	3. 重要问题请示与上级批复、重要业务问题往来文件	永久
	4. 承包地确权工作的重要报告、总结、统计报表	永久
	5. 承包地确权重要会议和重大活动记录	30 年
	6. 上级下发的有关承包地确权的政策性文件	永久
	7. 本单位在承包地确权、登记颁证工作中形成的一般性、过程性文件、宣传培训资料	10 年
	8. 承包地确权工作中形成的招投标文件材料及签订的合同、保密责任书、保密承诺书	永久或30 年
确权登记类	1. 农户土地承包经营权登记申请、声明、委托书、身份信息、原土地承包合同等按登记规定提交的材料	永久
	2. 农村土地承包经营权登记簿	永久
	3. 工作底图、调查草图、地块分布图、数字正射影像图、地籍地形图、土地承包经营权空间位置图	永久
	4. 发包方调查表、承包方调查表、承包地块调查表、农村土地承包经营权调查信息公示表、现场勘查确认登记表、农村土地承包经营权公示结果归户表	永久
	5. 农村土地承包经营权调查成果检查验收记录、报告	永久
	6. 全县（市、区、旗）土地承包情况汇总表	永久
	7. 登记核准文件	永久
	8. 登记发证原始材料	永久
	9. 权属变更登记材料	永久
	10. 全县（市、区、旗）承包地确权登记表	永久
	11. 承包地确权信息管理系统备份数据	永久

续表

县（市、区、旗）级		
类别	归档范围	保管期限
纠纷调处类	1. 承包地确权问题信访、纠纷调解仲裁形成的原始记录及调处协议书、仲裁案卷	永久
	2. 相关证明材料	永久
特殊载体类	1. 反映承包地确权工作重要活动事件的照片和声像材料	30年
	2. 承包地确权系统数据库、测量数据文件、元数据以及调查成果的电子数据	永久

乡（镇）级		
类别	归档范围	保管期限
综合管理类	1. 关于成立承包地确权登记领导小组、工作小组及其责任分工的文件，承包地确权工作方案等重要文件	永久
	2. 承包地确权的请示与上级批复、重要业务问题往来文件	永久
	3. 有关的报告、总结、统计报表	永久
	4. 承包地确权工作动员会及宣传材料	10年
	5. 上级下发的承包地确权政策性文件	30年
	6. 上级下发的有关承包地确权的一般性文件	10年
	7. 本单位在承包地确权活动形成的一般性、过程性文件、宣传培训资料	10年
确权登记类	1. 农户土地承包经营权登记申请、声明、委托书、身份信息、原土地承包合同等按登记规定提交的材料	永久
	2. 工作底图、调查草图、地块分布图、数字正射影像图、地籍地形图、土地承包经营权空间位置图	永久
	3. 发包方调查表、承包方调查表、承包地块调查表、农村土地承包经营权调查信息公示表（不标记地理信息）、现场勘查确认表、农村土地承包经营权公示结果归户表	永久
	4. 农村土地承包经营权调查成果自检、互检记录和报告	永久
	5. 全乡（镇）土地承包情况汇总表	永久
	6. 承包权证申请变更登记表	永久
	7. 对村级相关工作方案的审核意见	永久
	8. 全乡（镇）农村土地承包经营权证发放登记表	永久
	9. 承包地确权信息管理系统备份数据	永久
	10. 土地承包合同	永久

续表

乡（镇）级		
纠纷调处类	土地承包问题信访、纠纷调解形成的原始记录及相关证明材料、调处协议书	永久
特殊载体类	反映承包地确权工作重要活动事件的照片和声像材料	永久

村（组）级		
类别	归档范围	保管期限
确权登记类	1. 村组土地承包经营权确权登记颁证工作小组名单	永久
	2. 村组土地承包经营权确权登记颁证工作方案	永久
	3. 村组承包土地调整方案	永久
	4. 农户承包地确权登记申请、声明、委托书、身份信息等材料	永久
	5. 村民会议或村民代表会议关于承包地确权问题的决议（意见）和会议记录	永久
	6. 承包地确权情况核实公示、公告材料，农户签字确认表	永久
	7. 村组土地承包情况汇总表、承包权证发放登记表	永久
	8. 工作底图、调查草图、地块分布图、地籍地形图、土地承包经营权空间位置图	永久
	9. 农户承包土地互换、转让申请书	永久
	10. 村组土地承包情况统计表、工作总结及汇报材料	永久
	11. 土地承包（流转、互换）合同、协议及台账	永久
纠纷调处类	土地承包问题信访、纠纷调解形成的原始记录及相关证明材料、调处协议书	永久
特殊载体类	反映本村组承包地确权工作中重要活动事件的照片和声像材料	30年

第四部分
宅基地使用权及建设用地使用权确权依据

一、行政法规及相关文件
二、部门规章及相关文件
三、政策及技术规范

04

一、行政法规及相关文件

国务院批转国家土地管理局
关于加强农村宅基地管理工作请示的通知

- 1990 年 1 月 3 日国务院通过
- 1990 年 1 月 3 日施行

国务院同意国家土地管理局《关于加强农村宅基地管理工作的请示》，现转发给你们，请认真贯彻执行。

关于加强农村宅基地管理工作的请示

我国实行改革开放政策以来，农村经济有了很大发展。农民在收入增加、生活水平提高之后，出现了兴建住房热，造成宅基用地不断扩大，使大量的耕地被占。据统计，1985 年至 1988 年的四年间，全国农村建房占用耕地四百一十五万亩，占同期全国各项建设占用耕地数量的三分之一。部分地区，农民更新住房的年限越来越短，面积越来越大，标准越来越高。少数干部以权谋私，违法占地建私房，群众意见很大。不少地方经常发生宅基地纠纷。

为了加强对农村宅基地的管理，正确引导农民节约、合理使用土地兴建住宅，严格控制占用耕地，拟在 1990 年和 1991 年两年内，深入开展关于"人多地少、节约用地"的国情、国策观念教育；建立健全宅基地管理制度，加强法制建设；抓好宅基地有偿使用的试点工作。

一、深入宣传《中华人民共和国土地管理法》（以下简称《土地管理法》），开展"人多地少、节约用地"的国情、国策观念教育。

我国人多地少，现有的耕地已接近难以承载十一亿人口重压的临界状态。随着人口的增长，各项建设还要占用一定数量的耕地，人均耕地数量将进一步减少。但是，这个基本国情还没有被广大干部和群众所深刻认识，致使农村住宅建设中，浪费土地、滥用耕地现象屡屡发生，超前消费土地继续发展。普及土地的国情、国策观念教育，增强珍惜土地意识，既是保护耕地的一项长期的、根本性的措施，又是农村社会主义精神文明建设的重要组成部分。各级人民政府要从保护人类生存条件的高度，教育广大群众认识人口、耕地、粮食之间的关系，宣传土地的国情、省情、县情，把土地供需矛盾制约社会经济发展的关系告诉人民群众；教育广大干部和群众，用地要依法，建房需审批，违法受处罚，使人们逐步树立起土地的国情、国策、公有制、法制和土地有偿使用的观念，树立适度消费、节约用地、依法用地的社会风尚。

开展土地的国情、国策观念教育，关键是提高领导干部的思想认识。各级领导干部要带头学好《土地管理法》，增强法制观念，树立土地资源的危机感、紧迫感和责任感。各地区的人均土地面积多寡不一，耕地多的地区，要看到全国土地资源紧缺的现状，绝不能因局部优势而放松节约用地的思想；耕地少的地区，更不能只顾眼前和局部利益而浪费土地资源。各级领导在制定计划、安排生产和建设项目时，务必予以高度重视。

为了搞好宣传，抓好土地国情、国策观念教育，请新闻、宣传单位给予积极配合。

二、切实强化土地管理职能，加强农村宅基地审批管理工作。

强化土地管理职能，当务之急是根据《土地管理法》的有关规定，建立健全土地管理法规，完善土地管理法制建设，使农村宅基地审批有法可依，有章可循。各地区应根据《土地管理法》，结合本地实际制定农村宅基地管理的专项规定或办法，切实把好宅基地审批关。

（一）完善村镇建设规划，严格控制占用耕地。

农村住宅建设必须按先规划后建设的步骤进行。对已经有了规划的地区，要严格按照切实保护耕地和合理利用土地的原则进行修订和完善；还没有制定规划的地区，要在1990年底以前制定完毕。农村住宅的改建、扩建和选址新建,要充分利用原有宅基地、村内空闲地、荒地和坡地。严格控制占用耕地,不允许占用基本农田保护区的土地。对一些用地分散的小村庄和零散住户,应鼓励迁并,并将原址复耕。城市郊区和人多地少经济发达的地区,应鼓励有条件的农户建多层住宅。

(二)加强用地计划指标控制,严格用地标准管理。

各地区要制定农村宅基用地规划、计划和标准,严格实行计划指标和用地标准管理。已经制定了计划、标准的地区,要本着从严的精神加以修订;还没有制定的,要在1990年7月底以前制定完毕。计划指标和用地标准要落实到村,公布于众,乡、村干部要作好具体安排,不得突破。城市郊区宅基地的标准,可参照城镇居民住宅面积标准,作出规定;超过计划生育的人口,不增加宅基用地指标。

(三)严格宅基用地审批手续,实行公开办事制度。

各地应根据实际情况对农村建房的对象、条件、用地标准、审批手续作出明细规定。要建立严格的申请、审核、批准和验收制度。凡是要求建房的,事先必须向所在的乡(镇)政府或县(市)土地管理部门提出用地申请。经审核,对符合申请宅基地兴建自用住宅的,由土地管理部门确定宅基地使用权,丈量用地面积,并依法批准后,方可动工。竣工后,由土地管理部门负责组织验收。对不合理分户超前建房、不符合法定结婚年龄和非农业户口的,不批准宅基用地;对现有住宅有出租、出卖或改为经营场所的,除不再批准新的宅基用地外,还应按其实际占用土地面积,从经营之日起,核收土地使用费;对已经"农转非"的人员,要适时核减宅基地面积。

为便于群众监督,各地应对用地指标、申请宅基地的户数、审批条件和结果等,张榜公告,实行公开办事制度。

(四)加强干部建房用地管理,实行"双重审批"制度。

各级人民政府要尽快组织力量,对《土地管理法》实施以来,干部(含其他在职人员,下同)以各种名义占用农村集体所有的土地兴建私房的,进行一次认真清理。对那些以权谋地、违法占地、非法出租和出卖宅基地的,要依法处罚或给予政纪处分。今后,干部的直系亲属是农村户口,且本人长期与其一起居住的,干部可随其直系亲属申请宅基地建房。其他干部申请使用农村集体所有土地兴建私房的，一般不予批准。少数有特殊情况的要实行"双重审批"，即先由个人提出书面申请，说明建房理由、拟建房屋规模、占地面积、资金、建材来源以及用工办法等，经所在单位审查，张榜公布，按干部管理权限报送主管部门或县级以上人民政府批准后，再向土地管理部门申请办理建房用地手续。

三、进行农村宅基地有偿使用试点，强化自我约束机制。

1988年以来，山东省德州地区和全国二百多个县的部分乡、村试行了宅基地有偿使用，取得了明显效果。为了进一步搞好农村宅基地有偿使用的试点，各地区要做好以下工作：

（一）切实加强领导，选择经济基础较好，耕地资源紧张的县、乡、村，有组织、有步骤地进行试点。

（二）确定宅基地有偿使用收费标准时，对在规定用地标准以内的，既要体现有偿原则，又要照顾群众的经济承受能力，少用少交费，多用多交费；超标准用地的，应规定较高的收费标准；对级差收益较高地段，收费标准要适当提高。

（三）建立和完善土地使用费管理制度。宅基地使用费要本着"取之于户，收费适度；用之于村，使用得当"的原则，实行村有、乡管、银行立户制度。专款专用，主要用于村内基础设施和公益事业建设，不得挪作他用。

关于严格执行有关农村集体建设用地法律和政策的通知

- 2007年12月30日国务院办公厅颁布
- 2007年10月30日施行

各省、自治区、直辖市人民政府，国务院各部委、各直属机构：

近年来，党中央、国务院连续下发严格土地管理、加强土地调控的政策文件，有力地促进了各地区、各部门贯彻落实科学发展观，坚决执行宏观调控政策。但是，一些地方仍存在违反农村集体建设用地管理的法律和政策规定，将农用地转为建设用地，非法批准建设用地等问题，并且有蔓延上升之势。为严格执行有关农村集体建设用地法律和政策，坚决遏制并依法纠正乱占农用地进行非农业建设，经国务院同意，现就有关问题通知如下：

一、严格执行土地用途管制制度

土地利用涉及全民族的根本利益，必须服从国家的统一管理。我国人多地少，为保证经济社会可持续发展，必须实行最严格的土地管理制度。土地用途管制制度是最严格土地管理制度的核心。但是，一些地方在土地利用中没有严格执行土地用途管制制度，未经依法批准，擅自将农用地转为建设用地。《中华人民共和国土地管理法》规定："国家实行土地用途管制制度"，"使用土地的单位和个人必须严格按照土地利用总体规划确定的用途使用土地"。违反土地利用总体规划和不依法经过批准改变土地用途都是违法行为。任何涉及土地管理制度的试验和探索，都不能违反国家的土地用途管制制度。地方各级人民政府既要加强土地征收或征用管理，更要重点加强土地用途管制。

二、严格规范使用农民集体所有土地进行建设

当前一些地方在使用农民集体所有土地进行建设的过程中，擅自扩大农民集体所有土地的使用范围，违法提供建设用地的问题比较严重。《中华人民共和国土地管理法》规定，乡镇企业、乡（镇）村公共设施和公益事业建设、农村村民住宅等三类乡（镇）村建设可以使用农民集体所有土地。对这三类用地的范围，法律和政策都有准确界定，必须严格执行。按照《中华人民共和国乡镇企业法》规定，乡镇企业必须是农村集体经济组织或者农民投资为主，在乡镇（包括所辖村）举办的承担支援农业义务的企业。要严禁以兴办"乡镇企业"、"乡（镇）村公共设施和公益事业建设"为名，非法占用（租用）农民集体所有土地进行非农业建设。

按照《中华人民共和国土地管理法》等法律法规的规定，任何建设需要将农用地和未利用地转为建设用地的，都必须依法经过批准。兴办乡镇企业、乡（镇）村公共设施和公益事业建设、村民建住宅需要使用本集体经济组织农民集体所有土地的，必须符合乡（镇）土地利用总体规划和镇规划、乡规划、村庄规划（以下简称乡（镇）、村规划），纳入土地利用年度计划，并依法办理规划建设许可及农用地转用和建设项目用地审批手续。农村集体经济组织使用乡（镇）土地利用总体规划确定的建设用地，兴办企业或与其他单位、个人以土地使用权入股、联营等形式共同兴办企业的，必须符合土地利用总体规划和乡（镇）、村规划，并纳入建设用地年度计划管理；涉及占用农用地的，必须先依法办理农用地转用审批手续，用地规模必须符合有关企业用地标准。

农村住宅用地只能分配给本村村民，城镇居民不得到农村购买宅基地、农民住宅或"小产权房"。单位和个人不得非法租用、占用农民集体所有土地搞房地产开发。农村村民一户只能拥有一处宅基地，其面积不得超过省、自治区、直辖市规定的标准。农村村民出卖、出租住房后，再申请宅基地的，不予批准。

其他任何单位和个人进行非农业建设，需要使用土地的，必须依法申请使用国有土地。不符合土地利用总体规划和乡（镇）、村规划，没有土地利用年度计划指标的，不得批准用地。任何单位和个人不得自行与农村集体经济组织或个人签订协议将农用地和未利用地转为建设用地。非法占用耕地改作他用，数量较大，造成耕地大量毁坏的，要依法追究刑事责任。

三、严格控制农村集体建设用地规模

一些地方借农民集体所有建设用地使用权流转、土地整理折抵和城乡建设用地增减挂钩等名义，擅自扩大建设用地的规模。地方各级人民政府要依据土地利用总体规划和乡（镇）、村规划，对农村集体建设用地实行总量控制。严禁以各种名义，擅自扩大农村集体建设用地规模，以及通过"村改居"等方式，非法将农民集体所有土地转为国有土地。

严格控制农民集体所有建设用地使用权流转范围。农民集体所有的土地使用权不得出让、转让或者出租用于非农业建设。符合土地利用总体规划并依法取得建设用地的企业发生破产、兼并等情形时，所涉及的农民集体所有建设用地使用权方可依法转移。其他农民集体所有建设用地使用权流转，必须是符合规划、依法取得的建设用地，并不得用于商品住宅开发。

依照《中华人民共和国土地管理法实施条例》，土地整理新增耕地面积只能折抵用于建设占用耕地的补偿，不得折抵为建设用地指标，扩大建设用地规模。城乡建设用地增减挂钩试点，必须严格控制在国家已经批准的试点范围内。试点必须符合土地利用总体规划、城市规划和乡（镇）、村规划，必须确保城乡建设用地总量不增加，农用地和耕地面积不减少。不得以试点为名违背农民意愿大拆大建、强制搬迁，侵害农民权益。

四、严格禁止和严肃查处"以租代征"转用农用地的违法违规行为

近年来，一些地方出现了违反土地利用总体规划和土地利用年度计划，规避农用地转用和土地征收审批，通过出租（承租）、承包等"以租代征"方式非法使用农民集体所有土地进行非农业项目建设的行为。对此，必须严格禁止，并予以严肃查处。国土资源管理部门要对"以租代征"的违法违规问题进行全面清查，并严格依法依纪处理。严肃追究瞒案不报、压案不查的责任。严肃处理以罚代法、处罚不到位的行为。国家机关工作人员批准"以租代征"占地建设的，要追究其非法批地的法律责任，涉嫌犯罪的要及时移送司法机关依法处理；应给予政纪处分的，依据《行政机关公务员处分条例》等规定办理。单位和个人擅自通过"以租代征"占地建设的，要追究其非法占地的法律责任，涉嫌犯罪的要及时移送司法机关依法处理。对纠正、整改土地违法违规行为不力的地区和土地违法违规行为大量发生、造成严重后果的地区，实行问责制，由国家土地总督察责令限期整改，限期整改期间暂停该地区农用地转用和土地征收审批。

五、严格土地执法监管

国土资源部要会同发展改革、监察、农业、建设等部门，依据土地管理的法律法规和有关规定，严格土地执法监管，坚决制止乱占农用地进行非农业建设的违法违规行为。各有关部门要依据本部门职责，切实加强监管，形成执法合力。对未取得合法用地手续的建设项目，发展改革部门不得办理项目审批、核准手续，规划部门不得办理建设规划许可，建设部门不得发放施工许可证，电力和市政公用企业不得通电、通水、通气，国土资源管理部门不得受理土地登记申请，房产部门不得办理房屋所有权登记手续，金融机构不得发放贷款。未依法办理农用地转用审批手续占用农用地设立企业的，工商部门不得登记。同时，国土资源部要会同有关部门，根据农村经济社会发

展变化的新情况，深入研究在依照土地利用总体规划、加强用途管制的前提下，完善对乡镇企业、农民住宅等农村集体建设用地管理和流转的政策措施。

地方各级人民政府及其国土资源管理部门要采用通俗易懂的方式，广泛深入地开展土地管理法律法规特别是农村集体建设用地管理法律法规的宣传教育和培训，使乡（镇）村干部、农民和城镇居民、企业法人真正知晓并且自觉遵守土地管理法律法规的规定。

各地区、各部门特别是主要领导干部，要充分认识制止乱占农用地进行非农业建设的重要性和紧迫性，增强责任感和紧迫感，把思想统一到贯彻落实科学发展观和中央宏观调控政策的要求上来，从实际出发，加强领导，制订有力措施，认真清理查处农民集体所有土地使用中的违法违规问题，严格控制建设用地供应总量，建立严格的管理制度和长效机制，坚决刹住乱占滥用农用地之风。

各省、自治区、直辖市人民政府和国务院各有关部门要于2008年3月底前，将贯彻执行本通知的情况，向国务院专题报告。

国务院办公厅

二〇〇七年十二月三十日

二、部门规章及相关文件

关于加强农村宅基地管理的意见

- 2004年11月2日国土资源部颁布
- 2004年11月2日施行

为切实落实《国务院关于深化改革严格土地管理的决定》（国发〔2004〕28号），进一步加强农村宅基地管理，正确引导农村村民住宅建设合理、节约使用土地，切实保护耕地，现提出以下意见：

一、严格实施规划，从严控制村镇建设用地规模

（一）抓紧完善乡（镇）土地利用总体规划。各地要结合土地利用总体规划修编工作，抓紧编制完善乡（镇）土地利用总体规划，按照统筹安排城乡建设用地的总要求和控制增量、合理布局、集约用地、保护耕地的总原则，合理确定小城镇和农村村民点的数量、布局、范围和用地规模。经批准的乡（镇）土地利用总体规划，应当予以公告。

国土资源管理部门要积极配合有关部门，在已确定的村镇建设用地范围内，做好村镇建设规划。

（二）按规划从严控制村镇建设用地。各地要采取有效措施，引导农村村民住宅建设按规划、有计划地逐步向小城镇和中心村集中。对城市规划区内的农村村民住宅建设，应当集中兴建村民住宅小区，防止在城市建设中形成新的"城中村"，避免"二次拆迁"。对城市规划区范围外的农村村民住宅建设，按照城镇化和集约用地的要求，鼓励集中建设农民新村。在规划撤并的村庄范围内，除危房改造外，停止审批新建、重建、改建住宅。

（三）加强农村宅基地用地计划管理。农村宅基地占用农用地应纳入年度计划。省（区、市）在下达给各县（市）用于城乡建设占用农用地的年度计划指标中，可增设农村宅基地占用农用地的计划指标。农村宅基地占用农用地的计划指标应和农村建设用地整理新增加的耕地面积挂钩。县（市）国土资源管理部门对新增耕地面积检查、核定后，应在总的年度计划指标中优先分配等量的农用地转用指标用于农民住宅建设。

省级人民政府国土资源管理部门要加强对各县（市）农村宅基地占用农用地年度计划执行情况的监督检查，不得超计划批地。各县（市）每年年底应将农村宅基地占用农用地的计划执行情况报省级人民政府国土资源管理部门备案。

二、改革和完善宅基地审批制度，规范审批程序

（四）改革和完善农村宅基地审批管理办法。各省（区、市）要适应农民住宅建设的特点，按照严格管理，提高效率，便民利民的原则，改革农村村民建住宅占用农用地的审批办法。各县（市）可根据省（区、市）下达的农村宅基地占用农用地的计划指标和农村村民住宅建设的实际需要，于每年年初一次性向省（区、市）或设区的市、自治州申请办理农用地转用审批手续，经依法批准后由县（市）按户逐宗批准供应宅基地。

对农村村民住宅建设利用村内空闲地、老宅基地和未利用土地的，由村、乡（镇）逐级审核，批量报县（市）批准后，由乡（镇）逐宗落实到户。

（五）严格宅基地申请条件。坚决贯彻"一户一宅"的法律规定。农村村民一户只能拥有一处宅基地，面积不得超过省（区、市）规定的标准。各地应结合本地实际，制定统一的农村宅基地面积标准和宅基地申请条件。不符合申请条件的不得批准宅基地。

农村村民将原有住房出卖、出租或赠与他人后，再申请宅基地的，不得批准。

（六）规范农村宅基地申请报批程序。农村村民建住宅需要使用宅基地的，应向本集体经济组织提出申请，并在本集体经济组织或村民小组张榜公布。公布期满无异议的，报经乡（镇）审核后，报县（市）审批。经依法批准的宅基地，农村集体经济组织或村民小组应及时将审批结果张榜公布。

各地要规范审批行为，健全公开办事制度，提供优质服务。县（市）、乡（镇）要将宅基地申请条件、申报审批程序、审批工作时限、审批权限等相关规定和年度用地计划向社会公告。

（七）健全宅基地管理制度。在宅基地审批过程中，乡（镇）国土资源管理所要做到"三到场"。即：受理宅基地申请后，要到实地审查申请人是否符合条件、拟用地是否符合规划等；宅基地经依法批准后，要到实地丈量批放宅基地；村民住宅建成后，要到实地检查是否按照批准的面积和要求使用土地。各地一律不得在宅基地审批中向农民收取新增建设用地土地有偿使用费。

（八）加强农村宅基地登记发证工作。市、县国土资源管理部门要加快农村宅基地土地登记发证工作，做到宅基地土地登记发证到户，内容规范清楚，切实维护农民的合法权益。要加强农村宅基地的变更登记工作，变更一宗，登记一宗，充分发挥地籍档案资料在宅基地监督管理上的作用，切实保障"一户一宅"法律制度的落实。要依法、及时调处宅基地权属争议，维护社会稳定。

三、积极推进农村建设用地整理，促进土地集约利用

（九）积极推进农村建设用地整理。县市和乡（镇）要根据土地利用总体规划，结合实施小城镇发展战略与"村村通"工程，科学制定和实施村庄改造、归并村庄整治计划，积极推进农村建设用地整理，提高城镇化水平和城镇土地集约利用水平，努力节约使用集体建设用地。农村建设用地整理，要按照"规划先行、政策引导、村民自愿、多元投入"的原则，按规划、有计划、循序渐进、积极稳妥地推进。

（十）加大盘活存量建设用地力度。各地要因地制宜地组织开展"空心村"和闲置宅基地、空置住宅、"一户多宅"的调查清理工作。制定消化利用的规划、计划和政策措施，加大盘活存量建设用地的力度。农村村民新建、改建、扩建住宅，要充分利用村内空闲地、老宅基地以及荒坡地、废弃地。凡村内有空闲地、老宅基地未利用的，不得批准占用耕地。利用村内空闲地、老宅基地建住宅的，也必须符合规划。对"一户多宅"和空置住宅，各地要制定激励措施，鼓励农民腾退多余宅基地。凡新建住宅后应退出旧宅基地的，要采取签订合同等措施，确保按期拆除旧房，交出旧宅基地。

（十一）加大对农村建设用地整理的投入。对农民宅基地占用的耕地，县（市）、乡（镇）应组织村集体经济组织或村民小组进行补充。省（区、市）及市、县应从用于农业土地开发的土地出让金、新增建设用地土地有偿使用费、耕地开垦费中拿出部分资金，用于增加耕地面积的农村建设用地整理，确保耕地面积不减少。

四、加强法制宣传教育，严格执法

（十二）加强土地法制和国策的宣传教育。各级国土资源管理部门要深入持久地开展宣传教育活动，广泛宣传土地国策国情和法规政策，提高干部群众遵守土地法律和珍惜土地的意识，增强依法管地用地、集约用地和保护耕地的自觉性。

（十三）严格日常监管制度。各地要进一步健全和完善动态巡查制度，切实加强农村村民住宅建设用地的日常监管，及时发现和制止各类土地违法行为。要重点加强城乡结合部地区农村宅基地的监督管理。严禁城镇居民在农村购置宅基地，严禁为城镇居民在农村购买和违法建造的住宅发放土地使用证。

要强化乡（镇）国土资源管理机构和职能，充分发挥乡（镇）国土资源管理所在宅基地管理中的作用。积极探索防范土地违法行为的有效措施，充分发挥社会公众的监督作用。对严重违法行为，要公开曝光，用典型案例教育群众。

闲置土地处置办法

- 1999年4月26日国土资源部第6次部长办公会议通过
- 2012年5月22日国土资源部第1次部务会议修订
- 修订后2012年7月1日施行

第一章　总　　则

第一条　为有效处置和充分利用闲置土地，规范土地市场行为，促进节约集约用地，根据《中华人民共和国土地管理法》、《中华人民共和国城市房地产管理法》及有关法律、行政法规，制定本办法。

第二条 本办法所称闲置土地，是指国有建设用地使用权人超过国有建设用地使用权有偿使用合同或者划拨决定书约定、规定的动工开发日期满一年未动工开发的国有建设用地。

已动工开发但开发建设用地面积占应动工开发建设用地总面积不足三分之一或者已投资额占总投资额不足百分之二十五，中止开发建设满一年的国有建设用地，也可以认定为闲置土地。

第三条 闲置土地处置应当符合土地利用总体规划和城乡规划，遵循依法依规、促进利用、保障权益、信息公开的原则。

第四条 市、县国土资源主管部门负责本行政区域内闲置土地的调查认定和处置工作的组织实施。

上级国土资源主管部门对下级国土资源主管部门调查认定和处置闲置土地工作进行监督管理。

第二章 调查和认定

第五条 市、县国土资源主管部门发现有涉嫌构成本办法第二条规定的闲置土地的，应当在三十日内开展调查核实，向国有建设用地使用权人发出《闲置土地调查通知书》。

国有建设用地使用权人应当在接到《闲置土地调查通知书》之日起三十日内，按照要求提供土地开发利用情况、闲置原因以及相关说明等材料。

第六条 《闲置土地调查通知书》应当包括下列内容：

（一）国有建设用地使用权人的姓名或者名称、地址；

（二）涉嫌闲置土地的基本情况；

（三）涉嫌闲置土地的事实和依据；

（四）调查的主要内容及提交材料的期限；

（五）国有建设用地使用权人的权利和义务；

（六）其他需要调查的事项。

第七条 市、县国土资源主管部门履行闲置土地调查职责，可以采取下列措施：

（一）询问当事人及其他证人；

（二）现场勘测、拍照、摄像；

（三）查阅、复制与被调查人有关的土地资料；

（四）要求被调查人就有关土地权利及使用问题作出说明。

第八条 有下列情形之一，属于政府、政府有关部门的行为造成动工开发延迟的，国有建设用地使用权人应当向市、县国土资源主管部门提供土地闲置原因说明材料，经审核属实的，依照本办法第十二条和第十三条规定处置：

（一）因未按照国有建设用地使用权有偿使用合同或者划拨决定书约定、规定的期限、条件将土地交付给国有建设用地使用权人，致使项目不具备动工开发条件的；

（二）因土地利用总体规划、城乡规划依法修改，造成国有建设用地使用权人不能按照国有建设用地使用权有偿使用合同或者划拨决定书约定、规定的用途、规划和建设条件开发的；

（三）因国家出台相关政策，需要对约定、规定的规划和建设条件进行修改的；

（四）因处置土地上相关群众信访事项等无法动工开发的；

（五）因军事管制、文物保护等无法动工开发的；

（六）政府、政府有关部门的其他行为。

因自然灾害等不可抗力导致土地闲置的，依照前款规定办理。

第九条 经调查核实，符合本办法第二条规定条件，构成闲置土地的，市、县国土资源主管部门应当向国有建设用地使用权人下达《闲置土地认定书》。

第十条 《闲置土地认定书》应当载明下列事项：

（一）国有建设用地使用权人的姓名或者名称、地址；

（二）闲置土地的基本情况；

（三）认定土地闲置的事实、依据；

（四）闲置原因及认定结论；

（五）其他需要说明的事项。

第十一条 《闲置土地认定书》下达后，市、县国土资源主管部门应当通过门户网站等形式向社会公开闲置土地的位置、国有建设用地使用权人名称、闲置时间等信息；属于政府或者政府有关部门的行为导致土地闲置的，应当同时公开闲置原因，并书面告知有关政府或者政府部门。

上级国土资源主管部门应当及时汇总下级国土资源主管部门上报的闲置土地信息，并在门户网站上公开。

闲置土地在没有处置完毕前，相关信息应当长期公开。闲置土地处置完毕后，应当及时撤销相关信息。

第三章　处置和利用

第十二条　因本办法第八条规定情形造成土地闲置的，市、县国土资源主管部门应当与国有建设用地使用权人协商，选择下列方式处置：

（一）延长动工开发期限。签订补充协议，重新约定动工开发、竣工期限和违约责任。从补充协议约定的动工开发日期起，延长动工开发期限最长不得超过一年；

（二）调整土地用途、规划条件。按照新用途或者新规划条件重新办理相关用地手续，并按照新用途或者新规划条件核算、收缴或者退还土地价款。改变用途后的土地利用必须符合土地利用总体规划和城乡规划；

（三）由政府安排临时使用。待原项目具备开发建设条件，国有建设用地使用权人重新开发建设。从安排临时使用之日起，临时使用期限最长不得超过两年；

（四）协议有偿收回国有建设用地使用权；

（五）置换土地。对已缴清土地价款、落实项目资金，且因规划依法修改造成闲置的，可以为国有建设用地使用权人置换其它价值相当、用途相同的国有建设用地进行开发建设。涉及出让土地的，应当重新签订土地出让合同，并在合同中注明为置换土地；

（六）市、县国土资源主管部门还可以根据实际情况规定其他处置方式。

除前款第四项规定外，动工开发时间按照新约定、规定的时间重新起算。

符合本办法第二条第二款规定情形的闲置土地，依照本条规定的方式处置。

第十三条　市、县国土资源主管部门与国有建设用地使用权人协商一致后，应当拟订闲置土地处置方案，报本级人民政府批准后实施。

闲置土地设有抵押权的，市、县国土资源主管部门在拟订闲置土地处置方案时，应当书面通知相关抵押权人。

第十四条　除本办法第八条规定情形外，闲置土地按照下列方式处理：

（一）未动工开发满一年的，由市、县国土资源主管部门报经本级人民政府批准后，向国有建设用地使用权人下达《征缴土地闲置费决定书》，按照土地出让或者划拨价款的百分之二十征缴土地闲置费。土地闲置费不得列入生产成本；

（二）未动工开发满两年的，由市、县国土资源主管部门按照《中华人民共和国土地管理法》第三十七条和《中华人民共和国城市房地产管理法》第二十六条的规定，报经有批准权的人民政府批准后，向国有建设用地使用权人下达《收回国有建设用地使用权决定书》，无偿收回国有建设用地使用权。闲置土地设有抵押权的，同时抄送相关土地抵押权人。

第十五条　市、县国土资源主管部门在依照本办法第十四条规定作出征缴土地闲置费、收回国有建设用地使用权决定前，应当书面告知国有建设用地使用权人有申请听证的权利。国有建设用地使用权人要求举行听证的，市、县国土资源主管部门应当依照《国土资源听证规定》依法组织听证。

第十六条　《征缴土地闲置费决定书》和《收回国有建设用地使用权决定书》应当包括下列内容：

（一）国有建设用地使用权人的姓名或者名称、地址；

（二）违反法律、法规或者规章的事实和证据；

（三）决定的种类和依据；

（四）决定的履行方式和期限；

（五）申请行政复议或者提起行政诉讼的途径和期限；

（六）作出决定的行政机关名称和作出决定的日期；

（七）其他需要说明的事项。

第十七条　国有建设用地使用权人应当自《征缴土地闲置费决定书》送达之日起三十日内，按照规定缴纳土地闲置费；自《收回国有建设用地使用权决定书》送达之日起三十日内，到市、县国土资源主管部门办理国有建设用地使用权注销登记，交回土地权利证书。

国有建设用地使用权人对《征缴土地闲置费决定书》和《收回国有建设用地使用权决定书》不服的，可以依法申请行政复议或者提起行政诉讼。

第十八条　国有建设用地使用权人逾期不申请行政复议、不提起行政诉讼，也不履行相关义务的，市、县国土资源主管部门可以采取下列措施：

（一）逾期不办理国有建设用地使用权注销登记，不交回土地权利证书的，直接公告注销国有建设用地使用权登记和土地权利证书；

（二）申请人民法院强制执行。

第十九条　对依法收回的闲置土地，市、县国土资源主管部门可以采取下列方式利用：

（一）依据国家土地供应政策，确定新的国有建设用地使用权人开发利用；

（二）纳入政府土地储备；

（三）对耕作条件未被破坏且近期无法安排建设项目的，由市、县国土资源主管部门委托有关农村集体经济组织、单位或者个人组织恢复耕种。

第二十条　闲置土地依法处置后土地权属和土地用途发生变化的，应当依据实地现状在当年土地变更调查中进行变更，并依照有关规定办理土地变更登记。

第四章　预防和监管

第二十一条　市、县国土资源主管部门供应土地应当符合下列要求，防止因政府、政府有关部门的行为造成土地闲置：

（一）土地权利清晰；

（二）安置补偿落实到位；

（三）没有法律经济纠纷；

（四）地块位置、使用性质、容积率等规划条件明确；

（五）具备动工开发所必需的其他基本条件。

第二十二条　国有建设用地使用权有偿使用合同或者划拨决定书应当就项目动工开发、竣工时间和违约责任等作出明确约定、规定。约定、规定动工开发时间应当综合考虑办理动工开发所需相关手续的时限规定和实际情况，为动工开发预留合理时间。

因特殊情况，未约定、规定动工开发日期，或者约定、规定不明确的，以实际交付土地之日起一年为动工开发日期。实际交付土地日期以交地确认书确定的时间为准。

第二十三条　国有建设用地使用权人应当在项目开发建设期间，及时向市、县国土资源主管部门报告项目动工开发、开发进度、竣工等情况。

国有建设用地使用权人应当在施工现场设立建设项目公示牌，公布建设用地使用权人、建设单位、项目动工开发、竣工时间和土地开发利用标准等。

第二十四条　国有建设用地使用权人违反法律法规规定和合同约定、划拨决定书规定恶意囤地、炒地的，依照本办法规定处理完毕前，市、县国土资源主管部门不得受理该国有建设用地使用权人新的用地申请，不得办理被认定为闲置土地的转让、出租、抵押和变更登记。

第二十五条　市、县国土资源主管部门应当将本行政区域内的闲置土地信息按宗录入土地市场动态监测与监管系统备案。闲置土地按照规定处置完毕后，市、县国土资源主管部门应当及时更新该宗土地相关信息。

闲置土地未按照规定备案的，不得采取本办法第十二条规定的方式处置。

第二十六条　市、县国土资源主管部门应当将国有建设用地使用权人闲置土地的信息抄送金融监管等部门。

第二十七条　省级以上国土资源主管部门可以根据情况，对闲置土地情况严重的地区，在土地利用总体规划、土地利用年度计划、建设用地审批、土地供应等方面采取限制新增加建设用地、促进闲置土地开发利用的措施。

第五章　法律责任

第二十八条　市、县国土资源主管部门未按照国有建设用地使用权有偿使用合同或者划拨决定书约定、规定的期限、条件将土地交付给国有建设用地使用权人，致使项目不具备动工开发条件的，应当依法承担违约责任。

第二十九条　县级以上国土资源主管部门及其工作人员违反本办法规定，有下列情形之一的，依法给予处分；构成犯罪的，依法追究刑事责任：

(一) 违反本办法第二十一条的规定供应土地的；

(二) 违反本办法第二十四条的规定受理用地申请和办理土地登记的；

(三) 违反本办法第二十五条的规定处置闲置土地的；

(四) 不依法履行闲置土地监督检查职责，在闲置土地调查、认定和处置工作中徇私舞弊、滥用职权、玩忽职守的。

第六章 附 则

第三十条 本办法中下列用语的含义：

动工开发：依法取得施工许可证后，需挖深基坑的项目，基坑开挖完毕；使用桩基的项目，打入所有基础桩；其他项目，地基施工完成三分之一。

已投资额、总投资额：均不含国有建设用地使用权出让价款、划拨价款和向国家缴纳的相关税费。

第三十一条 集体所有建设用地闲置的调查、认定和处置，参照本办法有关规定执行。

第三十二条 本办法自 2012 年 7 月 1 日起施行。

关于地下建筑物土地确权登记发证有关问题的复函

- 2000 年 8 月 17 日国土资源部办公厅回复
- 2000 年 8 月 17 日施行

广东省国土资源厅：

你厅《关于地下建筑物土地确权登记发证问题的请示》(粤国土资（地籍）字〔2000〕97 号) 收悉。经研究，同意《请示》中的建议。并就有关问题函复如下：

1. 凡是与地上建筑物连为一体的地下建筑物，其土地权利可以确定为土地使用权。具体登记时，将地下的建筑物的建筑面积计入整体总面积，然后按权利人拥有的地下建筑面积占整体建筑面积的比例分摊地面上的土地面积。

2. 离开地面一定深度单独建造，不能与地上建筑物连为一体的地下建筑物，其土地权利可确定为土地使用权（地下）。其土地面积为地下建筑物垂直投影面积，并在备注栏注明相应地上土地使用权的特征。土地使用权（地下）在不违反地下建筑物规定的用途、使用条件的前提下，可以进行出租、转让和抵押。

关于进一步加快宅基地使用权登记发证工作的通知

- 2008年7月8日国土资源部颁布
- 2008年7月8日施行

各省、自治区、直辖市国土资源厅（国土环境资源厅、国土资源局、国土资源和房屋管理局、房屋土地资源管理局）：

为深入贯彻实施《中华人民共和国物权法》，依法保护宅基地使用权人的合法权益，加强宅基地管理，促进社会主义新农村建设，部决定在当前宅基地使用权登记发证工作的基础上，进一步加大工作力度，力争在2009年底前，基本完成全国宅基地使用权登记发证工作，做到权属纠纷基本解决，农民合法使用的宅基地全部发证到户。现将有关事项通知如下：

一、提高认识，加强宣传

宅基地使用权登记涉及农村千家万户，关系到广大农民群众的切身利益。加快宅基地使用权登记发证工作，是依法保护宅基地使用权人合法权益的重要措施，是加强农村宅基地管理的重要手段，也是集体土地使用制度改革和土地统一登记的重要基础和保障。通过开展宅基地使用权登记，可以有效规范农村住宅建设，防止乱占滥用耕地，推进社会主义新农村建设，维护社会的和谐与稳定。各级国土资源行政主管部门要站在贯彻落实科学发展观，切实保护广大农民群众合法权益的高度，充分认识加快宅基地使用权登记发证工作的重要意义。采取多种形式，加大宣传和工作力度，争取广大农民群众和社会各界的理解和支持，增强各级国土资源管理部门登记发证工作的紧迫感，集中力量，克服困难，确保宅基地使用权登记发证工作如期完成。

二、认真部署，狠抓落实

宅基地使用权登记工作政策性强、涉及面广，各级国土资源行政主管部门要积极争取地方政府及相关部门的重视和支持，切实加强对本地区宅基地使用权登记工作的组织领导，把宅基地使用权登记工作作为当前一项重要工作，认真部署落实。要按照 2009 年底前基本完成全国宅基地使用权登记工作的要求，结合本地区实际情况，制定工作计划，明确工作目标和任务，层层落实责任制。

要采取有效措施，加快推进宅基地使用权登记发证工作。有条件的地区应将宅基地使用权的调查纳入到第二次全国土地调查工作中，查清宅基地的权属、界址和面积，为宅基地使用权登记发证提供地籍调查成果。对宅基地权属存在争议的，要依法、及时进行调处，维护社会的和谐与稳定。对新申请宅基地的，当事人在办理宅基地用地审批的同时申请土地登记，国土资源行政主管部门要做到即批即办，在住宅建成并实地检查合格后，报人民政府核发土地权利证书。对已有的宅基地，要充分利用已有宅基地权属来源材料，加快办理登记发证。

要充分发挥宅基地使用权登记结果在国土资源管理中的基础作用。在征地拆迁时，要依据宅基地使用权证书进行补偿。开展集体建设用地流转试点和集体建设用地整理工作，必须首先完成宅基地使用权登记发证工作。

要切实转变工作作风，增强服务意识，提高工作效率，积极为农民群众办理登记提供热情周到的服务。要充分发挥乡镇基层国土资源管理部门在宅基地使用权登记中的服务和保障作用，有条件的地区，可在乡镇国土资源管理所设立专门的收件窗口，方便农民群众申请办理宅基地使用权登记。要将宅基地使用权证书发放到农户手中，严禁以统一保管等各种名义扣留、延缓发放土地权利证书。要结合土地登记规范化建设，加强宅基地使用权登记发证资料的管理，保证宅基地使用权登记资料的全面、完整和规范。要严格执行宅基地使用权登记收费标准，不得通过宅基地使用权登记收费增加农民的经济负担。

请各省级国土资源行政主管部门于2008年底前将本地区宅基地使用权登记发证工作的部署和开展情况报部。部将组织人员对各地宅基地使用权登记发证情况进行检查。宅基地使用权登记发证完成情况将作为国土资源管理特别是地籍管理考核的一项重要依据。

三、明确政策，依法登记

各地应严格依照法律、法规和政策规定，切实解决宅基地使用权登记发证工作中存在的政策问题，严把宅基地使用权登记关口。

（一）严格落实农村村民一户只能拥有一处宅基地的法律规定。除继承外，农村村民一户申请第二宗宅基地使用权登记的，不予受理。

（二）严格执行城镇居民不能在农村购买和违法建造住宅的规定。对城镇居民在农村购买和违法建造住宅申请宅基地使用权登记的，不予受理。

（三）严格执行宅基地面积标准。宅基地面积不得超过省（区、市）规定的标准，对宅基地超占面积的，在办理登记时按下列情况处理：

1. 1982年《村镇建房用地管理条例》实施前，农村村民建房占用的宅基地，在《村镇建房用地管理条例》实施后至今未扩大用地面积的，可以按现有实际使用面积进行登记。

2. 1982年《村镇建房用地管理条例》实施起至1987年《中华人民共和国土地管理法》实施时止，农村村民建房占用的宅基地，超过当地规定的面积标准的，超过部分按当时国家和地方有关规定处理后，可以按实际使用面积进行登记。

3. 1987年《中华人民共和国土地管理法》实施后，农村村民建房占用的宅基地，超过当地规定的面积标准的，按照实际批准面积进行登记。其面积超过各地规定标准的，可在土地登记簿和土地权利证书记事栏内注明超过标准的面积，待以后分户建房或现有房屋拆迁、改建、翻建、政府依法实施规划重新建设时，按有关规定作出处理，并按照各地规定的面积标准重新进行登记。

国土资源部
二〇〇八年七月八日

关于进一步完善农村宅基地管理制度切实维护农民权益的通知

- 2010年3日2日国土资源部颁布
- 2010年3月2日施行

各省、自治区、直辖市国土资源厅（国土环境资源厅、国土资源局、国土资源和房屋管理局、规划和国土资源管理局），副省级城市国土资源行政主管部门，各派驻地方的国家土地督察局：

  规范农村宅基地管理，对于统筹城乡发展，促进节约集约用地，维护农民的合法权益，推进社会主义新农村建设，保持农村社会稳定和经济可持续发展具有重要意义。为贯彻落实中央有关要求，现就进一步完善农村宅基地管理制度，切实维护农民权益的有关问题通知如下：

  一、加强规划计划控制引导，合理确定村庄宅基地用地布局规模

  （一）加强农村住宅建设用地规划计划控制。根据新农村建设的需要，省级国土资源行政管理部门要统筹安排并指导市、县国土资源行政管理部门，结合新一轮乡（镇）土地利用总体规划修编，组织编制村土地利用规划，报县级人民政府审批。在县级土地利用总体规划确定的城镇建设扩展边界内的村土地利用规划，要与城镇规划相衔接，合理划定农民住宅建设用地范围；在土地利用总体规划确定的城镇建设扩展边界外的村庄，县级国土资源管理部门要在摸清宅基地利用现状和用地需求的基础上，以乡（镇）土地利用总体规划和村土地利用规划为控制，组织编制村庄宅基地现状图、住宅建设用地规划图和宅基地需求预测十年计划表（即"两图一表"），制定完善宅基地申请审批制度，张榜公布，指导农民住宅建设按规划、有计划、规范有序进行。

  （二）科学确定农村居民点用地布局和规模。市、县在新一轮土地利用总体规划修编中，要按照城乡一体化的要求，结合城镇规划，合理确定土地

利用总体规划划定的城镇建设扩展边界内的城郊、近郊农村居民点用地布局，严格控制建设用地规模，防止出现新的"城中村"。对土地利用总体规划确定的城镇建设扩展边界外的村庄，要结合县域镇村体系规划、新农村发展规划和产业规划，在乡（镇）土地利用总体规划中合理确定保留、调整和重点发展的农村居民点用地，统筹农村公益事业、基础设施、生活、生态、生产用地需求，合理确定中心村和新村建设用地规模，指导农民住宅和村庄建设按规划有序进行。

（三）改进农村宅基地用地计划管理方式。新增农村宅基地建设用地应纳入土地利用年度计划，各地在下达年度土地利用计划指标时应优先安排农村宅基地用地计划指标，切实保障农民住宅建设合理用地需求。占用耕地的，必须依法落实占补平衡。农村建设用地计划指标应结合农村居民点布局和结构调整，重点用于小城镇和中心村建设，控制自然村落无序扩张。

二、严格标准和规范，完善宅基地管理制度

（四）严格宅基地面积标准。宅基地是指农民依法取得的用于建造住宅及其生活附属设施的集体建设用地，"一户一宅"是指农村居民一户只能申请一处符合规定面积标准的宅基地。各地要结合本地资源状况，按照节约集约用地的原则，严格确定宅基地面积标准。要充分发挥村自治组织依法管理宅基地的职能。加强对农村宅基地申请利用的监管。农民新申请的宅基地面积，必须控制在规定的标准内。

（五）合理分配宅基地。土地利用总体规划确定的城镇建设扩展边界内的城郊、近郊农村居民点用地，原则上不再进行单宗分散的宅基地分配，鼓励集中建设农民新居。土地利用总体规划确定的城镇建设扩展边界外的村庄，要严格执行一户只能申请一处符合规定面积标准的宅基地的政策。经济条件较好、土地资源供求矛盾突出的地方，允许村自治组织对新申请宅基地的住户开展宅基地有偿使用试点。试点方案由村自治组织通过村民会议讨论提出，经市、县国土资源管理部门审核报省级国土资源管理部门批准实施，接受监督管理。

（六）规范宅基地审批程序。各地要根据实施土地利用总体规划和规范农民建房用地的需要，按照公开高效、便民利民的原则，规范宅基地审批程序。在土地利用总体规划确定的城镇建设扩展边界内，县（市）要统筹安排村民住宅建设用地。在土地利用总体规划确定的城镇建设扩展边界外，已经编制完成村土地利用规划和宅基地需求预测十年计划表的村庄，可适当简化审批手续。使用村内原有建设用地的，由村申报、乡（镇）审核，批次报县（市）批准后，由乡（镇）国土资源所逐宗落实到户；占用农用地的，县（市）人民政府于每年年初一次性向省、自治区、直辖市人民政府或省级人民政府授权的设区的市、自治州申请办理农用地转用审批手续，经依法批准后，由乡（镇）国土资源所逐宗落实到户，落实情况按年度向省（区、市）国土资源管理部门备案。

宅基地审批应坚持实施"三到场"。接到宅基地用地申请后，乡（镇）国土资源所或县（市）国土资源管理部门要组织人员到实地审查申请人是否符合条件、拟用地是否符合规划和地类等。宅基地经依法批准后，要到实地丈量批放宅基地，明确建设时间并受理农民宅基地登记申请。村民住宅建成后，要到实地检查是否按照批准的面积和要求使用土地，符合规定的方可办理土地登记，发放集体建设用地使用权证。

（七）依法维护农民宅基地的取得权。农民申请宅基地的，乡（镇）、村应及时进行受理审查，对符合申请条件，且经公示无异议的，应及时按程序上报。县（市）人民政府对符合宅基地申请条件的，必须在规定时间内批准，不得拖延和拒绝。各地县（市）人民政府要建立健全农民宅基地申报、审批操作规范，并根据本地区季节性特点和农民住宅建设实际，明确宅基地申请条件和各环节办理时限要求，向社会公开，接受社会监督，切实维护农民依法取得宅基地的正当权益。

（八）加强农村宅基地确权登记发证和档案管理工作。各地要按照相关规定，依法加快宅基地确权登记发证，妥善处理宅基地争议。要摸清宅基地底数，掌握宅基地使用现状，并登记造册，建立健全宅基地档案及管理制度，做到变更一宗，登记一宗。要积极建立农村宅基地动态管理信息系统，实现宅基地申请、审批、利用、查处信息上下连通、动态管理、公开查询。

三、探索宅基地管理的新机制，落实最严格的节约用地制度

（九）*严控总量盘活存量。*要在保障农民住房建设用地基础上，严格控制农村居民点用地总量，统筹安排各类建设用地。农民新建住宅应优先利用村内空闲地、闲置宅基地和未利用地，凡村内有空闲宅基地未利用的，不得批准新增建设用地。鼓励通过改造原有住宅，解决新增住房用地。各地要根据地方实际情况制定节约挖潜、盘活利用的具体政策措施。

（十）逐步引导农民居住适度集中。有条件的地方可根据土地利用规划、城乡一体化的城镇建设发展规划，结合新农村建设，本着量力而行、方便生产、改善生活的原则，因地制宜、按规划、有步骤的推进农村居民点撤并整合和小城镇、中心村建设，引导农民居住建房逐步向规划的居民点自愿、量力、有序的集中。对因撤并需新建或改扩建的小城镇和中心村，要加大用地计划、资金的支持。对近期规划撤并的村庄，不再批准新建、改建和扩建住宅，应向规划的居民点集中。

（十一）因地制宜地推进"空心村"治理和旧村改造。各地要结合新农村建设，本着提高村庄建设用地利用效率、改善农民生产生活条件和维护农民合法权益的原则，指导有条件的地方积极稳妥地开展"空心村"治理和旧村改造，完善基础设施和公共设施。对治理改造中涉及宅基地重划的，要按照新的规划，统一宅基地面积标准。对村庄内现有各类建设用地进行调整置换的，应对土地、房屋价格进行评估，在现状建设用地边界范围内进行；在留足村民必需的居住用地（宅基地）前提下，其他土地可依法用于发展二、三产业，但不得用于商品住宅开发。

四、加强监管，建立宅基地使用和管理新秩序

（十二）建立宅基地管理动态巡查和责任追究制度。县（市）、乡（镇）国土资源管理部门要建立健全农村宅基地管理动态巡查制度，切实做到对宅基地违法违规行为早发现、早制止、早报告、早查处。县市国土资源执法监察机构和乡镇国土资源所是农村宅基地动态巡查工作的实施主体，对动态巡查负直接责任。建立动态巡查责任追究制度，对巡查工作不到位、报告不及时、制止不得力的要追究有关责任人的责任。

（十三）建立共同责任机制。市县、乡镇国土资源管理部门应当与市、县有关部门、乡镇政府、村自治组织建立依法管理宅基地的共同责任机制，建立农村宅基地监督管理制度，落实工作责任，形成执法监管合力，共同遏制违法占地建住宅的行为。

（十四）依法查处乱占行为。各地要认真负责依法查处宅基地使用中的违法行为。对未经申请和批准或违反规划计划管理占用土地建住宅的，应当限期拆除、退还土地并恢复原状。对超过当地规定面积标准的宅基地，经依法处置后，按照《关于进一步加快宅基地使用权登记发证工作的通知》（国土资发〔2008〕146号）要求予以登记的，村集体组织可对确认超占的面积实施有偿使用。对一户违法占有两处宅基地的，核实后应收回一处。

（十五）加强指导，不断研究解决新情况新问题。各地务必从实际出发，切实加强对宅基地管理工作的指导，抓紧落实通知要求的各项措施，尽快研究制定符合本地实际的具体政策规定。同时要深入调研宅基地管理中的倾向性、苗头性的问题，主动采取措施解决，并及时上报，确保各项政策措施的落实。各派驻地方的国家土地督察局要加强对督察区域内农民宅基地审批与管理情况的监督，确保农民合法居住权益得到保障。

二〇一〇年三月二日

关于进一步加快推进宅基地和集体建设用地使用权确权登记发证工作的通知

- 2014年8月1日国土资源部、财政部、住房和城乡建设部、农业部、国家林业局颁布
- 2014年8月1日施行

各省、自治区、直辖市及副省级城市国土资源主管部门、财政厅（局）、住房城乡建设厅（建委、建交委）、农业（农牧、农村经济）厅（局、委、办）、林业厅（局）、新疆生产建设兵团国土资源局、财务局、建设局、农业局、林业局，解放军土地管理局：

为落实十八届三中全会关于"赋予农民更多财产权利，保障农户宅基地

用益物权，改革完善农村宅基地制度；建立城乡统一的建设用地市场，在符合规划和用途管制前提下，允许集体经营性建设用地实行与国有土地同等入市、同权同价"改革精神，认真贯彻《关于全面深化农村改革 加快推进农业现代化的若干意见》（中发〔2014〕1号）和《2014年政府工作报告》，结合国家建立和实施不动产统一登记制度的有关要求，进一步加快推进宅基地和集体建设用地使用权确权登记发证工作，现将有关事项通知如下：

一、结合新形势，充分认识宅基地和集体建设用地使用权确权登记发证工作的重要意义

（一）加快推进宅基地和集体建设用地使用权确权登记发证是维护农民合法权益，促进农村社会秩序和谐稳定的重要措施。宅基地和集体建设用地使用权是农民及农民集体重要的财产权利，直接关系到每个农户的切身利益，通过宅基地和集体建设用地确权登记发证，依法确认农民的宅基地和集体建设用地使用权，可以有效解决土地权属纠纷，化解农村社会矛盾，为农民维护土地权益提供有效保障，从而进一步夯实农业农村发展基础，促进农村社会秩序的稳定与和谐。

（二）宅基地和集体建设用地使用权确权登记发证是深化农村改革，促进城乡统筹发展的产权基础。通过加快推进宅基地和集体建设用地确权登记发证，使农民享有的宅基地和集体建设用地使用权依法得到法律的确认和保护，是改革完善宅基地制度，实行集体经营性建设用地与国有土地同等入市、同权同价，建立城乡统一的建设用地市场等农村改革的基础和前提，也为下一步赋予农民更多财产权利，促进城乡统筹发展提供了产权基础和法律依据。

（三）宅基地和集体建设用地使用权登记发证是建立实施不动产统一登记制度的基本内容。党的十八届二中全会和十二届全国人大一次会议审议通过的《国务院机构改革和职能转变方案》明确建立不动产统一登记制度，为避免增加群众负担，减少重复建设和资金浪费，在宅基地和集体建设用地使用权登记发证工作中将农房等集体建设用地上建筑物、构筑物一并纳入，有助于建立健全不动产登记制度，形成覆盖城乡房地一体的不动产登记体系，进一步提高政府行政效能和监管水平。

二、因地制宜，全面加快推进宅基地和集体建设用地使用权确权登记发证工作

各地要以登记发证为主线，因地制宜，采用符合实际的调查方法，将农房等集体建设用地上的建筑物、构筑物纳入工作范围，建立健全不动产统一登记制度，实现统一调查、统一确权登记、统一发证，力争尽快完成房地一体的全国农村宅基地和集体建设用地使用权确权登记发证工作。

（一）全面加快农村地籍调查，统筹推进农房等集体建设用地上的建筑物、构筑物补充调查工作。各地要以服务和支撑登记发证工作为切入点，兼顾集体建设用地流转、改革完善宅基地制度等土地制度改革、不动产统一登记建设的实际需要，按照《农村地籍和房屋调查技术方案（试行）》（见附件）的要求，积极稳妥推进本地区的农村地籍调查工作，并将农房等集体建设用地上的建筑物、构筑物纳入工作范围。

各地要统筹考虑基础条件、工作需求和经济技术可行性，避免重复投入，因事、因地、因物，审慎科学地选择符合本地区实际的调查方法。可按照"百衲衣"的方式，同一地区内采用多种不同调查方法开展工作，以满足登记发证工作的基本需要。

（二）制定和完善宅基地和集体建设用地使用权确权登记发证相关政策。各地要认真研究分析当前工作存在的问题，全面总结行之有效的经验和做法，在国土资发〔2011〕60号、国土资发〔2011〕178号及国家有关要求的基础上，根据本地实际，进一步细化农村宅基地和集体建设用地使用权确权登记发证的政策，积极探索，勇于突破，尽快出台或完善有关政策或指导意见，为推进工作提供政策支撑。

各地在制定政策或指导意见时，应以化解矛盾、应发尽发为原则，要坚持农村违法宅基地和集体建设用地必须依法补办用地批准手续后，方可进行登记发证。在权属调查和纠纷处理工作中，要充分发挥基层群众自治组织和农村集体经济组织的作用，建立健全农村土地权属纠纷调处工作机制，在登记发证工作中注重保护农村妇女土地权益，切实保护群众合法利益。

（三）进一步加快推进宅基地和集体建设用地使用权确权登记发证工作。各地要按照不动产统一登记制度建设和宅基地制度改革的要求，全面落实宅基地、集体建设用地使用权以及农房等集体建设用地上的建筑物、构筑物确权登记发证工作，做到应发尽发。要从工作现状出发，尽快制定或调整工作计划，将农房等集体建设用地上的建筑物、构筑物纳入工作范围，按年度细化工作目标、任务和措施，明确完成时限。在完成农村地籍调查和农房调查的基础上，省级国土资源主管部门要尽量选择房地合一的地区开展房地一体的登记发证试点，为全面铺开工作积累经验。

计划在2014年底完成宅基地和集体建设用地使用权确权登记发证的省（区、市），应根据实际情况尽快调整工作计划，增加农房调查等工作任务，并制定补充调查方案；做出新的调整，增加农房等集体建设用地上的建筑物、构筑物可能造成不利影响的，今年可以先按原计划继续推进，今后再逐步开展补充调查，或结合日常变更登记逐步补充完善房屋及附属设施信息。各省（区、市）应按照工作计划，积极推进确权登记发证工作，本级财政给予必要的支持。

（四）进一步加强登记规范化和信息化建设。已完成宅基地和集体建设用地使用权确权登记发证工作的省份，要进一步规范已有登记成果，提高成果质量。各地要继续推进农村集体土地登记信息化数据库建设，逐步建立数据库共享机制，实现数据实时更新，在满足现有工作需求基础上，统筹考虑与不动产统一登记制度信息化建设的衔接，实现登记发证成果的数字化管理和信息化应用。

三、采取有效措施，切实保障宅基地和集体建设用地使用权确权登记发证顺利进行

（一）加强组织领导。地方各级集体土地确权登记发证领导小组办公室继续负责本地区确权登记发证工作的组织和实施。根据《国务院办公厅关于落实中共中央国务院关于全面深化农村改革加快推进农业现代化的若干意见有关政策措施分工的通知》（国办函〔2014〕31号）要求，相应增加或调整领导小组成员单位。依靠各级党委、政府，特别是市（县）党委、政府强有力的组织、协调和保障，各级国土资源部门要牵头负责，与同级财政、住建、农业、林业部门密切合作，确保宅基地和集体建设用地使用权确权登记发证工作积极稳妥、规范有序推进。严格执行已有工作机制和制度，认真落实月

报季报等有关制度。省级国土资源主管部门要在 2014 年 8 月 31 日前将相关工作计划报国土资源部备案。

（二）切实保障经费落实。相关地方政府要按照 2013 年、2014 年中发 1 号文件要求将确权登记颁证工作经费纳入财政预算，切实保障工作开展。

（三）加强正面宣传引导。各地应结合建立和实施不动产统一登记制度建设的要求，通过报纸、电视、广播、网络等媒体，加强宣传宅基地和集体建设用地使用权及农房等集体建设用地上的建筑物、构筑物确权登记发证工作的重要意义、工作目标和法律政策，争取广大农民群众和社会各界的理解支持，创造良好的舆论环境和工作氛围。

（四）加强督促指导及验收。全国加快推进农村集体土地确权登记发证工作领导小组办公室将继续实行"一省一策"、"分片包干"、"定期上报"等工作制度，加强督促检查，对工作进度缓慢、工作质量不高的地区，进行重点督导。省级国土资源主管部门应在本省（区、市）基本完成宅基地和集体建设用地使用权确权登记发证工作的基础上，对尚未完成工作任务的地区，进一步加强督促和指导，集中研究解决难题，限时完成工作目标，同时组织好验收总结，切实保证工作成果质量。

附件：农村地籍和房屋调查技术方案（试行）（参见本书第 570 页）

三、政策与技术规范

农村地籍和房屋调查技术方案（试行）

- 2014 年 8 月 1 日国土资源部、财政部、住房和城乡建设部、农业部、国家林业局发布
- 2014 年 8 月 1 日施行

为深入贯彻《中共中央国务院关于加快发展现代农业 进一步增强农村发展活力的若干意见》（中发〔2013〕1 号），切实落实《国土资源部关于进一步加快农村地籍调查推进集体土地确权登记发证工作的通知》（国土资发〔2013〕97 号）要求，进一步积极稳妥、规范、有序地推进农村地籍调查工作，全力保障农村宅基地和集体建设用地确权登记发证工作顺利进行，制定本技术方案。

一、工作目标

全面查清农村范围内包括宅基地、集体建设用地等每一宗土地的权属、位置、界址、面积、用途、地上房屋等建筑物、构筑物的基本情况，为农村集体土地确权登记发证工作提供基础资料，为实施不动产统一登记奠定基础。

二、工作任务

紧密围绕农村集体土地确权登记发证，依据《地籍调查规程》等要求，以"权属合法、界址清楚、面积准确"为原则，重点完成农村范围内宅基地、集体建设用地的权属调查和地籍测量，同步开展地上房屋及其附属设施

的调查工作，建立农村地籍调查数据库，并通过农村日常地籍调查、土地登记等工作，保持调查成果的现势性，满足国土资源管理及经济社会发展的需要。农村范围内国有土地、地上房屋及附属设施可参照本技术方案执行。

（一）宅基地和集体建设用地调查。以集体土地所有权成果为基础，调查农村范围内的宅基地、集体建设用地的权属状况，获取每宗宅基地和集体建设用地权属、位置、用途等信息，测量宅基地和集体建设用地的地籍要素，填写地籍调查表，测绘地籍图，制作宗地图。

（二）农村房屋调查。在开展宅基地和集体建设用地调查的同时，调查地上房屋产权状况，测量房屋的房角点和房屋边长，量算房屋面积，并将房屋调查成果记载在地籍调查表等地籍资料中，实现农村房、地调查的同步开展和调查成果的统一管理。

（三）农村地籍调查数据库建设。充分利用已有的软、硬件平台，参照城镇地籍数据库建设的相关技术规范，建设农村地籍调查数据库，实现对农村地籍调查成果的图形、属性、档案等信息的一体化存储、管理与应用。

三、技术路线与方法

（一）主要技术依据。

《土地利用现状分类》（GB/T 21010 – 2007）

《地籍调查规程》（TD/T 1001 – 2012）

《房产测量规范》（GB/T 17986.1 – 2000）

《城镇地籍数据库标准》（TD/T 1015 – 2007）

（二）技术路线。

以满足农村集体土地确权登记发证工作为出发点，立足于已有的工作基础，严格依据国家有关调查规程和标准，借助航天航空遥感、地理信息系统、卫星定位和数据库等技术手段，充分利用已有土地调查成果和登记成果，通过外业调查、复核审查、内业建库，完成宅基地和集体建设用地及房屋等地上建筑物和构筑物的权属调查和地籍测量等工作，为农村集体土地确权登记发证提供依据。

（三）调查方法。

农村地籍调查方法的选择要充分兼顾宅基地管理制度改革、集体建设用地入市等农村土地制度改革的迫切需要，以充分保护土地权益、维护交易安全为基础，统筹考虑基础条件、工作需求和经济技术可行性，避免重复投入，因事、因地、因物，审慎科学地选择符合本地区实际的调查方法。原则上，同一地区内可以采用多种调查方法共同开展调查工作。对于调查精度影响土地产权人切身利益的，可采用解析法或部分解析法，确保权属清晰，面积准确，以保障土地权益，维护交易安全，如集体建设用地流转试点、征地拆迁地区等；对于偏远地区或分散、独立的宅基地和集体建设用地，或不动产生命周期较短，建筑物、构筑物更新速度较快，且调查精度不影响权利人切身利益的，可采用更为简便易行的调查方法，在做好指界工作基础上，在确保宗地界址清楚、空间相对位置关系明确的前提下，实地丈量界址边长，计算宗地面积，以尽快完成调查工作，避免不必要的浪费，如按户补偿的增减挂钩拆旧地区等。

四、工作程序和内容

农村地籍调查工作主要包括：准备工作、权属调查、地籍测量、房屋调查和成果归档与建库等内容。

（一）准备工作。

准备工作主要包括组织准备、宣传发动、资料收集、技术设计、表册与工具器材准备、队伍落实和人员培训等。各地应围绕集体土地使用权确权登记发证工作目标，统一部署，同步开展。调查前，应系统收集整理土地及房屋权属来源资料，开展实地踏勘、资料分析等，并结合地方工作基础，做好技术设计，准备调查所需的表册与工具器材，落实调查人员和队伍。权属调查应由县（市、区）国土部门组织，发挥乡镇政府、国土所和农村集体经济组织、村民自治组织等基层力量，共同配合完成，也可选择专业队伍、聘任农村集体经济组织负责人、村民委员会成员或村民代表参与权属调查。地籍测量可根据需要由专业作业单位协助完成。

（二）权属调查。

权属调查是地籍调查的核心，是保障土地确权登记发证的关键。权属调查主要包括：核实宗地的权属情况，实地指界，丈量界址边长及相关距离，绘制宗地草图，填写地籍调查表。

1. 制作工作底图。选用大比例尺（1∶500～1∶2000）的地形图、正射影像图或已有地籍图作为基础图件，充分采用集体土地所有权登记发证已形成的地籍区、地籍子区界线和集体土地所有权界线，并标注乡镇、村、村民小组及重要地物的名称。参考已有的地籍调查、土地登记等资料，会同农村集体经济组织负责人、村民委员会成员或村民代表，在工作底图上划分宗地，并预编宗地号。对新型农村社区或搬迁上楼等无法确定独立使用面积的，可定为共用宗。

2. 权属状况调查。借助工作底图，结合现场核实，调查每宗地的土地坐落与四至；调查核实权利人的姓名或者名称、单位性质、行业代码、组织机构代码、法定代表人（或负责人）姓名及其身份证明、代理人姓名及其身份证明等，对于宅基地调查，除了调查记录土地权利人的情况外，还应调查权利人家庭成员情况，复印权利人家庭户口簿等资料，对无权属来源的集体建设用地，根据实际情况调查记录实际使用人；调查核实宗地的土地权属来源资料，确定土地权属性质、土地使用权类型、使用期限等，以及宗地是否有抵押权、地役权等他项权利和共有情况；调查核实宗地批准用途和实际用途。

3. 界址调查。对土地权属来源资料齐全，界址明确，经实地核实界址无变化的宗地，无需重新开展界址调查；对土地权属来源资料中的界址不明确的宗地，以及界址与实地不一致的宗地，需要现场指界；对于无土地权属资料的，根据法律法规及有关政策规定，经核实为合法拥有或使用的土地，可根据双方协商，实际利用状况及地方习惯，经农村集体经济组织认可并公示无异议后，进行现场指界。实地指界前，通过送达指界通知书、公告、广播、电话等方式提前通知，确保土地权利人及相邻宗地权利人按时到现场指界。指界时，调查员、本宗地指界人及相邻宗地指界人同时到场，根据指界人指定的界址点，现场设置界标，确认界址线类型、位置；指界后，将实际用地界线和批准用地界线标绘到工作底图上，并在地籍调查表的权属调查记事栏中予以说明；实地丈量宗地的界址边长。同时，应丈量界址点与邻近地物的相关距离或条件距离。

4. 宗地草图绘制。根据权属状况调查信息、指界与界址点设置情况、界址边长及相关距离丈量结果、房屋调查情况，按概略比例尺绘制宗地草图。

宗地草图必须现场绘制（可直接在地籍调查表上绘制，也可另附纸绘制），有基础图件资料的地区，可持打印的相关图件到现场，根据指界和丈量情况做好现场记录，形成宗地草图。

（三）地籍测量。

在权属调查结果的基础上，通过地籍测量准确获取界址点位置，并计算宗地面积。地籍测量包括控制测量、界址点测量、地籍图测绘和面积量算等。控制测量可根据需要确定是否开展，对于仅丈量界址边长不测量界址点坐标的地区，无需开展地籍控制测量。

界址点测量完成后，按照要求，测绘地籍图，编制宗地图。其中，对于不测量界址点坐标的地区，应依据权属调查结果，绘制宗地相对位置关系图，以满足登记发证的急需。由图解法测量获取的界址点坐标，不得用于放样确定实地界址点的精确位置，可利用宗地草图上实际丈量的界址边长，采用几何要素法计算宗地面积。

（四）房屋调查。

在农村地籍调查中，针对农村房屋实际情况，实地调查农村宅基地和农村集体建设用地地上建筑物和构筑物的产权状况，结合地籍测量一并开展房屋测量。房屋调查要重点调查房屋的权利人、权属来源情况、建筑结构、建成年份、批准用途与实际用途、批准面积与实际面积等要素，形成房地一体的农村地籍调查成果。

对尚未开展农村地籍调查或有房地一体化调查需求的地区，可将农村房屋及附属设施的调查工作统一纳入农村地籍调查工作中。已经完成农村地籍调查或工作尚未完成但已全面部署推进的地区，可结合本地实际，或统一开展农村房屋及附属设施的补充调查，或待日后通过日常变更调查的方式逐步补充完善房屋及附属设施信息，逐步实现房、地调查成果的统一管理。其中，对已登记的房屋，只需要记录房屋登记的相关信息，无需重新开展调查。

1. 房屋产权状况调查。依据房屋产权人提供的准建证、村镇规划选址意见书、乡村建设规划许可证，或房屋买卖、互换、赠与、受遗赠、继承、查封、抵押等其他房屋产权证明，记录产权人，并将产权证明留复印件或拍照留存。产权共有或有争议的，记录共有或争议情况。其中，对于在现行规划建设管理制度实施前建设的房屋，应提供村镇规划选址意见书等资料，对于实施之后建设的，应提供乡村建设规划许可证等资料。

依据《房产测量规范》的有关规定和要求，调查房产建筑结构、层数、建成年份、批准用途与实际用途，核对房产面积是否批建一致等；对村民整体搬迁上楼的，还应该调查记录房屋所在自然层次和房屋编号。对于农房中的一房多户，应现场确定房屋分户界址和权属情况，需要现场指界的，应经房屋产权人现场指界，明确界址并现场确认签字。房屋产权状况调查形成的结果可记录在地籍调查表的"权属调查记事"栏内。

2. 房屋测量。房脚点测量宜采取与宗地界址点测量同样的技术方法，一并开展。房屋边长丈量在宗地的界址边长丈量时一并开展，对确实无法丈量房屋边长时，应丈量至少两条房脚点与界址点或房脚点与邻近地物的相关距离，便于间接解算房屋边长和求解房屋面积。对于新型农村社区或搬迁上楼等高层多户的，可参照《房产测量规范》开展房屋测量。对于已有户型图的，可通过核实户型图获取房屋内部边长，对于没有户型图的，需实地测量房屋内部边长。

3. 面积量算。依据实地丈量的房屋边长计算房屋占地面积，结合房屋层数计算房屋建筑面积。对于高层多户，有户型图的，可通过实地丈量的房屋边长和核实户型图获取的房屋内部边长计算房屋建筑面积和套内面积，无户型图的，需要实地丈量的房屋边长和实地测量房屋内部边长计算房屋建筑面积和套内面积。

4. 调查结果记录。一是要将房屋权属状况信息和房屋测量结果记载在地籍调查表中；二是要在宗地草图中标识房屋，并标注房屋边长，房屋的楼层、结构以及争议情况等信息；三是要在地籍图的测绘中将房屋要素纳入；四是成果资料的整理归档以及数据库的建设都要将房屋调查的信息包含在内。

（五）资料整理归档与数据库建设。

调查工作完成后，应按照数据库标准，建立地籍数据库，并由县级国土资源主管部门及时组织对地籍调查成果进行验收。调查成果主要包括地籍调查表、宗地图、地籍图、农村地调查总结报告以及地籍数据库等。验收通过后，要及时将调查成果和资料整理归档，并结合土地登记等日常业务做好更新维护。